Ika Johannesson, Jon Jefferson Klingberg

BLUT, FEUER, TOD

Eine Geschichte des schwedischen Metal

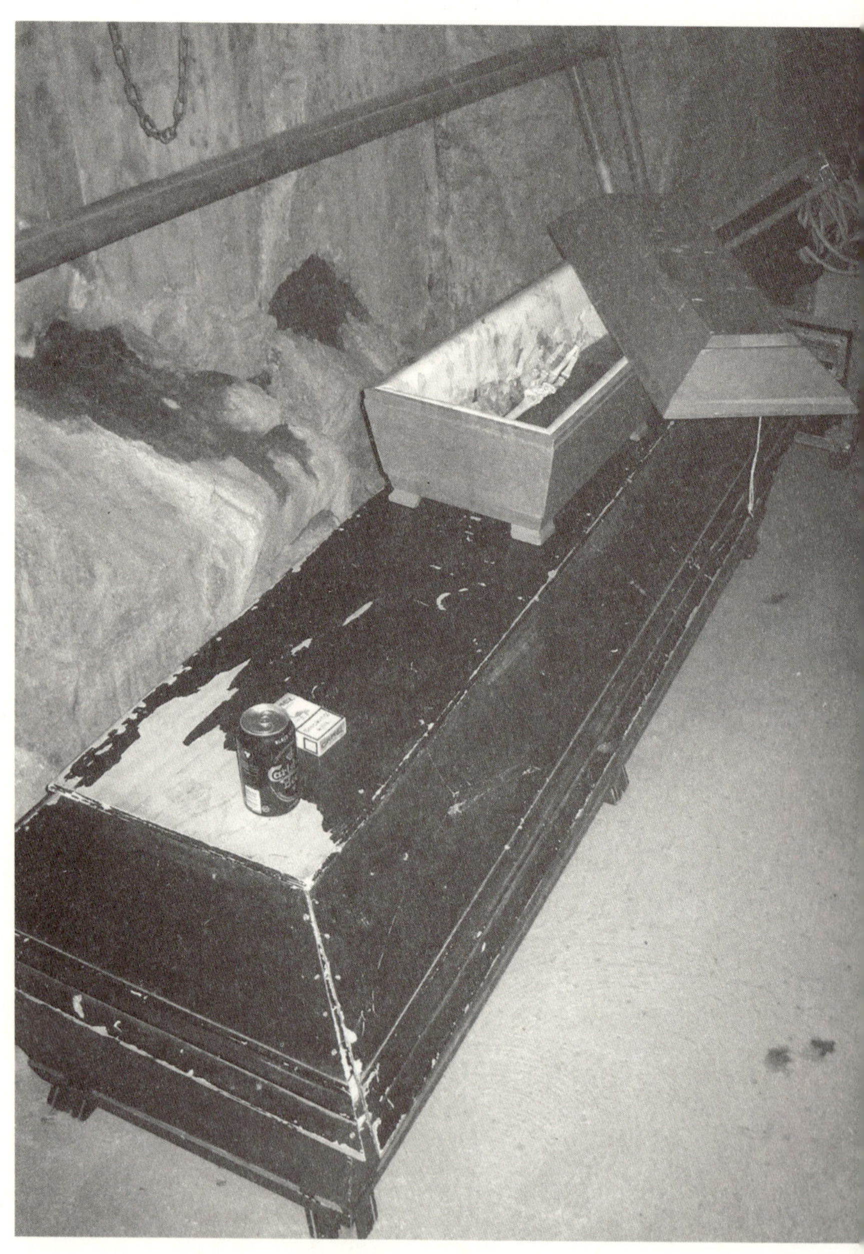

IKA JOHANNESSON
JON JEFFERSON KLINGBERG

Blut Feuer Tod

EINE GESCHICHTE DES SCHWEDISCHEN METAL

AUS DEM ENGLISCHEN ÜBERSETZT
VON ANDREAS SCHIFFMANN

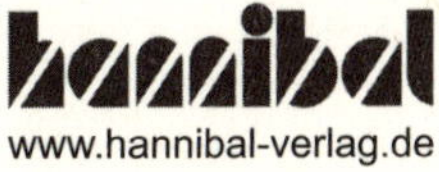

www.hannibal-verlag.de

Impressum

Deutsche Erstausgabe 2024

Hannibal Verlag, ein Imprint der KOCH International GmbH, A-6604 Höfen
www.hannibal-verlag.de

ISBN 978-3-85445-779-4
Auch als E-Book erhältlich mit der ISBN 978-3-85445-780-0

Originalausgabe in Schwedisch, erschienen 2011 im Alfabeta Bokförlag mit der ISBN 9789150113341

Übersetzung der amerikanischen Ausgabe, erschienen 2018
mit der ISBN 9781627310673 von Feral House, Port Townsend, USA
www.feralhouse.com

Coverdesign und grafischer Satz deutsche Ausgabe: Thomas Auer
Umschlagfotos: © Vejde Gustafsson
Übersetzung: Andreas Schiffmann
Deutsches Lektorat und Korrektorat: Diana Glöckner

Printed in Germany

Inhalt

Prolog

„Guten Abend, Tempelritter Deutschlands!“, ruft Sänger Joacim Cans in die volle Halle. „Wir sind HammerFall aus Göteborg, Schweden! Unsere Karriere begann vor zehn Jahren in diesem Land – und Köln war eine der Städte, wo wir gespielt haben!“ Die Menge grölt einhellig, reckt die Fäuste und drängt nach vorn, während die Band ihre Hymne „The Metal Age“ anstimmt.

Wir schreiben das Jahr 2007, und HammerFall sind in Deutschland, um ihre kürzlich erschienene Greatest-Hits-Sammlung *Steel Meets Steel – Ten Years of Glory* zur Feier ihres zehnjährigen Bestehens zu promoten. Das Kölner Gloria-Theater fasst nur tausend Zuschauer, und das Konzert ist als intimer, schweißtreibender Abend für eingefleischte Fans gedacht. Sie haben auf der Webseite der Band über die heutige Setlist abgestimmt und können die Mitglieder nach der Show treffen, um sich mit Autogrammen und Merchandise einzudecken. Die Eintrittskarten sind restlos ausverkauft.

Ein paar Stunden zuvor hat sich im hellen Nachmittagslicht vor dem Club ein buntes Publikum eingefunden: Achtzehnjährige in obligatorischen schwarzen Mänteln und Dr.-Martens-Stiefeln neben ergrauten Männern in Motorradjacken und Frauen um die dreißig, die angezogen sind, als kämen sie von der Arbeit in einer Bank. In einer Nebengasse begeht ein Typ seine private Konzertaufwärmparty, indem er eine Flasche Bier hinunterstürzt. Seine langen, zotteligen Locken verstärken den Eindruck, er sei gerade aus einem dreißigjährigen Winterschlaf erwacht, der in der Blütezeit des Heavy Metal begann. Auf seiner abgetragenen Jeansjacke stehen Bandnamen wie Accept oder Anvil, und sie könnte durchaus ein Relikt aus jener Blütezeit sein.

Im Gloria-Theater hat das Aufwärmritual für den Abend begonnen: Aus den vorderen Reihen ertönen Sprechchöre, die an ein

Fußballspiel erinnern. Am häufigsten ruft jemand: „LET THE HAMMER ...", und der Rest der Menge entgegnet: „FALL!" Obwohl sich die Band noch nicht gezeigt hat, liegt kinetische Energie in der Luft, als hätte die Show schon begonnen.

Mit schütterem Vokuhila, Schnurrbart, Brille und Jeansweste sieht der sechsunddreißigjährige Jörg aus Göttingen aus wie die Karikatur eines deutschen Metalheads. Mit breitem Akzent rattert er seine früheren HammerFall-Shows herunter: Dynamo Open Air in Eindhoven 1998, Rock Hard Festival im Frühjahr 2007 und so weiter. „Das Schlimmste an Köln ist das beschissene Bier", findet er. Dann entschuldigt er sich – auch wenn er den Geschmack von Kölsch zutiefst verabscheut, braucht er echt noch 'ne Flasche.

Elisabeth aus Mississippi besucht den Auftritt mit ihrem deutschen Freund Jens. Sie hat HammerFall noch nie gesehen, schwört aber, dass sie den Look der Band liebt: das Leder, die Metallverzierungen. „Sie sind wie Götter", sagt sie ehrfürchtig. Ihr Freund ist eher Black-Metal-Fan und deutlich weniger begeistert von den Schweden, obwohl er sie seiner Freundin schmackhaft gemacht hat. Elisabeth sagt, die Deutschen mit ihren begrenzten Englischkenntnissen würden HammerFall nicht vollständig verstehen. Sie ist nahezu überschwänglich. „Ich bin aufgeregt! Let the hammer fall!"

Als das Licht ausgeht, ist das kollektive Gebrüll so laut, dass der Saal zu erzittern scheint.

Seit seiner Entstehung als Jugendphänomen hat sich der Metal zu einem der größten Musikgenres der Welt entwickelt. Neben den bahnbrechenden Bands der Siebziger von denen viele immer noch Platten aufnehmen und auf Tournee gehen, beleben jüngere Generationen das Genre neu und entwickeln es weiter. Ein Großteil der Avantgarde des Metal kommt aus Skandinavien und insbesondere aus Schweden.

Ihr Jubiläum im Ausland zu feiern ergibt für HammerFall durchaus Sinn. Schwedische Bands wie Opeth, Ghost, Meshuggah und

Enforcer geben in Europa sowie Nord- und Südamerika ausverkaufte Konzerte. Und das Interesse wächst weiter, Metal ist größer als je zuvor. Jedes Jahr werden mehrere Hunderttausend Karten für Metal-Konzerte und -Festivals mit schwedischer Beteiligung verkauft. Die einstige Underground-Bewegung ist wie so viele Nischenbewegungen zu einem Riesengeschäft geworden.

Statt eine endgültige Geschichte des schwedischen Metal zu schreiben, konzentrieren wir uns hauptsächlich auf Bands, Personen und Phänomene, die die Szene in unterschiedlichem Maße vorangebracht haben. Die Entwicklung erfolgte nicht nur auf der musikalischen Ebene, sondern zuweilen auch in ästhetischer oder sogar ideologischer Hinsicht. Sie fand vor allem in den extremeren, aggressiveren Subgenres Death- und Black Metal statt, wo schwedische Bands von Anfang an die Speerspitze bildeten.

Wir haben uns dieser Entwicklung von zwei verschiedenen Teilen des Landes aus angenähert.

Jon Jefferson Klingberg, Jahrgang 1968, kam zum ersten Mal während seiner Gymnasialzeit in dem Dorf Stugun in der ländlichen nordschwedischen Provinz Jämtland mit Metal in Berührung. Die Familie eines engen Freundes nahm Problemteenager aus dem vergleichsweise riesigen Großstadtdschungel Stockholms auf, darunter einer mit einem Stapel Ausgaben der bedeutenden britischen Metal-Zeitschrift *Kerrang!*.

Jon verschlang die Magazine staunend und verinnerlichte alles über Bands wie Mercyful Fate oder Angel Witch. Schon bald sollte er so ziemlich alles für Geld tun, um sich Metal-Alben besorgen zu können.

Ika Johannesson, Jahrgang 1974, verbrachte ihre Jugend auf den Spielplätzen der südlichen Vororte von Göteborg, wo sie Bier trank und Metal-Demos auf Ghettoblastern hörte. Freunde aus ihrem Umfeld gründeten später Bands wie At The Gates, Dark Tranquillity und In Flames – allesamt Pioniere des Melodic Death Metal, der heute international als „Göteborg-Sound" bekannt ist.

Alles ging so schnell. Man hörte ein Entombed-Demo auf seinem Kassettenrekorder, und gefühlt am nächsten Tag waren diese Stockholmer Jungs eine der größten Death-Metal-Bands der Welt. Die Urgewalt der Musik und der Bewegung war anziehend und berauschend: Zum ersten Mal entstand eine Szene vor unseren Augen – und es waren Kids in unserem Alter aus unserem Land.

Das Aufkommen des Death Metal an sich bedeutete eine tiefgreifende Umgestaltung des Metal-Genres. Er räumte auch nach einem von Keyboards, Haarspray und Rüschenhemden geprägten Jahrzehnt mit dem Vorurteil auf, Metal sei etwas für Weicheier. Death Metal verband die Brutalität und den DIY-Geist des Punk mit musikalischer Innovation und technischen Fertigkeiten. Schon bald feierte er unwahrscheinliche kommerzielle Erfolge, und genauso schnell machte das Wachstum der Szene schwer zu schaffen, da immer mehr Bands gleich klangen und den Markt übersättigten.

Die Gegenreaktion kam in Form von Black Metal, einem noch extremeren Subgenre mit Norwegen im Mittelpunkt, wo Bands wie Mayhem, Darkthrone oder das berüchtigte Soloprojekt Burzum den Ton angaben.

Black-Metal-Bands klangen derber, roher und finsterer – und ihre Behauptung, den Tod und das wahre Böse zu verehren, war nicht ironisch gemeint. Nach kurzer Zeit kam es sowohl in Norwegen als auch Schweden zu mehreren öffentlichkeitswirksamen Fällen von Brandstiftung an Kirchen, und plötzlich bedeutete das satanische Element offensichtlich mehr als nur eine Pose oder ein Bühnenrequisit; es war wortwörtlich und todernst gemeint.

Bald darauf wurde in Schweden der erste Mord begangen, der in direktem Zusammenhang mit Black Metal stand.

Eine Ziel dieses Buches bestand darin, herausfinden zu wollen, warum Schweden zu einer Brutstätte derart aggressiver kultureller Ausdrucksformen wurde. Im Laufe unserer Arbeit entdeckten wir extreme Ausmaße der Szene, die wir uns nie hätten vorstellen können.

Viele Fragen, die wir hier zu beantworten versucht haben, gaben uns lange Zeit Rätsel auf. Wie kam ein Teenager aus dem Stockholmer Vorort Vällingby dazu, den Grundstein für ein Phänomen wie Black Metal zu legen? Waren die Mitglieder von Heavy Load Nationalisten? Und welches geheimnisvolle Duo verbarg sich hinter den sagenumwobenen Selbstfolterern Abruptum? Die erste Ausgabe dieses Buches erschien im Herbst 2011. Seitdem hat sich die schwedische Metal-Szene in viele Richtungen weiterentwickelt. Wir haben einige Kapitel aktualisiert, die überarbeitet werden mussten. In anderen Fällen haben wir Fußnoten mit relevanten Informationen hinzugefügt. Der Großteil des Materials in diesem Buch wurde jedoch zwischen 2005 und 2011 gesammelt.

Die Personen, die wir in diesem Buch kennenlernen, kommen aus unterschiedlichen Verhältnissen und Lebenssituationen, doch wie uns eint sie eine tiefe Leidenschaft für Metal. Der Ursprung oder Funke dieser Leidenschaft ist natürlich subjektiv und von Person zu Person unterschiedlich. Manchmal wurde sie vom Intro eines Deep-Purple-Songs entfacht, von der Ehrfurcht, die pyrotechnische Effekte in einem hervorrufen, oder von der schieren Wucht, die eine Wand aus Marshall-Verstärkertürmen erzeugt. In anderen Fällen war die Ästhetik verheißungsvoller, rätselhafter Bandlogos in unlesbar krakeliger Schrift ausschlaggebend, oder es ging um um den Reiz von Teufelsanbetung und die Suche nach der bösesten Band der Welt.

Oft steht am Anfang eine gemeinsame Begeisterung für die drei wesentlichen Elemente des Metal: Blut, Feuer und Tod.

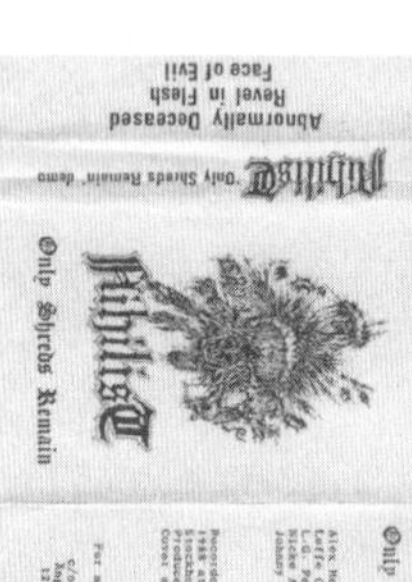

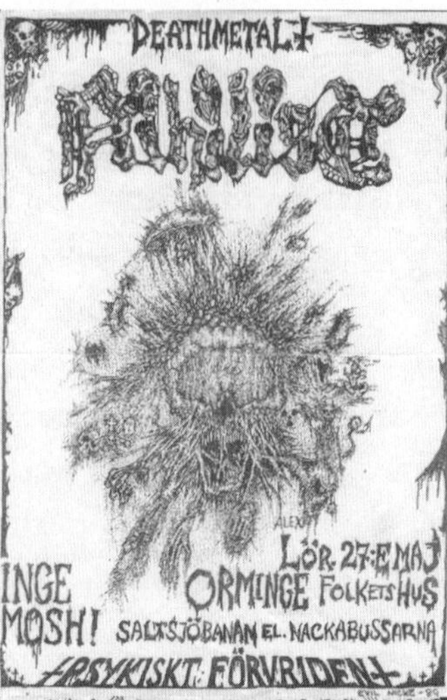

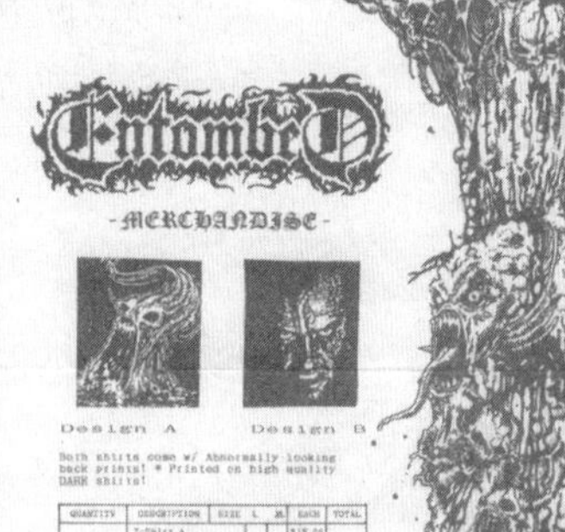

-MERCHANDISE-

Design A Design B

Both shirts come w/ Abnormally looking back prints! * Printed on high quality DARK shirts!

QUANTITY	DESCRIPTION	SIZE L	XL	EACH	TOTAL
	T-Shirt A			$15.00	
	T-Shirt B			$15.00	
	Button with logo			$ 1.00	
	"But Life Goes On" tape			$ 5.00	
				TOTAL	

All prices include P & P.
Mail Cash or I.M.O.'s to!

CBR

Sorry for the high t-shirt prices - we've got 45% tax on shirts in Sweden.

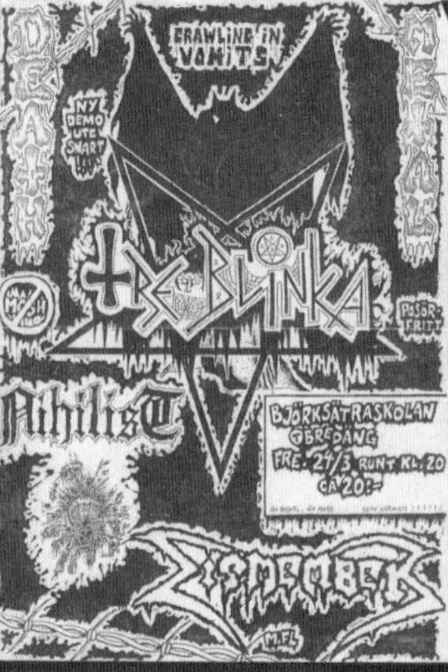

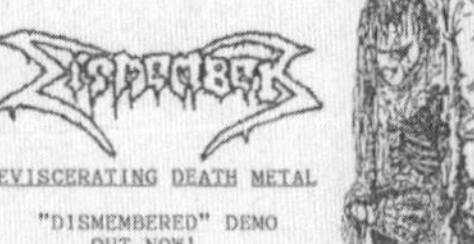

EVISCERATING DEATH METAL

"DISMEMBERED" DEMO
OUT NOW!
3 TRACK FOR:

$ 3 (Europe)
$ 4 (Overseas)

For info send 1 IRC

Fred Estby
Nämndemannav. 70
145 57 NORSBORG
SWEDEN

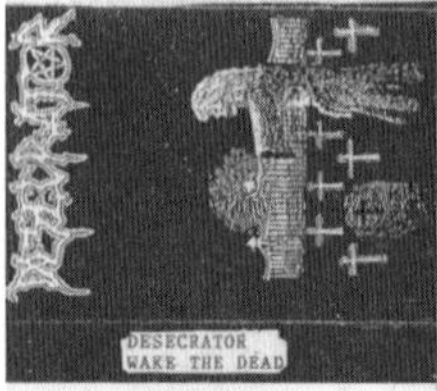

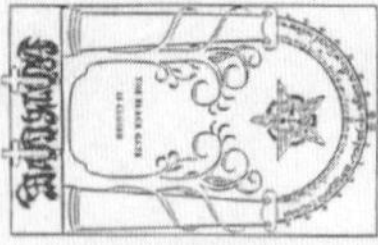

GROTESQUE "THE BLACK GATE IS CLOSED"
Advance-demo 4/5 - 89

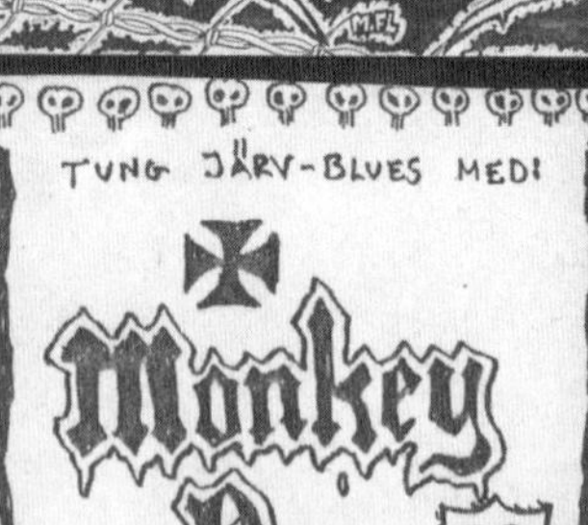

"The merciless servants of the lord expelled from heaven , assault the pearly gates.....
TO SPILL PURE ANGELS BLOOD..................
His growing shadow covers the world........
spreading his hatred to all as he claims...
his revenge on "god" as the creatures......
born in darkness , assault the pearly gates
TO SPILL PURE ANGELS BLOOD................"
-TOMAS (GROTESQUE)-89.

BLOOD RUNS FROM THE ALTAR

BLOOD RUNS FROM THE ALTAR
UNHOLY RITE OF SACRIFICE
THE WRATH OF THE LORD
INVOKED BY THE BLASPHEMOUS

C: BLOOD RUNS FROM THE ALTAR
IA LUCIFERICON

BLOOD RUNS FROM THE ALTAR
THE MASSES STARTS TOSING
THE WORDS OF THE BIBLE
INVERTED FOR THEIR KING

IA LUCIFERKON

BLOOD RUNS FROM THE ALTAR
UPON THE ALTAR LIES
A VIRGIN, WHICH BLOOD...
IS SPILLED FOR THE ONE BELOW

C: BLOOD RUNS FROM THE ALTAR
IA LUCIFERICON

BRIDGE: IA.....
BLOOD.....

BLOOD RUNS FROM THE ATAR
THE PRIEST IS NOW IN TRANCE
A GLIMSE IN HIS EYES
HE RAISES THE DAGGER AGAIN...

IA LUCIFERICON

BLOOD RUNS FROM THE ALTAR
UPON THE ALTAR LIES
A VIRGIN, WHICH BLOOD
IS SPILLED FOR THE ONE BELOW

C: BLOOD RUNS FROM THE ALTAR
IA LUCIFERICON

BRIDGE II: IA LUCIFERICON, HEAR MY SONG....
I WANT YOU TO.... 'GRASP OUT YOUR HAND
REACH FOR ME, I SELL MY SOUL
I...... IA !!!'

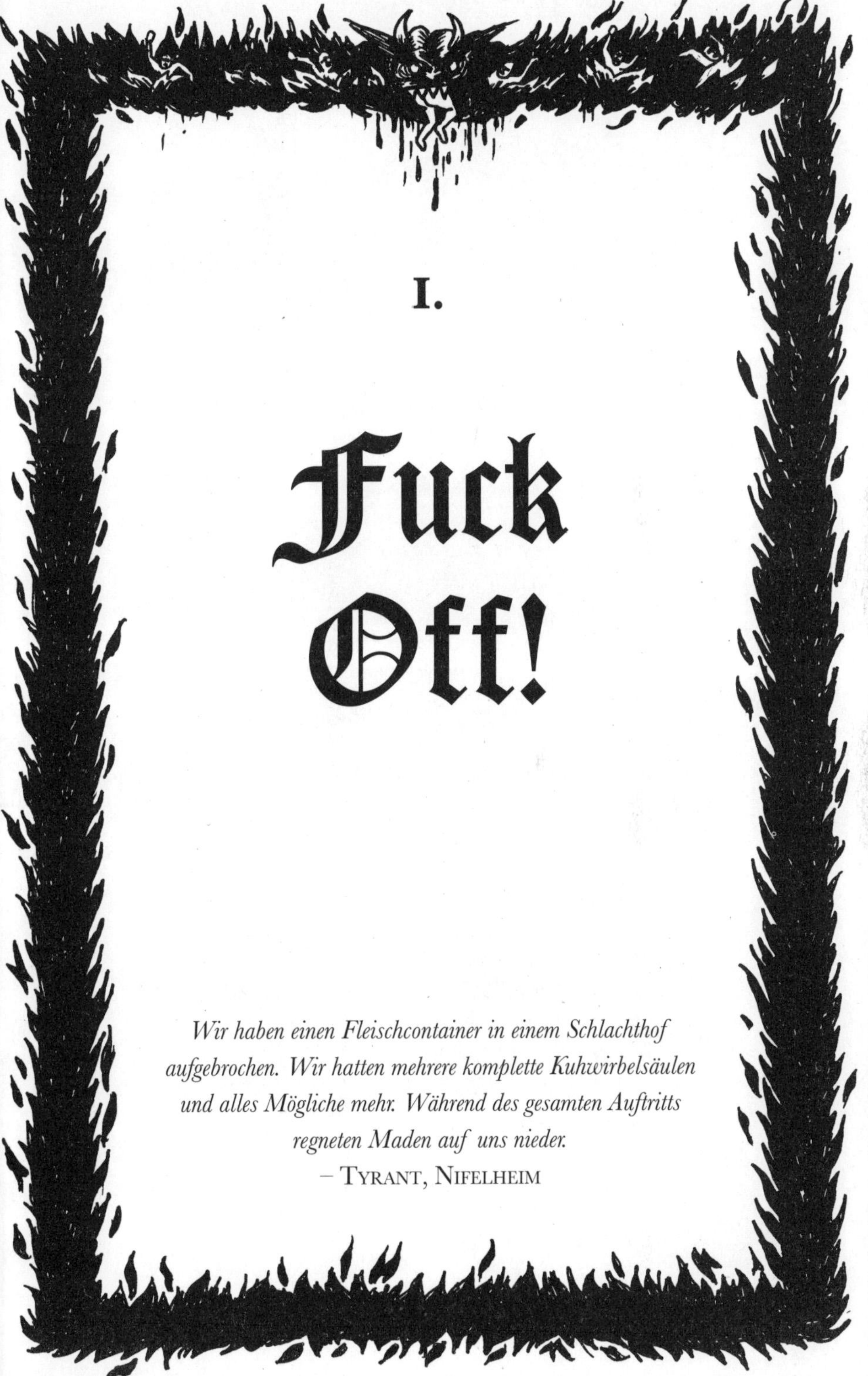

I.

Fuck Off!

Wir haben einen Fleischcontainer in einem Schlachthof aufgebrochen. Wir hatten mehrere komplette Kuhwirbelsäulen und alles Mögliche mehr. Während des gesamten Auftritts regneten Maden auf uns nieder.

– Tyrant, Nifelheim

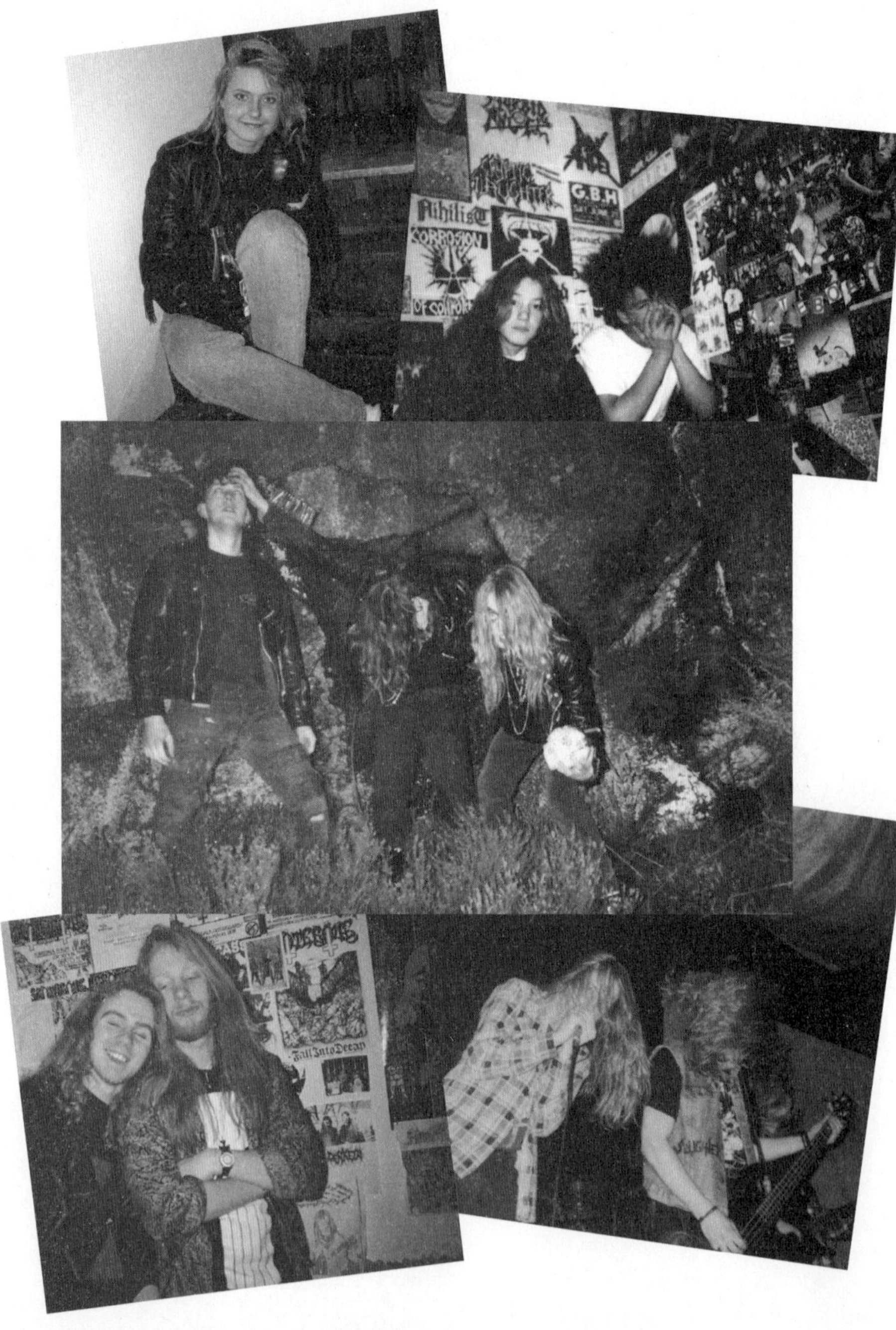
Nihilist
CORROSION
G.B.H
Fall Into Decay

An den Wänden im Keller des Best Western Hotel Carlia in Uddevalla stehen Felsblöcke aus grau gestrichenem Styropor. Es ist kurz vor zwanzig Uhr, und die beiden Bars des Hotels füllen sich allmählich mit schlaksigen Metalheads der zwielichtigen, verlotterten Sorte, unter die sich neugierig gaffende Einheimische mischen, sportlich elegant gekleidete Männer und stark geschminkte Frauen in kurzen Röcken.

Die Bühne ist mit verschiedenen Requisiten der Black-Metaller Nifelheim ausstaffiert. Eine große, silbern bemalte Platte mit dem Fledermauslogo der Band und ein Leuchter mit schwarzen Kerzen stehen vor den Marshall-Boxen.

Im engen Backstagebereich links neben der Bühne bereiten sich die Bandmitglieder vor, indem sie ihre aus Nieten und Leder bestehenden Outfits anziehen.

„Normalerweise dauert es etwa eine Stunde, bis wir alles anhaben", sagt Sänger Pelle „Hellbutcher" Gustafsson und beißt auf einen Riemen, mit der er ein Nagelband an seinen linken Unterarm befestigt.

Bald bedecken Nägel seine beiden Unterarme. Sie sind rostig, gut fünfzehn Zentimeter lang und gefährlich spitz.

„Man kann sich ziemlich übel verletzen, wenn man nicht aufpasst, aber normalerweise merke ich erst nach dem Konzert etwas davon. Am Ende sehe ich aus wie ein Junkie, weil ich solche großen blauen Flecken bekomme, aber ich lege die Dinger lieber zu eng an, als dass sie mir mitten im Konzert abfallen", erklärt er.

Chrille Eskilsson von dem Black-Metal-Duo Pest fungiert heute Abend für Nifelheim als Stagemanager. Er schiebt sich seitlich in den Raum, da er ein dickes Stück vakuumverpacktes Rind mit Knochen und an die zwanzig Schweinezungen trägt. Chrille fragt sich laut, was er mit dem ganzen Fleisch machen soll.

„Leg es in den Sarg", sagt Pelles Zwillingsbruder Erik „Tyrant" Gustafsson, während er sich die Augen schwarz schminkt.

Chrille zerlegt das Rindfleisch in kleinere Stücke und wirft die Schweinezungen in den Kinderholzsarg, den Nifelheim immer auf der Bühne haben. Der Innenbezug aus Seide ist inzwischen mehr braun als weiß und riecht muffig, aber nicht ganz so schlimm, wie man erwarten würde, wenn man weiß, wie viel rohes, verdorbenes Fleisch im Laufe der Jahre in dem Sarg gelegen hat. „Denkt daran, dass ihr nicht damit herumwerfen dürft", mahnt Chrille, indem er die Zwillinge ernst anschaut.

Die norwegische Band Mayhem dekorierte die Bühne beim Gates of Metal Festival in der ländlichen Stadt Hultsfred im Sommer 2006 mit fast fünfhundert Kilogramm Schweineköpfen und Fleisch, woraufhin die schwedische Landwirtschaftsbehörde aufgrund schwerer Verstöße gegen das Gesetz zur Beseitigung tierischer Nebenprodukte mit einer Klage drohte.

Nach dem Ausbruch des Rinderwahns in Europa in den Neunzigern wurde das Hantieren mit Fleisch auf Bühnen ohne Sondergenehmigung verboten. Erik meint, sie sollten die Regelung einfach ignorieren, und brummelt etwas von legalem Machtmissbrauch. Pelle hingegen ist ein Freund des Besitzers und steht der Sache skeptisch gegenüber.

„Ich will nicht, dass er seine Gaststättenkonzession verliert."

Erik verdreht die Augen.

„Na gut, dann muss es reichen, dass ich mich selbst damit einreibe", erwidert er verärgert und tätschelt seinen schmalen, bleichen Rumpf.

Schlagzeuger Peter „Insulter of Jesus Christ!" Stjärnvind, der früher in Bands wie Entombed und Merciless gespielt hat, hilft Pelle beim Anlegen seiner Lederweste. Hunderte Nieten bilden ein umgedrehtes Kruzifix und einen Stern auf seiner Brust, derweil Leder und noch mehr Nieten seine schwarze Spandexhose zieren. Pelle befestigt dann einen mit Nieten besetzten Latz und einen breiten Ledergürtel mit einem Pentagramm aus Nieten, ehe er weitere Nietengürtel und Armbänder mit umgekehrten Kreuzen anzieht. Schließlich verschmiert er schwarze Schminke um seine Augen und macht zwei große lederne Schienbeinschoner mit Nägeln an seinen Beinen fest.

Am Ende sieht er aus wie eine Mischung aus Pinhead aus *Hellraiser* und einem durchgedrehten Biker, der aus den Tiefen der Hölle aufgestiegen ist.

Vor einem Spiegel in der Ecke vervollständigt Erik sein Make-up, wobei er mit den sperrigen genagelten Schienbeinschützern hadert.

„Du musst für Metal leiden. Er verlangt es", sagt er und verrenkt sich, um seine Waden besser sehen zu können. „Wo ist der Spaß dabei, einem Nichtsnutz im weißen T-Shirt auf der Bühne zuzusehen? Ich war schon immer ein Fan von Leder und Nieten. Metal sollte Metal bleiben, sich nie ändern oder weiterentwickeln. Er sollte wie die Greaser-Subkultur auf sein Jahrzehnt beschränkt bleiben – für Metal sind das natürlich die Achtziger. Sieh dir das an! Ich leide jeden Tag für Metal!", fährt er fort und bindet sich ein schwarzes Tuch um seinen zunehmend kahler werdenden Kopf. Seine verbliebenen Haare sind schwarz gefärbt, die dünnen Strähnen reichen ihm kaum bis zu den Schultern.

Ein Mann mit einem starken südwestschwedischen Akzent bringt ein Paket für Pelle, das rare, heißbegehrte Metallgürtelschnallen mit dem Nifelheim-Logo enthält. Nur knapp zehn Exemplare wurden gefertigt und an wenige Glückliche ausgegeben. An diesem Abend trägt Erik eine Schnalle um seinen Hals; Pelle hat eine an seinem Gürtel befestigt.

Die ganze Ausstattung, die sie verwenden, ist selbst gemacht. Jeden einzelnen Nagel, jede Niete haben die Brüder eigenhändig angebracht. Selbst gemacht bedeutet authentisch, und Authentizität ist für Nifelheim von größter Bedeutung. Alles soll so böse, düster und verkommen wie möglich sein. Die Haupteinflüsse der beiden sind alte Metal-Bands aus dem Ostblock. Je tiefer das Elend, desto besser – im Idealfall haben sich die Musiker ihre Instrumente auf dem Schwarzmarkt besorgt und ihre jüngeren Schwestern dafür eingetauscht.

Dass Gitarrist Sebastian „Vengeance from Beyond" Ramstedt tagsüber ein beliebter Kindergartenerzieher in Stockholm ist, erwähnen die Brüder nicht so gern. Immerhin ist dies die Band, die sich damit brüstet, ein Mitglied gefeuert zu haben, nur weil es vor einer Disco stand.

Die Vorgruppe, das lokale Black-Metal-Quartett Vornth, hat gerade die Bühne geräumt, und es ist fast Zeit für die Show. Peter ist damit beschäftigt, die Setlisten zu schreiben. Zwei schafft er: eine für sich selbst und eine für Pelle. Der Rest der Jungs muss sich an ihnen orientieren.

Peter trägt die wenigsten Spikes in der Band. Das Leder ist zu warm und zu schwer, um darin Schlagzeug zu spielen, ganz zu schweigen davon, wie gefährlich es ist, mit Nägeln am Körper Blastbeats zu spielen. Er scheint froh darüber zu sein, dass er nicht die volle Montur seiner Bandkollegen tragen muss.

Erik versucht, sich für eine letzte Inspektion seines Outfits im Spiegel umzudrehen, aber in dem beengten Raum bleiben die fünfzehn Zentimeter langen Nägel an seinen Beinen an einer Tasche hängen. Er stößt einen tiefen Seufzer aus.

Der Saal füllt sich, sowohl mit den Zuschauern als auch den flüssigen Rauschmitteln, die sie in sich tragen. Am Merchandise-Stand in einer Ecke ist der Verkauf im vollen Gang. Ungefähr vierhundert Karten wurden verkauft, und Gerüchten zufolge sind Leute aus Deutschland und Mexiko für das Konzert angereist. In der Menge tummeln sich Watain-Sänger Erik Danielsson und mehrere Stockholmer Journalisten. Aus Göteborg kommen der legendäre Punkrocker Onkel und Jonas Björler, der bei At The Gates und The Haunted spielt. Er hat sich Anfang der Neunziger mit den Nifelheim-Brüdern angefreundet und behauptet, die Shows der Band seien zwar spektakulär, doch ihre wahre Stärke liege im Songwriting.

„Viele Black-Metal-Bands klatschen bloß einen Haufen Riffs aneinander. Pelle und Erik machen sich viel mehr Gedanken über die eigentlichen Arrangements. Ihre Songs sind Hits, wirklich. Hinzu kommt die Tatsache, dass sie die ganze Zeit über glaubwürdig waren –

völlig authentisch. Sie haben sich seit dem ersten Album behauptet, sowohl hinsichtlich ihres Images als auch musikalisch."

Plötzlich wird das Licht im Saal gedimmt, und es gibt einen kleinen Ansturm auf die Bühne. Zu den Klängen eines donnernden Intros nehmen die Bandmitglieder ihre Plätze ein. Sie stehen breitbeinig und verwegen da, schneiden bedrohliche Grimassen. Schließlich tritt Pelle auf. Mit einem wahnsinnigen Schrei steigt die Band in den Song „Unholy Death" von ihrem allerersten Demo ein.

Die tiefe Hingabe der Brüder an die Musik hat Nifelheim zu einer der renommiertesten Bands des Black Metal gemacht, aber auch zu einer der unproduktivsten. Obwohl sie 1990 gegründet wurde, hat sie zu diesem Zeitpunkt erst vier Alben veröffentlicht und weniger als hundert Konzerte gegeben.

In den Anfangstagen hatten Nifelheim kein Interesse an Auftritten, sondern konzentrierten sich darauf, bessere Musiker zu werden. Dann folgten zehn Jahre, in denen sie sich aufgrund ihrer äußerst strengen Ideale und Anforderungen schwertaten, eine stabile Besetzung zusammenzuhalten. Erst 2001 war die Band vollzählig und in der Lage, live zu spielen. Der hohe Anspruch der Brüder bedeutet, dass Nifelheim, wenn sie endlich aus dem Quark kommen – sei es für ein Konzert oder ein Album –, immer mit der größtmöglichen Leidenschaft und Sorgfalt zu Werke gehen.

Ihre allererste Show fand 2002 auf dem 2Heavy4You Festival außerhalb der schwedischen Stadt Falkenberg statt. Nifelheim traten nur unter der Bedingung auf, dass auch die russische Band Korrozia Metalla dort spielen sollte. Diese sagte leider ab, wurde aber durch die Tschechen Root ersetzt, womit die Brüder ebenfalls zufrieden waren. Da sie es so lange vor sich hergeschoben hatten, live aufzutreten, bereiteten sie eine aufwändige Show mit Pyrotechnik, sorgfältig gemalten Kulissen und vielen Tierkadavern vor.

„Wir haben einen Fleischcontainer in einem Schlachthof aufgebrochen", erzählt Erik. „Einer unserer Roadies hatte Beziehungen und fädelte das Ganze ein. Wir hatten mehrere komplette Kuhwirbelsäulen mehrerer Kühe und alles Mögliche mehr. Während des gesamten Auftritts regneten Maden auf uns nieder."

Pelle beschreibt den Hergang rückblickend als etwas stressig.

„Wir hatten vorher mit dem Veranstalter gesprochen und erfahren, dass es sich um eine große Bühne handelte, also packten wir massenweise Zeug ein – Pyros, Särge und was nicht alles. Als wir ankamen, fanden wir eine winzige Außenbühne vor, die hauptsächlich für Tanzorchester genutzt wurde, mit einer dicken Säule in der Mitte. Wir waren gezwungen, unsere Pläne ein wenig zu ändern, um es vorsichtig auszudrücken."

Nach dem ersten Lied zertrümmerte Erik seinen Bass. Die Band wollte zu jedem Song etwas kaputtmachen. Als Gurt für seinen Ersatzbass diente rostiger Stacheldraht, den er mit einem Bolzenschneider aus einem Weidezaun in der Nähe herausgetrennt hatte. Außerdem brachten die Brüder selbst hergestellten Sprengstoff mit.

„Nachdem wir alle Sprengsätze angeschlossen hatten, stolperte irgendein besoffener Arsch über die Kabel, die an den Zündvorrichtungen befestigt waren", erzählt Pelle. „Als wir also versuchten, sie während der Show zu zünden, ging kein einziger los! Feuerwerkskörper im Wert von mehreren Hunderten Kronen für nichts. Sie liegen immer noch irgendwo bei uns zu Hause rum."

Als die Band begann, Schlachtabfälle von der Bühne zu werfen, nahm die Show eine dramatischere Wendung als beabsichtigt. Die verfaulende Kuhwirbelsäule traf einen Zuschauer mitten ins Gesicht und schlitzte seine Stirn auf, sodass er mit einer klaffenden Wunde dastand. Erik bemerkt, es sei Jon „Necromancer" Woodring von der amerikanischen Death-Metal-Band Usurper gewesen, der eigens nach Schweden geflogen war, um den Auftritt zu sehen.

„Er war völlig begeistert! Wir haben auch viel Fleisch geschmissen. Einige Zuschauer grillten und aßen es später. Die ganze Aktion war zum Schreien. Wir haben die Menge gehörig aufgestachelt, das tun wir immer. Als wir kürzlich durch Finnland tourten, brach sich jemand am ersten Abend ein Bein, und bei der zweiten Show hatte jemand einen Herzinfarkt."

Heute Abend in Uddevalla fliegt kein Fleisch von der Bühne. Die Schweinezungen bleiben in dem Sarg, wo Chrille sie abgelegt hat. Stattdessen wird das Publikum mit meisterlichem Black Metal der alten Schule verwöhnt. Die Band verausgabt sich dergestalt, dass sie fast den Überblick über die Songs verliert. Pelle verzieht sein Gesicht und starrt bedrohlich, während er die Liedtexte aus voller Kehle schreit. Er legt es darauf an, sich die Stimmbänder kaputtzumachen, also überschlägt sich seine Stimme völlig.

Sein Anliegen ist an diesem Abend recht erfolgreich.

Nach dem Konzert hat Pelle gute Laune. Dem Publikum gefiel es wirklich sehr gut, und da er in Uddevalla wohnt, ist dies sein Revier.

„Wir sind vielleicht nicht die größte Band der Welt, haben aber sehr engagierte Fans. Einmal lernte ich einen Deutschen kennen, der die Cover unserer EP und ersten drei Alben auf seinem Rücken tätowiert hatte. Als wir in England spielten, kamen Leute aus Chile und Australien, nur um unsere Show zu sehen."

Der Backstagebereich füllt sich mit Freunden, die für das Konzert angereist sind, und sowohl Erik als auch Pelle sehen recht zufrieden aus.

„Schaut mal!"

Der große, blonde Gitarrist Johan „Apocalyptic Desolator" Bergebäck lässt einen Samsonite-Trolley auf den Boden fallen, dass es dumpf knallt. Er ist sehr schwer.

„Fünfzig Pfund Nieten und Leder", sagt er zufrieden grinsend.

Neben Peter ist Johan das Nifelheim-Mitglied mit der dezentesten Bühnenmontur. Man kann sich also ausmalen, wie schwer die Kleidung ist, die sich die anderen Mitglieder vor einer Show umschnallen.

„Ich brauche keine weiteren Nieten, weil ich so verdammt gut aussehe", sagt er und rollt sein Gepäckstück zur Aftershow-Party in seinen Raum. Im normalen Alltag arbeitet Johan als Automechaniker.

Ein paar junge Fans lungern vor den Toiletten herum, fasziniert von der aufsässigen und mittlerweile ziemlich angetrunkenen Menge von Metalheads, die an ihnen vorbeistolpert. Sie schenken den Zwillingen besondere Aufmerksamkeit, tuscheln und zeigen auf sie.

Im Herbst 1998 lernte die schwedische Öffentlichkeit Erik und Pelle Gustafsson als die „Hardrock-Brüder" kennen. Sie wurden in einer Fernsehsendung für Jugendliche namens *Propaganda* in einem siebenminütigen Beitrag mit dem Titel „Schneid dir die Haare und such dir einen anständigen Job" vorgestellt, der ihre grenzenlose Leidenschaft für Iron Maiden und ihre rituellen Vorbereitungen zeigte, ehe sie dieser Band auf Tour folgten.

In der Eröffnungssequenz sitzen die Brüder mit ihrem Freund Jonas an einem Küchentisch und diskutieren über das richtige Verhalten bei den anstehenden Maiden-Konzerten, etwa die Notwendigkeit, sich durch die Menge bis zur Bühne zu drängen, „um sich selbst Erste-Reihe-Banger nennen zu können"! Sie erwähnen auch, wie wichtig es sei, richtige Ohrstöpsel zu benutzen. „Man darf sein Gehör nicht beschädigen; es muss völlig heil bleiben."

Sie packen Zahnbürsten in eine Plastiktüte, holen ihre Reisepässe aus einem Glas in der Küche und überlegen, ob sie Ersatznieten mitnehmen sollen, während sie nervös in die Kamera schauen. Am Telefon versucht Pelle, einen Freund davon zu überzeugen, dass das neue Maiden-Album fantastisch ist.

„Hast du die neue Platte schon gehört? Oh, oh! Du musst sie hören – es ist das Beste, was je aufgenommen wurde!"

Die Brüder sind die größten Iron-Maiden-Sammler Schwedens. Buchstäblich Hunderte Poster, Aufnäher, T-Shirts, Alben und Schals horteten sie in der bescheidenen Wohnung, die sie sich damals teilten.

Erik zeigt auf ein Poster an der Wand, während er nach Worten ringt, um seine Gefühle bezüglich des Covers des Albums *Live After Death* auszudrücken.

„Das da gehört zum Beispiel zu den schönsten Dingen, die ich je in meinem Leben gesehen habe. Es ist einfach so verdammt schön. Es ist so fucking Metal, dass er geradezu daraus hervorquillt."

Seine Stimme zittert fast vor Ehrfurcht.

„Mir geht so ziemlich alles am Arsch vorbei außer Metal. Damit habe ich mehr als genug zu tun. Ich mache das, was mich interessiert, und ignoriere den Rest einfach."

Dann machen sich die Jungs auf den Weg, um ihr Heavy-Metal-Auto zu holen, einen aufgemotzten pechschwarzen 1970er-Pontiac-Firebird, der mit Flammen lackiert ist. Zu dritt fahren sie über die Landstraßen außerhalb Göteborgs, wobei sie sich über die vielen Pferde in der Gegend beklagen und Pferdeäpfeln ausweichen.

Als das Fernsehteam die drei Freunde ein paar Tage später in einer Umkleidekabine der Stockholmer Globe Arena trifft, trommeln sie in angespannter Vorfreude auf ihren Knien. Sveriges Television hat ein privates Treffen mit den Mitgliedern von Iron Maiden arrangiert. Der damalige Sänger Blaze Bayley erscheint zuerst, gefolgt von Bassist Steve Harris. Die Brüder strahlen vor echter, tief empfundener Freude. Sie erhalten T-Shirts, werden umarmt und posieren für Fotos mit ihren Idolen. Erik und Pelle ziehen böse Black-Metal-Gesichter, während Steve Harris fröhlich lächelt.

Man kann schwerlich sagen, ob es die aufrichtige, bedingungslose Liebe der Brüder zu Iron Maiden, ihre dünnen Schnurrbärte, ihre Nervosität vor der Kamera oder ihre amüsanten Kommentare mit ländlichem Akzent sind, die dieses Segment so überzeugend machen.

Da diese Episode aus der Zeit vor YouTube stammt, wurde sie auf VHS-Kassetten verbreitet und erlangte umgehend Kultstatus. Der Clip lief oft beim Vorglühen, genauso wie zehn Jahre zuvor die amerikanische Minidokumentation *Heavy Metal Parking Lot*, die 1986 vor einem Judas-Priest-Konzert auf dem Parkplatz vor der Halle gedreht wurde. Das Video ist bis heute populär geblieben und berührt vielleicht etwas Grundlegendes in der Seele von Schwedens Vergangenheit: Damals fand man in jedem Klassenzimmer mindestens eine Person, die stolz eine Jeansjacke, ein Nietenarmband und ein T-Shirt einer Metal-Band trug. Wir sind alle mit den Hardrock-Brüdern aufgewachsen.

Der Produzent Marcos Hellberg weiß noch, dass die betreffende *Propaganda*-Folge ein „allgemeines Lifestyle“-Thema haben sollte. Ursprünglich wollte er einen überdrehten Metalhead in seiner natürlichen Umgebung porträtieren. Er rief bei Dolores an, einem Label und Plattenladen in Göteborg, wo er prompt an die Gustafsson-

Brüder verwiesen wurde. Als er sie kontaktierte, wollten sie sich aber nicht darauf einlassen.

„Sie legten eine unglaubliche Integrität an den Tag und wollten die Aufmerksamkeit nicht", so Hellberg. „Ich lud sie auf einen Kaffee ein und erklärte, es sei tolle Werbung für Nifelheim, doch sie lehnten ab. Mein letztes Argument, nachdem ich eine halbe Stunde versucht hatte, sie zu überreden, lautete: ‚Ich drehe einen zehnminütigen Beitrag über euch und eure Liebe zu Iron Maiden, deren Musik im Vordergrund stehen wird. Das bedeutet wiederum Tantiemen für sie.' Das stimmte sie um."

Ursprünglich sollte die Episode Menschen vorstellen, die unbeeindruckt von Trends an ihrem Stil festhalten. Sie enthielt auch Interviews mit einer jungen Frau, die in Vollzeit bei der Heilsarmee arbeitete, und einem älteren Punkrocker.

„Aber die Brüder haben irgendwie die Show gestohlen", sagt Hellberg. „Wenn sie über Iron Maiden sprechen, verstellen sie sich nie – sie bleiben sich selbst immer hundertprozentig treu. Iron Maiden zeichnen sich durch eine Beständigkeit aus, die sie zu schätzen wissen. Die Band hat ihre Ideale, ihre Kleidung oder ihre Nieten nie aufgegeben, egal aus welcher Richtung der Wind in der Musikindustrie wehte. Sie meinen, was sie sagen, und leben danach."

Erik und Pelle betonen, dass sie Nifelheim in der Episode nicht erwähnt haben, sei eine bewusste Entscheidung gewesen. Die eigene Band und ihre Leidenschaft für Iron Maiden sind zwei völlig verschiedene Dinge. Außerdem konnten sie nicht ahnen, dass die Sendung nennenswerte Reaktionen hervorrufen würde. Sie wurden bereits im Radio und in Zeitungen zu ihrer Sammlung interviewt, ohne dass ihnen jemand viel Aufmerksamkeit geschenkt hätte. Plötzlich konnten sie ihre Wohnung nicht mehr verlassen, ohne an den Fernsehauftritt erinnert zu werden.

„Ich dachte einfach, die Leute würden nicht mehr viel fernsehen", sagt Erik. „Wie sich herausstellte, taten sie das doch. Ich kam mir vor wie Michael Jackson; wir konnten nirgendwo hingehen, ohne angesprochen zu werden. Ich war erschüttert wegen der Hysterie, die das ausgelöst hat. Und ich bin es immer noch."

Pelle überraschte es ebenfalls.

„Ich stieg in die Straßenbahn, und alle riefen plötzlich: ‚Wooo-arrrghhh'. Das ist leider keine Übertreibung. Es war der totale Wahnsinn."

Erik findet, dass sie nicht richtig dargestellt wurden. Er macht ihre Jugend und Naivität dafür verantwortlich. „Wir sind viel extremer als das. Während der Dreharbeiten haben sie uns gebeten, bestimmte Dinge zu tun, zum Beispiel: ‚Setzt euch und headbangt zu einer Platte.' So was tut man vielleicht, wenn man betrunken ist, doch es würde bestimmt nicht so aussehen, wie es das jetzt im Fernsehen tat. Deshalb ist auch alles so furchtbar konstruiert und unnatürlich. Es geschah ohne jegliche Ironie. Sie haben uns in Karikaturen verwandelt."

„Die Leute denken, dass wir total quirlig und lustig sind", fügt Pelle hinzu, „oder zu fast nichts zu gebrauchen, weil wir etwas zurückgeblieben sind. Andererseits ist das genau der Eindruck, den man bekommt, wenn man die Sendung sieht."

Die Brüder sind der Meinung, der Beitrag sei auf verlogene Weise geschnitten worden, und behaupten, der Kameramann habe oft gesagt, die Kamera würde nicht laufen, obwohl sie sehr wohl eingeschaltet war. Pelle sagt, die Fragen, die ihnen gestellt wurden, seien oft schwer zu beantworten gewesen.

„Sie fragten ‚Warum bist du ein Metalhead?' und solche Sachen. Ich antwortete: ‚Weil ich Metal mag.' Kurze Antwort! Aber das reichte nicht, also filmten sie zwei weitere Stunden. Darum fingen wir einfach zu schwafeln an, während wir versuchten, diese Fragen zu beantworten. Und dann haben sie es selektiv zusammengeschnitten, damit jeder was zu lachen hat. Außer uns."

Marcos Hellberg kann sich nicht daran erinnern, dass die Brüder ihren Unmut geäußert hätten, als sie die Endfassung vor der Ausstrahlung gezeigt bekamen.

Einer, der die Episode sah und mochte, war Johan van der Schoot, ein Texter in einer Werbeagentur.

„Alle im Büro waren von dieser Doku begeistert. Danach wurde viel darüber gesprochen, zumindest in den Kreisen, in denen ich mich bewege."

Zwei Jahre später, als die schwedische Versicherungsgesellschaft Trygg-Hansa eine neue Werbekampagne für ihre Spezialversicherungen benötigte, gehörte Johan zu dem Team, das vorschlug, Material aus dem Segment für einen Fernsehspot zu kaufen.

Die Agentur führte auch neue Interviews mit den Brüdern für Radiospots. „Trygg-Hansa verkauft Sachversicherungen, und diese Kerle liebten ihre Metal-Erinnerungsstücke", erklärt van der Schoot. „Natürlich ging es ihnen um die Musik, aber eben auch um ihre T-Shirts, die Alben, das Metal-Auto und so weiter. In der Werbebranche soll man immer politisch korrekt sein und sich auf Fürsorge und Liebe den Menschen gegenüber konzentrieren. Zu sehen, wie die beiden stattdessen ihre Sammlung zu einem Fetisch machten, fand ich daher erfrischend; und es war eine so unmissverständliche Liebe."

Der Werbeslogan lautete: „Schütze, was du liebst, indem du es bei Trygg-Hansa versicherst."

„Sie riefen uns an und baten, Ausschnitte für eine Marketingkampagne verwenden zu dürfen", rekapituliert Erik. „Ich sagte Nein. Dann begannen sie, uns mit Geld zu ködern. Ich glaube, sie boten uns zuerst zwanzigtausend Kronen, aber ich habe sie nur ausgelacht. Am Ende bekamen wir wesentlich mehr als das. Es reichte für zwei oder drei Iron-Maiden-Tourneen", bemerkt er süffisant.

Die fünf TV- und Radiospots bescherten der ursprünglichen Sendung und den Brüdern einen noch höheren Kultstatus. Die Radiowerbung erregte so viel Aufsehen, dass sie mit dem renommiertesten Branchenpreis des Landes ausgezeichnet wurde.

Bis heute können die Brüder keine Kneipe betreten, ohne angesprochen zu werden – es würde wirklich jedes Mal passieren, wenn sie ausgehen, stellt Erik seufzend fest.

„Kürzlich habe ich den Begriff Gelotophobie entdeckt. Das ist die Angst davor, ständig ausgelacht zu werden. Ich habe etwas Ähnliches entwickelt. Jedes Mal, wenn ich an jemandem vorbeigehe, der sich amüsiert, habe ich das Gefühl, dass er mich auslacht, auch wenn er es nicht tut. Die Sendung brachte aber auch einige Vorteile mit sich, was Iron Maiden anging. Wir hatten sie schon vorher einige Male getroffen, konnten sie aber seitdem besser kennenlernen."

Pelle pflichtet bei.

„Außerdem sahen viele Leute, die tolle Maiden-Raritäten besitzen, die Episode und dachten: ‚Das sollten die Hardrock-Brüder haben' – und dann bekamen wir die Sachen umsonst, statt bei eBay Unsummen dafür zu bezahlen."

Erik Gustafsson lebt ganz Black-Metal-typisch in einer alten Militärfestung irgendwo mitten in Schweden. Er weist uns sehr deutlich an, nicht anzugeben, wo genau, da die schwedischen Streitkräfte nichts von seinem Wohnsitz wissen. Daher dürfen wir auch nicht mehr über sein Zuhause sagen, als dass das Gemäuer fensterlos und feucht ist. Es enthält ein Bett und Eriks Teil der Maiden-Sammlung. Zusammen besitzen die Brüder etwa zweitausend Schallplatten, und die Zahl ihrer Bandshirts liegt im vierstelligen Bereich. Der Kindersarg, den Nifelheim als Bühnenrequisit verwenden, steht in der Mitte einer dunklen Kammer nebenan wie eine zeremonielle Reliquie.

Erik führt uns durch die Zitadelle. Gleich vor seinem Schlafzimmer erstreckt sich ein langer Flur mit kleinen, zellenartigen Zimmern. Der Betonboden ist schmutzig, und die anliegenden Nischen sind voller Gerümpel. Er zeigt auf eine Vertiefung im Boden, die voller Dreck ist.

„Ich hatte vor, hier eine Matratze hinzulegen – damit ihr denkt, ich würde hier schlafen", sagt er und lacht garstig.

Als wir ihn fragen, warum er es nicht getan hat, grinst er und zuckt mit den Schultern.

„Pah, ich hatte keine Zeit", antwortet er und schlendert durch einen düsteren Tunnel davon.

Wir folgen ihm, und der Gang endet an einer unheimlich langen, steilen Treppe, die direkt in den Berg hinaufführt. Wohin genau, ist schwer zu erkennen, also zieht Erik einen schweren Hebel an der Wand, woraufhin die Treppe schlagartig von Glühbirnen erhellt wird. Sie endet in einem riesigen Gewölbe mit etlichen kleineren Räumen, in denen Bullaugen hinaus aufs Wasser zeigen. In einer Ecke steht ein langer stählerner Dreizack aus Betonstahl.

„Passt doch, oder? Er war schon hier, als ich eingezogen bin.“ Erik zeigt uns eine dicke Eisentür mit einem kleinen Gitterfenster.

„Da drin gibt es ein altes Verlies, in dem es spukt, also wirklich. Manchmal komme ich nachts hierher, um mich in Stimmung zu bringen, aber ich gehe nie wieder rein. Man spürt dort etwas ganz Seltsames.“

Er weigert sich, sich der Tür zu nähern, und wir sind auch nicht besonders scharf darauf, das zu tun.

Teile der verlassenen Berganlage sind in dem Musikvideo zu „Blinded by Light, Enlightened by Darkness“ der Death-Metal-Band Necrophobic zu sehen, das hier gedreht wurde. Erik erzählt, dass er oft Partys im Inneren des Berges schmeißt. Im Winter ist es bitterkalt und trostlos, aber im Sommer eignet es sich bestens für Grillpartys

Vor allem ist es die Metal-mäßigste Wohnung, die man sich vorstellen kann.

„Die wahre Hingabe zum Metal muss etwas Angeborenes sein“, sinniert Erik. „Ich muss drei oder vier Jahre alt gewesen sein, als ich zum ersten Mal Metal hörte. Ich weiß noch, meine Eltern hassten es, dass ich die Musik ständig hören wollte.“

Die eineiigen Zwillinge Erik und Pelle Gustafsson wurden in Dals Långed geboren, einem Dorf in der historischen Provinz Dalsland, das vor allem für die Steneby-Kunstschulen und die einzige Hufeisennagelfabrik Schwedens bekannt ist. Erik kam sechs Minuten vor seinem Bruder zur Welt – eine Tatsache, die er bei jeder Gelegenheit anspricht.

Ihr Vater war Antiquitätenhändler, ihre Mutter Lehrerin. Im Elternhaus bestand wenig Interesse an Musik, und in der Umgebung gab es keine Plattenläden. Ihr erstes Album kauften die beiden bei einer Auktion, als sie noch im Vorschulalter waren. Acts wie Steppenwolf, Alice Cooper und Jimi Hendrix waren die ersten, die sich ihnen einprägten.

„Ich war eine Zeit lang besessen von Kiss und AC/DC", erzählt Erik. „Danach wurde es ernst. Als ich zum ersten Mal Iron Maiden hörte, war das sozusagen der Beginn eines neuen Kapitels. Es muss *Piece of Mind* gewesen sein. Mir kam es vor, als hätte ich einen Weg nach Hause gefunden."

Neben Iron Maiden entdeckten die Brüder bald auch zunehmend härtere Musik. Die Familie reiste oft durch Schweden. Jedes Mal, wenn sie in einer neuen Stadt eintrafen, suchten die Brüder gleich den örtlichen Plattenladen auf und stöberten nach den Alben mit dem finstersten Coverartworks. So stießen sie auf *Show No Mercy* von Slayer und Sodoms *Obsessed by Cruelty*.

Etwa zur gleichen Zeit begannen die Zwillinge, selbst Musik zu machen. Erik besteht darauf, dass er vor seinem Bruder angefangen hat.

„Ich habe am Bass losgelegt. Ich schätze, jeder weiß warum."

Er verdreht die Augen.

„Wegen Steve Harris, natürlich!"

Mit fünfzehn Jahren drängten die Brüder darauf, Dals Långed zu verlassen, und zogen in die Stadt Uddevalla, um ein Gymnasium mit Werbedesign als Unterrichtsschwerpunkt zu besuchen. Das war kurz vor der Computerrevolution, als man noch Letraset-Anreibefolien verwendete. Die Klasse verbrachte sechzehn Wochenstunden mit Beschriftungen von Hand.

Die Brüder lernten in der Schule andere Metalheads kennen und begannen, Partys in den umliegenden Dörfern zu besuchen. Sie besorgten sich Fanzines und standen bald mit Metal-Fans in ganz Schweden in Kontakt.

Als sie 1990 ihre eigene Band Nifelheim gründeten, gehörte neben Erik und Pelle ein Gitarrist dazu, der sich „Demon" nannte.

In der nordischen Mythologie ist Niflheim (ohne e, wörtlich „Nebelheim") das dunkle, unwirtliche Reich des Winters. Die Zwillinge entschieden sich mithilfe eines Klassenkameraden für den Namen, nachdem sich herausgestellt hatte, dass alle bisherigen Einfälle bereits vergeben waren.

„Wir waren stark von Treblinka inspiriert, die gerade eine EP veröffentlicht hatten, und ich wollte etwas, das verstörend klang", erklärt Erik. „Nifelheim hörte sich cool an. Wir waren allen anderen Bands, die altnordische Namen verwenden, ziemlich weit voraus. Darauf bin ich stolz. Als später ungefähr eine Milliarde neuer Bands mit ähnlichen Namen auftauchten, kotzte uns das an." *Severe Abominations* von Treblinka war eine der ersten schwedischen Black/Death-Metal-Veröffentlichungen auf Vinyl. Die meisten aus der Underground-Szene gelangten über Tauschgeschäfte an die Platte. Die Gustafssons allerdings nicht.

„Ich habe sie bei einer Auktion auf dem Land gefunden, als es gerade veröffentlicht worden war. Sie steckte in einer Plattenkiste zwischen einem Satz Traktorreifen. Es war reiner Zufall; ich hatte keine Ahnung, worum es sich handelte. Ich kaufte sie, weil sie heavy und cool aussah. Das Schicksal hat sich viele Male eingemischt."

Inspiriert von Treblinka und Morbid, einer anderen Stockholmer Band, entwarf Erik das Nifelheim-Logo ebenfalls in Form einer Fledermaus mit eckigen Buchstaben.

In ihrem Proberaum bauten die beiden ein provisorisches Studio, das sie Moondark nannten, eine Anspielung auf das Sunlight Studio in Stockholm, die damals wichtigste Aufnahmestätte für Death Metal in Schweden. Die dort produzierte Musik – etwa Entombed oder Dismember – war für den Geschmack der Brüder viel zu soft.

Obwohl das Sunlight beileibe kein exklusives Studio war, machte das Moondark noch weniger her als sein Stockholmer Pendant. Statt Geld für Mikrofonständer auszugeben, klemmten die Zwillinge die Mikros an Äste, die sie an Küchenstühlen festbanden. Da ihr tragbares Aufnahmegerät nur vier Kanäle hatte, verlötete „Demon" die Anschlüsse dreier Mikrofone in einem Brillenetui mit einem Ausgangskabel. Nifelheim begannen mit der Aufnahme von Demos.

Von Anfang an stellten die Brüder Regeln für die Band auf, etwa immer Nieten und Corpsepaint zu tragen und nie langsame Lieder zu schreiben oder über belanglose Dinge – also alles, was nicht satanisch war – zu singen.

Zu Hause in Dals Långed trafen sie sich mit Lennart „Phantom" Larsson, einem der wenigen Metalheads, die sie kannten und zu denen sie Zugang hatten. Er war der Herausgeber zweier Hefte namens *Heavy Metal Massacre* und *Backstage*, schrieb aber auch für das einflussreiche norwegische Metal-Fanzine *Slayer Mag*.

Larsson erinnert sich, fassungslos gewesen zu sein, als er eine Rezension des ersten Demos von Nifelheim in der Zeitschrift *Metal Zone* las.

„Es hieß, sie kämen auch aus Dals Långed, was ich einfach nicht glauben konnte. Bald waren sie bei mir zu Hause und liehen sich Platten aus. Die beiden sind zusammen ziemlich amüsant. Sie haben einen Hang zum Ausschmücken, wenn man es so ausdrücken will."

Lennart versorgte die Brüder mit Vinyl, Demos und – ganz wichtig – weiteren Bandempfehlungen.

„Er hatte unter anderem Volcano aus Brasilien", erinnert sich Pelle. „Die kannten wir schon vom Namen her, aber er besaß die richtigen Alben. Damals gab es noch kein eBay, also musste man schon etwas mehr tun, als nur auf eine Schaltfläche zu klicken. Man musste sich auskennen. Schon merkwürdig, wie viele Leute aus diesem unbedeutenden Nest so viel zur Metal-Welt beigetragen haben."

Nach ihrem Schulabschluss arbeiteten die Brüder in einer Volvo-Fabrik. Erik fertigte den Gurt an, mit dem man die Armlehne der Rückbank herausziehen konnte. Pelle verbrachte seine Tage in einem lauten, fensterlosen Raum mit der Herstellung von Kopfstützen. Das Mittagessen war an Arbeitstagen die einzige Pause.

„Es war unglaublich eintönig, ich wurde zu einem Roboter. Eines Tages dachte ich: ‚Verdammte Scheiße, ich bin müde. Ich sollte wohl besser neues Material besorgen und in die Gänge kommen.' Dann schaute ich hoch und sah einen Stapel fertiger Kopfstützen neben mir. Ich hatte dort drei Stunden lang Kopfstützen zusammengebaut, ohne es zu bemerken. Da dachte ich: ‚Es reicht, ich kündige', was ich dann auch tat."

Zuvor malte er noch das Maiden-Maskottchen Eddie auf den Schaumstoff einer Kopfstütze. Irgendwo in Schweden gibt es einen Volvo mit diesem geheimen Kunstwerk unterm Stoffbezug.

Auch Erik kündigte. Da sie nun arbeitslos waren, zogen die beiden in das Küstenstädtchen Tanum, das für seine zahlreichen Felsritzungen aus der Bronzezeit bekannt ist.

„Damals wohnten dort viele wirklich witzige Metalheads", entsinnt sich Pelle. „Perra von Satanized war einer von ihnen. Keine Berühmtheiten oder so, nur echt lässige Leute. Wie diese Greaser-Metal-Typen. Das ist mir viel lieber als diese Plastik-Metaller, deren Interesse an der Musik sich darauf beschränkt, im richtigen Outfit herumzustolzieren. In Tanum waren selbst gebrannter Schnaps und Saxon das Maß aller Dinge. Das hat mir gefallen, weißt du? Und aufgemotzte Karren. Das ist ein erstklassiger Stil."

Als viele Metalheads aus der Gegend nach Göteborg zogen, folgten ihnen die Brüder. Sie nahmen sich gemeinsam eine Wohnung in der Vorstadt und gingen dazu über, mit Mitgliedern von At The Gates, Dissection, Swordmaster und anderen lokalen Bands abzuhängen. Sie nahmen auch ihr erstes Album auf. Das war noch in den frühen Neunzigern, als der skandinavische Black Metal mit voller Wucht im Underground einschlug. Einige Personen aus Nifelheims Umfeld begannen, mit Satanismus zu experimentieren. Obwohl die Brüder dem Wesenskern des Black Metal treu geblieben sind, haben sie sich nie als Satanisten bekannt.

„Ich fühle mich gewissermaßen zur dunklen Seite hingezogen", sagt Erik. „Das ist das Gleiche wie mit Metal selbst; ich kann es nicht in Worte fassen. Es ist etwas, das ich fühle. Aber wenn man sich auf dieses Zeug einlässt, muss man man sehr vorsichtig damit umgehen."

Nifelheims selbstbetiteltes Album erschien 1994 mit Jon Nödtveidt und John Zwetsloot von Dissection an den Gitarren und verkaufte sich rasch dreißigtausend Mal. Nach der Veröffentlichung ihres zweiten Albums *Devil's Force* 1997 wurden die Brüder von dem amerikanischen Regisseur Harmony Korine kontaktiert, der sie bat, eine besondere Version ihres Songs „Hellish Blasphemy" für den Soundtrack seines Arthouse-White-Trash-Films *Gummo* aufzunehmen. Nifelheims Publikum wurde durch diese unerwartete öffentliche Aufmerksamkeit erheblich größer, und mit dem dritten Album *Servants of Darkness* (2000) festigten sie ihren Ruf weiter. Die Platte ist ein beispielloser Tribut an den melodischen Black Metal und spiegelt auf wunderbare Weise die Ideale der ersten Welle des Genres in den Achtzigern wider.

Erik zeigt uns Bilder von Partys aus jener Zeit. Sie beinhalten Göteborger Legenden wie Tompa Lindberg und die Björler-Zwillinge (alle drei At The Gates). Ein weiterer häufiger Teilnehmer war Patrik „Onkel" Andersson, den man in Schweden als „The Shit Man" kennt. Dieser wenig schmeichelhafte Spitzname rührte von Patriks tiefer Faszination für Urin und Fäkalien her. Onkel war unter anderem dafür bekannt, bei Musikfestivals in Mobiltoiletten zu steigen. Erik erzählt, dass sie auf dem heute nicht mehr veranstalteten Hultsfred Festival zusammen reichlich Chaos stifteten.

„In einem Jahr wollten wir etwas richtig Großes durchziehen. Ein Metal-Kumpel hatte auf dem Weg zum Festival ein Reh angefahren und es in den Kofferraum seines Wagens gelegt. Unser Plan bestand darin, einer Gruppe sensibel wirkender Teenie-Mädchen übel mitzuspielen. Sobald wir ihr Zelt ausfindig gemacht hatten, wollten wir den Kadaver, der echt makaber aussah, in einen ihrer Schlafsäcke stecken und dann einfach warteten, bis das Gekreische losging. Als wir ihn aber holen wollten, war er weg. Anscheinend hatte die Polizei oder der Sicherheitsdienst ihn beschlagnahmt. Das war so enttäuschend, denn wir hatten alles ausgekundschaftet und uns voll reingesteigert. Es war trotzdem ein verdammt guter Plan."

Die Brüder wohnten zusammen und arbeiteten in den gleichen Jobs, bis Erik 2002 nach Stockholm ging. Pelle zog in Uddevalla zu seiner Freundin.

„Alles beruhigte sich, als sie sich schließlich trennten“, sagt Peter Stjärnvind. Da er selbst Zwilling ist, kennt er das andauernde Gezanke zwischen engen Geschwistern sehr gut.

„Sie streiten immer noch viel, über fast alles; darüber, dass einer vor einer Show den Nietengürtel des anderen klaut, dass einer sich weigert, dem anderen zu helfen, oder einfach nur, weil einer dem anderen im Weg steht. Meinungsverschiedenheiten über den Kindersarg, ob er auf die Bühne passt oder nicht.“

Obwohl Metal schon seit etwa sechzig Jahren als Genre existiert, sind viele Leute immer noch der Meinung, es sei etwas, aus dem man irgendwann herauswächst, und bezeichnen die Musik als unreif. Natürlich bewegt sich extremer Metal auf einem schmalen Grat und kann albern werden. Für Black-Metal-Fans gehen Nifelheim ebendiesen Mittelweg – und die Zwillinge sind sich dessen wohl bewusst. Beim Sweden Rock Festival 2004 betrat Pelle die Bühne und rief ins Publikum: „Amüsiert ihr euch?“, was es mit einem kollektiven „Jaaaaah!“ beantwortete.

Pelle brüllte zurück: „TJA, DAMIT IST JETZT SCHLUSS!“

„Wir wollten schon immer ein lästiger Finger im Arsch von so ziemlich allem und jedem sein. Andererseits muss ich sagen, dass immer eine gewisse Ernsthaftigkeit dahintersteckt. Ich glaube gewiss nicht, Metal sei bloß Spaß – ich finde ihn genial, wahrhaftig.“

Jenny Walroth, eine langjährige Freundin der Band, erinnert sich, wie sie und Erik einmal ein Spirituosengeschäft in Stockholm verließen. Draußen auf der Straße stießen sie auf einen arg heruntergekommenen Junkie mit schrecklich aufgedunsenem Gesicht. Als er Erik sah, fauchte er: „Into the morbid black!“ Das ist der Titel eines Songs auf *Servants of Darkness*.

„Erik war begeistert und sagte, das sei GENAU die Art von Fan, die er sich wünsche. Ich glaube nicht, dass ich ihn je so gut gelaunt wegen etwas erlebt habe, das nicht mit Iron Maiden zusammenhing.“

Die Brüder sind Iron Maiden weiterhin auf ihren Touren durch Europa gefolgt. Seit ihrem zum Zeitpunkt unseres Treffens letzten

Album *Envoy of Lucifer* sind zehn Jahre vergangen, aber es besteht keine unmittelbare Eile, neues Material aufzunehmen. Nifelheim hatten nie einen großen kommerziellen Durchbruch, sind jedoch mit ihrer kompromisslosen Metal-Attitüde zu einer Gruppe geworden, an der sich viele andere orientieren.

Erik erzählt uns, dass er sich gerade einen neuen Slogan für die Band ausgedacht hat.

„Wie eine Kettensäge an den Wurzeln von Yggdrasil", gluckst er mit einer gewissen Befriedigung. „Das fiel mir heute Morgen ein."

Er sagt, gleich bei der Gründung der Band sei ein Beschluss gefasst worden.

„In den frühen Neunzigern gaben alle vor, etwas zu sein, das sie nicht waren. Wir wollten das Gegenteil tun. Wir versuchten, alles zu vereinfachen, indem wir die primitivsten Formulierungen verwendeten, die uns einfielen. Statt etwas düster Poetisches oder Kompliziertes von uns zu geben, sagten wir: Fuck off!"

Den beißenden Sarkasmus der Brüder schriftlich wiederzugeben ist schwierig. Darum hat die Band nach einer langen Phase der Misstrauens gegenüber Journalisten endgültig aufgehört, Interviews zu geben.

„Ich verstehe sie", sagt Peter Stjärnvind. „Sie werden immer belächelt. Niemand macht sich über Watain lustig, obwohl sie genauso leidenschaftlich überzeugt von dem sind, was sie tun. Was hingegen Nifelheim angeht, fällt es leicht, sich über sie lustig zu machen. Wahrscheinlich macht es mehr Spaß, Landeier zu verarschen. Da kann jeder Trottel mit einsteigen."

Das Faszinierende an Nifelheim und den Gustafsson-Zwillingen besteht darin, dass sich ihre aufrichtige Liebe zum Black Metal und der Wunsch, etwas möglichst Räudiges, Bösartiges zu schaffen, mit ihrem grundsätzlichen Wesen als Menschen beißen. Sie geraten trotz ihres Unbehagens in Situationen, in denen sie interviewt werden, weil sie von Natur aus entgegenkommend und höflich sind. Peter Stjärnvind sieht in diesem Widerspruch kein Konfliktpotenzial.

„So wie sie sind, kann man sie nur als gute Menschen wahrnehmen. Das ist meiner Meinung nach aber auch gut so. Sie sind wie zwei kleine alte Männer. Wenn sie Kaffee trinken, dann nur aus diesen winzigen Großmuttertassen, vorzugsweise auf einem Tablett und natürlich mit ein paar Keksen. Wenn du sie zu Besuch hast, holst du besser dein Porzellan heraus. Es ist charmant und gleichzeitig urkomisch."

Im Januar 2011 – ironischerweise am fünfunddreißigsten Geburtstag der Gustafssons – enthüllte die schwedische Boulevardzeitung *Aftonbladet*, dass der bekannte Regisseur Ulf Malmros an einem Film über zwei erwachsene Metal-Brüder aus einem hinterwäldlerischen Dorf in Schweden arbeite. Malmros erklärte in dem Interview, dass er sich von der Dokumentation über die kanadische Metal-Band Anvil und dem klassischen alten *Propaganda*-Beitrag des schwedischen Fernsehens inspirieren ließ. Er betonte, sein Film würde nicht von den Gustafsson-Brüdern handeln, doch diese Art von tiefer Hingabe fasziniere ihn schon lange. Der Titel des Films lautet *Mammas pojkar* („Mamas Jungs").

Erik klingt erschöpft, als wir ihn anrufen.

„In meiner Welt ist das nur das Sahnehäubchen auf einem Kuchen aus nichts. Wer hätte gedacht, dass es mich für den Rest meines Lebens verfolgen würde, einmal auf der Straße um Pferdeäpfel herumgefahren zu sein. Es ist unwirklich. Es ist Zeit für eine weitere Abreibung, damit sich irgendein Glücksritter einen Spaß daraus machen kann. Und ich muss jedes Mal, wenn ich ein Brot kaufe, als lebende Reklame für den Film herhalten. Ihr könnt euch bestimmt vorstellen, wie sich das anfühlt."

Er erwähnt, sie beide hätten einen Rechtsberater aufgesucht, um zu schauen, was machbar ist, um sich von dem Filmprojekt zu distanzieren.

„Du verspottest und verhöhnst jeden auf der ganzen Welt, bist aber am Ende selbst die größte Lachnummer. Das ist ein verdammt ironisches Schicksal."

Ulf Malmros' Spielfilm feierte zu Weihnachten 2012 als Mammas pojkar (Momma's boys) *Premiere und erhielt durchwachsene Bewertungen.*

Anfang 2023 endete Nifelheims aktive Zeit, teilweise aufgrund von Meinungsverschiedenheiten über die Fertigstellung eines neuen, noch unveröffentlichten Albums. „Die Band ist gestorben. Nifelheim liegen derzeit im frostigen Reich aus Nebel, Dunkelheit und Kälte, weshalb niemand weiß, was vor sich geht. Es ist einfach sehr dunkel", erklärte Erik im Mai 2023 im Podcast Rockpodden.

Erik ist jetzt Sänger und Leadgitarrist der Biker-Rockband Crank. Pelle ist Frontmann der neuen Combo Hellbutcher.

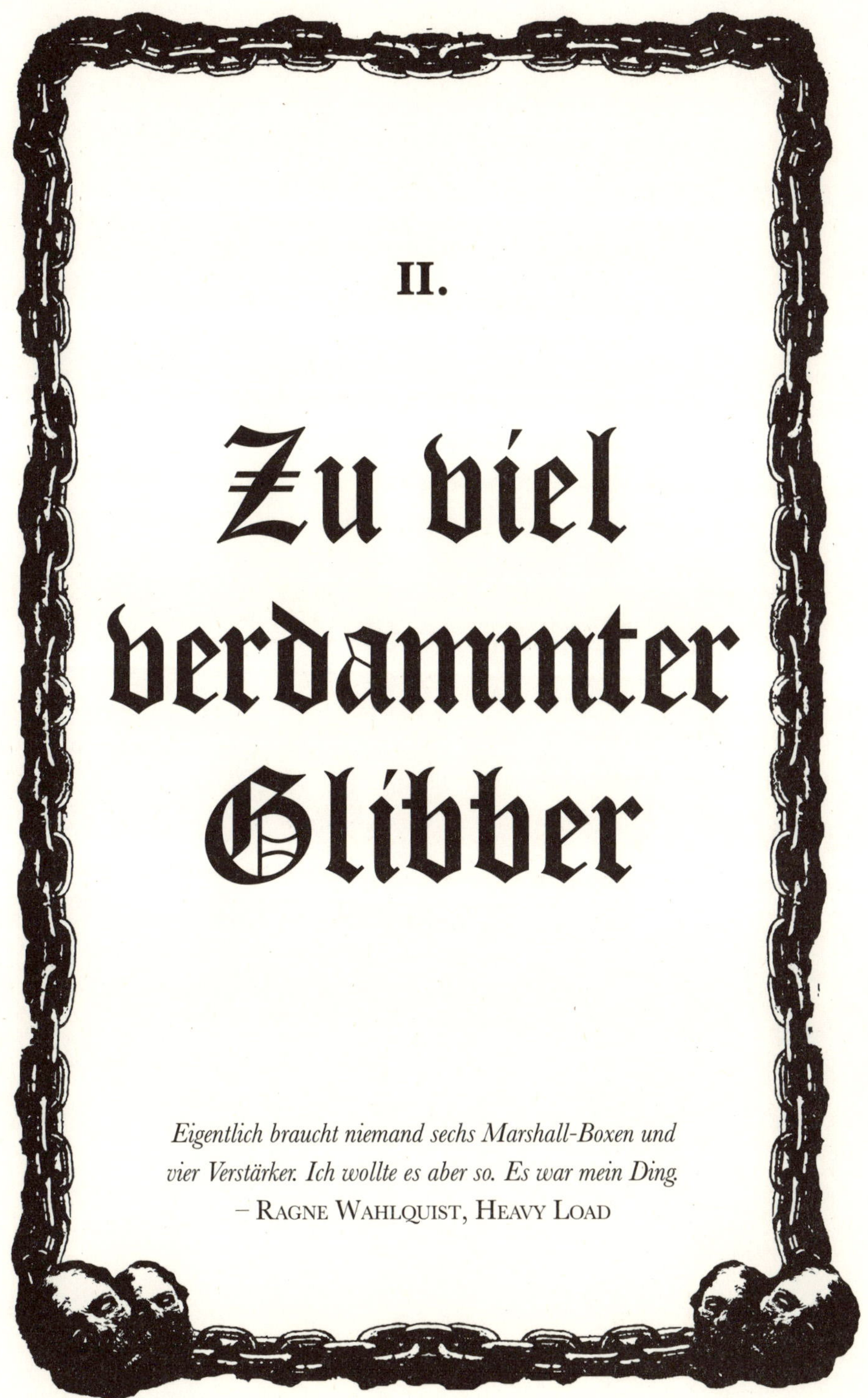

II.

Zu viel verdammter Glibber

Eigentlich braucht niemand sechs Marshall-Boxen und vier Verstärker. Ich wollte es aber so. Es war mein Ding.
– Ragne Wahlquist, Heavy Load

Das Jarla-Theater befindet sich an der Grenze zwischen den piekfeinen Stockholmer Innenstadtteilen Östermalm und Vasastan. Es handelt sich um einen Schul- und Theaterkomplex aus den frühen 1930ern, der vom schwedischen Staat als „kulturell bedeutsam" eingestuft wurde. In der zweiten Hälfte der Siebziger fanden dort einige der denkwürdigsten Konzerte jener Zeit statt. Die Ramones spielten hier, als sie im Mai 1977 zum ersten Mal nach Stockholm kamen, und das aufgekratzte Publikum riss die ersten vier Sitzreihen aus dem Boden.

Bei einem weiteren Vorfall zwei Jahre später nahm die Einrichtung auf andere Weise Schaden.

Die Band auf der Bühne hieß Heavy Load, angeführt von den Wahlquist-Brüdern Ragne und Styrbjörn. Ein Teenager namens Anders Tengner, der Jahre später Schwedens wichtigster Metal-Journalist werden sollte, versteckte sich gerade so außerhalb des Kegels der Bühnenscheinwerfer.

Er fummelte an einem selbst gebauten Sprengsatz herum. Die Bomben auf der Bühne hatte der Pyrotechniker Gunnar Ousbäck gebaut, in dessen Lebenslauf auch Filmproduktionen des weltberühmten Regisseurs Ingmar Bergman stehen.

„Ousbäck war völlig übergeschnappt. Er rauchte Zigaretten in seinem Büro, das mit Dynamit, Schießpulver und allem möglichen Scheiß vollgestopft war", erinnert sich Tengner. „Wir riefen ihn vor den Auftritten an, um ihm mitzuteilen, was wir brauchten. Wir nannten den Sprengstoff *Glibber.*"

Eine von Tengners Aufgaben als Allroundhandwerker der Band bestand darin, „den Glibber hochzujagen".

Der erfahrene Pyrotechniker hatte in der fraglichen Nacht einen kleinen Fehler beim Mischen des Sprengstoffs gemacht, ohne dass die anderen davon wussten.

„Als ich den Knopf drückte, war die Explosion so stark, dass der Putz von der Decke fiel“, sagt er. „In den Bomben steckte einfach zu viel verfluchter *Glibber*! Zuerst dachte ich, wir hätten das ganze Publikum ausradiert. Die Leute husteten, ihre Gesichter waren weiß von dem ganzen Staub.“

Jemand in der ersten Reihe wurde zurückgeschleudert und knallte mit dem Kopf gegen die Sitzreihe hinter ihm. Heavy-Load-Gitarrist und -Sänger Ragne Wahlquist weiß noch, dass die Druckwelle ihn in die Luft hob und einen guten Teil seiner Haare verbrannte.

„Das hat mir glatt das Kabel aus der Gitarre gerissen. Alles wurde totenstill. Von dem Behälter mit dem *Glibber* war nichts mehr übrig – auf dem Boden lag nur noch ein Montagebrett.“

Die anderen drei Bandmitglieder hörten erst auf zu spielen, als Schlagzeuger Styrbjörn Wahlquist eine weitere Bombe wenige Meter von seinem Kopf entfernt bemerkte.

„Ich dachte: ‚Was wissen wir wirklich über Anders? Vielleicht zündet er ja auch die nächste Bombe!‘ Also musste ich aufhören, und es war einfach absolut still. Die Leute standen bloß da und glotzten, in totalem Schockzustand.“

„Komischerweise ist niemand ausgeflippt oder hat uns darauf hingewiesen, dass unser Setup potenziell lebensbedrohlich war“, fügt Ragne hinzu. „Die Leute, mit denen ich danach gesprochen habe, fanden es unglaublich cool.“

Der damalige Bassist der Band war ein großer Finne namens Eero Koivisto. Er tut die Geschichte über die einstürzende Decke gewissermaßen als modernes Märchen ab.

„Es war nicht ganz so dramatisch, wie die Leute es gern darstellen. Andererseits war ich schon immer der Meinung, unser Sprengstoff sei zu stark.“

Wenn man Leif Edling, den Bassisten der Doom-Metal-Band Candlemass, nach der ersten richtigen Heavy-Metal-Combo aus Schweden fragt, gibt es für ihn keinen Zweifel.

„Heavy Load. Sie waren die erste Band, die ich je mit einer ganzen Wand aus Marshall-Türmen auf der Bühne gesehen habe.“

Edling wuchs in Upplands Väsby auf, einem Vorort am nördlichen Zipfel von Stockholm, und kam schon früh mit der jungen schwedischen Metal-Szene in Berührung. Er erinnert sich, in den frühen Achtzigern überall in der Stadt große Heavy-Load-Plakate mit brutalen Wikingermotiven gesehen zu haben.

„Wir fragten uns, wie zum Teufel sie sich das leisten konnten. Wie ich aber später erfuhr, arbeitete eines der Bandmitglieder tatsächlich in einer Druckerei.“

Die Frage, wo man die Grenze zwischen Hardrock und Heavy Metal zieht, ist schwierig zu beantworten und war schon Gegenstand vieler Diskussionen. Eine Faustregel besagt, dass man Künstler mit bluesigen und melodischen Elementen häufig der Kategorie Hardrock zuordnen kann, während Metal-Bands in der Regel härtere, weniger Groove-betonte, eindeutig nicht auf dem Blues beruhende Kompositionen mit Gewalt- oder Teufelstexten kombinieren.

En ny tid är här („Ein Neues Zeitalter ist hier“), das Debütalbum der Stockholmer Band November, kam 1970 heraus und gilt gemeinhin als erstes schwedisches Hardrock-Album überhaupt. November tauchten 1969 in dem Stockholmer Vorort Vällingby auf und spielten zunächst Blues-lastigen Rock mit Einflüssen von Cream, Mountain und Led Zeppelin.

Texte in ihrer Muttersprache halfen ihnen, sich in die schwedische Musikszene der frühen Siebziger zu integrieren. *En ny tid är här* erreichte Platz zwei in den landesweiten Albumcharts, hinter Simon & Garfunkels *Bridge over Troubled Water*.

Nur zwei Jahre später trennten sich die Wege der Bandmitglieder, die nach drei Alben im Verbund mit ausgiebigen Tourneen ausgebrannt waren. Der Titel ihres Albums hätte jedoch nicht treffender sein können: Der schwedischen Musik stand eine turbulente Zeit bevor.

In den Sechzigern wurde die Jugendkultur im Land von Chart-orientierten Radiosendungen und braven Pop-Magazinen bestimmt.

Die einzige Möglichkeit für schwedische Bands mit einem Funken Ehrgeiz bestand darin, internationale Pop-Acts nachzuahmen.

Doch jenseits der Charts und exklusiven Büros großer Plattenfirmen braute sich ein Aufruhr zusammen. Zwei illegale Musikfestivals in Stockholm läuteten 1970 die musikalische Revolution ein. Auf der Bühne standen alternative Bands wie Träd, Gräs och Stenar, Arbete och Fritid und Det Europeiska Missnöjets Grunder.

In den folgenden Jahren entstanden mehrere unabhängige Labels und Gruppen, die stark von der damals vorherrschenden linken Politik beeinflusst waren. Sie wurden einheitlich als Musikrörelsen („Die Musikbewegung") bezeichnet und sollten das Gesicht der Branche drastisch verändern. Trotz ihrer basisdemokratischen Haltung und der Absicht, konservative Normen aufzuweichen, war die Musikrörelsen für die erste Welle schwedischer Hardrock-Bands eher hinderlich als förderlich. Außerdem sorgte sie dafür, dass es in den frühen Siebzigern praktisch keine Rock-Acts ohne offenkundig politische Ausrichtung in Schweden gab.

Verdeutlicht wird die problematische Beziehung zwischen dem schwedischen Hardrock und der Musikrörelsen durch eine Rezension von *A Dream of Glory and Pride*, dem 1974er-Debütalbum der Stockholmer Band Neon Rose, in der Zeitschrift *Musikens Makt* („Macht der Musik"), die das Sprachrohr der Bewegung war.

Der Kritiker Tomas Tengby fasste seine Eindrücke von dem Album so zusammen: „Ein Abzockerprodukt. Von Kommerzbetrügern." Er geht sogar so weit, auf ein ganz anderes Album hinzuweisen, das seine Kriterien für Qualitätsrock erfüllt: *För full hals* von Nynningen aus Göteborg, die darauf Gedichte des russischen Dichters Wladimir Majakowski vertonten.

„Damals sollte die Musik am besten im Wald mit zwei Holzschuhen als Tonbandgerät aufgenommen werden", bemerkt Neon-Rose-Sänger Roger Holegård. „Wir gehörten nicht zu dieser Szene."

Neon Rose hatten englische Texte und waren die erste schwedische Hardrock-Band, die den Look ihrer internationalen Vorbilder übernahm. Sie trugen Lederjacken ohne Hemden und traten live gelegentlich in weißen Anzügen auf, selbst bei kleineren Auftritten in örtlichen Jugendzentren. Zu allem Überfluss wurde ihr Album auch noch von einem ausländischen Label veröffentlicht.

„Es gab sogar Anschuldigungen, unsere Plattenfirma würde Waffen und Kriegsgerät herstellen", ergänzt Roger. „So weit hergeholt waren die Diskussionen. Dass Vertigo Waffenhändler waren, bezweifle ich irgendwie. Sei's drum, sind wir dem auf den Grund gegangen, bevor wir den Vertrag unterzeichnet haben? Nein, natürlich nicht."

Während seiner Jugend in Upplands Väsby erkannte Leif Edling die Auswirkungen der dominanten Stellung der Musikrörelsen deutlich.

„Wenn dort, wo ich aufgewachsen bin, ein Musikfestival stattfand, war es immer ein Haufen alter Männer mit langen Bärten, die politischen Folk Rock spielten."

Beatles und Rolling Stones waren in den späten Sechzigern die beliebtesten Interpreten auf dem tragbaren Grammofon der Familie Wahlquist – es sei denn, Vater Ingemar saß am Klavier und spielte Schubert oder deutsche Kunstlieder.

Als sie im Sommer 1972 ihre Großmutter in Norwegen besuchten, hörten die Brüder zum ersten Mal das Deep-Purple-Album *Machine Head*. Danach war nichts mehr so wie zuvor.

„Ragne geriet völlig aus dem Häuschen", erinnert sich Styrbjörn. „So wie ich, als ich zum ersten Mal ‚Highway Star' hörte. Es war eine völlig neue Welt. Wir waren an die Beatles und die Stones gewöhnt, im Grunde an Gesang mit einer Begleitband. Dies klang nun wesentlich kraftvoller und eingängiger. Unheimlich viel wurde durch das Schlagzeug ausgedrückt. Aber was mich wirklich beeindruckt hat, war der lange Vorlauf des Songs, bis Gesang einsetzte."

Nach ihrer Rückkehr nach Stockholm lief *Machine Head* ein ganzes Jahr lang ununterbrochen auf dem Plattenspieler der Familie.

„Zu diesem Zeitpunkt konnten wir es uns leisten, ein weiteres Deep-Purple-Album zu kaufen. Ich besorgte *Made in Japan*, das wir dann während des ganzen folgenden Jahres hörten", erzählt Styrbjörn.

Die Brüder begannen, im Keller ihres Elternhauses im Karlavägen im Stockholmer Stadtteil Östermalm zu proben, aber die Nachbarn beschwerten sich. Nachdem Ragne seinen Militärpflichtdienst geleistet hatte, zog die junge Band in ein Jugendzentrum um. Ein Bassist wurde rekrutiert, und das Trio nahm den Namen Heavy Load an, da seine Backline schon ziemlich massiv war.

„Man kann es mit anderen Dingen vergleichen", erklärt Ragne. „Wenn wir etwa auf eine Party gingen, konnten wir natürlich nackt dort aufkreuzen. Wir wollen uns aber herausputzen. Eigentlich braucht niemand sechs Marshall-Boxen und vier Verstärker. Ich wollte es aber so. Es war mein Ding. Wie dem auch sei, alles hin und her zu schleppen nervte tierisch."

Als die Band im Dezember 1976 zum ersten Mal auftrat, musste sie einen Lastwagen mieten, um das gesamte Equipment zu transportieren, darunter ein riesiges Schlagzeugpodest aus Kiefernholz und eine eigene Lichtanlage.

„Ich glaube, wir bekamen nicht mal 'ne Gage", sagt Styrbjörn.

Heavy Load bemühten sich dann um einen Plattenvertrag, aber bekamen von den Labels mitgeteilt, das sei nicht besonders sinnvoll, da sowieso kein Journalist über sie schreiben würde. Der Musikkolumnist Mats Olsson von der Boulevardzeitung *Expressen, der* damals großen Einfluss in der Branche hatte, hasste jede Art von Hardrock und Metal. Die Band beschloss daher, das Album selbst zu finanzieren, wobei sie der Plattenladen Heavy Sound in der Regeringsgatan in Stockholm unterstützte. Er spielte im Lauf der Jahre eine Schlüsselrolle für die Entwicklung des schwedischen Metal.

1978 erschien *Full Speed at High Level.* Mehrere andere schwedische Rockbands wurden von Deep Purple und Led Zeppelin beeinflusst, aber Heavy Load entfernten sich noch weiter von den traditionellen Blues-Einflüssen. Vielmehr konzentrierten sie sich auf jenen dramatischen Sound, den wir heute mit dem Begriff Heavy Metal verbinden. Die Songtexte behandelten klassische Metal-Themen: das Streben nach persönlicher Freiheit und die Liebe zum Rock'n'Roll.

Das Plattencover – Felsen vor einem feuerroten Sonnenuntergang und ein gewölbtes, stilisiertes Logo – erinnerte stark an die naturverbundene Romantik des zeitgenössischen progressiven Folk Rock. Dennoch wollte niemand das Album rezensieren.

Im selben Jahr veröffentlichte der siebzehnjährige Anders Tengner seine ersten Artikel in der Musikzeitschrift *Poster*. Er hatte zuvor den schwedischen Runaways-Fanclub gegründet und war ein großer Fan von Judas Priest und Kiss. Als er von einer neuen schwedischen Band mit internationalen Ambitionen erfuhr, wurde er gleich neugierig. Die erste Begegnung des jungen Rockjournalisten mit Heavy Load gestaltete sich aber etwas überraschend.

„Zuallererst fiel mir auf, wie vornehm sie wohnten. Ihr Vater Ingemar war ein steinreicher Anwalt; ein Promi-Anwalt, wenn man so will, der hochkarätige Fälle bearbeitete."

Die Wahlquist-Brüder wunderten sich ebenfalls. Sie erwarteten einen Reporter mit Anzug und Krawatte, doch stattdessen stand ein Teenager in einer Kiss-Jacke in ihrem Flur. Trotzdem freundete sich Tengner rasch mit den beiden an und wurde für die weitere Karriere der Band so etwas wie ein inoffizielles Mitglied.

Obwohl die Medien überhaupt nicht über sie berichteten, verbreitete sich das Gerücht von der neuen schwedischen Heavy-Metal-Band, und *Full Speed at High Level* fand schließlich ein Publikum. Tengner wurde zum größten Fürsprecher von Heavy Load und warb für sie, wann immer es sich anbot. Die Gruppe konzentrierte sich vor allem auf Liveauftritte.

Auf der Suche nach einem neuen Bassisten heuerte sie den wilden Rocker Eero Koivisto an, der später das international bekannte Designunternehmen Claesson Koivisto Rune mit begründen sollte.

„Es ist lustig – schon damals saß er zu Hause und baute Miniaturmodelle der Heavy-Load-Bühnenshow, komplett mit Drumpodest, Lichtanlagen und Scheinwerferhaltern, alles aus Pappe", erinnert sich Tengner. „Später studierte er in Tokio Möbeldesign."

Als Koivisto ausstieg, um sich der Band Red Baron zu widmen, machten Heavy Load einen Fehler, den Anders Tengner im Nachhinein als katastrophal bezeichnet.

„Sie nahmen ihren Cousin Torbjörn Ragnesjö aus Uppsala auf. Er war ein netter Kerl, aber unglaublich peinlich. Auf der Bühne rührte er sich überhaupt nicht, sah aus wie ein Langweiler und bewegte sich wie ein Trottel. Wir versuchten, ihn in sexy Bühnenkleidung zu stecken, aber er konnte sie nicht anziehen. Torbjörn Ragnesjö cool aussehen zu lassen war unmöglich. Er war ein hoffnungsloser Fall."

Mit Eddy Malm von der Band High Brow fand die Band auch einen zweiten Gitarristen, woraufhin die Besetzung komplett war.

Styrbjörns und Ragnes Interesse an Geschichte und Wikingern zeigte sich bereits im Song „Sons of the Northern Light" vom Debütalbum. Bei den Vorbereitungen für die Mini-LP *Metal Conquest* machte die Band das Wikinger-Thema zu ihrem Image. Das Cover zeigt einen Wikinger-Schwertkampf in einem Gebirgstal.

Die historischen Wikinger, die Styrbjörn und seine Klassenkameraden in der Schule kennengelernt hatten, waren alles andere als Schwerter schwingende Abenteurer.

„Sie wurden als Bauern mit Ledermützen dargestellt, die Felder pflügten. Den mythenhaften, verklärten Wikinger hat man damals bewusst verdrängt."

Dass Heavy Load ihr Konzept am wilden Wikingerkrieger ausgerichtet haben, findet er nur logisch, denn Metal ist ein Musikgenre, das auf großen Gesten und dunkler Romantik basiert.

„Alle dramatische Kunst beruht seit den antiken griechischen Bühnenstücken auf Gewalt oder Androhung von Gewalt. Metal ist gewaltsame Musik. Die Wikinger, wie wir sie bei Heavy Load gesehen haben, waren gewalttätig, genau wie die Kreuzritter und alle anderen, die versucht haben, etwas Großes aufzubauen. Sicher, wir haben ein beschönigtes und teilweise unmoralisches Bild verwendet, aber wenn man die Einzigartigkeit oder den Ursprung einer Nation hervorheben will, befasst man sich wohl mit seiner eigenen Geschichte und kehrt möglichst unter den Tisch, wie alles zu McDonald's geworden ist."

Der Wikinger-Rahmen änderte wenig an Heavy Loads Zwangslage, im Gegenteil: Trotz der Tatsache, dass sie nun bis zu einem gewissen Grad in der Presse stattfanden und sich einer wachsenden Fangemeinde erfreuten, zeigten die Labels immer noch kein Interesse. Heavy Load waren gezwungen, die Dinge wieder einmal selbst in die Hand zu nehmen. Die Brüder gründeten Thunderload Records, um ihre Alben zu veröffentlichen und zu vertreiben, und zwar bis nach Japan. Sie buchten ihre Tourneen selbst und kümmerten sich sogar um den Kartenverkauf. In ihrer Freizeit schmiedeten sie Pläne für neue visuelle Experimente. Am Ende war die Band so lange auf sich allein gestellt, dass die Brüder sofort misstrauisch wurden, als sie schließlich Angebote erhielten.

Die Plattenaufnahmen finanzierten die Musiker aus eigener Tasche. Je nachdem, wen man fragt, hört man unterschiedliche Erklärungen dafür, woher das Geld genau kam.

„Wir nahmen einen Bankkredit auf", behauptet Ragne. „Ich habe in einem Musikgeschäft gearbeitet. Und ich war sechsunddreißig, glaube ich, als ich endlich meinen Führerschein machte."

„Es würde mich kein bisschen wundern, wenn ihr Vater ihnen geholfen hätte", sagt Anders Tengner. „Aber sie hatten auch kaum andere Ausgaben; sie lebten noch zu Hause. Ragne lernte schließlich ein Mädchen kennen und zog weg. Styrbjörn blieb hingegen und lebte mit seiner pensionierten Mutter zusammen, bis sie vor ein paar Jahren starb."

Schon bald war die Bühnenshow von Heavy Load viel aufwändiger als jene aller anderen schwedischen Rockbands zur damaligen Zeit. Anfangs hatte sich die Band vorgenommen, aus Prinzip nur auf großen Bühnen zu spielen, um ihre Musik besser mit der erhabenen Ästhetik in Einklang zu bringen. Als sie 1982 ihr zweites Album *Death or Glory* veröffentlichten, war die einzige schwedische Band mit einer ebenso beeindruckenden Bühnenproduktion ABBA. Zur Ausstattung gehörte eine Rampe zum Erklimmen der Marshall-Türme. Die Pyrotechnik war ein Kapitel für sich. Die Band wollte bei jedem Song im Programm Explosionen und Rauch.

Bei einem Konzert im Norden des Landes wurden allein während des letzten Stücks vierundzwanzig Sprengsätze gezündet.

„Es qualmte so stark, dass ich den Weg von der Bühne nicht fand“, erzählt Styrbjörn. „Weil ich nichts sehen konnte, traute ich mich nicht, mich zu bewegen. Ich dachte: ‚Das ist völlig lächerlich. Wir sollten eigentlich verschwinden und zurückkommen, wenn die Leute jubeln.‘ Ich musste einfach stehen bleiben, bis sich der Rauch verzogen hatte.“

Er gibt an, die Reaktion des Publikums seien eher gemischt gewesen. „Das Schlagzeug war zu groß; das Podest war zu groß. Ich erinnere mich an zwei ältere Girls – so um die fünfundzwanzig dürften sie gewesen sein –, die uns nach einem Konzert sagten: ‚So könnt ihr das nicht machen. Das Schlagzeug ist viel zu groß.‘ Und manchmal war es allein schon schwierig, alles auf die Bühne zu kriegen.“

Damals fanden so gut wie keine Rockfestivals in Schweden statt, aber es gab noch überall im Land kommunale Parks mit Bühnen, die sich perfekt für die großspurigen Vorstellungen der Band eigneten. Außerdem wuchs das Interesse an Metal, und in der schwedischen Musikszene klaffte eine Lücke. Diese sollte nun geschlossen werden.

Die anrollende New Wave of British Heavy Metal, an deren Spitze Bands wie Iron Maiden, Saxon oder Def Leppard standen, regte viele Jugendliche an, Instrumente in die Hand zu nehmen. Während Rågsved im Süden Stockholms in den späten Siebzigern Punkrock-Hochburg wurde, dominierte Metal in den nördlichen Vororten. 1981 gründeten Leif Edling und seine Freunde einen lokalen Musikverein und organisierten Veranstaltungen in Upplands Väsby, das zum Zentrum der ersten Metal-Szene Schwedens avancieren sollte. Abgesehen von vielen anderen Attraktionen war dies der Ort, wo ihr Freund Yngwie Malmsteen drei seiner wenigen Konzerte in Schweden gab, bevor er in die Vereinigten Staaten auswanderte und im Ausland berühmt wurde.

Edling erwähnt, einige Konzertbesucher seien später in frühen Death-Metal-Bands wie Dismember aufgetaucht. Er selbst gründete den Candlemass-Vorläufer Nemesis. „Wir haben das Gleiche gemacht wie Candlemass Jahre später: Doublebass-Drums und heavy Riffs. Jeder in Väsby hasste uns. Dort stand man immer auf Melodien.“

Eine andere junge Band aus Upplands Väsby hieß zunächst Force und nahm später jenen Namen an, der auf der ganzen Welt bekannt werden sollte: Europe. Leif entsinnt sich, an mehreren aufeinanderfolgenden Tagen eine Gruppe von Jungen beim gemeinsamen Mittagessen in der Schulcafeteria beobachtet und gedacht zu haben: „Die tun sich gerade zu einer Band zusammen."

„Eines Tages saßen wir an einem Tisch in der Nähe von ihrem. Jemand hatte ‚Joey Tempest' an die Wand geschrieben. Ich schätze, sie haben neue Namen ausprobiert."

1982 gewannen Europe den im Fernsehen ausgestrahlten Rockband-Wettbewerb Rock-SM, dessen Hauptpreis ein Plattenvertrag war, und das Debütalbum der Band stieg sofort in die nationalen Top 10 ein. Plötzlich wurden schwedische Rockbands von Labels umworben, die zuvor kein Interesse gezeigt hatten.

Laut dem Musikjournalisten Jörgen Holmstedt kann Europes Einfluss auf die schwedische Hardrock- und Metal-Szene gar nicht hoch genug eingeschätzt werden.

„CBS holten sich 220 Volt. Axewitch bekamen einen Vertrag, Silver Mountain und Torch ebenfalls, genauso wie Lazy. Ein ganzer Haufen schwedischer Bands veröffentlichte 1983 Debütalben, und das war größtenteils Europe zu verdanken. Heavy Load waren allerdings die erste Band, die sich ein Wikinger-Image zulegte. Das ist etwas, das ihnen niemand nehmen kann."

Holmstedt erwähnt eine Nacht im August 1983, die er nie vergessen wird. Er hatte das Glück, dabei zu sein, als Phil Lynott Heavy Load im Studio besuchte. Der Thin-Lizzy-Frontmann war auf Solotournee in Schweden und hatte einen freien Tag in Stockholm.

„Anders Tengner hängte sich oft mit dran, wenn ich Interviews für das Thin-Lizzy-Fanzine führte. Er belaberte Phil wiederholt: ‚Bitte komm ins Studio und spiel Bass auf einem Album, das meine Freunde aufnehmen.' Schließlich willigte Phil ein – er war ungeheuer nett und konnte nur schwer Nein sagen."

„Phil Lynott und Jimmy Bain brachten Kokain und anderen Stoff mit ins Studio", erzählt Tengner. „Sie koksten wie wild. Wir hatten noch nie Kokain gesehen und dachten: ‚Was zum Teufel tun die da? Könnte das diese große Sache sein, von der wir gelesen haben?‘ Wir waren so unschuldig damals. Sie waren völlig zugedröhnt, aber sehr herzlich. Und sie blieben, bis der Song fertig aufgenommen war.“

Der besagte Song heißt „Free“ und steht auf dem dritten Heavy-Load-Album *Stronger Than Evil* (1983). Obwohl er als erste Single ausgekoppelt wurde, blieb der Durchbruch auch diesmal aus.

Die Band wurde schließlich modernisiert, wobei ein Gutteil des Wikinger-Images wegfiel.

Einige Jahre später bauten Ragne und Styrbjörn die Thunderload Studios in einem unterirdischen Raum mit Anschluss an die U-Bahn-Station Solna auf. Zu jener Zeit veröffentlichte die Band die Single *Monsters of the Night* über Warner Music. Zum ersten Mal in ihrer Karriere hatte sie einen Plattenvertrag.

„Aber da war es schon zu spät“, erinnert sich Tengner. „Der Zug war abgefahren, und dann verließ Eddy die Band.“

„Ich wollte, dass wir professioneller werden“, sagt Eddy Malm. „Ich wollte, dass wir mit einem Produzenten aufnahmen – mit jemandem, der uns zu etwas formen könnte, das die Massen ansprach. Vielleicht ist das eine Form von musikalischer Prostitution, ich weiß es nicht. Jedenfalls habe ich so empfunden. Alles um uns herum veränderte sich. Europe sind einfach an uns vorbeigerast. Ragne und Styrbjörn wollten aber nichts ändern, also ist es so gelaufen.“

Obwohl Heavy Load nie so groß wurden, wie die Wahlquist-Brüder gehofft hatten, legten sie zusammen mit Bathory einige Jahre später den Grundstein für den Viking Metal. Heute wird das Erbe der Wikinger von Bands wie Unleashed oder Amon Amarth am Leben gehalten und außerhalb Skandinaviens immer noch als etwas Exotisches geschätzt. Als die amerikanische Band Manowar in den Achtzigern Schweden besuchte, kam sie mit Styrbjörn Wahlquist in Kontakt.

„Ich nahm ihren Gitarristen Ross the Boss mit ins Nordische Museum. Ich weiß noch, dass er eine ganze Weile das Modell eines Wikingerschiffs bewunderte. Dann drehte er sich zu mir um und fragte: ‚Haben die auch auf diesen Dingern geschlafen?'"

In den späten Achtzigern hatte sich der Staub von Heavy Loads Pyros zum letzten Mal gelegt. Die Popularität des Heavy Metal ließ nach, und man verband schwedischen Hardrock gemeinhin mit dem Haarspray und den Synthesizern von Europes Pop-Metal oder den Exzessen von Yngwie Malmsteen, der zwar zu einem der besten Gitarristen der Welt aufgestiegen war, in seiner Heimat aber immer noch gern belächelt wurde.

Nach Erscheinen der ersten Metallica-LP *Kill 'Em All* (1983) wandten sich viele jüngere Musiker vom klassischen Hardrock ab und spielten stattdessen Thrash, eine aggressivere Form des Heavy Metal, die sich durch hohes Tempo, Doublebass-Schlagzeug, schneidende Riffs und Geschrei auszeichnet. Einige Vertreter kamen sogar aus dem Punk-Bereich, beispielsweise Gitarrist Pelle Ström, der einige wilde Jahre in Punk-Acts wie Aggressiv und Svart Snö, der Crossover-Combo The Krixhjälters und der Thrash-Metal-Band Agony verbrachte. Er erinnert sich daran, dass Metal und Punk bis zu diesem Zeitpunkt zwei getrennten Welten angehört hatten.

„Metalheads lebten mit ihren Eltern in Vorstadthäusern, fuhren Mofa, schnupften Tabak und spielten Hockey, während die Punks mit ihren Gegenkultur-Eltern im Zentrum Stockholms wohnten. Aber im Punkrock war 1986 überhaupt nichts Aufregendes los, weshalb die einzige Möglichkeit für ein einigermaßen würdiges Dasein in der alternativen Rockmusik darin bestand, dass man zu Metal wechselte."

Agony war das Projekt des Sängers Pete Lundström. Zur Besetzung gehörte auch der Gitarrist Magnus Sjölin, der im Gegensatz zu Pelle ein echter Metalhead war. Dies war zwar ein Zusammenstoß zweier Kulturen, aber dennoch eine lohnenswerte musikalische Verschmelzung.

„Magnus hatte die Ausstrahlung eines Normalos, der Mofa fuhr, und mit einem Schuss Hockey", sagt Pelle. „Ich war ein überheblicher Möchtegern aus der Innenstadt mit linker Schlagseite, der am Internationalen Arbeitertag am Aufmarsch der Syndikalisten teilnahm. Darum wurde er zu einem großen Ärgernis für mich. Er konnte aber etwas, das die meisten Metalheads können: richtig spielen. Und nachdem ich mir ein ganzes Jahr lang den Arsch aufgerissen hatte, um seine Riffs zu üben, hatte ich mich als Musiker verändert."

Ihr Zusammenschluss führte zu Songs wie „Deadly Legacy" und „Execution of Mankind", die beide 1986 auf einer Demokassette veröffentlicht wurden. Bald entdeckten Jugendliche, die auf der Suche nach etwas Aggressiverem und Nihilistischerem als gewöhnlichem Heavy Metal waren, diese Kassette als wütendere Alternative.

Im selben Jahr erschien das Demo *General Alert* der Göteborger Band Ice Age. Das Quartett hatte sich ein paar Jahre zuvor als reine Heavy-Metal-Band der alten Schule gegründet. „Dann hörte ich Metallica, und das war's dann", sagt Gitarristin und Sängerin Sabrina Kihlstrand. „Die Aggression hat mich gepackt."

Maninnya Blade aus dem weit nördlich gelegenen Boden veröffentlichten bereits 1984 ihre EP *The Barbarian / Ripper Attack* und bildeten zusammen mit Acts wie Midas Touch und Damien aus Uppsala, Mefisto aus Stockholm, Kazjurol aus Fagersta, God B.C. aus Helsingborg und Mezzrow aus Nyköping in den späten Achtzigern eine aufstrebende kleine schwedische Thrash-Szene.

In Anlehnung an das DIY-Ethos des Punkrock verkauften Thrash-Bands Demokassetten in lokalen Plattenläden und über Anzeigen in Underground-Fanzines, die in Schweden und im Ausland herauskamen.

Bald nachdem sie so viele Demos an Fanzines geschickt hatten, wie sie sich leisten konnten, erhielten Ice Age Lob für *General Alert*. Bezeichnenderweise stellte die einflussreiche schwedische Radiosendung *Rockbox* ihre Musik vor, und plötzlich wurde die Band mit säckeweise Briefen von Hörern überschwemmt, die mehr Songs und Informationen wollten.

„Wir teilten die Briefe unter uns auf und beantworteten sie, so gut wir konnten. Insgesamt haben wir, glaube ich, fünftausend Exemplare unserer drei Demos verkauft", gibt Sabrina an.

Ice Age wurden von der großen Metal-Zeitschrift *Kerrang!* interviewt, obwohl sie nichts weiter als ein Tape vorweisen konnten. Das machte wiederum den berüchtigten amerikanischen Rockmanager Kim Fowley hellhörig, den man von den Runaways kannte. Er reiste nach Schweden, um die Band zur Zusammenarbeit zu überreden, aber Ice Age wollten nicht als Girl-Thrash-Band vermarktet werden – es reichte schon, dass jeder Artikel und jede Rezension auf diese einfache Klassifizierung zurückgriff. Daher lehnten sie das Angebot ab.

Ice Age entschieden sich stattdessen für eine Zusammenarbeit mit einem anderen Manager. Diese entpuppte sich als schädlich, da er anfing, die Mitglieder gegeneinander aufzubringen. Die Gruppe löste sich auf, leider ohne ein Album veröffentlicht zu haben.

Davor nahmen Ice Age gemeinsam mit Candlemass und Hexenhaus an der einzigen nennenswerten Metal-Tour teil, die in den Achtzigern in Schweden stattfand. Die wenigen Bands der Szene hielten meistens Kontakt zueinander und nahmen Reisen durchs ganze Land auf sich, um die jeweils anderen live zu sehen. Das Rockborgen in Fagersta war ein gängiger Treffpunkt und diente als Veranstaltungsort vieler ausgezeichneter Shows sowohl schwedischer als auch internationaler Acts. Agony waren eine der wenigen schwedischen Thrash-Bands, denen ein Plattenvertrag angeboten wurde, und veröffentlichten 1988 das Album *The First Defiance*. Einige Jahre zuvor waren sie mit den Göteborger Hardcore-Punks Anti Cimex und der britischen Grindcore-Band Napalm Death durch Großbritannien getourt. Laut den Mitgliedern von Napalm Death war diese Tour die extremste, an der sie sie je teilgenommen haben. Warum, kann Pelle Ström nicht ganz nachvollziehen.

„Ein paar Auftritte wurden abgesagt, und wir bekamen keine Gage", sagt er. „Noch bevor wir die Fähre verließen, hatte [Tomas] Jonsson von Anti Cimex seine Lederhose vollgepisst – die einzige in seinem Gepäck. Die Jungs von Napalm Death waren noch Kids, und ihr Schlagzeuger weinte die ganze Zeit, weil er so jung war und durchdrehte. Sie erzählten uns, sie würden die Batterien für ihre Verzerrer-Pedale vor einem offenen Kamin aufladen. Sie fanden diese Methode ganz toll und sicher."

Midas-Touch-Sänger Patrik Wirén erzählt von einer kleinen, aber engagierten Szene in Uppsala, die lokale Bands unterstützte. Die Thrasher hingen im örtlichen Plattenladen Expert ab, wo man sich traf, um die neusten Veröffentlichungen zu hören. Als 1989 Midas Touchs einziges Album *Presage of Disaster* erschien, verkaufte es sich so gut, dass es in Schweden in die Top 40 einstieg.

„Ich schätze, ein Großteil dieser Verkäufe fand in Uppsala statt", so Patrik. „Wir spielten in dem großen Rockclub der Stadt und zogen ein stattliches Publikum an. Das war im Rest des Landes nicht immer der Fall."

Mitte der Achtziger erwiesen sich amerikanische Thrash-Bands wie Metallica, Exodus, Anthrax, Slayer und Testament als kommerziell erfolgreich. In Schweden hingegen kam die einheimische Thrash-Szene nie richtig in Schwung. Dies erlebte der achtzehnjährige Thrash-Fan Robban Becirovic 1988 bei einem Damien-Konzert im Jazzclub Crescendo in Norrköping.

Nur zehn Personen tauchten auf.

„Ich hatte so etwas wie im Video zum Anthrax-Song ‚Gung-Ho' erwartet. Es wurde in Deutschland während einer Tour gefilmt, die sie mit Agent Steel und Overkill machten. Der Raum war so übervoll, dass die Leute beim Stagediven überhaupt nicht auf dem Boden stürzen konnten."

Trotz dieses Fiaskos war Robban fest entschlossen, selbst einen Thrash-Event zu veranstalten. Einige Monate später organisierte er einen Gig mit seinen Freunden Erik Sandberg und Devo Andersson. Agony, die gerade ihr Debütalbum veröffentlicht hatten, standen auf dem Programm. Und diesmal war das Ergebnis noch katastrophaler.

„Wir haben keine Karten verkauft. In der Woche vor der Show wurde uns klar, dass alles den Bach runterging, und Erik sprang ab. Wir hatten eine richtige Spelunke auf einer kleinen Insel im städtischen Kanal gebucht. Das bedeutete, dass wir eine Altersbeschränkung verhängen mussten ... obwohl kaum jemand, der auf Thrash stand, schon achtzehn Jahre alt war."

Als sich herausstellte, dass die Beschallungsanlage des Lokals völlig hinüber war, mieteten sie eine neue, obwohl sie selbst kein Geld hatten. Sie transportierten die Geräte in Einkaufswagen, die sie von einem lokalen Lebensmittelgeschäft gestohlen hatten, zum Veranstaltungsort. Vor der Kneipe hatte sich eine Horde betrunkener Jugendlicher versammelt, die sie aber nicht hineinlassen wollten.

„Es war ein heilloses Chaos! Etwa siebzig Leute hingen den ganzen Tag draußen herum und tranken. Die Bullen kamen und sagten: ‚Ihr müsst diese Jugendlichen reinlassen, sonst bricht die Hölle los.' Deshalb mussten wir die Bar schließen, was uns fünftausend Kronen kostete. Danach verlangten die jugoslawischen Besitzer Geld von mir und sperrten die Brücke übers Wasser ab, damit die Leute nicht wegkonnten. Sie führten mich in einen Raum, wo sie Baseballschläger aufbewahrten. Ich rief meine Mutter an, die sie überredete, mich unter der Bedingung freizulassen, dass ich am nächsten Tag weitere zweitausend Kronen zahlte. Ich hätte aus diesem verdammten Damien-Desaster lernen müssen, dass die deutsche Szene viel größer war als das, was wir in Schweden hatten. Dieses Anthrax-Video ist an allem schuld."

Thrash Metal konnte sich in Schweden nie richtig durchsetzen, geschweige denn überhaupt Fuß fassen. Ein Grund dafür mochten Bathory gewesen sein, die bereits 1984 einen weitaus aggressiveren Sound etabliert und damit den Weg für neue Extreme geebnet hatten; auch könnte es daran gelegen haben, dass keine einzige schwedische Thrash-Band genug Aufmerksamkeit erhielt, um andere zu inspirieren.

„Die schwedischen Labels waren sterbenslangweilig", sagt Sabrina Kihlstrand. „Damals brauchte man ein Label, um ein Album zu veröffentlichen, doch sie hatten keine Ahnung von dieser Musik."

In einem anonymen Artikel in der schwedischen Musikzeitschrift *OKEJ* wurde 1983 die Frage gestellt, warum schwedische Metal-Bands anscheinend nie den Durchbruch schafften. Die Antwort lautete, einheimische Bands würden einfach ihren ausländischen Vorbildern nacheifern, ohne etwas Eigenes hinzuzufügen; Heavy Load und Trash wurden als Beispiele genannt. Der Autor schrieb: „Schwedische Bands haben es schwer, ihren eigenen Metal-Stil zu entwickeln. Das Land hat keine Tradition in diesem Bereich, weshalb schwedischer Metal nie einzigartig oder eigenständig ist."

Diese Folgerung lässt sich auch auf die erste Welle des schwedischen Thrash anwenden.

Candlemass waren die Ausnahme von der Regel. Während Thrash-Bands darauf Wert legten, so schnell wie möglich zu spielen, taten Leif Edling und seine Mitmusiker genau das Gegenteil. Die Gruppe aus Upplands Väsby schlug ein unheilvolles Kriechtempo an, stimmte die Gitarren tiefer und trug so zur Entstehung einer brandneuen Metal-Spielart bei, die hinsichtlich ihrer Zähigkeit und bedrohlichen Atmosphäre extrem war. Ihre Debüt-LP *Epicus Doomicus Metallicus*, die 1986 erschien, gab dem Genre sogar seinen Namen: Doom Metal. Fast vierzig Jahre und etliche Alben später hat der schwerfällige Sound der Gruppe Bands auf der ganzen Welt stark beeinflusst. „Ich schreibe den Erfolg von Candlemass der Tatsache zu, dass wir so anders waren", sagt Leif Edling. „Zudem glaube ich, dass Nemesis aus dem gleichen Grund in Upplands Väsby von der Bühne gebuht wurden. Ein Jahr später haben wir mit Candlemass nichts anderes gemacht, es aber allen Widrigkeiten zum Trotz durchgezogen, obwohl unsere erste Platte schlechte Kritiken bekam. Wenn dein Sound originell genug ist, wirst du sowieso wahrgenommen. Und diejenigen, die ihn mögen, mögen ihn wirklich. Danach ist einfach alles riesengroß geworden."

Für die fette Produktion von *Epicus Doomicus Metallicus* zeichneten Ragne Wahlquist und die Thunderload Studios verantwortlich. In den Achtzigern und Neunzigern produzierten die Brüder in ihrem

Studio Alben für mehrere andere Bands. Es verfügte nicht nur über ein beachtliches Arsenal an Instrumenten und Aufnahmegeräten, sondern hatte auch eigens gefertigte Kabinen für die Aufnahme von Schlagzeug, E-Gitarre, Gesang und Streichinstrumenten.

Im Laufe der Jahre entdeckten immer mehr Menschen Heavy Load, und heute genießt die Band unter Metal-Fans in aller Welt Kultstatus.

1999 kam die Göteborger Band HammerFall ins Thunderload, um eine Coverversion des Heavy-Load-Songs „Run with the Devil" für eine Compilation mit dem Titel *Power of the North* aufzunehmen. Viele Jahre waren seit seiner Jugend in Mora vergangen, aber HammerFall-Sänger Joacim Cans kam es trotzdem so vor, als würde er mit seinen Idolen arbeiten.

„Wir konnten Ragne und Styrbjörn für den Background-Gesang gewinnen. Und wir haben den Track mit dem alten Mischpult aufgenommen, das sie zu ihrer Schulzeit im Werkunterricht gebaut hatten. Außerdem hofften wir, das unveröffentlichte Heavy-Load-Album zu hören, von dem wir in den letzten zehn Jahren immer wieder Gerüchte aufgeschnappt hatten. Daraus wurde jedoch nichts. Ich frage mich immer noch, ob jemals ein Album in Arbeit war oder sie das nur gesagt haben, um den Mythos am Leben zu halten. Andernfalls hätten sie das Ding wahrscheinlich mittlerweile fertiggestellt."

Eines Morgens im Jahr 2001 wachte Ragne Wahlquist auf und hörte eine Meldung im Radio, die ihm einen Schauer über den Rücken jagte.

„Sie sagten, es gebe ein Leck in einer Wasserleitung in Solna. Ich befürchtete, das Studio sei davon betroffen."

Er machte sich sofort auf den Weg zur U-Bahn-Station und bemerkte schon in der Unterführung, dass etwas nicht stimmte. Die Wände waren mit Dreck verklebt, doch er sah kein Wasser. Als er das Studio betrat, wurde ihm klar, warum. „Da es unterirdisch war, war das Wasser direkt hineingeströmt. Es sah völlig verwüstet aus – als wäre ein Riese mit einem riesigen Schneebesen hereingekommen und hätte einfach alles herumgewirbelt. Der Holzboden war aufgequollen und hatte sich verzogen. Eine Tür war aus den Angeln gehoben worden. Die Bassgitarre im Kontrollraum hatte sich aus ihrem Koffer gelöst und war durch zwei Räume getrieben. Wie sich herausstellte, befand sich das Leck in der Hauptwasserleitung des gesamten Gebiets."

„Tonbänder und Equipment, alles war weg", sagt Anders Tengner. „Alles wurde zerstört, und ihr gesamtes Lebenswerk war verschwunden. Das hat ihnen den letzten Rest ihrer Begeisterung genommen."

Trotzdem will Tengner die Möglichkeit nicht ausschließen, dass wir eines Tages das Album hören werden, an dem die Brüder so viele Jahre lang gearbeitet haben.

„Ich glaube, sie haben die Bänder noch irgendwo. Außerdem denke ich, dass es Gespräche darüber gab, sich eines Tages wieder zusammenzutun. Wahrscheinlich würden sie gern beim Sweden Rock Festival oder so auftreten. Allerdings haben jetzt alle Kinder und Jobs – wie sollen sie da Zeit zum Proben finden? Es wäre aber wirklich cool, Heavy Load noch einmal live zu sehen."

Heavy Load reformierten sich 2018 für drei Shows, darunter auch ein Auftritt beim Sweden Rock Festival. Die Band hat auch remasterte Versionen ihrer drei Studioalben veröffentlicht und Tracks der vierten LP restauriert.

Im Oktober 2023 veröffentlichten Heavy Load Riders of the Ancient Storm, *ihr erstes Album seit vierzig Jahren. Parallel kam* Wahlgaard Saga *heraus, der erste Teil von Ragne Wahlqvists Romanreihe.*

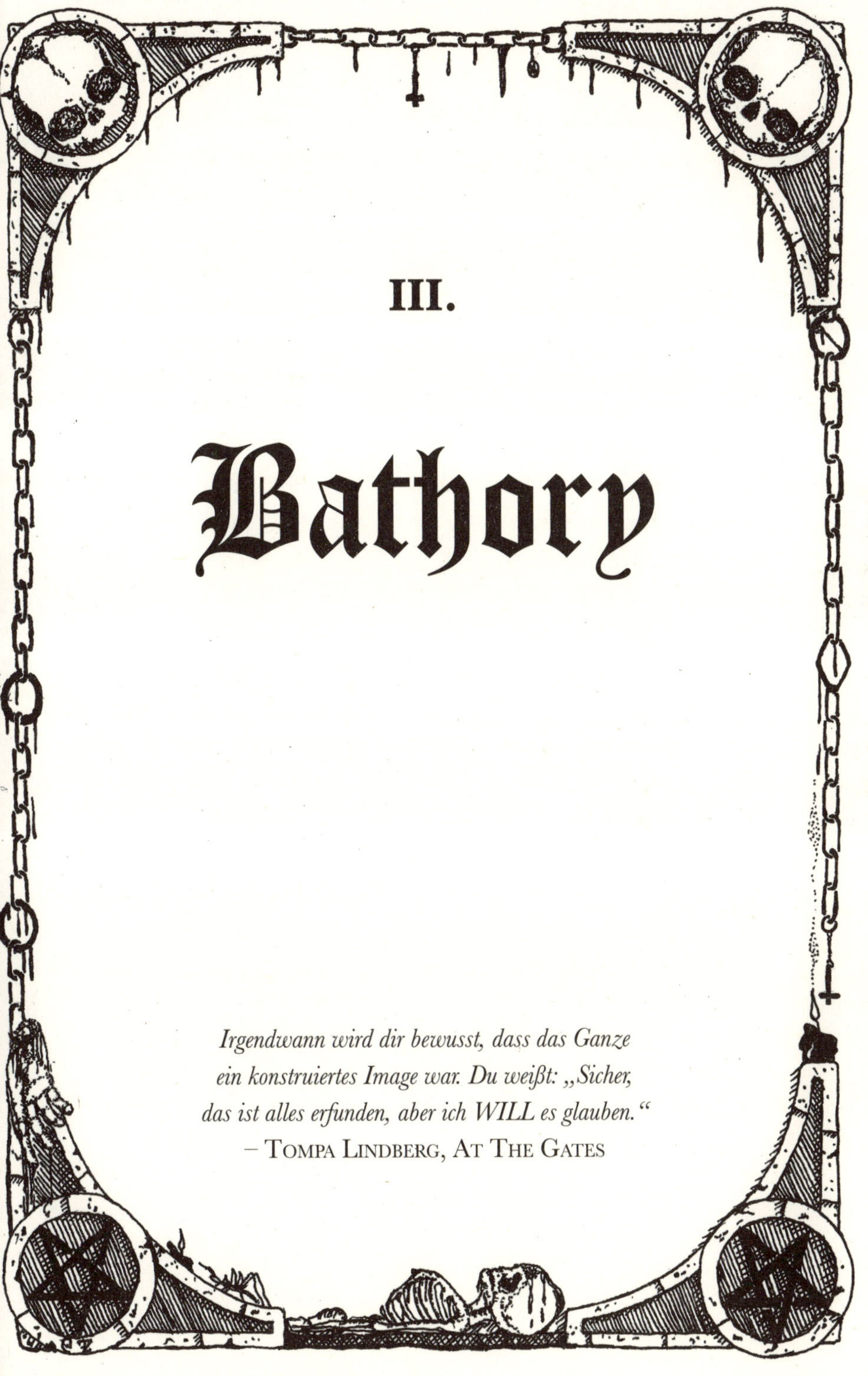

III.

Bathory

Irgendwann wird dir bewusst, dass das Ganze ein konstruiertes Image war. Du weißt: „Sicher, das ist alles erfunden, aber ich WILL es glauben."
– Tompa Lindberg, At The Gates

Es ist das Jahr 1984, und Fraktur hat sich in Sachen Heavy-Metal-Schrifttypen als der Weisheit letzter Schluss durchgesetzt. Zu den Tausenden Kids, die nach einer Letraset-Folie mit den gotischen Buchstaben greifen, gehört auch ein achtzehnjähriger Stockholmer. Er will sich in bester Punkrock-Manier ein Plattencover zusammenkleben. Die Songs auf dem Debütalbum seiner Band Bathory streifen mit Titeln wie „Armageddon“, „In Conspiracy with Satan“ und „Sacrifice“ dunkle, okkulte Themen. Schon beim vierten Song auf der Trackliste sind ihm die Cs ausgegangen. Not macht aber bekanntlich erfinderisch, also wird das letzte C durch ein S ersetzt. Der herausragende Song auf dem Bathory-Album heißt daher „Necromansy“.

Als die selbstbetitelte LP endlich in die Läden gelangt, steht in einer Rezension des wichtigen Magazins *Kerrang!*, die schnelle und aggressive Musik sei so schrecklich, dass sie Satan in Verruf bringen würde.

Mit der Unterstützung eines enthusiastischen Vaters, der von Beruf Plattenproduzent ist, wird der Frontmann von Bathory aber schließlich dazu beitragen, den Grundstein für die gesamte internationale Death- und Black-Metal-Szene zu legen.

Anfang der Achtziger ist in Upplands Väsby nördlich von Stockholm die aufkeimende Hardrock-Bewegung im Begriff, sich zu etablieren. Gleichzeitig spaltet sich der schwedische Punk allmählich in zwei Fraktionen: Die eine schlägt eine eher melodische, anspruchsvollere Richtung ein, die auch Pop- und sogar Reggae-Elemente umfasst, die andere nimmt sich vor, die musikalischen Grenzen zu erweitern – je schneller und brutaler, desto besser. Dieser Flügel der Bewegung wird unter dem Namen *Hardcore* bekannt. Wohingegen Punk und Metal in musikalischer Hinsicht immer noch wie Öl und Wasser sind, wird der schwedische Death Metal später aus dieser neuen und aggressiven alternativen Punk-Szene hervorgehen.

Bei vielen schwedischen Metal-Bands jener Zeit handelt es sich in Wirklichkeit um melodische Hardrock-Bands, die von Whitesnake, UFO und der Michael Schenker Group beeinflusst wurden. Aber die wildesten Combos des Landes sind Anti Cimex aus Skaraborg, Moderat Likvidation aus Malmö und Mob 47 aus Täby. Die Raserei und der DIY-Geist dieser aufstrebenden Hardcore-Szene werden der Funke sein, der die nächste musikalische Revolution im Land auslöst.

Ace Forsberg aus Vällingby gehört zu diesen jungen Punks. Er wurde als Thomas geboren und nannte sich schon als Teenager Ace, weil er Kiss und insbesondere deren Gitarristen Ace Frehley sehr mochte. Nach einer Zeit bei der Oi!-Punk-Band Stridskuk schaut sich Ace nach anderen Möglichkeiten um, sein Interesse an Metal und düsteren Themen zu verbinden. Er sucht über Aushänge auf Plattenbörsen und in Musikgeschäften in Stockholm nach Mitmusikern, wobei er GBH, The Exploited, Motörhead und Black Sabbath als seine Haupteinflüsse angibt.

Schlagzeuger Jonas Åkerlund und sein Cousin Frederick Melander melden sich auf einen dieser Aushänge. Sie haben schon in mehreren Bands zusammengespielt, suchen aber noch nach den richtigen Leuten.

Mitte März 1983 treffen sich die drei in einem Musikgeschäft in Sankt Eriksplan. „Ace kam in einer rosa-schwarz gestreiften Spandexhose und hatte Hühnerknochen an seiner Jacke hängen", erzählt Jonas am Telefon aus Los Angeles, wo er heute ein bekannter Film- und Musikvideoregisseur ist.

„Er stand etwas abseits, und wir fragten uns, ob er es wirklich sein konnte – und tatsächlich, er war es. Wir gingen den kurzen Weg zu unserem Proberaum, der sich im Keller eines großen Wohnhauses in der Sigtunagatan befand. Ace holte seine Gitarre heraus, und zunächst einmal konnte er besser spielen als jeder andere, mit dem wir je gejammt hatten. Außerdem hatte er einen Haufen Songs geschrieben. Zwischen uns hat es sofort gefunkt."

Jonas erinnert sich, dass er auf heavy Musik im Stil von Black Sabbath stand, während Frederick eher psychedelische Bands wie Hawkwind und Uriah Heep hörte.

„Und man drückte allem, was man machte, diesen Punk-Stempel auf. Frederick und ich hatten nie sehr schnell gespielt, und als Ace die Gitarre in die Hand nahm, taten wir uns schwer, mitzuhalten."

Frederick weiß noch, wie aufgeregt er war, als er ihn kennenlernte, und wie anders Ace den Cousins vorkam.

„Wir kamen aus Bromma, einem behüteten Vorort, und wurden beide offen gestanden mit dem goldenen Löffel im Mund geboren. Wir hatten nicht den Mumm, uns so zu verhalten oder so auszusehen. Ace hatte die Schule abgebrochen und war sehr rebellisch; wir schauten zu ihm auf."

Die Band probt bis zu viermal die Woche – zuerst in der Sigtunagatan, dann in einem Industriegebiet und schließlich auf einer Insel des Stockholmer Schärengartens. Während der Proben spielen sie oft Kiss- und Saxon-Cover, ehe sie Pizza essen gehen. Nach langen Diskussionen und mehreren Listen mit Namen einigen sie sich auf Bathory.

Die ungarische Gräfin Elisabeth Báthory ist wahrscheinlich die berüchtigtste Serienmörderin der Geschichte. Sie war von Natur aus schön und besessen davon, ihr gutes Aussehen zu bewahren. Der Legende nach kämmte eines Morgens eine Dienstmagd der Gräfin die Haare und kratzte sie dabei versehentlich. Elisabeth wurde wütend und ließ die junge Frau hinrichten, woraufhin sie anordnete, den Leichnam ausbluten zu lassen, um in der noch warmen Flüssigkeit zu baden, da sie glaubte, es handele sich um ein regenerierendes Elixier. Die Gräfin versteifte sich dann auf diese Blutbäder und ihre mutmaßliche Wirkung. Erst als einer anderen jungen Frau die Flucht aus dem Schloss gelang, wurden die Verbrechen der Gräfin aufgedeckt. Angeblich hatte sie bis zu ihrer Festnahme mehr als sechshundert Jungfrauen gefoltert, ermordet und ausbluten lassen. Sie wurde im Jahr 1610 inhaftiert und starb vier Jahre später.

Als der Bandname feststand, schickten sich Bathory an, die schnellste und härteste Musik aller Zeiten zu machen.

„Ace war wie eine Maschine, was das Songwriting anging. In unseren früheren Bands hatten Frederick und ich die Musik geschrieben, was wir aber nun gänzlich bleiben ließen", so Jonas. „Anfangs klangen wir ziemlich heavy, aber die Musik wurde nach und nach schneller. Alles ging von Ace aus, der uns immer weiter in diese Richtung drängte."

Wenn er nicht gerade mit Bathory probt, arbeitet Ace als Allrounder für das von seinem Vater Börje Forsberg geführte Plattenlabel.

Neben eher Pop-orientierten Acts managt Börje auch zwei Metal-Bands: Oz aus Finnland und Trash aus Stockholm. Sie haben Platten veröffentlicht, die sich recht gut verkaufen. Er erlangt in der Branche einen guten Ruf, weil er neue Talente aufspürt. Heavy Metal ist auf dem Vormarsch.

1983 wird Börje von dem Label RCA kontaktiert, das ihn bittet, eine Compilation für den mitteleuropäischen Markt zu produzieren, die skandinavischen Metal und entsprechende Bands vorstellt. Er nimmt Songs mit Trash, Oz, Zero Nine und einer anderen finnischen Gruppe namens Spitfire auf. Ace fragt seinen Vater dann, ob seine Band auch auf der Compilation vertreten sein dürfe.

„‚Was? Du hast eine Band?', erwiderte ich. Das war sinngemäß der Wortlaut", sagt Börje. „Ich wusste, dass er hin und wieder mit Freunden spielte, hatte aber noch nichts von einer Band gehört!"

Er ist gerade dabei, das neue Oz-Album *Fire in the Brain* aufzunehmen, und bittet Ace, seine Band für eine Probeaufnahme ins Studio zu bringen. Um elf Uhr nachts – nachdem Oz Feierabend gemacht haben – schlagen Bathory auf und dürfen das bereits mikrofonierte Equipment benutzen, um ihr eigenes Material einzuspielen.

„Da kamen diese drei Pudel, es war das Lustigste, was ich je in einem Studio erlebt habe", erinnert sich Börje. „Sie dachten, man müsse bei den Aufnahmen wie Kiss aussehen, also trugen alle drei Nietengürtel und Lederjacken und fingen an, wie die Irren zu knüppeln. Ich dachte: ‚Was zum Teufel ist das?' Gleichzeitig war es aber auch sehr einnehmend – und so verdammt hart, so etwas hatte ich noch nie gehört. Die Sex Pistols spielten im Vergleich dazu Tanzmusik."

Börje nimmt zwei Bathory-Songs auf und mischt sie an Ort und Stelle ab, während die Band noch im Studio ist. Bei der Zusammenstellung der Compilation, die nun den Titel *Scandinavian Metal Attack* trägt, stellt er jedoch infrage, ob die beiden Tracks wirklich auf der Platte sein sollten. Zum einen ist Ace sein Sohn, zum anderen sind RCA auf der Suche nach melodischem Hardrock mit – glaubt Börje – Chart-Potenzial.

Bathorys Material hat aber einfach etwas für sich. Börje schätzt ihren Stil und ihre Energie – also beschließt er letztendlich, sie hinzuzufügen. Der Platte liegt ein Fragebogen bei, den die Hörer ausfüllen und ans Label senden können, um mitzuteilen, von welchen Bands sie gern mehr hören würden.

Die Compilation wird in hohen Auflagen gepresst und in ganz Europa vertrieben. Bathorys Beitrag ragt besonders heraus, gerade zwischen den traditionelleren Stücken. „Sacrifice" und „The Return of Darkness and Evil" haben einen ganz eigenen Sound und sind an den damaligen Standards gemessen rasend schnell. Ace singt mit gutturaler Stimme davon, dass er dem Satan Jungfrauen opfert und die Muttergottes vergewaltigt. Es ist dreckig, gefährlich und völlig hemmungslos.

In einigen Wochen werden die ersten Fragebogen eintrudeln.

„Bathory, Bathory, Bathory stand da. Auf jedem einzelnen Blatt", erzählt Börje. Als Geschäftsmann erkennt er, dass er etwas Großem auf der Spur ist.

„Ich sagte: ‚Mensch, Ace, hast du noch mehr Songs? Du musst jetzt ein Album machen!' Und er hatte jede Menge Material. Er holte seinen kleinen Kassettenrekorder und spielte mir Gitarrenriffs vor, die er geschrieben hatte."

Zu diesem Zeitpunkt driftet das Trio jedoch auseinander. Jonas und Frederick interessieren sich mehr für Heavy Metal und Punk, während Ace auf immer finsterere, schnellere Experimente fixiert ist. Außerdem gab es innerhalb der Gruppe nie richtige Kameradschaft. Frederick erinnert sich daran, wie er und Jonas immer wieder versuchten, Ace zu überreden, mit ihnen Party zu machen. Meistens kam nichts dabei heraus.

„Ich glaube nicht, dass er wirklich mit uns befreundet sein wollte. Er war extrem eigenwillig, ein wirklich lustiger Typ, aber auch sehr speziell. Eine Ein-Mann-Show. Allgemein gesprochen weiß ich nicht einmal, ob er überhaupt eine Band wollte. Ich glaube, er wollte nur seine Songs ausarbeiten. Ace war echt schwer einzuschätzen, weil er nicht sonderlich viel geredet hat."

Im Sommer, als die Cousins Ferien in England machen, nutzt Ace die Gelegenheit, ein ganzes Album mit Börje aufzunehmen, zusammen mit einem Schlagzeuger und einem Bassisten, deren Namen nie herauskommen. Die Session findet im Studio Heavenshore in Huddinge statt. Dabei handelt es sich in Wirklichkeit um eine Garage, die einem von Börjes Mitarbeitern gehört, dem etablierten Komponisten und Songschreiber Peter Himmelstrand („Heavenshore" ist quasi die Übersetzung seines Nachnamens).

Die Identität aller Musiker, die tatsächlich auf *Bathory* spielen, bleibt ein Geheimnis. Jonas Åkerlund gibt an, bei Aufnahmen der gleichen Lieder mitgewirkt zu haben, hat aber keine Ahnung, welche Versionen auf dem Album stehen. Für Frederick Melander sind es offensichtlich andere Musiker. Lange wurde spekuliert, Stridskuk-Mitglied Rickard Bergman und Stefan Larsson von einer anderen Punkband namens OBS-klass seien als Rhythmusgruppe rekrutiert worden. Falls Börje die Wahrheit kannte, hat er sie stets für sich behalten.

Ace bestätigte die kreativen Differenzen in der ersten Besetzung der Band in einem Interview im *Close-Up*-Magazin zehn Jahre später: „Die anderen Jungs in unserer ersten Inkarnation glaubten nicht an solchen Kram – über Satan zu singen. Sie waren auch nicht bereit, Leder, Ketten und Nieten anzuziehen (…) In Schweden musste man damals wie Joey Tempest aussehen. Ansonsten kam man nicht an Auftritte ran und konnte erst recht keine Mädchen nach Shows aufreißen. Und ich weigerte mich, so etwas zu verkörpern."

Bathory erscheint im Oktober 1984. Ace gibt keinerlei Informationen über die Band in den Linernotes oder auf der Hülle des Albums an, was die Gruppe sofort geheimnisumwittert macht. Es heißt lediglich, dass die Platte von „Quorthon & the Boss" produziert wurde. Der Name Quorthon stammt aus einem Buch über satanische Rituale. Das Promo-Material der Plattenfirma beschränkt sich auf eine kurze und genauso stumpfsinnige Biografie mit spektakulären Fotos.

Heute gehören überdimensionale Stacheln, Leder, Schädel und Schweineblut zu den ästhetischen Konventionen des Genres. 1984 ist Ace jedoch der Einzige in Schweden (und einer der wenigen weltweit), der diese Ästhetik vollumfänglich ausschöpft. Die wenigen im Umlauf befindlichen Fotos, die Ace mit umgedrehten Kreuzen und einer mit Hühnerknochen verzierten Pentagramm-Halskette zeigen, erzeugen schnell einen Hauch von Mystik.

Bathory erscheint über Black Mark Production, eine Tochtergesellschaft von Börje Forsbergs Firma Tyfon. Er lässt konservativ tausend Exemplare pressen.

„Ich hatte mein Büro bei Elektra Records in Kista. Jeden Freitag gab es ein Meeting mit der Verkaufsabteilung, um ihnen die neusten Titel vorzustellen. Ihr hättet sie sehen sollen, als ich *Bathory* auflegte. Verdammt, die Blicke, die sie sich zugeworfen haben! ‚Was ist das denn bitte – hat er den Verstand verloren?' Ich versicherte ihnen, es würde sich wie verrückt verkaufen, aber niemand glaubte mir. Innerhalb weniger Monate schoben wir eine zweite Pressung hinterher."

Das Cover von *Bathory* ist schwarz, oben steht der Name in weißer Fraktur, darunter das Bild einer Ziege. Ace wollte sie auf der Erstpressung in Goldfarbe gedruckt haben, doch der Druckerei unterlief ein Fehler, sodass die Platte stattdessen mit einer „pissgelben" Ziege (um Börje zu zitieren) auf der Hülle ausgeliefert wurde.

Heute erzielt diese „Yellow Goat"-Version des Albums Verkaufspreise von über tausend US-Dollar.

Der ehemalige Massgrav-Schlagzeuger Mattias „Indy" Pettersson ergatterte ein Exemplar in einem neu eröffneten Plattenladen in Stockholm für umgerechnet „nur" sechshundert Dollar.

„Als ich herausfand, dass es sich um ein Archivexemplar handelte, das noch nie abgespielt worden war, hatte ich keine Zweifel mehr. Tatsächlich dachte ich zuerst: ‚Wie kann sie so billig sein?‘ Ich bin wohl ein bisschen geschädigt vom jahrelangen Kauf obskurer Platten. Dieses besondere Exemplar wurde anscheinend im Haus einer alten Dame gefunden, die im Presswerk Audiodisc gearbeitet hatte, wo die Platte 1984 hergestellt worden war. Deshalb wurde sie auch nie abgespielt. Ich fuhr nach Hause und sagte mir: ‚Das ist ein Kunstwerk, und dafür ist es spottbillig.‘ Tags darauf kehrte ich in den Laden zurück und kaufte das Album. Alles bestens."

Wer die Ziege auf dem Titelbild gezeichnet hat, ist nicht eindeutig geklärt. Jonas behauptet, es stamme aus einem Buch, und er habe es zu Hause fotokopiert. Börje will gesehen haben, wie Ace es gezeichnet hat, und das Original sei irgendwo in einer Kiste versteckt.

Unabhängig davon, wer das Motiv entdeckte, handelt es sich bei der Quelle um eine Originalillustration von Joseph A. Smith für das Buch *Witches* (1981) von der amerikanischen feministischen Ikone Erica Jong. Ein Bathory-Fan stieß zufällig auf das Bild und bemerkte zudem, dass eines der Gedichte aus dem Buch für einen Liedtext adaptiert worden war – „For All Those Who Died" vom 1988 erschienenen Album *Blood Fire Death* –, was ihn in seiner Überzeugung bestärkte, die richtige Ziege gefunden zu haben.

Elektra kümmern sich um den Vertrieb an die Plattenläden in Schweden, und Börje karrt persönlich Kisten mit je hundert Exemplaren des Albums zu Heavy Sound in Stockholm. Der Laden exportiert diese Platten an Metal-Händler im Ausland, und Börje nimmt bald internationale Anrufe im Black-Mark-Büro entgegen.

„Ein Deutscher rief mich eines Tages an und fragte: ‚Habt ihr Batlord?‘ Er hatte einige Import-LPs gekauft und bemerkt, wie schnell sie weggingen. ‚Wie viele brauchst du?‘, erwiderte ich. ‚Ich denke, ich fange mit fünftausend an‘, sagte er. ‚Okaaay‘, antwortete ich. Müßig zu erwähnen, dass ich keine fünftausend Exemplare auf Lager hatte, also musste ich mehr pressen lassen. Ich verlangte, dass er im Voraus bezahlt."

Der Anrufer ist Manfred Schütz von Booze Records, heute bekannt als SPV und eines der führenden Metal-Labels der Welt. Insgesamt kauft er fünfzehntausend Exemplare von *Bathory*.

Auch das amerikanische Label Relativity Records kontaktiert Börje in der Hoffnung, einen Lizenzvertrag für mehrere Bathory-Alben auszuhandeln.

Der Einstand der Band geht um die Welt, und die Platte wird begeistert von Teenagern aufgenommen, die auf der Suche nach etwas Härterem und Gefährlicherem als der aktuellen Thrash-Metal-Welle sind.

„Ein Album zu finden, das genau das enthielt, was man wollte, war ein unglaubliches Gefühl", schwärmt Tompa Lindberg aus Göteborg, der später die Bands Grotesque und At The Gates mit begründen sollte. Er war zwölf Jahre alt, als *Bathory* erschien.

„Es war so düster. Alles wirkte geheimnisvoll", erinnert sich Tompa. „Wer hat darauf gespielt – war es überhaupt eine Band? Um sie rankte sich ein Mythos, eine Legende. Ich hatte das gleiche Gefühl wie bei Celtic Frost und Voivod, dass diese Typen ein Haufen völlig Verrückter waren. Ich meinte, von so was verkauft sich doch niemals nur ein Exemplar! Die machen, was sie wollen!", erinnert sich Tompa.

Bathory wird in Metal-Fanzines auf der ganzen Welt gefeiert, aber etablierte Rockmagazine wie *Kerrang!* verreißen die Newcomer.

„Viele der Kritiken waren urkomisch", lacht Börje. „Im *Kerrang!* fragten sie sich, ob da jemand Wasser in eine Badewanne einließ!"

Ace gibt ein paar Fanzine-Interviews, interessiert sich aber nicht für Details, die mit dem Marketing und den Plattenverkäufen zusammenhängen. Er will nichts weiter tun als neue Musik schreiben.

Fans aus Polen, den Vereinigten Staaten und Deutschland schreiben Briefe, wollen unbedingt mehr über ihre neue Lieblingsband erfahren.

„Jahrelang kamen jeden Tag Briefe an. Am Ende standen riesige Kisten mit Post unterm Küchentisch. Ace hatte natürlich keine Zeit, alles zu beantworten, aber ich bin mir ziemlich sicher, dass er jeden einzelnen Brief gelesen hat."

Ace beginnt, seine Fans die „Bathory-Horden“ zu nennen.

Börje hat immer weniger Zeit für seine anderen Bands. Mehrere Tracks werden für eine geplante Bathory-EP aufgenommen, aber wieder verworfen, stattdessen konzentrieren sich Vater und Sohn auf eine zweite LP-Veröffentlichung.

Anfang 1985 mieten sie das exklusive Elektra-Studio und machen sich daran, *The Return of the Darkness and Evil* (kurz: *The Return......*) mithilfe von Stefan Larsson und Bassist Andreas Johansson aufzunehmen. Das Album ist nach einem der beiden Songs benannt, die auf *Scandinavian Metal Attack* zu hören sind: Ace hat einfach vergessen, ihn mit aufs Debüt zu packen. Bei seiner Veröffentlichung einige Monate später gefällt das zweite Album den Fans noch besser als sein Vorgänger.

Wie zuvor finden sich nur wenige Informationen auf dem Cover und der Innenhülle; und wieder einmal sind Quorthon und Boss als Produzenten aufgeführt.

Börje Forsberg trifft uns an der U-Bahn-Station in Vällingby. Er trägt eine blaue Jeansjacke und hat sein langes graues Haar zu einem Pferdeschwanz zurückgebunden.

„Hallo. Willkommen in der Gegend!“

Er erwähnt, dass die Familie Forsberg seit mehr als vierzig Jahren in Vällingby beziehungsweise in der näheren Umgebung lebt. Auf dem Weg zur Wohnung seiner Tochter Jennie zeigt er uns mehrere Straßen, die für die Familiengeschichte von Bedeutung sind.

„Dort wohnt Limpan, mein jüngster Sohn. Dieser Weg führt nach Spånga, wo unser altes Haus war. Im Keller haben wir die Promo-Fotos für das erste Bathory-Album gemacht.“

Er parkt den Volvo vor einer Reihe von Holzhäusern. Seit zehn Jahren wohnt er in der kleinen Gemeinde Bruzaholm in der Provinz Småland – er besucht Stockholm für einen Gesundheitscheck und um seine Enkelkinder zu sehen. Wir setzen uns auf die Terrasse in die Sonne.

Die verwandtschaftliche Verbindung zwischen Ace und Börje wurde geheim gehalten, bis Ace 2004 unerwartet an einem angeborenen Herzfehler starb. Seit Jahren gab es Gerüchte über die Identität von Boss. Noch 2003 wies Ace alle Spekulationen in Beiträgen auf der Bathory-Website zurück.

Erst nach dem Tod seines Sohnes hat sich Börje zu einem Interview bereit erklärt, um über ihn zu sprechen. Ihn zu überreden, an diesem Buch mitzuwirken, hat mehrere Jahre gedauert.

„Wenn wir mit Black Mark und Bathory arbeiteten, waren wir Boss und Quorthon. Wir haben gelernt, so zu leben. Ich nannte ihn nie Ace, wenn wir außer Haus waren, um Promo zu machen oder etwas aufzunehmen, immer nur Quorthon."

Auf die eine oder andere Art war Börje als Techniker oder Produzent an allen Werken von Bathory und auch an zwei Quorthon-Soloalben beteiligt. Nach *The Return......* wirkte er weiterhin unmittelbar an den Aufnahmen mit.

„Wir haben alles im Studio geschrieben. Er hatte Texte und Titel parat und meistens nichts weiter als ein Tape mit ein paar Gitarrensachen – es gab keine Vorproduktion. Dann haben wir losgelegt und alles zusammen ausgearbeitet."

Ein heranwachsender Black-Metal-Musiker, der so eng mit seinem Vater zusammenarbeitet, muss eine Seltenheit sein. Am Schaffensprozesse teilzunehmen war aber selbstverständlich für Börje.

„Es sind von jeher Ace und ich gewesen. Immer. Wir waren Freunde. Natürlich waren wir in gewisser Weise auch Vater und Sohn; wir wohnten viele Jahre lang zusammen und waren große Fans des Fußballvereins AIK. Und wir haben lange Zeit zusammengearbeitet. Wir teilten eine noch tiefere Leidenschaft für die Musik."

Börje sagt, dass Kiss der erste große musikalische Schwarm seines Sohnes war. Schon im Grundschulalter hatte er sich für die Band begeistert. Als Kiss auf ihrer ersten Europatournee 1976 nach Schweden kamen, flehte er seinen Vater an, das Konzert mit ihm zu besuchen. Börje nahm Ace und seine jüngeren Geschwister mit, und von diesem Moment an war Musik das Einzige, was den Jungen interessierte. Eines Abends bald nach dem Konzert hörte Börje, der spät von der Arbeit nach Hause kam, seltsame Geräusche aus dem Garten hinterm Haus. Ace stand im Dunkeln und hämmerte auf ein Ölfass. Börje, der früher selbst Schlagzeuger gewesen war, erkannte sofort, dass sein Sohn Rhythmusgefühl hatte.

Ein paar Tage später fuhr Börje gerade in die Einfahrt, nachdem er Lebensmittel eingekauft hatte. „Ace kam normalerweise raus, um beim Tragen der Sachen anzupacken, also rief ich nach ihm: ‚Kannst du deinem alten Herrn mit den Taschen helfen?‘ Ich hatte ihm tatsächlich ein Schlagzeug gekauft, und es lag im offenen Kofferraum. Er kam runter zum Auto, sah das Instrument und fiel aus allen Wolken. Von da an drehte sich alles um Drums, Drums, Drums – es war ein nicht enden wollendes Getrommel.“

Die Nachbarn waren nicht ansatzweise so erfreut über den Kauf. Da man ihm verboten hatte, drinnen zu spielen, brachte Ace das Schlagzeug in den nahe gelegenen Wald. Wenn die Sonne unterging, trug er es Stück für Stück zurück.

Die Familie zog schließlich in ein größeres Haus, wo sie im Keller ein Musikzimmer einrichtete. Ace schminkte seine drei jüngeren Geschwister und gab Playback-Kiss-Konzerte für ihre Eltern. Da Pyrotechnik ein wichtiger Aspekt von Kiss-Shows war, brachte sich Ace das Feuerspucken bei. Er experimentierte sowohl mit Kerosin als auch mit Benzin, machte aber die überraschende Entdeckung, dass Schokoladenmilchpulver brennbare Eigenschaften hat und genauso gut funktionierte.

„Und meine Güte, es dauerte nicht lange, bis er das ganze Schlagzeugsolo vom Kiss-Album *Alive!* spielen konnte – aus dem Stegreif“, erinnert sich Börje. „Alles, was er sich vornahm, fiel ihm leicht. Bei mir ist das Gegenteil der Fall. Ich kann hören, wenn etwas gut ist, hätte aber Schwierigkeiten, es selbst zu spielen. Für ihn war es hingegen sehr einfach.“

Börje Forsbergs musikalisches Leben begann in den späten Fünfzigern, und 1961 erschien die erste Single der Band Telstar, in der er Schlagzeug spielte. Er gehörte auch Mike Doughan and the Ghost

Riders an, die mehrere Alben über das Vorzeigelabel Decca veröffentlichten.

„Wir waren die wilde und gefährliche Stockholmer Band, zu deren Konzerten Mütter ihre Töchter nicht gehen lassen wollten."

Als Börjes Musikkarriere Fahrt aufnahm, wurde er von einer Plattenfirma engagiert. Er arbeitete daraufhin an der Seite des Musikers und Plattenfirmenbetreibers Hans Edler. Dieser war als Produzent und Tontechniker für das Label Marilla tätig, das sich auf Gesangsgruppen und Pop-Acts der Sechziger fokussierte.

Ace wurde 1966 als Thomas Börje Forsberg geboren.

„Wir waren eigentlich zwei Kinder, die Kinder bekamen", bemerkt Börje.

Er und die Mutter waren erst zwanzig beziehungsweise sechzehn Jahre alt, als Ace zur Welt kam. Das junge Paar hatte keine Angehörigen in Stockholm, die ihnen hätten unter die Arme greifen können, also nahmen sie ihren Sohn überallhin mit. Die meisten Tage verbrachte er mit seinem Vater. Wenn Börje als Tontechniker arbeitete, schlief Ace in einer Ecke des Studios. Die Eltern bekamen oft Besuch von Musikern, und die Leute gewöhnten sich daran, dass Ace zugegen war.

In den Siebzigern gründete Börje das Label Tyfon und schuf sich eine Nische als Produzent von Tanzbands. „Dansbandsmusik" ist ein eigentümliches, aber bis heute recht beliebtes Musikgenre in Schweden. Seine Vertreter, deren Stil auf dem simplen frühen Rock'n'Roll der Fünfziger mit einem Hauch von amerikanischem Country und Polka beruht, treten live in öffentlichen Parks und Lokalen auf, die für tanzende Paare bestimmt sind. Ihre schmalzigen Texte befassen sich fast ausschließlich mit den Themen Liebe und Herzschmerz. Konzerte von Tanzbands sind sozusagen Balzrituale – eine Gelegenheit, um den Partner fürs Leben oder vielleicht nur für eine Nacht zu finden. Einige Acts in Börjes Programm haben goldene Schallplatten erhalten. Er entwickelte auch die besondere Gabe, Mainstream-Pop-Hits zu erkennen, und die EP *Det sa bara klick* („Es hat einfach gefunkt") wurde anlässlich der Hochzeit des schwedischen Königspaars 1976 veröffentlicht.

„Sie schoss sofort an die Spitze der Charts. Ich glaube, es wurden etwa vierzigtausend Exemplare verkauft, was in Anbetracht der Größe des Landes eine Menge ist. Das Cover war goldfarben, mit einem Foto des Königspaares, das der international anerkannte Fotograf Lennart Nilsson gemacht hatte. Es kostete mich zehntausend schwedische Kronen – aber ich habe dieses Geld und mehr zurückbekommen“, erzählt Börje schmunzelnd.

Er veröffentlichte auch mehrere Alben für Kinder. Ace ist auf einigen dieser Platten präsent; wenn man genau hinschaut, sieht man ihn auf der Rückseite der Hülle von *Marillas Grammofonteater* neben dem schwedischen Fernsehstar Ulf Elfving sitzen.

Als Kind bekam Ace von seinem Onkel eine Akustikgitarre geschenkt und brachte sich bald selbst das Spielen bei. Seine Sammlung von Kiss-Alben wurde durch Black Sabbath, Motörhead und vor allem jede Menge Punkrock ergänzt.

1980, als Ace vierzehn war, ließen sich seine Eltern scheiden, und die vier Geschwister wurden getrennt. Ace zog mit Börje und seinem jüngsten Bruder Anders in eine Wohnung in Vällingby. Ein paar Jahre später kam ihre Schwester Jennie hinzu.

Ace war nun völlig von der Musik eingenommen und brach die Schule in der achten Klasse ab.

Börje machte sich jedoch keine Sorgen. Er erkannte besonderes Talent in seinem Sohn.

„Ich schätzte seinen Enthusiasmus, hatte aber so viel mit meinem eigenen Kram zu tun – ich war ständig im Studio oder mit Label-Angelegenheiten beschäftigt. Schließlich fing er an, in Teilzeit für mich zu arbeiten.“

Ace arbeitete im Studio und auf den Tourneen mit, die Börje für seine Bands organisierte. Außerdem stellte er seine künstlerischen Fähigkeiten unter Beweis, indem er grobe Ideen für Plattencover und -hüllen einreichte, beispielsweise das Bild der Hand, die einen brennenden Schädel hält, auf *Fire in the Brain* von Oz. Er nahm alle liegen gebliebenen Demokassetten mit nach Hause, die hoffnungsfrohe Künstler an Tyfon geschickt hatten. Dann besuchte er die Bibliothek in Vällingby, lieh sich Klassik-LPs aus und überspielte sie auf Kassetten.

„Er liebte klassische Musik, vor allem Wagner", bemerkt Börje. „Er hatte zu Hause ein ganzes Regal mit diesen Kassetten."

Ace beschäftigte sich auch intensiv mit historischer Literatur. Da Börje viel arbeitete und drei Kinder allein großziehen musste, half der Junge zu Hause und kümmerte sich um seine jüngeren Geschwister.

Börje sagt, der Zusammenhalt innerhalb der Familie sei auch nach seiner Scheidung von der Mutter der Kinder stark geblieben. Jedes von ihnen beteiligte sich früher oder später an Black Mark.

Die geheimnisvolle Aura, die Bathory in den ersten Jahren umgab, führte zu wilden Gerüchten und Übertreibungen. Im Laufe der Zeit kamen Ace immer bizarrere Geschichten über sich selbst zu Ohren. Dass er Lämmer totschlagen und dann verzehren würde. Die Alben seien in einer Höhle aufgenommen worden, wobei angeblich Fledermäuse um seinen Kopf kreisten. Dass er ein ausgewiesener satanischer Irrer sei.

Andererseits tat Ace wenig, um diese Gerüchte und Verzerrungen zu dementieren. Vielmehr gab er in Interviews uneinheitliche eigene Geschichten zum Besten, die er ausschmückte.

Journalisten und Fans bemühten sich hartnäckig, seinen richtigen Namen herauszufinden, und Ace versuchte, noch mehr Verwirrung zu stiften. In Gesprächen mit ausländischen Magazinen stellte er sich gelegentlich als Runka Snorkråka („Wichs-Popel") oder die schwedischen Eishockeyprofis Mats Sundin und Peter Forsberg vor – Namen, die Journalisten in der Annahme, etwas Exklusives entdeckt zu haben, begeistert publik machten. In einer frühen Auflage des Buches *Lords of Chaos: Satanischer Metal: Der blutige Aufstieg aus dem Untergrund* behaupten die Autoren aus Norwegen und den USA, Ace heiße in Wirklichkeit Pugh Rogefeldt … der Name eines bekannten schwedischen Popsängers.

Die Tatsache, dass Rogefeldt einmal ein Album mit dem Titel *Hammarhjätta* („Hammerherz") aufnahm und eine spätere Bathory-LP *Hammerheart* hieß, könnte etwas damit zu tun haben.

Nach der Veröffentlichung des Debüts gaben Bathory keine Konzerte, was den Eindruck, Ace sei ein exzentrischer, von der Außenwelt abgeschotteter Einsiedler, zusätzlich verstärkte.

Die 1983er-Besetzung soll ein paar Auftritte absolviert haben, aber vermeintliche Augenzeugenberichte bleiben unbestätigt. Im Booklet der 2006 erschienenen Bathory-CD-Compilation *In Memory of Quorthon* steht ausdrücklich, es habe nie Konzerte gegeben. Quorthon selbst hat andererseits in mehreren Interviews gesagt, sie hätten ein halbes Dutzend Shows gespielt. Frederick Melander gibt an, er habe zwar nie an einem richtigen Konzert teilgenommen, doch sie seien einmal in jemandes Proberaum aufgetreten.

„Ein Freund namens Fredrik Östergren schmiss eine Party, und wir lärmten in einer Ecke vor uns hin, aber niemand war sonderlich interessiert. Ich würde also nicht sagen, dass wir als Band jemals richtig live gespielt haben."

Jonas Åkerlund hat nur noch vage Erinnerungen.

„Ich versichere, wir sind dreimal aufgetreten. Nur bei beschissenen Kleinveranstaltungen – eine Party in einem feuchten Stockholmer Keller, aber wenigstens vor irgendeinem Publikum. Die meisten Leute aus der Szene hingen in einem Club namens Studion am Sankt Eriksplan ab, aber wir hätten dort nie einen Gig bekommen. Dafür waren wir nicht annähernd cool genug."

Jonas zweifelt auch an bestimmten Details in der mutmaßlichen Geschichte der Band. In Interviews und auf der Bathory-Webseite behauptete Ace immer, der Name Bathory sei ihm nach einem Besuch im Wachsfigurenkabinett des London Dungeon eingefallen. Jonas will wissen, dass der Name direkt aus dem Venom-Song „Countess Bathory" stammt. Ein weiteres Detail, das im Laufe der Jahre wiederholt verbreitet wurde, ist die Behauptung, Jonas habe während seiner Zeit in der Band den Namen Vans McBurger verwendet, weil er Vans-Skater-Schuhe und Hamburger mochte. Das sei überhaupt nicht wahr, betont er.

„Ich habe keine Ahnung, woher das kommt. Allerdings stimmt es, dass Frederick früher Hanoi genannt wurde, weil er dieses dicke Haar hatte und wie ein Mitglied von Hanoi Rocks aussah."

In dem *Close-Up*-Interview von 1993 geht Ace selbst so weit, dass er hinterfragt, ob Bathory ihren legendären Status auch ohne die Mystik erlangt hätten, die sie in jenen frühen Jahren umgab. „Im Grunde genommen haben wir ihr unseren ganzen Erfolg zu verdanken. Wenn die erste Besetzung, mit der ich spielte, zusammengeblieben wäre, hätte die Band gar keine Bekanntheit außerhalb Stockholms erlangt, weil wir so hässlich waren, so schlecht gespielt haben und so weiter."

Obwohl Ace nicht daran interessiert war, über seine Musik zu sprechen, gelang es Börje, ihn zu überreden, auf einige gemeinsame Promo-Touren zu gehen. Vor der Veröffentlichung von Bathorys drittem Album *Under the Sign of the Black Mark* im Jahr 1987 flogen die beiden in die Vereinigten Staaten.

Sofort traten Probleme auf: Am Flughafen wurde ein großer Rinderknochen entdeckt, den Ace für Fotosessions mitgenommen hatte und der aus seinem Handgepäck ragte. Dieser Gegenstand, der zu seinem Standardoutfit aus Nieten und Leder sowie der charakteristischen Halskette aus Hühnerknochen hinzukam, gefiel den US-Zollbeamten nicht.

„Ich habe eine halbe Stunde gebraucht, um uns herauszureden", sagt Börje. „Schließlich haben sie unsere Erklärung wohl geglaubt, denn wir durften einreisen, mit Knochen und allem."

Die beiden bemerkten Bathorys wachsende Popularität in den USA. Ace machte viel Pressearbeit, und die Autogrammstunden waren gut besucht.

Eines Abends in New York gingen sie ins Ritz, um Slayer live zu sehen. Ein paar Fans erkannten Ace, und in kürzester Zeit war von einer Traube Menschen umgeben. Nach dem Konzert kamen Mitglieder von Slayer, um ihn zu begrüßen und sich mit ihm fotografieren zu lassen.

Im Laufe der Jahre nervten die kursierenden Märchen und Lügen Ace zunehmend.

„Jene frühen okkulten Alben waren für ihn eher eine Story“, erklärt Börje. „Als die Leute das völlig missverstanden und dachten, er würde buchstäblich Lämmer schlachten und ihr Fleisch roh essen, wurde es einfach zu viel. Er war äußerst tierlieb; er konnte keiner Fliege etwas zuleide tun. Für ihn war das Kunst – Theater. Es war cool, avantgardistisch und großspurig; am Rande des Anarchismus.“

Auch wenn die meisten Fans wussten, dass Ace nie ein echter Satanist war, wollten sie, dass er (allerwenigstens) ein echter Verrückter ist.

„Jeder wusste, dass Venom nicht authentisch waren“, sagt Tompa Lindberg. „Aber ich erinnere mich an das Interview mit Quorthon in der Radiosendung *Rockbox*, wo er wirklich geheimnisvoll und merkwürdig rüberkam. Wir haben sie uns immer wieder angehört. Wir fanden ihn unheimlich cool. Irgendwann ungefähr zur Zeit von *Under the Sign of the Black Mark* wurde dir bewusst, dass das Ganze ein konstruiertes Image war. Du weißt: ‚Sicher, das ist alles erfunden, aber ich WILL es glauben.‘ Das Gleiche gilt für die Bathory-Horden – auf den ersten Alben bedankte er sich bei ihren Mitgliedern aus aller Welt. Alles war völlig aus der Luft gegriffen, doch man wollte es uneingeschränkt schlucken.“

Mit Ausnahme der Amerikareise blieb Ace im Allgemeinen für sich – er ging nur selten zu Konzerten, traf sich nicht mit anderen Musikern und gab nur wenige Interviews. Für Schwedens junge Death- und Black-Metal-Musiker war er eine Legende, und die meisten können sich zumindest daran erinnern, ihn kurz gesehen oder versucht zu haben, mit ihm in Kontakt zu treten.

Erik Wallin von Merciless weiß noch, wie er Ace zum ersten Mal in natura begegnete.

„Es war die erste Kiss-Reunion-Tournee 1996. Ich saß in der Globe Arena in Stockholm. Direkt hinter mir, wenn ich über meine linke Schulter schaute, hockte ein Typ, der mir bekannt vorkam. Ich erstarrte, als ich begriff, wer es war. ‚Quorthon! Scheiße!‘ Ich hatte es geschafft, eine Flasche Whiskey in meiner Hose hineinzuschmuggeln und hatte in einem Interview gelesen, Quorthon würde Whiskey zum Frühstück trinken, so ein knallharter Typ sei er. Da ich schon ziemlich betrunken war, drehte ich mich einfach um und fragte: ‚Verdammt, du bist Quorthon, oder?‘, und er antwortete: ‚Ja, das bin ich.‘

‚Scheiße, ich höre dich schon seit 1984 – trink doch bitte was von meinem Whiskey. Ich habe gelesen, dass du Whiskey magst.‘

Er erwiderte: ‚Das habe ich eigentlich aufgegeben, aber na gut.‘ Im Nachhinein denke ich, das war echt sehr freundlich von ihm.“

Gegen Ende der Achtziger zog Frederick Melander nach San Francisco, um als Grafikdesigner zu arbeiten. Erst als er bei Tower Records Bathory-Alben entdeckte, wurde ihm bewusst, wie weit es Ace mit seiner Vision getrieben hatte und wie groß der Mythos geworden war.

„Er war der netteste Mensch der Welt. Wir hatten einen Proberaum im Haus von Jonas’ Vater auf der Insel Värmdö. Der Bus auf dem Weg dorthin war immer voller Kinder und alter Frauen. Ace holte oft seine Gitarre heraus und sang Lieder für sie, wobei er alle zum Mitsingen brachte. Die alten Frauen waren ganz entzückt von ihm, wie er mit seinen Hühnerknochen dasaß und spielte. Ich bin froh und fühle mich geehrt, an den beiden Songs mitgewirkt zu haben, die ihm die Aufnahme des ersten Albums ermöglicht haben.“

In Bathorys Anfangsjahren ließ Ace mehrere Musiker vorspielen, bevor er sich auf eine Besetzung festlegte. Schlagzeuger Chris Witchhunter von den deutschen Thrashern Sodom gehörte zu diesen Musikern. Er besuchte Stockholm 1986, als die Nachricht vom Reaktorunfall in Tschernobyl auch Schweden erreichte. Radioaktive Wolken zogen schnell nach Nordwesten, und man munkelt, Ace habe scherzhaft zu Chris gesagt, er müsse zur deutschen Botschaft, um Medikamente gegen den radioaktiven Niederschlag zu besorgen. Witchhunter habe Angst bekommen und sei mit dem nächsten Flugzeug nach Hause zurückgekehrt. Cliff Lundberg, der Bassist von Moderat Likvidation und spätere Gitarrist von Anti Cimex, kam von Malmö nach Stockholm. In einem Bathory-Gedächtnisartikel im *Sweden Rock Magazine* beschreibt er 2015, wie er Ace im Zuge der Bestellung eines Bathory-Shirts seine Dienste anbot. Zu seiner Überraschung habe Ace ihn angerufen.

„Es ist mir immer noch ein Rätsel. Ich glaube aber, er suchte jemanden, der nicht zur Stockholmer Musikszene gehörte. Alles, was mit Bathory zu tun hatte, musste einfach irgendwie geheimnisumwoben sein."

Cliff verbrachte ein Wochenende in Stockholm und lernte dort einige der Songs, die später auf *Under the Sign of the Black Mark* zu hören sein sollten. Bathory bekamen immer wieder Angebote für Auftritte, und er entsinnt sich, dass Ace große Pläne für eine Liveshow hatte.

„Die Bühne sollte mit Tierfellen geschmückt werden, und das Schlagzeug-Podest sollte hochgefahren werden. Das waren gute und durchaus umsetzbare Ideen. Ich schätze aber, dass ihm auffiel, wie sein Publikum mit jedem weiteren Album wuchs. Die Tatsache, dass er von Anfang an keine Konzerte gegeben hatte, machte es mit der Zeit umso schwieriger, Erwartungen gerecht zu werden."

Die ersten vier Bathory-Alben waren entscheidend für die Entstehung einer weltweiten Death/Black-Metal-Szene. Vor allem die satanischen Texte begeisterten die Black-Metal-Fans in Schweden und Norwegen – eine Szene, die in der Folge Kirchen anzünden und Morde begehen sollte.

Börje Forsberg betont, dass sich Ace von der sogenannten zweiten Black-Metal-Welle distanzierte.

„Er hasste diese Bands und fühlte sich unwohl, wenn sie Bathory erwähnten. Damit wollte er nichts zu schaffen haben. Und als diese elenden Bands anfingen, Kirchen in Brand zu setzen, fand er das auch nicht mehr lustig. Ich glaube, deshalb fing er an, sich mit anderen Sachen zu beschäftigen; er hatte die Nase ziemlich voll davon."

In einem Interview mit dem *Kerrang!* sagt Ace 1990: „Die Leute haben diese Vorstellung, ich sei so was wie ein blutsaugender Vampir, der in einer satanischen Höhle in Schweden lebt. Ich verbringe keine sechs Monate im Jahr damit, Gitarre zu spielen und zu versuchen, gute Texte zu schreiben, um dann Fragen wie ‚Wann hast du zuletzt ein Kind getötet?' beantworten zu müssen."

Ace hat genug vom Black Metal und beginnt, weitläufigere und dramatischere Musik mit Texten zu komponieren, die von der Geschichte inspiriert sind, vor allem von den Wikingern in Skandinavien. Dieser Einfluss macht sich zuerst auf dem 1988er-Album *Blood Fire Death* bemerkbar, das auch den Titel dieses Buchs angeregt hat. Die LP *Hammerheart* (1990) wird dann zur Grundlage für die Entwicklung des Viking Metal.

Börje erwähnt, dass *Hammerheart* ein sehr mühseliges Projekt für nur zwei Personen war. Heutzutage werden Aufnahmen und Produktionen von Musik hauptsächlich mit Computern abgewickelt, und Sampling ist einfach – aber damals musste jeder einzelne Ton und jede kleine Chorphrase in mühsamer Kleinarbeit im Studio erzeugt und auf Tonband aufgezeichnet werden. Das Album hatte eine lange Entstehungszeit, war aber gleich bei seiner Veröffentlichung ein Erfolg: Allein in den ersten Monaten wurden zweihunderttausend Exemplare verkauft.

„Wenn Ace und ich zusammenarbeiteten, machten wir alles dreidimensional. Als wir die *Hammerheart*-Songs schrieben, stellten wir uns einen Film vor – es war nicht nur Sound, der aus der Stereoanlage kam, sondern etwas Visuelles und Tiefsinniges. Nach dem Abmischen eines Songs schalteten wir immer das Licht aus und versuchten, die Musik zu spüren und zu „sehen", um zu überprüfen, ob sie sich richtig anfühlte. Deshalb glaube ich, dass sie so berühmt geworden ist; sie packt die Leute so, wie es vielleicht nicht jede Platte tut."

In den 1990ern und 2000ern veröffentlichten Bathory bemerkenswert unterschiedliche Musik. Sie reichte von kraftvollen Wikinger-Epen wie den *Nordland*-Alben über harten Thrash bis zu zwei Rock-LPs unter dem Namen Quorthon.

Als wir uns mit Börje treffen, sind sieben Jahre seit dem Tod seines Sohnes im Sommer 2004 vergangen, doch sein Schmerz ist immer noch quälend offensichtlich. Er hat kaum mit Außenstehenden über seine Trauer gesprochen und empfindet es immer noch als unangenehm, sich mit Journalisten über seinen Sohn zu unterhalten.

„Ich redete an dem Freitag, bevor es passierte, mit ihm. Wir hatten ein langes Gespräch, und ich fragte ihn, wie es um seine Pumpe bestellt sei. Er war im November mit Brustschmerzen im Krankenhaus Sankt Göran gewesen, also überredete ich ihn, eine Klinik in Vällingby aufzusuchen. Nachdem man ihn untersucht hatte, wurde er für weitere Tests ins Sankt Göran zurückgeschickt. Während sie Messungen auf einem Fahrradergometer durchführten, schmerzte seine Brust so stark, dass er aufhören musste, und sie schickten ihn wieder nach Hause."

Niemand erreichte Ace übers Wochenende, und die Familienmitglieder riefen sich ständig gegenseitig an. Börje machte sich keine allzu großen Sorgen – Ace hatte davon gesprochen, an dem Wochenende an einem Motorradtreffen teilzunehmen. Am Montag ging er allerdings immer noch nicht ans Telefon.

„Ich rief Limpan an, der damals Leiter eines Autohauses in Vällingby war, und bat ihn, zu Ace zu fahren. Er nahm Jennie mit, und vor der Tür hörten sie sein Handy klingeln; er vergaß es nie. Ich sagte ihnen also, sie sollten verdammt noch mal einen Schlüsseldienst rufen."

Eine Stunde später meldete sich Jennie mit der Nachricht.

„Limpan ging zuerst hinein, und Ace lag einfach da, als würde er schlafen. Er lag friedlich auf der Seite. Aber er war kalt."

Börje bekommt einen Kloß im Hals.

„Es brachte mich fast um. Ich nahm sofort ein Taxi nach Stockholm, und als ich im Sankt Göran ankam, lag er da, die langen Haaren auf dem Kopfkissen. Es ist die Hölle. Es gibt nichts Schlimmeres, als sein Kind zu verlieren, egal wie alt es ist."

Die letzten Alben von Bathory wurden im Mimo Sound Studio in Älvsjö südlich von Stockholm aufgenommen.

Zwei Hunde begrüßen uns an der Tür zu den Kellerräumen, als wir im Herbst 2009 eintreffen. Micke „Mimo" Moberg besitzt sein Studio seit den Achtzigern. Er spült Kaffeetassen aus, bevor er sie auf den Tisch stellt und uns Zimtschnecken anbietet, die er gerade gekauft hat.

Im ersten Raum steht ein großer Computer auf einem Schreibtisch, aber die beiden inneren Räume sind klein und heruntergekommen. Auf einem Regal steht ein Foto von Ace, davor eine brennende Kerze. An der Wand ganz hinten hängt ein weiteres Bild von ihm, das Ace auch signiert und mit einer persönlichen Widmung an Micke versehen hat.

„Ace hätte überall aufnehmen können, wollte aber hier sein", sagt Micke und deutet auf einen sehr engen Raum hinter dem Mischpult.

„Geht da rein, wenn ihr seinen Schweiß spüren wollt!"

Micke Moberg hat die letzten drei Bathory-Alben produziert. Die vier vorherigen wurden von Rex Gisslén produziert, der auf der Couch sitzt und ein Longsleeve mit dem Motiv von *Requiem* trägt. Sein langes lockiges Haar ist zu einem Pferdeschwanz gebunden. Als Keyboarder der Glam-Pop-Gruppe Shanghai hatte er Mitte der Achtziger eine extravagantere Frisur. Auf den Bathory-LPs firmiert Gisslén unter Rex Luger; das ist der Name, den er in der frühen Glam-Rock-Band Candy Roxx verwendete.

Rex begegnete Ace zum ersten Mal, als er als Techniker im Montezuma Studio in Stockholm arbeitete. Börje schickte seine Bands dorthin, und Rex arbeitete unter anderem mit Oz. Er erinnert sich, dass Ace im Studio herumhing – groß, schweigsam und schwarz gekleidet.

Börje zog Rex für die Produktion von *Twilight of the Gods* hinzu. Es war das erste Mal, dass Bathory einen anderen Tontechniker als Börje und Ace selbst einsetzten.

„Bei der Arbeit in einem Studio gewöhnt man sich an ein hohes Tempo – man wechselt alle zwei Wochen die Mitarbeiter, weshalb es sehr wichtig ist, dass man sofort ein gewisses Verhältnis zueinander aufbaut. Mit manchen Leuten kann man gut zusammenarbeiten, mit anderen ist es etwas schwieriger. Mit Ace hat es einige Zeit gedauert; er war ein bisschen introvertiert."

Ace entspannte sich mit der Zeit und begann, sich auch privat mit Rex zu treffen. Manchmal besuchte er einen Rockclub, den Rex leitete. Die meiste Zeit über blieb Ace jedoch lieber zu Hause, und viel gefeiert hat er ganz sicher nicht. Letztendlich hatten Rex und Ace nicht wirklich viel gemeinsam.

Einmal, im Jahr 2002, fuhren sie zusammen in den Stockholmer Vergnügungspark Gröna Lund, um ein Konzert von Sahara Hotnights zu besuchen.

„Er rief mich an und fragte, ob ich zu einer Motorradausstellung mitkommen wolle. Er hatte eine Harley-Davidson Fatboy in *Terminator 2* gesehen und beschloss, sich selbst eine zu kaufen. Wir fuhren also zum Harley-Davidson-Händler in Sollentuna, wo er sich ein Modell aussuchte. Zwei Wochen später kehrte er dorthin zurück … Er hatte eine Plastiktüte mit 225.000 Kronen in bar dabei und sagte: „Ich will dieses Bike." Die Typen in dem Laden waren wie erstarrt. Ace war zwar der netteste Mensch überhaupt, vermittelte aber nicht unbedingt den Eindruck – zwei Meter groß und mit Lederjacke. ‚So machen wir keine Geschäfte' entgegneten sie. ‚Na gut, und wie machen Sie sonst Geschäfte?', fragte Ace."

Rex und Micke gewannen nach und nach ein Verständnis für seinen besonderen Schaffensprozess. Ace hatte immer große Visionen, alles war in seinem Kopf.

„Wir haben immer mit den Gitarren angefangen, dann kamen Bass, Schlagzeug, Chöre und Soundeffekte. Er dachte oft auf der Ebene von Filmsequenzen, nicht unter musikalischen Gesichtspunkten. Das war eine ziemlich einzigartige Arbeitsweise", beschreibt Rex. „In Sachen Gesang entsprach das, was im Studio produziert wurde, möglicherweise nicht ganz seinen Vorstellungen. Er verlor dann völlig die Beherrschung. Er hat seine Stimmbänder gewaltsam strapaziert, um ein Vibrato zu erzeugen …"

„Er spuckte bei den Gesangsaufnahmen Blut!", fügt Micke hinzu.

„Börje war auch ein heilloser Idealist, sehr anspruchsvoll", fährt Rex fort. „Das konnte im Studio schwierig werden. Die beiden waren ein Duo für sich; sie standen einander sehr nahe und äußerten ihre Meinung freiweg. Sie stritten und schaukelten sich gegenseitig hoch – Börje schlug etwas vor, Ace fand es kacke und fuhr nach Hause. Börje sagte dann: ‚Rühr nichts an! Es klingt perfekt! Mach nur die Snare ein wenig lauter – super‘, immer mit einer Zigarette in der Hand.“

Wie Rex erzählt, tat Ace nie etwas halbherzig. Als er ein Cover für *Octagon* brauchte, ging er in einen Steinbruch und kaufte einen riesigen Stein, der fast fünfzig Kilo wog. Er malte ein Pentagramm mit Blut darauf, zündete Kerzen an und machte das Foto selbst. Da Ace den Brocken nicht behalten wollte, kaufte Rex ihn; er hat ihn bei sich zu Hause stehen.

„Wenn er sich ein Motorrad kaufte, wurde er sofort zum Biker, mit dem richtigen Helm und der richtigen Brille. Alles geschah streng zielgerichtet.“

Er beschreibt Ace als äußerst integeren Menschen, der sein Leben gern in verschiedene Bereiche aufteilte. AIK-Fußballfans kannten ihn als Snöret („Schnur“), nicht als internationale Metal-Ikone. Seine langjährige Freundin sah ihn in einem MTV-Interview, ohne zu wissen, dass er überhaupt Musiker war.

Das Ausmaß seiner Geheimnistuerei wurde Micke Moberg erst an dem Tag bewusst, als Ace tot in seiner Wohnung aufgefunden wurde. Er ging mit Rex in eine Kneipe, um ein Bier zu trinken und gemeinsam um ihren Freund zu trauern.

„Aber was ist mit Aces Vater? Wie kommt er damit klar?“, fragte Micke.

„Hast du nicht mit Börje gesprochen?“, erwiderte Rex.

„Ich hatte keine Ahnung, dass Börje sein Vater ist!“, räumt Micke ein. „Und das, obwohl wir schon seit vier oder fünf Jahren zusammenarbeiten!“

Im Nachhinein versteht Micke, warum Ace lächelte, wenn er gebeten wurde, ernsthaft über Börje zu sprechen.

„Ich wollte sicherstellen, dass er wusste, was er tat. Ich weiß, wie Labels ticken können. ‚Sieh bloß zu, dass der Vertrag gut ist‘ und so. ‚Du wirst über den Tisch gezogen‘, habe ich immer gesagt. Er grinste mich komisch an, wenn diese Themen zur Sprache kam, aber ich habe nie zwei und zwei zusammengezählt.“

Am Telefon in Los Angeles erzählt Jonas Åkerlund, Ace habe schon als Jugendlicher gewusst, was er mit seiner Musik erreichen wollte.

„Alles, was er tat, kam direkt von Herzen. Ace war sehr reserviert. Seine Kreativität kam von innen, während Frederick und ich über das, was in der Welt vor sich ging, auf dem Laufenden bleiben wollten. Das ist etwas, das ich erst später begriffen habe – wie wenige Menschen diese Fähigkeit besitzen. Er war wahrscheinlich einer der zurückgezogensten Menschen überhaupt, selbst im Vergleich zu den großen Rockstars der Musikgeschichte. Er war ein Genie."

Die Sonne geht über Jennies Terrasse unter. Sie bringt ein paar Biere heraus, und Börje erwähnt, in der Casa de Hammerheart – also in seinem Haus in Bruzaholm – würde noch eine Menge unveröffentlichtes Bathory-Material lagern. Er ist sich nicht ganz sicher, was er damit anfangen soll, da Ace nicht mehr lebt und kein grünes Licht geben kann. Im Haus steht ein ganzes Zimmer voller Kisten mit seinen Habseligkeiten. Auch sein Motorrad ist dort, und die Familie hat beschlossen, es nie zu verkaufen.

Während des gesamten Interviews hat Jennie geschwiegen. Sie will den Tod ihres großen Bruders überhaupt nicht kommentieren. Das ist ihre Art, ihn zu verarbeiten, sagt sie. Die Geschwister arbeiteten an einem gemeinsamen Album, als Ace starb, konnten aber nur den Song „Silverwing" aufnehmen. Jennie schrieb den Text, Ace die Musik. Nach seinem Tod veröffentlichte sie den Song als EP, zusammen mit einer bewegenden Interpretation von „Song to Hall Up High" von *Hammerheart*.

Börje trinkt einen Schluck Bier und fragt, wie spät es ist. „Fast vier", antwortet Jennie.

Der AIK spielt auswärts gegen Elfsborg. Börje hat vor, sich die Partie im Fernsehen anzuschauen und anschließend mit seinen Enkelkindern zu spielen. Er sieht zu, wie die Mädchen auf dem Trampolin des Nachbarn herumtollen, und seufzt tief. Über den Tod seines Sohnes zu sprechen nimmt ihn jedes Mal in gleichem Maße mit.

„Es ist wirklich furchtbar. Aber ich habe alle CDs, also sehe und höre ich ihn in gewisser Weise jeden Tag."

Börje Forsberg starb im September 2017.

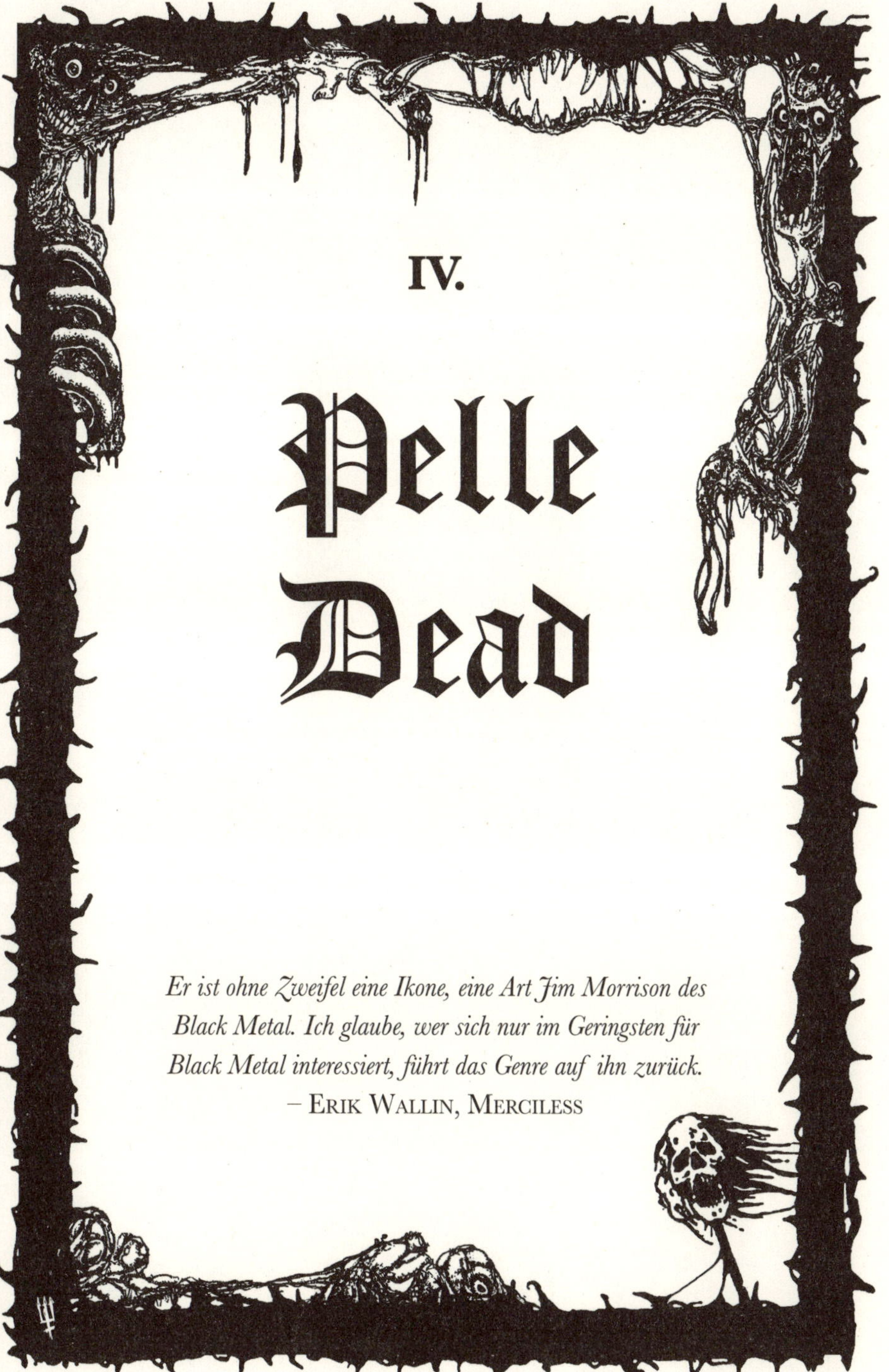

IV.

Pelle Dead

Er ist ohne Zweifel eine Ikone, eine Art Jim Morrison des Black Metal. Ich glaube, wer sich nur im Geringsten für Black Metal interessiert, führt das Genre auf ihn zurück.

– Erik Wallin, Merciless

Es ist Montag, der 8. April 1991. Dunkle Wolken ziehen über Kråkstad auf, einem Dorf ungefähr dreißig Kilometer südlich von Oslo, wo die norwegische Black-Metal-Band Mayhem ihr Hauptquartier aufgeschlagen hat. Das große rote Holzhaus steht direkt am Waldrand, mit Blick auf weite Felder. Die Aussicht ist selbst an einem kalten, grauen Frühlingstag wie diesem herrlich.

Der zweiundzwanzigjährige Sänger Pelle Ohlin, besser bekannt als Dead, hat das Wochenende allein in dem Haus verbracht. Die anderen Bandmitglieder sind bei ihren Familien.

Geprobt haben sie schon lange nicht mehr. Gründer und Gitarrist Øystein „Euronymous" Aarseth kümmert sich vor allem um seine neu gegründete Plattenfirma Deathlike Silence Productions, die er von einem der Schlafzimmer im Obergeschoss des Hauses aus betreibt. Er hat große Pläne für Mayhem und versichert seinen Bandmitgliedern: „Wir sind fast am Ziel, wir werden das Album bald aufnehmen." Aber nichts von dem, was er sagt, scheint jemals einzutreffen. Pelle und Øystein haben sich in letzter Zeit auseinandergelebt, und die Stimmung im Haus ist angespannt. Bassist Jørn „Necrobutcher" Stubberud ist selten da und verbringt die meiste Zeit mit seiner schwangeren Freundin. Aus Verzweiflung, weil das Geld knapp wurde, hat Schlagzeuger Jan Axel „Hellhammer" Blomberg die Beschallungsanlage der Band verkauft, weshalb Pelle notgedrungen durch einen Gitarrenverstärker singen muss.

Kürzlich war sein Vater zu Besuch, wieder einmal. Seine Familie in Schweden ist besorgt. Während seines Aufenthalts sahen sich die beiden eine Broschüre einer Kunsthochschule an. Pelle könne sich dort bewerben, schlug sein Vater vor. Der junge Mann versprach, es zu tun.

Jetzt sitzt er im Keller und schneidet sich mit seinem neuen Messer. Erst hat er versucht, sich die Pulsadern mehrmals aufzuschneiden, im Wald hinter dem Haus, aber die Schnitte waren einfach nicht tief genug. Er hat sich schon früher geschnitten, meistens auf der Bühne. Blut tropft auf den Boden des großen Gemeinschaftszimmers und auf die Instrumente der Band.

Er verfasst einen Abschiedsbrief. Übers Wochenende hat er einen neuen Text für den Song „Life Eternal" geschrieben, den er dem Brief anfügt.

Er blutet nicht so stark, wie er erwartet hat. Das Blut, das an seinen schlanken Handgelenken austritt, gerinnt zu schnell. Er versucht, die Hauptschlagader zu finden, und schneidet sich tief in den Hals. Sein weißes T-Shirt mit dem Aufdruck „I ♥ Transylvania" ist jetzt zum Teil dunkelrot. Aber es dauert zu lange.

Pelle geht nach oben in sein Schlafzimmer. Er schnappt sich Øysteins Schrotflinte. Die Waffe ist im Haus, seitdem sie eingezogen sind.

Am Tag zuvor kam Øystein zu dem Haus in Kråkstad. Er wusste, Pelle sollte dort sein, doch die Tür war verschlossen, und er hatte keinen Schlüssel dabei. Er klingelte, aber da sich nichts tat, fuhr er zu einer Telefonzelle, um Jørn anzurufen.

„Er fragte, ob Pelle bei mir sei", erzählt Jørn. „War er aber nicht. Ich hatte früher am Tag zum Haus fahren sollen, um nach ihm zu sehen, war aber nicht dazu gekommen. Øystein meinte dann, Pelle würde wahrscheinlich in seinem Zimmer ‚baumeln'. Ich dachte, das war eine seltsame Aussage."

Am Montag kehrt Øystein zum Haus zurück und klettert durch ein Fenster hinein. Als er Pelles Zimmer betritt, findet er ihn tot auf seinem Bett, neben ihm liegen die Schrotflinte und ein Messer. Hirnmasse und Blut sind in dem kleinen Raum verspritzt.

Statt einen Krankenwagen zu rufen, läuft Øystein zum Auto und fährt zum nächsten Geschäft, um eine Einwegkamera zu kaufen. Als er wieder im Haus ist, macht er mehrere detailreiche Fotos von der Leiche. Danach eilt er zur Telefonzelle, um erst die Polizei und dann Jan Axel in dessen Elternhaus anzurufen.

„Øystein rief mich an und sagte, Dead sei nach Hause gegangen“, erzählt der Drummer. „‚Wie bitte, er ist nach Schweden zurück?‘, fragte ich. ‚Nein, er ist nach Hause gegangen‘, wiederholte Øystein. ‚Er hat sich den Kopf weggeblasen.‘ Heilige Scheiße! Ich war völlig fassungslos. Øystein war übermäßig aufgeregt und meinte: ‚Keine Bange, ich habe Fotos gemacht!‘ Die Situation war definitiv sehr eigenartig.“

Später am selben Tag erfährt Jørn, was geschehen ist.

„Øystein rief mich an, um mir zu sagen, dass Pelle etwas wirklich Cooles gemacht hatte. ‚Etwas Cooles?‘, fragte ich. ‚Ja, er hat sich umgebracht.‘ Ich fand das nicht besonders cool und war zutiefst entsetzt. Dann erzählte mir Øystein, dass er Fotos von der Leiche gemacht hatte, die wir für Mayhem verwenden könnten. Ich sagte ihm, das würde nie und nimmer passieren, was in einem Streit am Telefon eskalierte. Die ganze Sache war eine verdammte Tragödie.“

Nachdem ein Krankenwagen Pelles Leichnam abgeholt hat, befindet sich noch eine Menge Blut und organische Masse in dem kleinen Schlafzimmer. Aus irgendeinem Grund werden keine Anstalten gemacht, es gründlich zu reinigen. Einige Tage später, als der Gestank unerträglich wird, bittet Øystein Jan Axel, zusammen mit seinem Freund Jon „Metalion“ Kristiansen und ein paar anderen aufzuräumen. Dabei stoßen sie auf Splitter von Pelles Schädel, die im ganzen Zimmer verstreut liegen. Øystein beschließt, so viele einzusammeln, wie er finden kann. Die größten Stücke sind größer als ein Feuerzeug, erinnert sich Metalion.

In den folgenden Monaten schickt Øystein Schädelsplitter an Personen aus der Black-Metal-Szene, die er für würdig hält. Dazu gehören die schwedischen Musiker Morgan „Evil“ Håkansson von Marduk, It von Abruptum, Richard Cabeza von Dismember, Mitglieder der Schweizer Band Samael und der Schlagzeuger von Masacre aus Kolumbien.

Laut Metalion erhielten auch andere Teile des Schädels. Øystein stellt einige davon in seinem neuen Plattenladen Helvete aus, der später im Sommer in Oslo eröffnet wird, und fertigt aus den verbleibenden Stücken Schmuck für sich und Jan Axel.

Man munkelt, Øystein habe etwas von Pelles Gehirn verzehrt, um Kannibalismus nachzuempfinden, aber nur wenige im engen Kreis der Musiker glauben, das sei wahr.

Eine Woche nach dem Selbstmord treffen sich Jørn und Øystein. Letzterer hat die Fotos entwickelt und bewahrt sie in einem weißen Umschlag auf.

„Ich sagte ihm gleich, dass ich sie nicht sehen wollte", erzählt Jørn. „Er meinte wieder, sie würden für das Mayhem-Album verwendet. ‚Ich bringe dich um, wenn du das tust', drohte ich ihm. Und er erkannte, dass ich es ernst meinte. Er war wirklich enttäuscht; in seinen Augen war es eine wunderbare Idee."

Schließlich steigt Jørn aus Protest bei Mayhem aus.

Scheinbar ungerührt vom Tod seines Freundes, begann der erfahrene Vermarkter Øystein, mit Pelles Suizid Werbung für die Band zu machen. In Briefen an Mayhems internationales Netzwerk aus Fans und Musikerkollegen erklärte er Pelles Handeln als wahrhaft böse und schrieb, Mayhem seien die einzige Band, die ihren Worten Taten folgen lasse. Jørn wird als Weichei abgetan, das mit dem Druck der Realität nicht umgehen könne. Vor allem aber verbreitete Øystein die Vorstellung, Pelle habe sich aus Enttäuschung über eine geschwächte Underground-Szene umgebracht, die Leute anziehe, die nicht engagiert oder „evil" genug seien.

In der 1992er-Juni-Ausgabe des schwedischen *Close-Up* verkündete er: „Dead war ein sehr böser Mann/Goat (Die Bezeichnung „Man/Goat" ist eine Art Running Gag in der skandinavischen Black-Metal-Szene, wobei sich „Goat" auf den Teufel in Ziegengestalt bezieht). Er hasste jedes Lebewesen. Das Einzige, was ihn davon abhielt, sich schon früher den Kopf wegzupusten, war der Black-Metal-/Death-Metal-Lifestyle mit bösen Bands, die den Tod anbeten und schwarze Kleidung, Nieten, Leder, Patronengürtel und alles andere tragen, was mit dem wahren Lifestyle verbunden ist [...] Wir unterstützen sein Handeln und respektieren seine unendliche Bösartigkeit."

Øystein hat nichts unternommen, um die Gerüchte über seine Beteiligung an dem Selbstmord oder die Vermutung zu zerstreuen, er habe Pelle getötet. Er gelangte zu dem Schluss, die blühende Fantasie anderer fördere viel bessere Geschichten zutage als alles, was er selbst erdichten konnte. Allerdings erzählte seinen Freunden, Pelle habe ihn gebeten, dem Haus an jenem verhängnisvollen Wochenende fernzubleiben, und sie beide hätten zu mehreren Gelegenheiten ausdrücklich über Suizid als Mittel gesprochen, um die Band bekannter zu machen.

Bald hörte man Geschichten über die posthumen Fotos, die Øystein bereitwillig bestätigte. Auf die Frage, ob es makaber gewesen sei, die Bilder zu machen, antwortet er dem *Close-Up*-Interviewer: „Wir sind keine beschissene Gutmenschen-Spaßband! Wenn ich sage, wir stehen auf Death Metal, bedeutet das, wir beten den Tod an. Nichts ist zu brutal, abscheulich oder krank. Leute, die das nicht schnallen, sollen sich einfach verpissen."

Øystein schickte eines der Fotos an Mauricio „Bull Metal" Montoya, den Schlagzeuger der kolumbianischen Metal-Band Masacre.

Das Foto ist scharf und detailliert. Pelles Leiche liegt ausgestreckt auf dem Bett, die Waffe und das Messer neben ihm. Blutspritzer bilden Muster an der hölzernen Wandverkleidung, und ein Großteil seines Gehirns liegt vor seinem Kopf.

Wenige Jahre später veröffentlicht Bull Metal das Live-Bootleg *The Dawn of the Black Hearts*, wobei es sich um den Mitschnitt eines Mayhem-Konzert 1990 in Sarpsborg handelt. Als Cover dient das Foto von Pelles Leiche.

In dem Jahr, als Pelle Ohlin Selbstmord beging, explodierte die schwedische und norwegische Extrem-Metal-Szene. In Schweden entwickelte sich der Death Metal weiter und etablierte sich anschließend auf der ganzen Welt. Norwegen wurde das Zentrum des Black Metal. Bald brannten im ganzen Land Kirchen. Die Schlagzeilen der Boulevardpresse verbreiteten makabre, haarsträubende Nachrichten über Satanisten in Aktion.

Angesichts des Suizids und all der Ereignisse in Norwegen weitete sich die Legende von Pelle „Dead“ Ohlin aus, und immer mehr Menschen interessierten sich für Mayhem. Nie zuvor hatte jemand eine Bühne mit abgetrennten Schweineköpfen ausstaffiert. Pelle schnitt sich mit zerbrochenen Flaschen in die Arme und fantasierte davon, verrottendes Fleisch in die Belüftungsanlagen von Konzerthallen zu legen, um die Todesatmosphäre zu verstärken. Er sammelte Tierkadaver und vergrub seine Bühnenkleidung vor Auftritten im Wald, damit sie nach Verwesung stanken. Niemand hatte so etwas je zuvor erlebt.

Noch heute sprechen alte und junge Bands ehrfürchtig und bewundernd von Pelles morbider Hingabe.

„Dead war derjenige, der die Seele einbrachte“, findet Songwriter und Gitarrist Morgan Håkansson von Marduk. Er korrespondierte in dem Jahr vor dessen Tod häufig mit Pelle.

„Er hat den extremen Metal auf eine völlig neue Stufe gehoben, etwa indem er vor Gesangsaufnahmen die Ausdünstungen eines verwesenden Vogels einatmete, um die Schwingungen des Todes zu spüren. Seine Leidenschaft war eine große Inspiration für mich.“

Das einzige Mayhem-Material, das mit Pelle aufgenommen wurde, sind zwei Studiosongs auf der 1990 erschienenen Compilation *Projections of a Stained Mind* und der Mitschnitt *Live in Leipzig* aus demselben Jahr.

Obwohl ihre zweite LP *De Mysteriis Dom Sathanas* erst nach seinem Tod produziert und 1994 veröffentlicht wurde, ist Pelles Besessenheit von Kälte und Dunkelheit in den Songtexten verewigt. Sie gilt bis heute als eines der wichtigsten Black-Metal-Alben aller Zeiten.

Merciless-Gitarrist Erik Wallin war seit seiner frühen Jugend mit Pelle befreundet und hebt hervor, wie Pelle von einem Niemand zu einer Kultfigur des Genres wurde.

„Er ist ohne Zweifel eine Ikone, eine Art Jim Morrison des Black Metal. Ich glaube, wer sich nur im Geringsten für Black Metal interessiert, führt das Genre auf ihn, Mayhem und die Ereignisse zurück.“

Statt auf den Pariser Friedhof Père-Lachaise zu pilgern, reisen Mayhem-Fans zum Friedhof Österhaninge außerhalb Stockholms, um an Pelles Grabstein Bier zu trinken.

Erik Danielsson, Sänger und Frontmann der Black-Metal-Band Watain aus Uppsala, war neun Jahre alt, als sich Pelle Ohlin das Leben nahm.

„Er ist eine große Inspiration für mich, seine Ästhetik und wie seine Texte die Grundlage für mein Verständnis von Black Metal bilden", sagt er.

Viele von Pelles Ideen leben in Watain weiter, die heute als Schwedens extremste Black-Metal-Band gelten.

Erik Danielsson sieht Pelle als Energiequelle, die definiert, was Black Metal sein soll.

„Er war derjenige, der den Leuten klarmachte, dass es ans Eingemachte geht, wenn man dieses Genre zu seinem logischen Schluss führt. Würde jeder denken, Black Metal wäre völlig harmlos, wäre es genau das. Diejenigen, die sich von ihm motivieren ließen, brachten etwas ein, das dem Black Metal zugute kam, und diejenigen, die ihn krank und abstoßend fanden, verschwanden. So wurde die Szene praktisch von Schwächlingen gesäubert. Er hat dazu beigetragen, ein viel angemesseneres Umfeld zu schaffen."

Jørn „Necrobutcher" Stubberud wohnt in einem gelben, renovierten Sommerhaus auf dem Berg Nordby an der E6 ungefähr dreißig Kilometer südlich von Oslo. Das Wohnzimmer ist voller Gerümpel. Kürzlich hat er Schreiner kommen lassen, um die Fenster auszutauschen und eine richtige Terrasse mit Blick auf die großen reifbedeckten Felder inmitten des Kiefernwaldes zu bauen.

Seine erwachsene Tochter Sabine bewohnt ein kleines Zimmer hinter der Küche. Eine Mayhem-Fahne aus Stoff und das klassische Burzum-Poster, auf dem Varg Vikernes düster in die Kamera starrt, sind an eine Wand gepinnt. Das erste Bühnenbanner der Band hängt über dem Kleiderschrank. Jørn und Øystein malten es in Jørns Elternhaus, als sie noch Teenager waren.

„Wir haben die Skier meiner Mutter benutzt, um die Seiten des Pentagramms gerade zu ziehen", bemerkt Jørn.

Er serviert Tee in einer weißen Tasse, die einem weiblichen Oberkörper nachempfunden ist, und gibt an, gerade ein Buch über all seine verstorbenen Freunde zu schreiben. Es sind ziemlich viele – an die hundert, behauptet er. Die Idee dazu kam ihm 2002, als er wegen Drogen- und Waffenbesitzes inhaftiert war.

„Ich habe ein raues Leben geführt und wurde mehrmals verhaftet. Das kommt davon, wenn man ein Mann ist – ich mag Kanonen und Mädchen!", gesteht er verschmitzt. „Und Haschisch."

Der norwegische Polizeisicherheitsdienst überwacht ihn und hat ihm mehrmals unangemeldete Besuche in seinem Haus abgestattet. Jørn zieht ein abgegriffenes Fotoalbum aus dem übervollen Bücherregal und macht Platz auf dem unordentlichen Tisch.

„Das ist mein neustes Projekt", sagt er und zeigt auf ein Dokument unter einem in Plastik verpackten Apfel und mehreren Schallplatten.

Es ist eine Rechnung für den Führerschein seiner Tochter.

„Tausendeinhundert norwegische Kronen pro Stunde", klagt er. „Aber sie muss fahren lernen."

Er schlägt das Album auf. Die Fotos, die auf jeder Seite sorgfältig angeordnet sind, wurden auf Partys oder von der Band gemacht. Es beginnt 1984 mit pubertären Bildern des heranwachsenden Øystein. Bald tauchen Fotos von Pelle auf, der entweder Faxen macht oder mit geschminkten Augen und steifen Fingern böse guckt. Auf einem der Bilder albern die beiden mit Kunstblut herum, aber Øystein hat zu viel davon in den Mund genommen, weshalb es herausquillt.

„Pelle bemerkt es und lächelt, als der Auslöser gedrückt wird. So behalte ich Pelle in Erinnerung. Dieses Gesicht. Das glückliche Gesicht. Er hatte immer einen kranken Spruch parat – vorausgesetzt, man war mit ihm allein. Wenn jemand dabei war, den er nicht kannte, sprach er lieber gar nicht."

Pelles erster Kontakt mit Mayhem erfolgte per Post. Er schickte einen Brief an das Postfach der Band – zusammen mit einer gekreuzigten, verrotteten Maus und dem Demo seiner Band Morbid, die im Stockholmer Underground unterwegs war und große theatralische Ambitionen hatte.

„Damals fuhr ich einen Pritschenwagen und öffnete den Brief im Führerhaus“, erzählt Jørn. „Ich hatte noch nie ein totes Tier per Post bekommen und war daher ziemlich überrascht, es stank auch ziemlich übel. Ich legte die Maus und den Brief auf die Ladefläche des Autos und ließ das Demo-Tape auf dem Vordersitz liegen. Leider flog alles weg, als ich losfuhr, weshalb ich den Brief nie zu lesen bekam, aber die Musik war verflucht gut.“

Mayhem wurden 1984 gegründet und machten sich in der überschaubaren internationalen Extrem-Metal-Szene jener Zeit bald einen Namen. Ihre minimalistischen Bandfotos, auf denen sie nur selten ihre Gesichter zeigten, verbreiteten sich dank Øysteins Talent im Vernetzen schnell in Metal-Kreisen. Mayhem wurde sowohl von frühen Bands wie Venom, Mercyful Fate und Bathory als auch von experimenteller und avantgardistischer Musik wie Brian Eno und Diamanda Galás inspiriert. Sie suchten nach den extremsten Vertretern in allen Genres und kümmerten sich weniger um musikalische Klassifizierungen.

Mayhems 1987er-Einstand, das Minialbum *Deathcrush*, wird mit dem Stück „Silvester Anfang“ eröffnet, das der renommierte deutsche Experimentalkünstler Conrad Schnitzler geschrieben hat. Er war ein frühes Mitglied von Tangerine Dream und gilt als einer der Väter des Krautrock. Øystein, der ein großer Fan war, machte sich an einem warmen Sommertag auf den Weg zu Schnitzlers Haus in Deutschland und klingelte an der Tür. Da Schnitzler nicht öffnete, schlief er auf der Eingangstreppe und wurde am nächsten Tag hineingelassen. Als Øystein später einen Brief schrieb und Schnitzler bat, ein Stück für Mayhem zu schreiben, schickte ihm der Deutsche eine Komposition, die er gerade fertiggestellt hatte: „Silvester Anfang“.

Die Mischung aus avantgardistischen Neuerungen und extremer Aggression verlieh Mayhem einen unheilvollen Ruf, der Pelle beeindruckte und einen Nerv bei ihm traf. Bei Morbid hatte er die Bühnenfigur Dead entwickelt, die seine Faszination für den Tod und das Jenseits widerspiegelte. Obwohl Morbid erst ein paarmal live aufgetreten waren, erregten ihre spektakulären Shows die Aufmerksamkeit der florierenden schwedischen Death-Metal-Szene.

Jon „Metalion" Kristiansen gab das *Slayer*-Fanzine heraus, die erste Zeitschrift in Skandinavien für Death- und Black Metal. Øystein spielte ihm eines von Morbids Proberaum-Demos vor, woraufhin sich Jon sofort mit Pelle in Verbindung setzte.

„Damals gab es noch nicht so viele gute Bands – und dann kam diese neue aus Schweden, die wie Bathory klang! Verdammt, ich wusste, dass ich diesen Typen kennenlernen musste."

Durch ihren schriftlichen Austausch wurden Metalion und Pelle gute Freunde und gingen dazu über, regelmäßig miteinander zu telefonieren.

„Er konnte mich um ein oder zwei Uhr morgens anrufen und dann vier Stunden lang reden. Er versuchte das auch mit Mayhem, aber Øystein hatte einen ziemlich eigentümlichen Dialekt, sodass Dead nicht richtig verstand, was er sagte."

Im Laufe ihrer vielen Gespräche kamen Metalion und Pelle auf etliche Themen zu sprechen: die Stockholmer Szene, Bathory und Pelles wachsende Unzufriedenheit mit der Situation bei Morbid. Die anderen Mitglieder teilten seine kompromisslosen Ideen nicht, und er war enttäuscht. Keine Band in Stockholm war hart genug.

In einem Interview, das drei Jahre nach Pelles Tod in *Slayer* abgedruckt wurde, sagte er: „Ich habe mit Euronymous telefoniert, und er schilderte mir, was er sich unter der brutalsten Bühnenshow vorstellte. Wir unterhielten uns über das Problem, dass jeder alles so gewöhnlich, fade und lasch haben wollte. Wir waren uns völlig einig, dass ich vorbeikommen und ein paar Proben mitmachen sollte, um herauszufinden, ob ich zur Band passte."

Metalion und Pelle redeten auch über das Sterben und ein Leben nach dem Tod. Pelle erzählte von einer Nahtoderfahrung aus seiner Kindheit.

„Er sprach von einem Licht, das er gesehen hatte. Ich glaube, es hat ihn stark geprägt", so Metalion.

Im Februar 1988 landete der neunzehnjährige Pelle am Flughafen Fornebu in Oslo. Er hatte kaum mit den Mitgliedern von Mayhem gesprochen und fast nur per Post mit ihnen kommuniziert. Jørn und Øystein holten Pelle am Flughafen ab, ohne zu wissen, was sie erwartete, da die Entscheidung, den Schweden in die Band aufzunehmen, in aller Eile getroffen worden war. Als sie Pelle trafen, waren sie froh, dass er lange Haare hatte und Metal-Klamotten trug. Die Sprachbarriere blieb jedoch bestehen. Pelle verstand kaum ein Wort, das die Norweger sagten, also wechselten sie ins Englische.

Jørn erinnert sich, dass er sich Sorgen über die möglichen Auswirkungen des Sprachproblems machte. Die wichtigsten Aspekte einer Band sind die Kommunikation und Pflege einer internen Ausdrucksweise. Wie sollte das funktionieren, wenn sie sich nicht richtig verständigen konnten?

Auf dem Rückweg vom Flughafen nahm Jørn den Schweden mit zu einem Freund.

Pelle setzte sich in eine Ecke und las Comics, statt sich zu den anderen zu gesellen.

„Jemand hatte Haschisch dabei, und die Pfeife wurde herumgereicht. Ich glaube, Pelle fühlte sich gezwungen, daran zu ziehen. Eine schlechte Idee; er wurde ganz blass, und ich schrieb mir hinter die Ohren, ihm die Pfeife nie wieder anzubieten, sofern er nicht ausdrücklich darum bat. Das war mein erster Eindruck von seiner Persönlichkeit: Er rauchte nicht gern Gras oder bloß Zigaretten. Ich habe ihn so gut wie nie Alkohol trinken sehen – vielleicht zweimal in diesen drei Jahren."

Pelle verbrachte ein paar Tage mit Jørn bei dessen Eltern in Langhus südlich von Oslo. Nach einigen weiteren Tagen bei Øystein zu Hause wurde er im Proberaum von Mayhem untergebracht, einer Wohnung im nahegelegenen Ski. Langsam, aber sicher überwanden die Bandmitglieder die sprachlichen Hürden und entwickelten einen Galgenhumor, der sie schließlich enger zusammenrücken ließ.

Pelle etablierte sich bald als neuer Sänger von Mayhem, woraufhin eine Reihe neuer Promofotos verschickt wurden. Darauf hat er sein

Gesicht weiß geschminkt, große schwarze Ringe um seine Augen gemalt und schwarze Rinnsale unter seinen Nasenlöchern gezogen.

Wenige Monate nach Pelles Ankunft in Norwegen wurde Jan Axel „Hellhammer" Blomberg als neuer Mayhem-Schlagzeuger verpflichtet.

„Die anderen erzählten mir, er sei nur einen Tag nach der Entscheidung, ihn in die Band zu holen, ins Flugzeug gestiegen. Er hatte eine Tasche mit Snus-Kautabak, Plastikinsekten, einem Stapel Dracula-Magazine und Büchern gepackt. Er war ein total merkwürdiger Kerl, aber absolut unverzichtbar für uns."

Schon bevor Pelle als Sänger hinzustieß, waren Mayhem eine angesehene Metal-Band – schnell und heavy, aber was noch fehlte, waren die dunklen Schwingungen und die auf Tod getrimmte Geisteshaltung, die sie später berühmt machen sollten. Bis zu diesem Zeitpunkt hatte Jørn die Songtexte geschrieben, die vor allem von Horror- und Splatter-Filmen mit humorvollem Unterton beeinflusst waren. Als Mayhem begannen, neues Material zu komponieren, kümmerte sich Pelle um die Textinhalte. Die musikalische Ausrichtung und Gesinnung der Band änderten sich prompt. Er schilderte Jørn einen schweren Unfall, den er im Alter von zehn Jahren erlebt hatte, und dass er im Krankenhaus für klinisch tot erklärt worden war.

„Er ist beim Schlittschuhlaufen so schwer gestürzt, dass seine Milz riss", erklärt Jørn. „Danach war er vom Tod besessen und fing an, Todesanzeigen und Prospekte von Bestattungsunternehmen zu sammeln. Als er später mit dem Musikmachen begann, nannte er sich einfach Dead. Das war bereits ein ausgereiftes Konzept. Ich hatte ohnehin immer das Gefühl, die Songtexte seien unser schwächstes Glied. Pelle brachte hingegen Sachen wie ‚Freezing Moon' ein, fantastisches Material über sein eigenes spirituelles Leben. Alle Songs handelten davon, was nach dem Sterben passiert, er glaubte fest an ein Leben nach dem Tod. In diesem Sinn hat er auch gelebt. Nichts war gekünstelt."

Zusammen mit Øystein, dem visionären Anführer von Mayhem, entwickelte Pelle ein Programm für die Band. Alles wurde härter, garstiger und satanischer. Ihre Pläne für eine neue Bühnenshow bezogen abgetrennte Schweineköpfe und Blut mit ein.

„Ich möchte, dass sich die Leute ekeln, wenn sie uns live sehen. Ich denke an faulendes Fleisch in der Klimaanlage. Ich überlege, mich weiter zu schneiden und mehr zu bieten als aufgespießte Schweineköpfe, vielleicht eine gepfählte Kuh oder so", sagte Pelle 1990 in einem Interview mit dem schwedischen Fanzine *Putrefraction*.

Pelle, der schon immer dünn gewesen war, aß immer weniger, um so fahl und tot wie möglich auszusehen. Sein Ziel bestand darin, sich nicht mehr schminken zu müssen. Jørn weiß noch, dass der Sänger ständig über den Tod und sein Nahtoderlebnis redete.

Pelle war im Sommer 1988 wieder in Schweden, als jemand in den Proberaum der Band einbrach. Gitarrenpedale wurden gestohlen, außerdem Pelles Kunstblut und Comics.

Als wäre der Verlust nicht schlimm genug gewesen, wurde die Band infolge des Einbruchs aus dem Raum geworfen.

Jørn trieb sich oft in einem Wald in der Nähe herum, um mit seinem Gewehr zu schießen, und hatte dort eine verlassene Hütte entdeckt. Pelle zog bald dort ein. Sie stand seit dreißig Jahren leer, es gab weder fließendes Wasser noch Strom, aber der Sommer war warm genug, um sie bewohnen zu können. Jan Axel zeigte sich solidarisch, indem er ebenfalls einzog. Die beiden verbrachten den Sommer dort, bis ein schießwütiger Gutsbesitzer mit Flinte auftauchte, um die Jungspunde gewaltsam zu vertreiben.

Wie die anderen Mayhem-Mitglieder lebte Pelle von der Sozialhilfe des norwegischen Staates. Gemeinsam verlegte die Band ihr Quartier in ein Feriendorf an der E6, wo das Sozialamt einige seiner Schützlinge untergebracht hatte.

Während sie einen neuen Proberaum suchten, verbrachten die Mitglieder den Großteil ihrer Zeit damit, Briefe zu beantworten und Demos an Mayhem-Fans auf der ganzen Welt zu schicken. Die Ausweitung ihres Vertriebsnetzes und die Ermittlung von Inhabern unabhängiger Plattenläden in anderen Ländern waren sehr wichtig.

Pelle knüpfte Kontakte zu anderen Musikern aus der skandinavischen Black-Metal-Szene. Einer von ihnen war Tompa „Goatspell" Lindberg, der damals bei den Göteborgern Grotesque sang.

„Wir waren lange Zeit befreundet und standen uns recht nahe", rekapituliert er. „Wir hatten sehr ähnliche Ansichten, was Musik und Satanismus anging. Er war unerbittlich und ziemlich leidenschaftlich in seinen Überzeugungen."

Tompa und Pelle trafen sich zum ersten Mal auf Metalions Party zu Silvester 1988 in Sarpsborg. Mehrere Musiker aus Schweden und Norwegen waren dort zugegen.

„Im Verbund bedeuteten Pelle und Tompa in jenen Tagen völliges Chaos", weiß Metalion. „Sie saßen im Schlafzimmer meiner Eltern und ritzten sich. Da sah es furchtbar aus, wir mussten alles mit Blutflecken wegwerfen. Pelle ist in dieser Nacht durchgedreht – komplett."

„Metalions Eltern waren außer Haus, also saßen Dead und ich auf ihrem Bett und tranken den Champagner seiner Mutter", erzählt Lindberg. „Wir führten intensive Diskussionen. ‚Wir fahren heute Abend nach Transsylvanien, du und ich, Tompa', sagte er. Ich weiß noch, dass ich irgendwo in diesem Dämmerzustand dachte: ‚Nein, ich glaube nicht, dass wir das heute Abend machen werden.' Es endete damit, dass ich mich in Metalions Zimmer versteckte, nicht weil Pelle aggressiv gewesen wäre, sondern weil er einfach total versessen darauf war, gemeinsam diese große Reise zu unternehmen, da wir uns so nahestanden."

Pelle rannte mit einem Messer herum und war so aufgedreht, dass Metalion und Øystein ihn zu Boden ringen mussten, um ihn zu bändigen. René Jansen von der norwegischen Band Cadaver holte Handschellen hervor und legte sie Pelle in der Hoffnung an, ihn zu beruhigen. Das Problem war, dass niemand einen Schlüssel für die Handschellen hatte, also schleppten sie Pelle zu einer Polizeistation in der Nähe, um sich beim Abnehmen der Handschellen helfen zu lassen.

„Aber ich weiß noch, dass wir damals, als wir im Keller schlafen wollten, *At War With Satan* von Venom hörten", ergänzt Tompa.

„Øystein und Dead schliefen im selben Zimmer, und alles war gut. Es war ein verdammt feines Treffen."

Mayhem probten weiter und knüpften international Kontakte, kamen aber nur langsam voran. Øystein gründete sein Label Deathlike Silence Productions mit dem Ziel, die Alben der Band selbst zu veröffentlichen. Der erste Titel auf DSP war das Debütalbum von Merciless aus Schweden. Pelle kannte die Bandköpfe Fredrik Karlén und Erik Wallin von Metal-Partys in Stockholm. Im Juni 1989 hatten sich Merciless im Studio Tuna in Eskilstuna verschanzt, um *The Awakening* aufzunehmen. Øystein, Pelle und Jørn fuhren von Oslo hinunter, um sie zu besuchen, und Erik Wallin entsinnt sich, eine Veränderung an Pelle bemerkt zu haben.

„Wenn wir in Stockholm auf Partys unterwegs waren, war er eher der Typ, der gern trank und sich amüsierte. Aufgedrängt hat er sich nie; es gab immer andere, deren Worte und Auftreten auffälliger waren. Trotzdem verhielt er sich bei den Norwegern anders – nicht mehr so aufgeschlossen wie früher. Im Studio hielten sie sich meistens zurück, und wir fanden sie ziemlich seltsam. Wir haben uns gefragt, was aus dem alten Pelle von Morbid geworden war. Alle drei blieben auf Abstand."

Øystein war zufrieden mit dem, was er im Studio hörte, und die ganze Truppe ging nach den Aufnahmen Burger essen.

Pelle blieb mit seinen schwedischen Freunden in Kontakt, manchmal per Telefon, vor allem aber durch Briefe. Zwischen ihm und Jens Näsström von Morbid, die seit Pelles Weggang mit einem neuen Sänger weitergemacht hatten, herrschte reger Austausch. Die Mystik des Todes, die Morbids früheren Sound ausgemacht hatte, war verschwunden, und der Band schien der Schwung zu fehlen. Ohne dass die Mayhem-Mitglieder es ahnten, planten Jens und Pelle eine Wiedervereinigung der alten Morbid-Besetzung. Sie buchten sogar das Fryshuset in Stockholm für ein Konzert am 9. September '89, zusammen mit vier der bekanntesten schwedischen Metal-Bands jener Zeit. Pelle entwarf einen Flyer, auf dem ein Grabstein mit den eingemeißelten Namen der Bands und eine Fledermaus darüber vor dem Mond zu sehen waren. In Verbindung mit der Reunion-Show sollte eine EP mit dem Arbeitstitel *Ancient Morbidity* veröffentlicht werden. Das Cover zeigte ein Monster mit Fledermausflügeln. Letztendlich kam es aber nie zu der Wiedervereinigung, und der Auftritt wurde abgesagt.

Mayhem waren hingegen endlich in die Gänge gekommen. Sie hatten ihren ersten Auftritt mit Pelle am Mikro in Jessheim südlich von Oslo anberaumt. Die Bühnenshow wurde gründlich geplant. Als Inspirationsquelle diente ein Live-Video von Venom, in dem es jede Menge Explosionen und Feuer gab.

Vor dem Konzert besorgte die Band mehrere Schweineköpfe, die auf Pfählen aufgespießt werden sollten. Pelle vergrub seine Bühnenkleidung im Wald, damit sie nach Fäulnis und Verwesung stank. Zudem bewahrte er eine tote Krähe in einer Plastiktüte auf und inhalierte die Luft daraus vor der Show, um sich in eine authentische Todesstimmung zu versetzen. Auf der Bühne steigerte sich Pelle dergestalt in seine Performance hinein, dass er zu viel Druck ausübte, als er sich mit einer zerbrochenen Flasche in den Arm stach.

„Er schlitzte sich übel mit der Flasche auf, und das Blut spritzte ins Publikum", erinnert sich Jørn. „Der Schnitt war viel zu tief. Er musste die Bühne verlassen, und der Hausmeister vor Ort flickte ihn mit Klebeband zusammen."

Pelle kehrte aber auf die Bühne zurück und hielt bis zum letzten Song durch, bevor er von der Bühne taumelte und wegen Blutverlustes fast in Ohnmacht fiel. Jørn sagt, Pelle habe die Wunde nie richtig in einem Krankenhaus behandeln lassen. Die Narbe sah scheußlich aus.

„Er hat sich oft geschnitten, aber das war seine mit Abstand schlimmste Narbe. Er tat es nur bei Konzerten, privat habe ich ihn nie dabei gesehen. Øystein war schwer begeistert, doch ich mochte es nicht. Ich war immer sehr nervös und versuchte, ihm stumpfe Messer unterzujubeln. Was er tat, reichte aus; das Publikum musste nicht noch krasser schockiert werden als ohnehin schon."

Gerüchte über den spektakulären Auftritt von Jessheim verbreiteten sich schnell, und Berichten zufolge habe sich Pelle nicht nur selbst übel zugerichtet, auch Schweineköpfe seien von der Bühne geflogen. Als Metalion ein Konzert in Sarpsborg nahe der schwedischen Grenze organisierte, um Geld fürs Slayer zu sammeln, traten Cadaver und Equinox mit Mayhem als Hauptact auf.

„Es war in einem Lokal namens Furuheim", sagt er. „Die Leute brachten Alkohol in Tüten mit, aber da wir die Security selbst übernahmen, brauchte man den Schnaps bloß zu teilen, um eingelassen zu werden. Es gab aber keinen Ärger, alles lief gut. Mayhem hatten an diesem Abend so gut wie keine Bühnenbeleuchtung, weshalb es richtig dunkel im Saal war. Dadurch herrschte eine wirklich besondere Atmosphäre."

Pelle wollte die Grenzen mit ihren Auftritten weiter ausloten und schrieb Morgan Håkansson, um ein Konzert mit Mayhem und Grotesque in Norrköping in Schweden vorzuschlagen. Er fragte, ob er ein paar Tage vorher kommen könne, um Fleischstücke in den Saal zu hängen, damit es ordentlich stank.

„Ich habe sogar eine Fleischersäge gekauft, mit der er sich auf der Bühne schneiden konnte", erzählt Morgan. „Allerdings wurde alles zu kompliziert, und der Auftritt fand nie statt."

Morgan stand in regem Briefkontakt mit Pelle und Øystein. Er bemerkte eine zunehmende Spannung innerhalb der Band. Mayhem suchten schon seit einiger Zeit einen Ort, an dem sie sowohl wohnen als auch proben konnten. Schließlich landeten sie in einem großen Haus in Kråkstad in der damaligen Kommune Ski. Jørn sagt, dass das Haus so schön war, habe ihn ziemlich überrascht. Die Räume verfügten über eine Holzvertäfelung mit klassisch norwegischen Schnitzereien, und im Keller befand sich ein voll ausgestatteter Fitnessraum. Es gab mehrere Zimmer, in denen die Bandmitglieder leben konnten. Das Gebäude hatte eine Fläche von fast zweihundert Quadratmetern und gehörte den Eltern eines alten Klassenkameraden von Øystein.

Obwohl die Band nun einen Proberaum hatte, war die einst so fruchtbare kreative Beziehung zwischen Øystein und Pelle deutlich getrübt. Sie stritten sich über die belanglosesten Dinge und waren sich kaum noch über irgendetwas einig. Øystein machte sich über

Pelle lustig und strapazierte seine Geduld. Pelle wiederum durchschaute langsam die ständigen Beteuerungen von Studioaufnahmen und bevorstehenden Tourneen: Nichts davon schien je Wirklichkeit zu werden. Jørn, mit dem Øystein seit seiner Kindheit befreundet war, hatte sich bereits an die übertriebenen Pläne des Bandleaders gewöhnt.

„Er fantasierte immer laut, und Pelle fing an, es zu glauben. Vieles davon war einfach nur verrückter Blödsinn. Øystein hatte zum Beispiel die Idee, viel Geld zu verdienen, indem er ein Büro von Deathlike Silence Productions in Moskau einrichtete, das als Fassade für den Verkauf von Computern an die Behörden dienen sollte. Auch mich hat er fast überzeugt. Es gab eine Menge großer Pläne."

Schließlich führte einer der vielen Pläne tatsächlich zu etwas Verbindlichem: Im November 1990 gingen Mayhem auf eine Europatournee mit Auftritten in Deutschland, Griechenland, der Türkei und den Niederlanden. Die Band reiste mit dem Zug und benutzte Interrail-Tickets. Die ersten Konzerte der Tour fanden in den deutschen Städten Zeitz, Leipzig und Chemnitz statt. Danach fuhren die Mitglieder mit dem Zug zurück nach Norwegen, lösten ihre Sozialhilfeschecks ein und reisten gleich weiter in die türkische Küstenstadt Izmir. Jørn erinnert sich, dass Pelle ständig Nasenbluten hatte, weil er unterernährt und allgemein in schlechter gesundheitlicher Verfassung war.

In der Türkei lief nichts wie geplant: Während des Konzerts fiel mehrmals der Strom aus, und die Band war gezwungen, die Veranstalter zu bestechen, damit sie ihn wieder einschalteten. Nach dem Auftritt erhielten sie keine Gage.

„Das Equipment war scheiße und die Leute ein hoffnungsloser Fall", sagt Jan Axel. „Man hatte keine Unterkünfte für uns gebucht, und wir bekamen Streit mit dem türkischen Zoll. Zu allem Überfluss wurde Pelle auch noch die Brieftasche im Zug geklaut. Ich war mir noch nie im Leben so erbärmlich vorgekommen."

Das Konzert in Ankara wurde wegen des Golfkriegs gecancelt. Außerdem hatte Pelle bei der Planung der Tournee in Norwegen einen Brief missverstanden und glaubte, ein Termin in Griechenland sei ebenfalls abgesagt worden, weshalb die Band direkt in die Niederlande reiste. Da sie drei Tage früher ankam, war der Promoter – Bob Bagchus von der niederländischen Band Asphyx – nicht zu Hause. Die Tour wurde abgebrochen, und Mayhem kehrten nach Norwegen zurück.

Zu Hause wurde klar, dass die Band wieder einmal ins Stocken geraten war.

„Pelle saß im Haus fest", erzählt Jørn. „Der Rest von uns hatte Verwandte in der Nähe, die wir zum Abendessen oder für ein paar Tage besuchen konnten. Pelle hatte keine. Er hatte keine Möglichkeit, in die Welt außerhalb der Band zu fliehen, und so verschärfte sich seine Situation zunehmend."

Im Frühjahr eskalierten die Spannungen im Haus. Jan Axel erinnert sich, ständig mit Pelle und Øystein gestritten zu haben.

„Øystein sagte mir, Pelle sei verrückt geworden, und man könne nicht mit zusammenleben. Pelle sagte, er wolle nach Hause. Gegen Ende hassten sie sich beinahe."

Manchmal, wenn die Konflikte im Haus unerträglich wurden, schlief Pelle im Wald, um von Øystein wegzukommen.

Seine Familie in Schweden machte sich Sorgen. Jedes Mal, wenn Pelle zu Besuch kam, bemerkten sie seinen starken Gewichtsverlust und seine Unzufriedenheit. Sie wollten ihm unbedingt helfen. Als seine Eltern entdeckten, dass das Geld, das sie für Lebensmittel nach Norwegen überwiesen hatten, stattdessen für den Versand von Mayhem-Demos verwendet worden war, drehten sie ihm den Geldhahn zu.

Sein Vater kam ein paarmal nach Norwegen, um nach ihm zu sehen und mit ihm zu sprechen. Sein letzter Abstecher fand im März 1991 statt.

Jan Axel war einer der letzten Menschen, die mit Pelle redeten. Sie liefen einander zwei Tage vor Pelles Selbstmord am Bahnhof in Ski über den Weg. Pelle erwähnte, dass er sich ein neues Messer gekauft hatte. Diese Bemerkung war an sich nichts Ungewöhnliches, aber während des kurzen Gesprächs beschrieb er auch mehrmals, wie scharf das Messer sei.

Soweit Jørn weiß, war die letzte Person, die Pelle lebend gesehen hat, ihr Nachbar, der einzige Bewohner in der Gegend, mit dem sie Kontakt hatten.

„Später erzählte er uns, Pelle habe zum ersten Mal seit langer Zeit einen richtig glücklichen Eindruck gemacht."

Jørn Stubberud schlägt einen Ausflug zu dem Haus in Kråkstad vor. Er leitet uns durch Ski, eine kleine Gemeinde mit bemerkenswert vielen Verkehrskreiseln, und zeigt uns verschiedene Gebäude, die für Mayhem von historischer Bedeutung sind: das Haus seiner Großmutter, wo er einige Jahre wohnte, Øysteins Elternhaus am Bekkestien und ein Lebensmittelladen, der nur fünf Gehminuten vom Haus in Kråkstad entfernt ist. Früher gab es hier auch ein Postamt.

„Von dort aus haben wir unseren gesamten Briefverkehr versandt."

Als wir uns dem großen roten Holzhaus am Waldrand nähern, bemerken wir, dass sich jemand in der Garage bewegt. Jørn sagt uns, wir sollen weiterfahren, ohne langsamer zu werden.

„Hier mit schwedischen Nummernschildern aufzukreuzen ist keine gute Idee. Es gab in den letzten Jahren eine Menge Black-Metal-Tourismus. Fahrt einfach weiter." Er duckt sich auf der Rückbank.

Das Haus ist immer noch im Besitz der gleichen Familie wie 1991. Die Leute sind sehr verständnisvoll, was die Neugierde angeht, die das Gebäude hervorruft. Einmal haben sie sogar einen Fan hineingelassen und ihm das Innere gezeigt. Er hatte eine Videokamera in einer Sporttasche versteckt, und die Aufnahmen tauchten später in einer Mayhem-Dokumentation auf.

„Das ist Pelles Schlafzimmer."

Jørn verweist nickend auf ein Fenster mit Blick auf den Wald. Darunter steht die braune Garage, auf die Øystein kletterte, um in den Raum zu schauen.

Jørn deutet auf ein Kirchendach in der Ferne hinter den Bäumen auf der anderen Seite des Dorfes.

„Dort ist die Telefonzelle, zu der Øystein fuhr, um die Polizei zu rufen. Es ist knapp fünf Kilometer von hier entfernt."

Obwohl zum Zeitpunkt unseres Besuchs mehr als fünfundzwanzig Jahre vergangen sind, seitdem Pelle Ohlin sein Leben beendete, ruft er immer noch heftige Emotionen bei seinen alten Freunden hervor. Viele lehnten unsere Bitte ab, sie für dieses Buch interviewen zu dürfen. Pelles schwedische Freunde waren entsetzt über seinen Freitod, und viele sind immer noch verärgert darüber, dass Øystein ihn für persönliche Zwecke ausnutzte. Jedes Mal, wenn *The Dawn of the Black Hearts* in einem Plattenladen auftaucht oder das Bild von Pelles Leichnam online veröffentlicht wird, erinnern sie sich daran, was passiert ist, und werden wieder wütend. Alte Freunde haben gefordert, dass die Plattenläden das Bootleg aus ihren Regalen nehmen.

Als das *Sweden Rock Magazine* 2006 das Cover des Albums zur Illustration eines historisch ausgerichteten Artikels verwendete, erhielt der Herausgeber Erik Thompson einen Brief, in dem ihm Geschmacklosigkeit und Respektlosigkeit gegenüber dem Toten vorgeworfen wurde.

Jens Nässtrőm, Bassist von Morbid und einer von Pelles engsten Freunden, meldet sich bei uns, nachdem er sechs Monate zuvor abgelehnt hatte, sich interviewen zu lassen. Er hat seine Meinung geändert. Heute arbeitet er als Psychologe in Strängnäs und denkt, der Mythos um die Figur Dead habe zu absurde Ausmaße angenommen, um mit Schweigen gegen ihn anzugehen.

„Psychologisch gesehen passiert etwas, wenn Menschen jemanden idealisieren und sich selbst auf andere projizieren, und das ist in diesem Fall sehr offensichtlich. Der Mythos Dead ist zu einem Egregor geworden, einer Art von übersinnlichem Wesen, das ein Eigenleben entwickelt hat. Es trägt sicherlich Züge des echten Pelle, weist aber auch Eigenschaften auf, die er nie hatte. Zum Beispiel wird er oft als humorlos und unsozial dargestellt."

Die meisten von Pelles schwedischen Bekannten sind verwirrt von den Gerüchten und Legenden, die in Dokumentarfilmen, Büchern und Artikeln im Internet zu Pseudowahrheiten verdreht wurden. Sie erkennen ihren alten Freund darin überhaupt nicht wieder. Unleashed-Sänger/Bassist Johnny Hedlund verbrachte in den Jahren vor Pelles Umzug nach Norwegen regelmäßig Zeit mit ihm. Er hat ihn als lockeren Kerl in Erinnerung behalten, der alle ausgelassenen Partys besuchte und oft unter Johnnys Wohnzimmertisch schlief.

„Was wir nach seinem Umzug nach Norwegen hörten und lasen, war nichts, womit ich oder Fredrik Lindgren, der ihn ebenfalls gut kannte, etwas anfangen konnten", sagt Johnny. „Man kann es nicht einmal kommentieren."

Auch Pelles Bruder Anders Ohlin zögerte zunächst, mit uns zu sprechen, aber wir kamen überein, uns zu treffen und das Terrain zu sondieren. Wir fanden bald heraus, dass ihn der Tod seines älteren Bruders immer noch tief berührt. In der Nacht vor dem Interview hatte er an einer Feier teilgenommen und Champagner getrunken. Trotz der Festlichkeiten wachte er um fünf Uhr morgens auf und konnte nicht wieder einschlafen. Er beschreibt, dass ihm nach unserem Anruf flau im Magen wurde, eine Mischung aus Neugier einer- und Bedenken andererseits. Er suchte erst Rat bei seiner Mutter, dann bei seinem Halbbruder Daniel – beide waren skeptisch.

Letzten Endes geht es ihm gar nicht so sehr um die beiden – er sagt, er wolle die Geschichte um seiner selbst willen erzählen.

„Als ich vor einigen Jahren Architektur studierte, ging ich an einer exklusiven Kunstgalerie in Stockholm vorbei. Plötzlich waren dort riesige Bilder von meinem Bruder und seiner Band ausgestellt. Es gab einige Bilder von ihnen, wie sie auf der Motorhaube eines Autos Bier tranken, und auch Konzertfotos."

Anders ging hinein und erfuhr, dass dies eine Ausstellung des norwegischen Künstlers Bjarne Melgaard war.

„Eine Frau erklärte mir, dieser Dead sei ein unglaublich böser Mensch gewesen, und erzählte noch mehr völligen Unsinn. ‚Was um alles in der Welt faselt die da?', dachte ich. Soll er so in Erinnerung bleiben, als schlimmer und bösartiger Mensch? Das entspricht nicht dem Gesamtbild."

Die Mythenbildung ist problematisch, weil alles, was Pelle tun wollte, auf dem Wunsch beruhte, die Grenzen weiter zu verschieben als irgendjemand zuvor. Sollte man das einseitige Bild eines erbarmungslosen Metalheads bewahren, der Mäuse kreuzigte, oder auch einige Nuancen zulassen? Immerhin haben diese Erdichtungen den Trauerprozess gestört.

„Nicht sagen zu können, was wahr ist und was nicht, ist ungeheuer frustrierend. Ich weiß es nämlich nicht. In diesen Kreisen dreht sich alles um Provokation. Ich war wirklich wütend auf ihn; er ist nicht derjenige, der noch lebt und unter alledem leidet, was er mit aufgebaut hat." Anders schweigt einen Moment lang.

„Offen gestanden habe ich seinen Tod noch nicht richtig verarbeitet, glaube ich. Ich ärgerte mich über ihn, und dann verdrängte ich alles. Im Nachhinein betrachtet war das vielleicht nicht die beste Verhaltensweise. Deshalb habe ich wahrscheinlich immer noch diesen Knoten im Bauch, der sich bemerkbar macht, wenn jemand anruft und fragt, ob ich Deads Bruder bin."

Warum wurde ausgerechnet Pelle Ohlin zu einer solchen Ikone des skandinavischen Black Metal? Was machte ihn zu dem Pionier, der den ästhetischen Rahmen für ein ganzes Genre vorgab?

Per Yngve Ohlin wurde am 16. Januar 1969 in Stockholm geboren. Er war das erste Kind der Familie und sollte noch eine Schwester, einen Bruder sowie zwei Halbbrüder bekommen. Aufgewachsen ist er in dem Vorort Västerhaninge, eine halbstündige Zugfahrt südlich von Stockholm.

Schon früh gab es Anzeichen dafür, dass Pelle ein wenig anders war als seine Freunde.

„Er war recht exzentrisch", beschreibt Anders. „Man könnte auch sagen, dass er sehr pragmatisch war. Er bewegte sich immer nur in eine Richtung. Er war wohl oder übel nicht zum Multitasking fähig. Wenn er sich auf etwas einließ, arbeitete er unglaublich hart daran und brachte es immer zu Ende. Allerdings hatte er Schwierigkeiten, zu entscheiden, ob ein Ziel erreichbar oder überhaupt realisierbar war."

Pelle war schon als Kind unberechenbar. Eine der beliebtesten Geschichten der Familie erzählt, wie der Junge, der damals der schwedischen Jugendumweltorganisation angehörte, im Zug auf eine Frau zeigte, die Leopardenfell trug. Er wollte wissen, ob es echt oder unecht sei. Die Frau wurde rot im Gesicht, antwortete aber nicht, also fragte Pelle erneut, diesmal lauter. „Ich sagte, ist das echt oder unecht?"

Wenn seine Eltern Gäste hatten, befürchteten sie oft, er würde etwas Unangemessenes sagen. Andere Eltern hielten ihn für leicht verschroben, und nicht selten wurde er für Unfug verantwortlich gemacht, den andere Kinder ebenso gut angerichtet haben konnten.

„Mein Vater erzählte mir einmal, dass Pelle mit einem seiner besten Freunde gespielt hatte und ungewöhnlich früh nach Hause kam", berichtet Anders. „Er meinte dann, dass die Mutter des Freundes zu ihm gesagt hätte: ‚Also gut, Pelle, du musst jetzt nach Hause gehen, weil Fredrik seinen Geburtstag feiert.' Er war nicht eingeladen. Das schien ihm überhaupt nichts auszumachen, und er wollte nur mit seinen Legos spielen, aber unseren Vater traf es schwer."

Pelles Interesse an Musik wuchs allmählich und artete aus, als der Metal in den frühen Achtzigern emporkam. Die Brüder lasen in der schwedischen Musikzeitschrift *OKEJ* über Bands wie Kiss, Venom und W.A.S.P. Wie andere Kinder, die von Metal begeistert waren, stürzte sich Pelle auf alles, was das Genre zu bieten hatte.

Bald war jede Form von angenehmer und sanfter Musik passé, und eine Art von Wettrüsten hatte begonnen – alles musste härter und wilder werden, von Hardrock über Heavy Metal bis zu Thrash und Speed. Gleichzeitig entwickelte Pelle eine fieberhafte Begeisterung für Horrorfilme, je gruseliger, desto besser. Er war schon immer von Comics fasziniert und hütete seine *Chock*-Sammlung. Das war ein schwedisches Magazin, das die Geschichten der amerikanischen Horror-Comics *Creepy* und und *Eerie* nachdruckte. Er zeichnete ständig, vor allem Monster und Bombenflugzeuge.

Als Pelle ins Teenageralter kam, ließen sich seine Eltern scheiden, und die Familie zerbrach. Anders erinnert sich, dass die Scheidung schwierig war und Pelle von allen Geschwistern am meisten zusetzte. Nachdem er zwei Monate lang bei seinem Vater gewohnt hatte, weigerte er sich, zu seiner Mutter zu ziehen. Seine Eltern mussten ihn gewaltsam hinbringen, und er war außer sich vor Wut. Das Gleiche passierte, als er zu seinem Vater zurückkehren sollte.

„Er ging ein und aus wie eine Katze. Jeder wollte ihn haben. Er litt am schwersten unter der Trennung, ihn im Haus zu haben war also ein kleiner Sieg für unsere Eltern. Alles wurde schwarz-weiß. Erst als Pelle starb, fingen meine Eltern wieder an, miteinander zu reden; erst dann fanden wir Frieden in der Familie."

Zur gleichen Zeit traten Schwierigkeiten in der Schule auf. Im Herbst 1982 kam Pelle in die siebte Klasse der Ribbyskolan in Västerhaninge. Nachdem er die Unterstufe in einer eng verbundenen Klasse durchlaufen hatte, fand er sich in einer ungewohnten Umgebung mit völlig neuen Gruppierungen wieder, wo weder er selbst noch seine vielen Macken akzeptiert wurden.

„In der Mittelstufe wurde er gnadenlos gemobbt", berichtet Anders. „Damals stand man entweder auf Synthie-Musik oder Hardrock – alles war genau festgelegt. Pelle passte aber nirgendwo hinein, also war es wohl einfach, ihn auszugrenzen. Eine ganze Bande schikanierte und verprügelte ihn ständig. Seinen alten Klassenkameraden aus der Unterstufe fehlte auch die Kraft, ihm zu helfen."

Ungefähr zu dieser Zeit kam es zu jener berühmten Nahtoderfahrung, die Pelle stark prägen sollte. Aber es war kein Unfall beim Schlittschuhlaufen, wie er später Jørn erzählte, und auch nicht dem Verzehr von Giftpilzen geschuldet, wie ein anderer Freund aufgetischt bekam. Anders hat erfahren, dass Pelle eines Tages früher von der Schule nach Hause kam. Er erzählte, er habe sich übergeben und müsse sich etwas ausruhen.

„Zufälligerweise war unsere Stiefmutter zu Hause. Sie fand, dass er blass aussah, also ging sie zu ihm, um ihn zu untersuchen, fand ihn aber bewusstlos und ohne Puls vor. Weil sie Krankenschwester war, erkannte sie sofort, dass es ernst um ihn stand. Sie wandte Wiederbelebungsmaßnahmen an, bis der Krankenwagen eintraf."

Zunächst behauptete Pelle, er sei vor der Schule auf dem Eis ausgerutscht und habe sich den Ellenbogen in den Bauch gerammt. Wie sich jedoch bald herausstellte, war er von einer Schülerbande angegriffen worden. Sie schlugen ihn so brutal zusammen, dass seine Milz riss. Er musste mehrere Tage im Krankenhaus bleiben.

Als er in den Unterricht zurückkehrte, versuchten die Beratungslehrer, die beste Lösung für Pelle zu finden. Man beschloss, ihn auf eine andere Schule zu versetzen. Er kam in eine gute Klasse und fand schnell mehrere Freunde, die sein Interesse an Musik teilten. Schon bald teilte er der Familie mit, dass er eine Band gegründet hatte. Sie war ziemlich überrascht, da er kein Instrument spielte. Weil Pelle die treibende Kraft in der Gruppe war, schlug jemand den Namen Ohlin Metal vor.

„Er entwarf ein wirklich cooles Logo für die Band, das er in ganz Västerhaninge aufsprayte", erinnert sich Anders. „Unserem Vater fiel es am Bahnhof auf, und da der Name die Wörter *Ohlin* und *Metal* enthielt, erkannte er Pelle sofort als den Übeltäter. Mit seinen Nachbarn auf den Zug zu warten war ihm furchtbar peinlich."

Obwohl Pelle in der neuen Schule gut zurechtkam und neue Freunde fand, hatte ihn die Schlägerei nachdrücklich erschüttert. Anders gibt an, Pelle sei sehr ängstlich gewesen und habe sich davor gescheut, nach draußen zu gehen. Er sah sich Kung-Fu-Filme an und begann sogar, Aikido-Kurse zu besuchen.

„Aber vielleicht war es unser Vater, der ihn dazu überredet hat."

Pelles Interesse an Musik und Horrorfilmen nahm immer mehr von seiner Zeit in Anspruch. Als der Rest der Familie im Urlaub war, überzog er seine Seite des Zimmers, das er mit Anders teilte, mit Spinnweben, die er in einem Kostümgeschäft gekauft hatte.

„Meine Mutter fragte: ‚Na gut, was soll das sein?' Ich hatte eine Heidenangst vor Dunkelheit und wollte nicht dort schlafen."

Pelles Noten in der Schule verschlechterten sich, und er ließ sich die Haare wachsen, sehr zum Leidwesen seiner Eltern. Seine Freude am Morbiden nahm zu. Eines Tages durchsuchte Anders die Taschen der Jeansjacke seines Bruders nach Süßigkeiten. Stattdessen fand er einen toten Frosch.

Interesse am Krieg hatte er schon als Kind gehabt, doch es war meist in Zeichnungen von Bombenflugzeugen zutage getreten. Nun nahm es neue Ausmaße an: Pelle meldete sich zur freiwilligen Militärausbildung, weil er das Schießen mit der Maschinenpistole lernen wollte. Stattdessen wurde der erste Tag mit einem Orientierungslauf im Wald verbracht. Zornig brach Pelle die Ausbildung ab.

„Offiziere, die ihn anbrüllten, passten eigentlich nicht zu Pelle. Er war sehr passiv und unglaublich ruhig. Man konnte wohl den Eindruck gewinnen, er sei etwas schwer von Begriff", so Anders.

Pelle gewöhnte sich an, ins Stockholmer Zentrum zu fahren, um im Plattenladen Heavy Sound abzuhängen, der inzwischen zu einem Zentrum der aufstrebenden Thrash- und Death-Metal-Szene geworden war. Er brachte neue Alben mit nach Hause, immer härter und schneller. Am wichtigsten war jedoch, dass er Bathory entdeckte.

Eines Tages sah er einen Zettel, der an der Wand des Ladens hing. Eine Band aus Åkersberga außerhalb Stockholms suchte einen Sänger und einen Bassisten. Sie nannten sich Armageddon und führten Slayer als Einfluss an. Pelle rief die angegebene Nummer an und schloss sich zuerst mit dem Gitarristen John Hagström kurz.

„Wir haben telefoniert, und er freute sich darüber, dass wir uns auch für härtere Musik interessieren. Damals gab es noch nicht so viele Bands", sagt John.

Die erste Probe fand im Musikunterrichtsraum einer Schule in Åkersberga statt. Pelle, John und dessen Nachbar Sandro Cajander von Mefisto, eine der ersten Stockholmer Thrash-Bands, waren anwesend. Die Chemie stimmte sofort.

Die Gruppe änderte ihren Namen in Scapegoat. Im Logo hatte der Buchstabe G Hörner und einen Ziegenbart. Pelle nannte sich Geten – die Ziege. Sandro verließ die Band schon früh. Neue Mitglieder kamen und gingen, da Pelles persönliche Ansichten und Vorlieben die Tagesordnung bestimmten. Sein Konzept für Scapegoat war von Anfang an rigide und vollständig ausgearbeitet.

„Es gab keine Diskussionen darüber, was gesungen werden oder wie es klingen sollte; er wusste es genau“, erklärt John. „Vom ersten Tag an leitete er die Band und hatte starke Überzeugungen. Er war ein bisschen seltsam: sehr sanftmütig, aber gleichzeitig versuchte er, evil zu wirken.“

Pelle verlangte viel von seinen Mitmusikern, insbesondere von den Gitarristen, und Scapegoat kamen nie richtig in die Gänge. Stattdessen gründete er mit John eine neue Band namens Morbid. Diesmal war die Musik noch härter. Über einen weiteren Aushang bei Heavy Sound fand Pelle den Schlagzeuger Lars Göran „L-G“ Petrov, der später als Sänger von Entombed sehr erfolgreich wurde. Im Sommer 1986 lernte Pelle bei einem Konzert im Stockholmer Park Kungsträdgården auch den Bassisten Jens Näsström kennen. Somit stand die Originalbesetzung von Morbid.

„Ich sage es nur ungern, doch an diesem Abend spielte eine Haarspray-Glam-Band namens Treat im Park“, erzählt Jens. „Es gab aber nichts anderes. Wir waren zu jung, um in die Kneipen gelassen zu werden, und Jugendzentren existierten kaum noch. Der Punkrock-Schuppen Ultra House war als Einziges übrig. Ein Gratiskonzert mitten in Stockholm – was sollte man sonst an einem Samstagnachmittag machen? Dort hatte man wenigstens die Gelegenheit, mit anderen Thrashern abzuhängen.“

Obwohl sie Teenager waren, gingen weder Jens noch Pelle zur Schule. Oft hingen sie bei Jens zu Hause am Fridhemsplan herum. Die beiden kamen sich durch ihre theatralischen Ziele für Morbid und ihr gemeinsames Interesse an düsteren Themen näher. Für die Band nahmen sie Alter Egos an: Pelle schlüpfte in die Rolle von Dead und schminkte sein Gesicht weiß mit schwarzen Ringen um die Augen. Er trug ein T-Shirt, an das er ausgeschnittene Todesanzeigen getackert hatte. Jens nannte sich Dr. Schitz und trug beim ersten Morbid-Konzert im Ultra House im April 1987 einen Arztkittel nebst Infusionsbeutel.

Ihre gemeinsamen Freunde Nils „Nisse" Gullbrandsson und Rikard „Rille" Synstad lungerten oft bei den Bandproben herum und erinnern sich an eine chaotische Show. Morbid hatten eine Nebelmaschine gemietet, von der niemand wusste, wie man sie richtig bediente.

„Jemand in diesem Punk-Club hat die Maschine bedient und alles gegeben. Er drückte einfach immer wieder auf den Knopf", berichtet Rille. „Bald konnte man nicht einmal mehr die Bühne sehen, und wir haben mit dem Rücken zur Band geheadbangt."

„Ihr Einstieg war etwas holprig", so Nisse weiter. „Das Ultra House hatte die kleinste Bühne der Welt, aber Morbid erreichten sofort Kultstatus."

Die Band probte dreimal wöchentlich, wobei Pelle Höchstleistungen von den anderen Mitgliedern verlangte. Sie rekrutierten den technisch versierten Gitarristen Uffe Cederlund, der später auch bei Entombed spielen sollte. John Hagström weiß noch, dass Pelle extrem verärgert war, wenn jemand einen Fehler machte. Falls er ein Riff nicht gut genug fand, zwang er die Band, den Song zigmal hintereinander zu spielen, bis er zufrieden war.

Die Band trat 1987 mehrmals live auf. Pelle schrieb das beliebteste Lied der Band, „Disgusting Semla". Semlor sind ein saisonales skandinavisches Gebäck: ein süßes Brötchen, das mit Sahne und Mandelpaste gefüllt ist. Während sie den Song spielten, warf Jens Semlor ins Publikum, manchmal mit Sahne gefüllt, ansonsten mit Haferflocken, wenn das Geld knapp war.

Bei einem Auftritt im Jugendzentrum Birkagården dekorierte die Band die Bühne mit Kerzen und einem Sarg, den sie von Sveriges Television ausgeliehen hatte, wo Uffe Cederlunds Vater als Szenograf arbeitete. Pelle hatte den Ton der Kruzifix-Masturbationsszene aus *Der Exorzist* auf eine Kassette aufgenommen, die abgespielt wurde, während er bei auf Hochtouren laufender Nebelmaschine aus dem Sarg stieg.

Jens Näsström sagt, Pelle sei außergewöhnlich begabt darin gewesen, sich künstlerisch auszudrücken.

„Es ist sehr schwer in Worte zu fassen, aber ich denke, das ist einer der Aspekte, den die Leute aufgegriffen haben. Man erkannte sofort, dass das nicht gekünstelt war; er hat nichts getan, um bloß cool auszusehen. Pelle war wirklich inspiriert, und wenn man so eine echte Verbindung aufbaut, erzeugt das ein starkes Machtgefühl. Er konnte auf die Bühne gehen, und die Leute lachten fünfzehn Sekunden lang, doch dann verging ihnen das Lachen. Sie merkten: ‚Wow, hier passiert was Besonderes.' Dieser Kerl hat sich das Gesicht getüncht, der Sarg wird umgedreht, im Publikum stehen fünfzehn Leute, und man kommt sich vor wie mitten in einem Wohnzimmer. Es gibt kein Entrinnen."

Morbid wurden mit diesen aufwändigen Bühnendarbietungen – jedenfalls waren sie das für Schweden zur damaligen Zeit – in Verbindung gebracht. Damit und mit dem eigenartigen, erschreckenden Bild, das Pelle den Menschen vermittelte. Er bemühte sich, ruhig und sonderbar zu erscheinen, lachte nie laut und erzählte keine Witze, wenn jemand Neues in der Nähe war. Petrov beschreibt Pelle in jeder Hinsicht als Black Metal.

„Immer die gleichen Klamotten: Jeansjacke mit Aufnähern, Patronengürtel und Nieten. Bathory waren die einzige Band, die er hörenswert fand. In dieser Hinsicht kannte er keine Kompromisse. Im Kassettendeck musste immer die richtige Musik laufen. Wenn wir allein waren, lachten wir die ganze Zeit, und wenn wir dann rausgingen, setzte er wieder die Maske des Bösen auf."

Während mehrere alte Freunde davon sprechen, Pelles Faszination für Horror und das Böse sei in erster Linie ein Image gewesen, geben viele an, er habe sehr merkwürdige Gedanken und Einfälle gehabt.

„Ich erinnere mich, dass er einmal mitten in der Nacht auf dem Heimweg über einen Friedhof gelaufen ist", sagt Nisse. „Wer zum Teufel kommt überhaupt auf so was? Man tut es einfach nicht. Er sah sich alle Gräber an und dachte: ‚Hmm, stell dir vor, sie hätten solche großen Auswurftasten, und wenn man sie drückt, fliegen die Leichen raus.' Er dachte über solche Dinge nach. Wir haben viel darüber gelacht, aber für ihn war es eine ernsthafte Idee."

„Er hat oft über den Tod gesprochen, schon zu Scapegoat-Zeiten", erzählt John Hagström. „Aber ich habe nie wirklich begriffen, wie ernst er es damit meinte. Dahinter steckte eher die Vorstellung, Metal sei etwas Cooles – zumindest dachte ich das. Wir haben nie über seine Texte gesprochen."

Anders Ohlin machte sich auch keine großen Gedanken über den Inhalt der Songtexte seines Bruders, hebt aber hervor, dass Pelle oft über sein Nahtoderlebnis sprach, auch noch mehrere Jahre danach.

„Er beschrieb, wie er es wahrnahm, dass es wirklich seltsam gewesen sei und er es nicht verstehen könne. Es erschien ihm so unwirklich. Dann erfuhr er, dass er tatsächlich klinisch tot gewesen war. Ich glaube nicht, dass die Besessenheit deshalb wieder auftrat; er interessierte sich zu dieser Zeit mehr für Bombenflugzeuge und Metal. Seine Todessucht kam erst später auf."

Pelles größtes Idol war das Ein-Mann-Projekt Bathory, die einzige wirklich extreme schwedische Metal-Band in jenen Tagen. Als daher 1987 eine Autogrammstunde mit Quorthon bei Heavy Sound zur Promotion seines dritten Albums *Under the Sign of the Black Mark* anberaumt war, standen die Mitglieder von Morbid alle in der Schlange vor dem Laden.

„Das überhöhte Bild von Quorthon brach an diesem Tag für viele Leute zusammen", sagt Nisse. „Er kam mit einer Sonnenbrille und trug eine Lederjacke, an der Metallschmuck hing. Er sah zu sehr wie ein gewöhnlicher Rockstar aus. Jemand machte ein Foto von ihm, wie er mit hochgestreckten Daumen posierte. Was sollte das denn bitte? Er war nicht evil genug!"

„Er wirkte wie Yngwie Malmsteen", fügt Rille hinzu.

„Pelle war zutiefst enttäuscht", sagt Nisse. „Er verlagerte seine Aufmerksamkeit schnell auf Norwegen und Mayhem. Sie wurden die neuen bösen Götter, die Bathory ablösten."

Um seine Enttäuschung über Quorthon zum Ausdruck zu bringen, schrieb Pelle seinem ehemaligen Idol einen Brief. „Als wir mal alle bei Jens waren, fragten wir uns, wo Pelle abgeblieben sei", fährt Rille fort. „Wie sich herausstellte, war er im Keller und wollte gerade einen lebenden Hamster sezieren. Jens regte sich tierisch auf."

„Ich sollte Fotos machen", sagt Nisse, „aber als er anfing, den armen Hamster mit seinem Skalpell zu stechen, musste ich aufhören. Ich hielt mir die Ohren zu, so furchtbar klang das Gequieke. Er wollte ihn aufschneiden, an ein Kreuz nageln und an Quorthon schicken. Darum ging es ihm. Es war so verdammt widerlich. Und letzten Endes schickte er ihn doch nicht. Nach einer Woche hinterlegte er das Päckchen an der Rezeption von Bathorys Plattenfirma. Bei dem Gestank, den es verströmte, landete es vermutlich direkt im Müll."

Pelles Familie brachte nicht viel Verständnis für sein wachsendes Interesse an extremer Musik und Horror auf. Die Eltern waren der Meinung, Metal würde einen schädlichen Einfluss auf seine jüngeren Geschwister ausüben, und befürchteten vor allem, dass die Musik seine ganze Energie in Anspruch nahm. In der sozioökonomischen Wirklichkeit Schwedens der Fünfzigerjahre aufgewachsen, in der man Wert auf eine traditionelle Ausbildung als Rückhalt gelegt hatte, fanden sie Pelles Noten katastrophal. Er schien keinerlei Interesse an weiterführender Schulbildung zu haben und arbeitete in einer Druckerei; sein gesamtes Einkommen gab er für Mikrofone, Briefmarken, Schallplatten und Kautabak aus.

„Sie ärgerten sich darüber, wie geschäftstüchtig und eifrig er war, wenn es um Musik ging, während alles andere auf der Strecke blieb – von Schulnoten bis zur Körperhygiene", erklärt Anders. „Obwohl ihnen die Musik Kummer bereitete, wussten sie, dass er sie nicht aufgeben konnte. Er hätte sonst nichts mehr gehabt; sie war das Einzige, was ihm im Leben Auftrieb gab. Natürlich waren sie aber stolz auf seine Leistungen, zum Beispiel als Morbid das Demo herausbrachten und ihren ersten Auftritt im Ultra House hatten. Mein Vater filmte ihn, ohne darum gebeten worden zu sein. Ich glaube, er wollte das für die Zukunft dokumentieren. Wahrscheinlich dachte er, das sei etwas Vorübergehendes – ein lustiger alter Clip, den er bei Pelles Junggesellenabschied zeigen könnte."

Anfang Dezember 1987 schlugen Morbid in Heavy Loads Studio Thunderload auf, um ein Demo aufzunehmen. Nach einer intensiven zweitägigen Session waren vier Songs fertig. Das Demo erhielt den treffenden Titel *December Moon*. Das Cover zierten das Fledermaus-Bandlogo und die Worte „*In Nomine Dei Nostri Satanas Luciferi Excelsi*", eine in satanischen Ritualen verwendete Anrufung. Pelle und John vervielfältigten es auf Kassetten und fuhren zur Post, um Einleger zu fotokopieren. John brachte die Kassetten in Kisten zu Heavy Sound, um sie zum Selbstkostenpreis zu verkaufen. Pelle kümmerte sich in der Zwischenzeit um die Tapetrading-Szene und schickte das Demo ins Ausland, unter anderem ans *Slayer*-Magazin und an Mayhem.

„Wir haben einmal pro Woche neue Tapes ins Heavy Sound gebracht, jedes Mal zwischen fünfzehn und zwanzig Stück", gibt John Hagström an.

Er schätzt, dass mehrere Hundert Demos verkauft wurden. Obwohl John mit der Aufnahme zufrieden war und Freude daran hatte, mit der Band zu spielen, verließ er Morbid Anfang 1988. Er hatte ein Stelle im Telekommunikationssektor angeboten bekommen und keine Zeit mehr zum Proben.

Pelle setzte der Verlust schwer zu. Für ihn waren Prioritäten außerhalb der Band unvorstellbar. Einen Job über die Musik zu stellen fand er überhaupt nicht in Ordnung. Außerdem war John für einen einen Großteil des Songwritings verantwortlich und der musikalische Anker, mit dem Pelle seit dem ersten Tag in der Band gearbeitet hatte. Enttäuscht begann er, seine Optionen abzuwägen.

Er tauschte sich schon seit einiger Zeit hinter dem Rücken der anderen mit den Mitgliedern von Mayhem aus Norwegen aus. Nur wenige Wochen nach Johns Ausstieg bei Morbid saß Pelle im Flugzeug nach Oslo. Anders erinnert sich, sein Umzug sei so schnell vonstattengegangen, dass die Familie kaum mitbekam, was geschah.

„Er erzählte uns: ‚Es gibt eine echt coole Band in Norwegen. Ich muss unbedingt rüber und sie mir ansehen – die sind höllisch hart.' Wir haben nichts verstanden. Und dann war er weg."

Ende April 1991 fand der Trauergottesdienst für Pelle Ohlin in der Kirche von Österhaninge statt, einem großen alten Steinbau aus dem 14. Jahrhundert. Man erkennt bereits aus der Ferne, dass der Turm leicht schief ist und sich zum Mittelschiff hinneigt. Der Sage nach war der Baumeister wegen der Neigung so tief bestürzt, dass er sich im Turm erhängte.

Einige Freunde hatten etwas missverstanden und suchten am Tag der Messe den Friedhof Skogskyrkogården auf, weil sie glaubten, die Trauerfeier würde dort stattfinden. Nisse und Rille, Lars Göran Petrov, Uffe Cederlund, Jens Näsström, John Hagström und Fredrik Karlén von Merciless waren jedoch in Österhaninge, mehrere andere ebenfalls. Die Familie hatte beschlossen, auf Psalmen zu verzichten und stattdessen Rod Stewarts „I Am Sailing" sowie „Imagine" von John Lennon zu spielen. Nach dem Gottesdienst wurde im Haus von Pelles Vater in Vendelsö Kaffee serviert.

Jørn war das einzige Mitglied von Mayhem, das aus Norwegen anreiste.

„Ich fühlte mich willkommen, aber als die Leute anfingen, Fragen zu stellen, wurde mir klar, wie wenig Kontakt sie in den vorangegangenen drei Jahren mit Pelle gehabt haben mussten. Davon wurde mir sehr unbehaglich zumute. Sein Onkel zum Beispiel wollte wissen, wie er in den Besitz der Waffe gekommen war. Das war kein schönes Erlebnis."

Obwohl Pelles Suizid seine Freunde entsetzte, überraschte er doch nur wenige von ihnen. Immerhin nannte er sich selbst Dead und schrieb Texte, die ausschließlich vom Leben nach dem Tod handelten. Dabei war er immer heiter und unterhaltsam gewesen, selbst wenn sein Humor stets einen dunklen Unterton hatte.

Die Norweger wunderten sich am wenigsten.

„Wir hatten darüber gesprochen, dass er sich auf dieser Welt nicht zu Hause fühlte", sagt Metalion. „Ich gewann den Eindruck, dass er uns vieles nicht erzählte. Allerdings machte er gewisse Andeutungen – nur Kleinigkeiten, die dazu beitrugen, dass es mich nicht überraschte. In seinen Briefen schrieb er oft, auf dieser Welt sei es zu kalt, und das hing vermutlich eng mit Emotionen zusammen; dass die Menschen kalt waren."

Jørn war der einzige der norwegischen Bekannten, der nach Pelles Tod in irgendeiner Form mit der Familie in Kontakt blieb. Metalion sagt, an der Beerdigung teilzunehmen oder mit Pelles Freunden und Familie zu sprechen sei für ihn nie infrage gekommen.

„Damals hatte ich eigentlich keinen Zugang zu meinen Gefühlen. Man muss bedenken, dass wir junge Männer mit dem Anspruch waren, tough zu sein. Wir wussten nicht, wie wir uns verhalten sollten, wenn so etwas passierte. Die meisten reagierten, indem sie dachten, es sei mutig und verwegen. Es zu verarbeiten fiel schwer, weil es so neu war."

Wenige glauben, dass sich Pelle das Leben aus eigenem Antrieb nahm. Niemand geht so weit und behauptet, er sei ermordet worden, aber fast jeder geht davon aus, Øystein Aarseth habe Pelle auf verschiedene Weise zum Suizid angestiftet. Der Mayhem-Kopf selbst nährte ständig das Gerücht, daran beteiligt gewesen zu sein. Sogar enge Freunde wie Jan Axel oder Jørn räumen die Möglichkeit ein, dass Øystein direkten Einfluss auf Pelles Schicksal ausgeübt hat.

Nach der Beisetzung planten schwedische Freunde von Pelle, ihn zu rächen. Sie wollten nach Norwegen reisen, um Øystein zu verprügeln, doch dazu kam es nicht.

„Damit zu leben wäre schwierig gewesen", sagt Nisse. „Ich glaube aber, sie haben Pelle auf jede erdenkliche Weise ausgenutzt. Als sie spürten, dass er nach Schweden zurückkehren wollte, trieben sie ihn in den Selbstmord. Die Fotos und alles Weitere danach – man muss schon eiskalt sein, um so etwas zu tun. Ich denke nicht, dass es so jemandem schwerfallen würde, jemanden wie Pelle zum Äußersten zu bringen. Er war ohnehin schon ziemlich sprunghaft."

„Pelle träumte immer davon, berühmt zu werden, und glaubte, es sei nur eine Frage der Zeit, bis er entsprechend belohnt würde", so Anders. „Er war besessen von Geld, und ich habe mir sagen lassen, dass Øystein ihn damit manipulierte: ‚Bald haben wir einen Plattenvertrag, und das bringt Geld ein.' Ich schätze, dass alles zu spät war und die Band auseinanderfiel, kaum dass es endlich losging mit positivem Feedback von ihren Konzerten und einem Plattenvertrag, machte Pelle schwer zu schaffen. Der Einzige, der es noch nicht bemerkt hatte, war er selbst. Er muss am Boden zerstört gewesen sein – völlig fertig."

Metalion weist darauf hin, dass es wichtig sei, Pelle als Person von der Mayhem-Figur Dead zu trennen.

„Auch wenn sich Pelle für Mayhem einsetzte und Pläne hatte, war er auch ein Mensch. Er konnte nicht die ganze Zeit wie Dead sein. Ich glaube, das war das Problem."

Die Polizei von Ski erinnert sich noch genau an den Fall. Einem Ermittler zufolge, der schon lange in der Gegend arbeitet, wurde der Fall nie als Mord untersucht, obwohl die Strafverfolgungsbehörden den Verdacht hegten, es handle sich nicht um einen gewöhnlichen Suizid.

Der Polizeibericht wurde längst archiviert und ist nicht mehr öffentlich zugänglich.

Der Abschiedsbrief ist das Einzige, was Pelles Angehörige aus Norwegen zurückerhalten haben. Anders bewahrt ihn immer noch in einer Plastikmappe auf. Das Papier ist vergilbt und mit Blut befleckt. Die Familie hat nie infrage gestellt, dass es sich um Suizid handelte, erst recht nicht in Hinblick auf Pelles emotionalen Zustand zu jener Zeit und die Art, wie der Brief formuliert wurde.

„Wenige Tage nach Pelles Tod kam ein Paket von ihm mit der Post an, das *Der Herr der Ringe* enthielt. Er hatte sich die Bücher von mir ausgeliehen, und ich wiederum hatte sie mir von einem Freund ausgeliehen. Ich hatte ihn gedrängt, sie zurückzugeben. Ein Zettel war angefügt, auf dem stand, sie seien großartig, aber er habe nur Zeit gehabt, anderthalb zu lesen. Ich bildete mir ein, eine Menge Tolkien aus seinem Abschiedsbrief herauszulesen."

Der Schock über den Selbstmord saß noch tief, als sich die nächste Tragödie ereignete: Im Sommer 1993, etwa zwei Jahre nach Pelles Tod, wurde Øystein Aarseth in seiner Osloer Wohnung ermordet.

Im Mai 1994 erhielt Varg „Count Grishnackh“ Vikernes, der die Ein-Mann-Band Burzum betrieb und eine Zeit lang bei Mayhem Bass spielte, eine einundzwanzigjährige Haftstrafe wegen Mordes. Als Motive wurden ein Machtkampf innerhalb der norwegischen Black-Metal-Szene und Streit um finanzielle Angelegenheiten zwischen Øystein und Varg angegeben.

Als wäre das Maß nicht schon voll gewesen, tauchte zwei Jahre später das Bootleg *The Dawn of the Black Hearts* mit Pelles Leichnam auf dem Cover auf.

Anders sah das Foto zum ersten Mal in einem Plattenladen. Wie üblich stöberte er in der Mayhem-Sparte und freute sich zunächst über eine Platte, die er noch nicht kannte. Dann packte ihn das Grauen.

„Ich wusste, dass das Foto existierte, hatte mich aber absichtlich davon ferngehalten. Unsere Familie war nie dahintergekommen, dass es für ein Albumcover verwendet wurde. Ich suche im Internet nach nichts mehr, was mit Pelle zu tun hat, denn dieses verdammte Bild ist überall.“

Seit vielen Jahren wendet sich die Familie an Websites, die das Bild zeigen, und bittet sie, es zu entfernen. Einige erklärten sich bereit, andere weigerten sich.

„Dass Øystein Pelle fotografiert hat, finde ich selbstverständlich völlig abstoßend. Andererseits weiß ich aber auch, wie ernst sie das alles genommen haben. Deshalb kann ich es irgendwie akzeptieren – nein, nicht akzeptieren, doch ich verstehe, was sie dazu getrieben hat und welche Absicht dahintersteckte.“

Anfang 2009 halten die alten Morbid-Mitglieder mehrere Reunion-Treffen ab, zu denen sie Anders und seinen Halbbruder Daniel einladen. Sie wollen das gesamte mit Pelle aufgenommene Material für eine Compilation zusammenstellen. Anders nimmt auch Kontakt zu Jørn auf, um ihm vielleicht endlich alle Fragen über Pelle stellen zu können, die ihm seit je auf der Seele brennen. Er hat über viele

Dinge nachgedacht, sich aber nie bereit gefühlt, Erklärungen dafür zu bekommen.

Später im Frühling spielen Mayhem im Rahmen einer Tour zu ihrem fünfundzwanzigjährigen Jubiläum in Stockholm, wobei sich Jørn und Anders zum ersten Mal seit der Beerdigung treffen. Die Band übernachtet in einem schäbigen Hotel, und die beiden sitzen mehrere Stunden lang mit Jørn und Jan Axel zusammen. Am nächsten Tag treffen wir uns beim Konzert im Klubben.

Attila Csihar wurde Pelles Nachfolger und sang dessen Texte auf dem Album *De Mysteriis Dom Sathanas*. Er betritt die vernebelte Bühne in einem Priestergewand, schwingt einen Kelch mit Weihrauch und stimmt gutturalen Sprechgesang an. Es ist das erste Mal, dass Anders Mayhem live sieht. Er lehnt sich an eine Wand und beobachtet in aller Ruhe die Bühne. Er ist etwas müde nach der langen Nacht zuvor in der Hotelbar.

„Ich war arg nervös, doch sie zu treffen hat gutgetan. Es war fast so, als ob ich einen Teil von Pelle wiedergesehen hätte – sehr seltsam. Wir redeten bis weit nach Mitternacht und tranken schreckliches billiges Bier."

Da Øystein kein Testament hinterließ, als er ermordet wurde, ging sein gesamter Besitz an seine Eltern über, ebenso die Rechte an Mayhem. Seit einigen Monaten steht Anders in Kontakt mit Øysteins Vater Helge Aarseth, der ihm die Rechte an dem Foto von Pelles Leiche übertragen soll.

„Diese Briefe zu schreiben kam mir vor, als würde ich mir selbst in den Arm stechen. Ich war darauf gefasst, dass Helge aus allen Wolken fallen würde, aber er hat sich sehr kooperativ verhalten. Er ist auch nicht sehr glücklich über das Foto. Ich weiß, dass er die restlichen Bilder, die er fand, verbrannt hat."

Sein Plan besteht darin, die Rechte an dem Bild zu erhalten und damit gegen die Bootlegkopien von *The Dawn of the Black Hearts* vorzugehen, die bis heute noch im Umlauf sind. Es soll eines der am häufigsten raubkopierten Metal-Alben aller Zeiten sein.

Nach dem Auftritt ist Jørn schlecht gelaunt. Seine Pupillen sind groß wie Essteller, als er schreit: „Keine Interviews!" Also setzen wir uns mit Jan Axel in einen Nebenraum.

Man wird Mayhem immer mit den Todesfällen in der Band verbinden. Mehrere Dokumentationen wurden über die dramatische Geschichte gedreht, und das Interesse an Pelle scheint nicht abzureißen. Die wenigen kurzen Clips von ihm auf YouTube sind immer noch sehr beliebt, etwa wenn Quorthon sein Bathory-Album signiert oder Pelle vor der Hütte im Wald herumalbert – und insbesondere das Musikvideo zum Candlemass-Song „Bewitched", in dem er mit mehreren anderen jungen Mitgliedern der Stockholmer Metal-Szene beim „Doom Dance" zu sehen ist. Der Regisseur war Jonas Åkerlund.

2007 verkaufte Morgan Håkansson seine Briefe und Zeichnungen von Pelle und Øystein auf eBay. Jedes Dokument brachte ihm mehrere Hundert Dollar ein. Die Schädelfragmente hat er allerdings behalten. Jan Axel hat das eine Stück verloren, das er an einem Lederband um den Hals trug.

„Es verschwand während einer Darkthrone-Party in Fenriz' Haus. Ich stieß mir den Kopf, als das Band an einer mittelalterlichen Axt an der Wand hängen blieb, und danach war es unauffindbar."

Er zuckt mit den Schultern, wobei seine dunklen Locken hüpfen, und fügt hinzu, es sei wahrscheinlich besser so.

„Ich hielt das Halsband für eine nette Geste, um einen engen Freund in Ehren zu halten. In unserer Welt war alles anders. Was wir damals für völlig normal hielten, würden normale Menschen – mich eingeschlossen – heute völlig verrückt finden."

Als Mayhem 2008 in Südamerika tourten, versuchte Jørn, Bull Metal von der kolumbianischen Band Masacre zu kontaktieren, um „ein ernstes Wörtchen", wie er es selbst ausdrückte, über *The Dawn of the Black Hearts* zu reden. Bull Metal war aber gestorben. „An Aids", sagt Jørn, der jetzt den Raum betreten hat, um seine E-Mails zu überprüfen.

„Gestern Abend war es etwas Besonderes, Anders und Daniel zu treffen. Ich hatte schon bei unseren Telefonaten geahnt, dass sie ruhige Menschen sind. Es lief genauso, wie ich es mir vorgestellt hatte."

„Sie sehen Pelle sehr ähnlich", wirft Jan Axel ein.

Jørn gibt zu, dass er sich Gedanken darüber gemacht hat, welche Anekdoten er erzählen würde und was die Brüder tatsächlich wissen wollten.

„Sie wollten Geschichten über ihn hören und hatten einige sehr spezifische Fragen. Es war ein gutes Gefühl. Man darf nicht vergessen, dass sie erst jetzt – so viele verdammte Jahre später – in der Lage sind, richtig zu trauern. Sie hatten es wirklich schwer."

Mayhems Tourmanager streckt seinen Kopf herein und teilt der Band mit, dass sie das Gelände schon vor zehn Minuten hätten verlassen sollen. Jørn seufzt tief. Er ist müde und will nur noch zurück ins Hotel.

„Ich war völlig niedergeschlagen und kann mir kaum vorstellen, wie die Familie es aufgenommen haben muss. Mit ihr Kontakt zu halten ist das Mindeste, was wir für sie tun können."

Der kleine Friedhof, der die Kirche von Österhaninge umgibt, ist wunderschön. Dort finden nur wenige Gräber Platz, und die meisten stammen aus dem 19. Jahrhundert. Die schwedische Schriftstellerin und Frauenrechtspionierin Fredrika Bremer liegt hinter einem niedrigen Eisenzaun.

Jenseits der Felder und etwas tiefer im Wald erstreckt sich der Friedhof von Österhaninge über mehrere Hektar. In einer der vielen Grabreihen steht ein unauffälliger, verwitterter Stein aus unebenem roten Granit. Er ist mit einem mittelalterlichen Wikingerkreuz verziert. Es handelt sich um die letzte Ruhestätte von Pelle Dead, oder „Pelle Ohlin", wie die Inschrift besagt. Jemand hat eine volle Dose Snus davorgelegt.

Pelles Abschiedsbrief:

Die berühmte Zeile: Entschuldigt das Blut, aber ich habe mir die Pulsadern und die Kehle aufgeschlitzt. Ich wollte im Wald sterben, damit es ein paar Tage dauert, bis man mich schließlich findet. Ich gehöre in den Wald, das war schon immer so. Niemand wird meine Beweggründe hierfür verstehen. Um sie ansatzweise zu erklären: Ich bin nicht menschlich, dies ist bloß ein Traum, und ich werde bald aufwachen. Es war zu kalt, und das Blut gerann zu schnell, außerdem war mein neues Messer zu stumpf. Wenn ich mich nicht mit dem Messer umbringen kann, werde ich mir in den Kopf schießen. Ich weiß nicht so recht. Ich habe alle meine Songtexte bei „Let the Good Times Roll" gelassen – und das restliche Geld. Wer auch immer es findet, kann es behalten. Als letzten Gruß präsentiere ich hiermit Life Eternal. *Tut mit dem verdammten Ding, was ihr wollt.*

/Pelle

Das ist mir nicht jetzt eingefallen, sondern vor siebzehn Jahren.

Während der Arbeit an diesem Buch schloss sich Anders Ohlin mit Jens Näsström kurz. Gemeinsam brachten sie alte Morbid-Mitglieder und Freunde von Pelle zusammen. Sie erhielten bald ein Angebot, unveröffentlichtes Material zu veröffentlichen. Im April 2011 erschien das Dreifachalbum Year of the Goat, *das ehemalige Musiker von Morbid mit Anders und Daniel Ohlin zusammengestellt haben. Der Erlös aus dem Verkauf der Compilation fließt in einen Forschungsförderungsfonds.*

Anlässlich der Veröffentlichung wurde eine Privatfeier im Kafé 44 in Stockholm abgehalten. Der erste Empfänger von Forschungsförderungsgeldern war John „Metalion" Kristiansen für seine Arbeit mit Slayer. *Der Abend endete mit einem Auftritt der Morbid-Tributband Mörbit, bestehend aus Erik Danielsson (Watain), Erik Wallin (Merciless), Erik Gustafsson (Nifelheim), David Blomqvist (Dismember) und Peter Stjärnvind (Nifelheim). Anders und Daniel Ohlin waren mit ihrer älteren Schwester Anna Ohlin unter den Zuschauern.*

2015 veröffentlichte Jørn Stubberud das Buch The Death Archives: Mayhem 1984-94.

Anfang 2023 fanden Morbid mit Pelles jüngerem Bruder Daniel als Sänger und Erik Danielsson von Watain am Schlagzeug für zwei Auftritte zusammen, die in Stockholm und Oslo stattfanden.

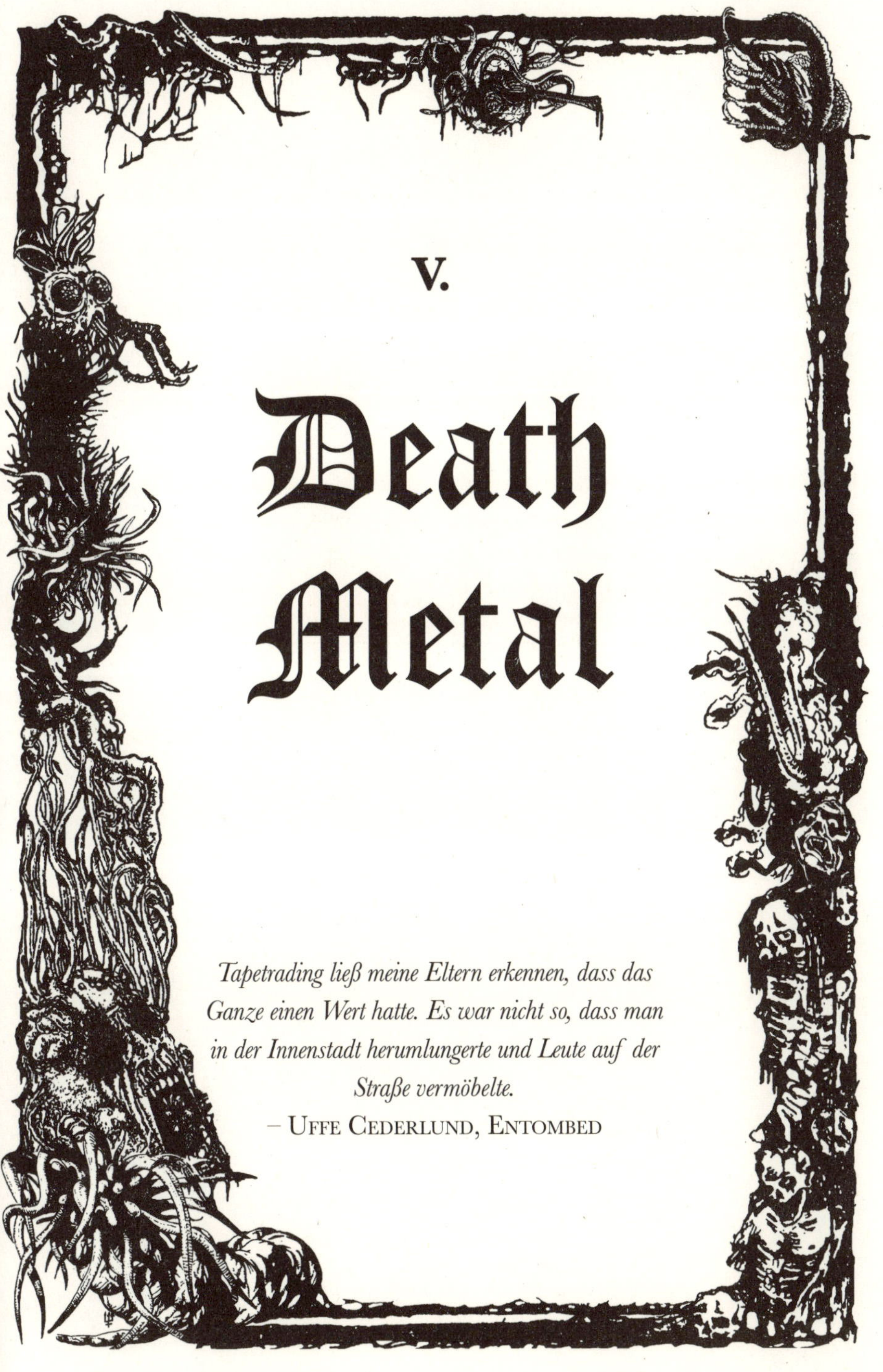

V.

Death Metal

Tapetrading ließ meine Eltern erkennen, dass das Ganze einen Wert hatte. Es war nicht so, dass man in der Innenstadt herumlungerte und Leute auf der Straße vermöbelte.

– Uffe Cederlund, Entombed

Die Geschichte der Rockmusik ist die Geschichte eines Regelwerks, das immer wieder umgeschrieben wird. Der verzerrte Gitarrensound der britischen Band The Kinks in den späten Sechzigern war ein früher Meilenstein: Er wurde dadurch erreicht, dass Leadgitarrist Dave Davies seine Lautsprechermembran mit einer Rasierklinge aufschlitzte.

Dieser Sound inspirierte eine gänzlich neue Generation von Musikern zu einer härteren Gangart. Black Sabbath trugen eine weitere wichtige Komponente bei, indem sie ihr Debütalbum 1970 mit dem berüchtigten dissonanten Tritonus eröffneten, der oft „Teufelsintervall" genannt wird.

Eine andere musikalische Revolution erwachte in den späten Achtzigern zum Leben (oder Tod). Als man Thrash Metal nicht mehr als extrem genug empfand, entstand aus einer Mischung von Hardcore-Punk mit Metal der Death Metal.

Der Musikjournalist Håkan Persson vom schwedischen Rundfunk erinnert sich an die Entwicklung des Death Metal als einzigartiges kulturelles Phänomen.

„Als Death Metal aufkam, waren schwedische Musiker zum ersten Mal die Speerspitze eines neuen Musikstils. Sie gehörten einer internationalen Bewegung an, und Demos wurden rund um die Welt verschickt. Death Metal war nicht nur etwas, dem man folgte und das man nachahmte; er wurde in Schweden genauso geprägt wie in den Vereinigten Staaten, England oder Südamerika."

Niklas „Nicke" Andersson wurde 1972 geboren und wuchs in den Stockholmer Vororten Alby und Vårberg auf. Wie viele andere Kinder seiner Generation war er ein großer Kiss-Fan. Als Nicke und sein bester Freund Kenny Håkansson in der Plattensammlung von dessen Vater Alben von The Damned und den Ramones fanden, bekamen die comicartigen amerikanischen Schockrocker harte Konkurrenz. Die beiden Freunde beschlossen, Punkrocker zu werden.

Mitte der Achtziger wurde Nicke jeden Sommer in ein Ferienlager namens Smedsbo in der Provinz Dalarna geschickt. Dort freundete er sich mit Alex Hellid und Leif Cuzner aus Kista auf der anderen Seite von Stockholm an. Nicke wurde der Punk-Missionar des Sommerlagers und verpasste den anderen Teilnehmern Irokesenschnitte. Sein Interesse an Punk entwickelte sich schließlich zu einer Begeisterung für extreme Bands mit satanischen Motiven, etwa Bathory, Hellhammer aus der Schweiz oder die Briten Venom. Auch seine Freunde wurden bald auf diese Gruppen aufmerksam.

Im Lager standen Instrumente zur Verfügung, und die Freunde begannen, gemeinsam unter dem Namen Sons of Satan zu spielen. 1986, während ihres letzten Sommers in Smedsbo, stahl einer von ihnen eine große Tube Kontaktkleber, spritzte ein Pentagramm an die Wand einer nahe gelegenen Scheune und zündete es an. Die Flammen breiteten sich nicht aus, doch die Jungen aus der Stadt wurden auf frischer Tat ertappt und von aufgebrachten Bauern durch den Wald gejagt. Heute lacht Nicke über diese Anekdote.

„Wir hätten die alte Bude niederbrennen können! Man muss sich vor Augen halten, dass wir gerade erst in die Pubertät gekommen waren, also denke ich, es war in Ordnung – nicht das Anzünden einer Scheune, sondern brennende Pentagramme für cool zu halten."

Als sie wieder in der Stadt waren, fand Nicke bald den Weg zum Plattenladen Heavy Sound und wagte sich auf neues musikalisches Terrain, wobei sein Hauptauswahlkriterium „so schnell wie möglich!" lautete. Heavy Sound listete Neuerscheinungen gefolgt von einer Buchstabenkombination auf: HR stand für Hardrock, SM für Speed Metal. Die Besitzer verstanden Speed Metal nicht als richtige Musik, doch diese Platten waren die ersten, die Nicke Andersson hörte.

„Wenn es nicht schnell genug war, schaltete ich sofort aus."

Zu seinen musikalischen Entdeckungen gehörten die amerikanischen Bands Cryptic Slaughter, D.R.I. und Wehrmacht. Sofort folgten aufgeregte Telefonate, in denen Nicke seinen Freunden mitteilte, er habe die schnellsten Bands der Welt gefunden.

„Ob es sich um Punk, Hardcore oder Metal handelte, spielte keine Rolle – wir liebten jede Musik, die schnell genug war, um dir den Atem zu rauben. Ich wünschte, ich hätte unsere Gespräche aufgezeichnet."

Viele der Bands, die er entdeckte, spielten eine Mischung aus Metal und Hardcore, die manchmal auch Crossover genannt wurde. Inspiriert von dieser Musik und ihrem ungehobelten Charme gründete Nicke Andersson mit seinen Freunden aus dem Ferienlager Brainwarp.

Bei Heavy Sound entdeckte er auch Underground-Fanzines, die Demo-Vorstellungen mit Adressen der jeweiligen Bands enthielten.

„Man konnte sie selbst wegen der Demos anschreiben, also fingen wir an, zu bestellen – Unmengen. In den Mittagspausen in der Schule schaute ich zu Hause vorbei, um auf den Postboten zu warten. Wenn er an unserer Tür vorbeikam, ohne etwas zu liefern, dachte ich: ‚NEIIIN, ich habe mit einem Demo gerechnet!' Ich bestellte sie massenweise!"

Sobald die ersten Kassetten eintrafen, brachen alle Dämme.

„Die Tapes kamen in rauen Mengen. Wir gingen dazu über, unsere Bestellungen zu koordinieren und überspielten sie uns gegenseitig. Plötzlich hatten wir eine stattliche Sammlung."

Ulf „Uffe" Cederlund, der ein Jahr älter als Nicke ist, wuchs ein paar U-Bahn-Stationen weiter nördlich in Bredäng auf. Als sein Freund Lars Göran „L-G" Petrov 1983 aus dem Ferienlager zurückkehrte, brachte er eine musikalische Entdeckung mit, die Uffes Musikgeschmack völlig auf den Kopf stellte.

„Er sagte: ‚Das musst du dir reinziehen – du wirst dir in die Hose scheißen!' Dann spielte er mir Metallicas *Kill 'Em All* vor. Dieses Album hat meine Auffassung von Musik grundlegend verändert."

Zuvor hatten Uffe und L-G vor allem Heavy-Metal-Bands wie Iron Maiden und Accept gehört. Die Art und Weise, wie Metallica das Bodenständige mit dem Extremen verbanden, weckte Uffes Interesse am Metal.

Angeregt von den ersten Alben von Bathory und Metallica, gründeten die Freunde mehrere Bands. 1985 begingen sie ihr Bühnendebüt in der Aula der Schule in Bredäng vor einer entsetzten Schar Mitschüler und Lehrer.

Trotz der Buhrufe einiger Personen im Publikum erinnert sich Uffe an ein Erfolgsgefühl. „Es getan zu haben war geil, aber obwohl Bredäng an die fünfzehntausend Einwohner hatten, waren wir fast die einzigen Metalheads dort. Alle anderen hörten Frankie Goes to Hollywood und Howard Jones."

Genauso schnell, wie Uffe auf Metallica angesprungen war, kam er wieder von ihnen ab, als er auf ihrem zweiten Album eine Ballade entdeckte. Beim Weitersuchen stieß er auf die Sampler *Metal Massacre* und *Speed Kills* mit Bands wie den Kanadiern Razor und Exciter sowie Slayer und Possessed aus Kalifornien.

Als Uffe und L-G einen Bassisten für ihre neue Band Blasphemy brauchten, hängten sie ein Gesuch im Heavy Sound aus. Die erste Person, die sich daraufhin meldete, musste erst noch in den Stimmbruch kommen und stellte sich als Gitarrist vor. Sein Name lautete Nicke Andersson.

Über ihn lernten Uffe und L-G zum ersten Mal andere Metalheads kennen. Brainwarp hatten mehrere Demos in ihrem Proberaum aufgenommen, und Nicke hing mit Kenny und Råttan („die Ratte") herum, der eigentlich Fred Estby hieß.

„L-G fand es echt klasse, Leute zu treffen, die lange Haare hatten und noch mehr nach Metal aussahen als wir", erinnert sich Uffe. „Wir waren nerdig und hatten nicht einmal Lederjacken. Wenn damals jemand ein Kreator-Shirt trug, war das eine Sensation."

Obwohl Thrash neue musikalische Türen geöffnet hatte, wurde er Mitte der Achtziger für viele Jugendliche in seiner Zielgruppe genauso schnell uninteressant. Diese Kids suchten ununterbrochen nach immer brutaleren Ausdrucksformen. Überall auf der Welt schickten sich Bands an, den Metal einen Schritt weiter zu treiben.

Die meisten von ihnen waren sehr jung und hatten einen eigenen Sound. Zwischen 1986 und '88 vollzog sich der stilistische Wandel rasant. Uffe Cederlund glaubt, der Hauptgrund dafür sei der Umstand gewesen, dass alle einander Briefe schrieben.

„Plötzlich bekam man Tapes mit mordsmäßigen Death-Metal-Bands wie Master und Repulsion oder Pentagram aus Chile – auch wenn das zu der Zeit niemand Death Metal nannte. Es gab überall tolle Bands."

Der Tausch von Demokassetten zwischen Fans wurde Tapetrading genannt und zum Hauptinteresse der Gruppe. Nicke bemerkt auch, dass er ein Fanzine mit dem Titel *Chickenshit* herausbringen wollte. Obwohl die erste Ausgabe nie fertig wurde, war es eine gute Möglichkeit, kostenlose Demos aus der ganzen Welt zu beziehen.

„So lernten wir das ganze Death-Metal-Ding kennen, denn seinerzeit fand man diese Musik nie auf Vinyl."

Der Begriff *Death Metal* hat mehrere Ursprünge. Tom G. Warrior von der Schweizer Band Hellhammer schrieb schon 1983 ein Fanzine mit dem Titel *Death Metal*, und die Band war 1984 auf einer gleichnamigen Compilation vertreten. Kurz vor Weihnachten desselben Jahres begann die amerikanische Band Death, ihren Musikstil „corpse-grinding death metal" zu nennen. 1985 nannten Possessed den letzten Song ihres enorm einflussreichen Debüts *Seven Churches* „Death Metal". Diese Platte war auch wegweisend für einen im Vergleich zu den zeitgenössischen Thrash-Metal-Alben deutlich raueren Sound.

Death brachten ihren Einstand *Scream Bloody Gore* schließlich 1987 heraus. Es wird weithin als erstes reines Death-Metal-Album angesehen, neben *Season of the Dead* von der ebenfalls amerikanischen Band Necrophagia, das einige Wochen früher erschien. Obwohl das Material in Kalifornien aufgenommen wurde, waren Death hauptsächlich in Florida ansässig, genauso wie Morbid Angel, Obituary, Atheist, Massacre sowie später Deicide und Cannibal Corpse. Damit wurde der Sonnenstaat zu einem der beiden Brennpunkte der Death-Metal-Szene; Schweden sollte bald der zweite sein.

1988 hatten diese Alben und die unzähligen Kassetten-Demos die junge schwedische Underground-Szene ungeheuer stark geprägt. Unter Fans wie Musikern waren Begriffe wie Thrash, Speed oder Death noch nicht besonders wichtig. Viele sahen diese verschiedenen Genres einfach als unterschiedliche Aspekte des brutalen Metal an. Das Album, das letztlich alles veränderte, war der 1989er-Erstling der Amerikaner Morbid Angel. Gleichzeitig da *Altars of Madness* das Death-Metal-Genre weiter stärkte, beendete es das goldene Zeitalter des Thrash. Zu diesem Zeitpunkt fanden auch die ersten Alben der amerikanischen Bands Obituary und Autopsy einen Vertrieb in Schweden.

Die Musik zeichnete sich durch stark verzerrte und tiefer gestimmte Instrumente, einen dunklen, atonalen Gesangsstil namens Growling und hohes Tempo aus. Einige Bands setzten Blastbeats ein – ein äußerst rasantes Drum-Pattern.

Der Begriff Blastbeat soll ungefähr 1987 von den Engländern Napalm Death geprägt worden sein. Sie waren die Hauptvertreter des Grindcore, einer superschnellen Form des Hardcore-Punk mit Blastbeats als rhythmischer Grundlage. In seinem Buch *Schwedischer Death Metal* legt Autor Daniel Ekeroth nahe, die frühste Aufnahme mit Blastbeats sei möglicherweise das 1982 veröffentlichte Demo *How Could Hardcore Be Any Worse* der schwedischen Band Asocial aus Hedemora.

Tompa Lindberg aus dem Vorort Billdal südlich von Göteborg war in den Achtzigern einer von Nicke Anderssons Tapetrading-Kumpels. Als er auf *Black Vomit* stieß, das 1986 erschienene Demo der Brasilianer Sarcófago, gefiel es ihm um Längen besser als alles, was er je zuvor gehört hatte.

„Die Musik war so treibend, simpel und primitiv – wie Bathory, aber am Rande des Grindcore. Die Band trug wirklich überall Stacheln und posierte vor gewaltigen Denkmälern auf brasilianischen Friedhöfen. Es sah so derb aus. Wir hatten das Gefühl, uns ein Beispiel an ihnen nehmen zu müssen.“

Photo: Anders Tengner

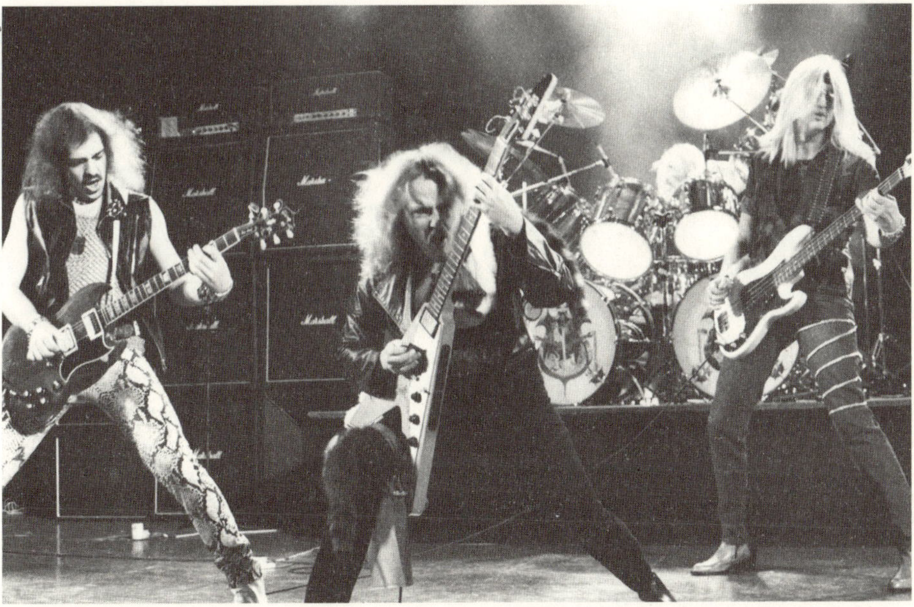

Heavy Load, 1981. Eddy Malm, Ragne Wahlquist, Styrbjörn Wahlquist, Torbjörn Ragnesjö.

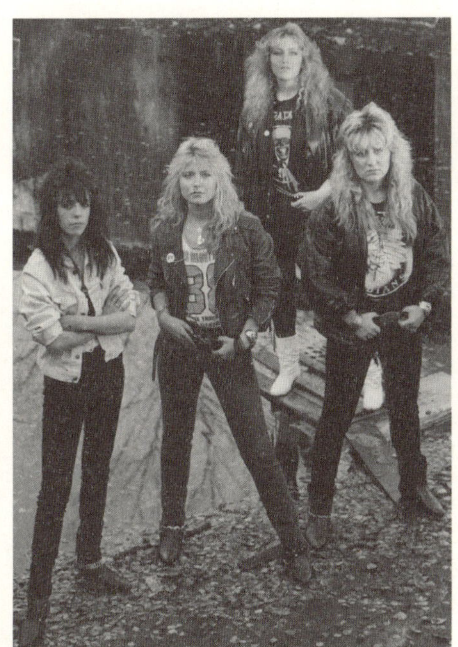

Ice Age, 1987. Victoria Larsson, Sabrina Kihlstrand, Pia Nyström, Tina Strömberg.

Photo: Jon Jefferson Klingberg

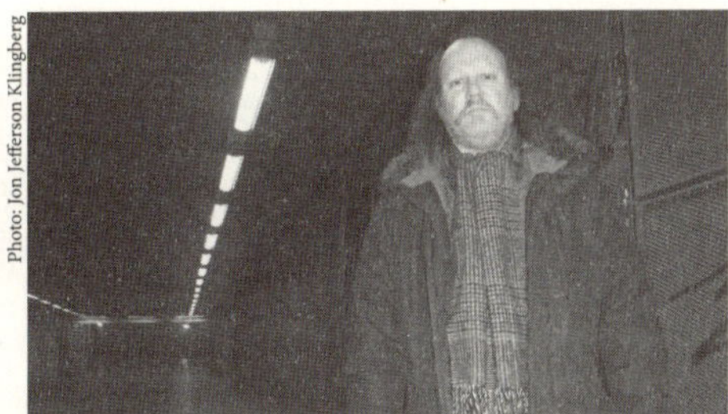

Ragne Wahlquist, Heavy Load, U-Bahn-Station Solna, 2006.

Photo: Combat

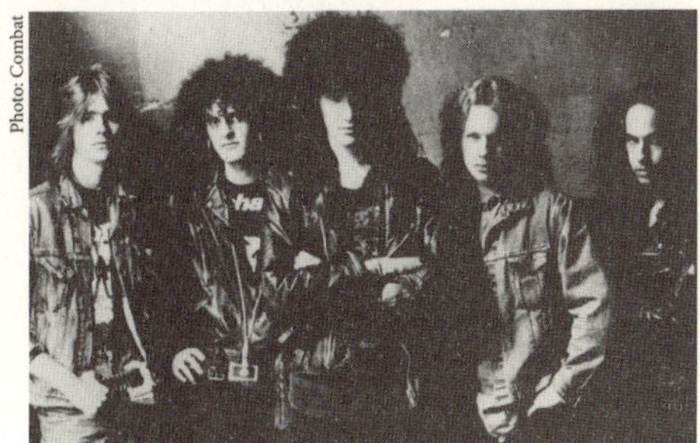

Agony, 1988.

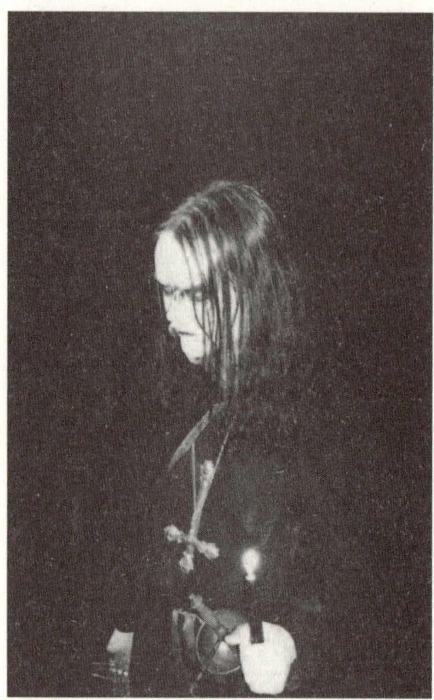

Øystein „Euronymous“ Aarseth, Mayhem, frühe Neunziger.

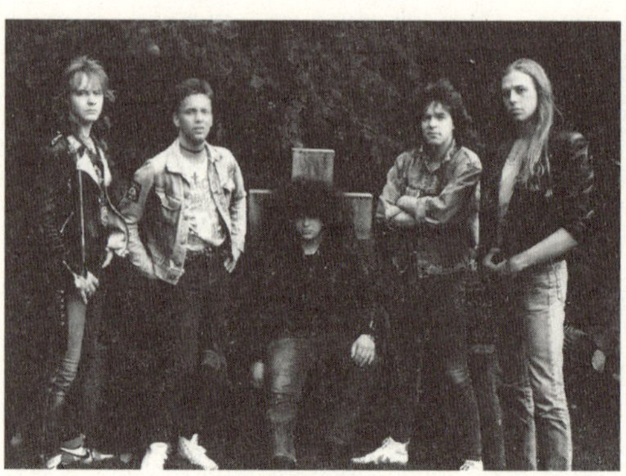

Photo: Ulf Magnusson

Candlemass, 1987. Jan Lindh, Leif Edling, Messiah Marcolin, Mats Björkman, Lars Johansson.

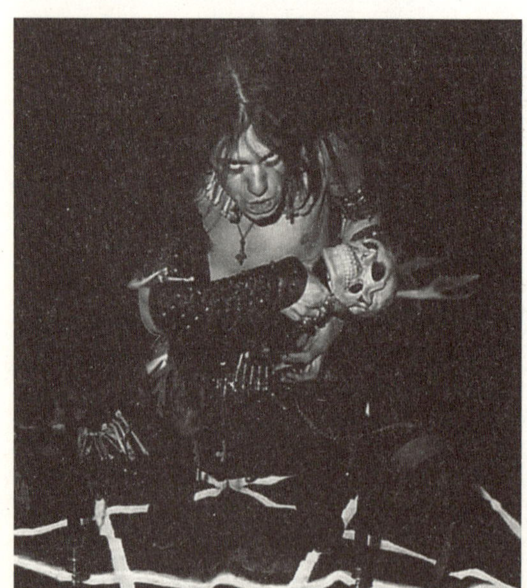

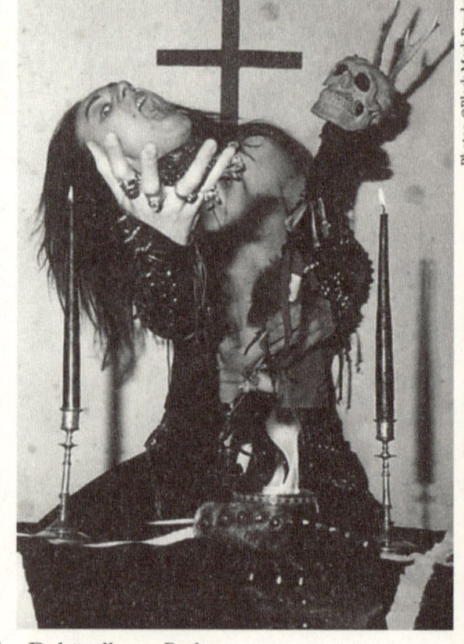

Photos: ©Black Mark Productions

Ace „Quorthon“ Forsberg, Bathory, 1984. Promo-Fotos für das Debütalbum *Bathory*.

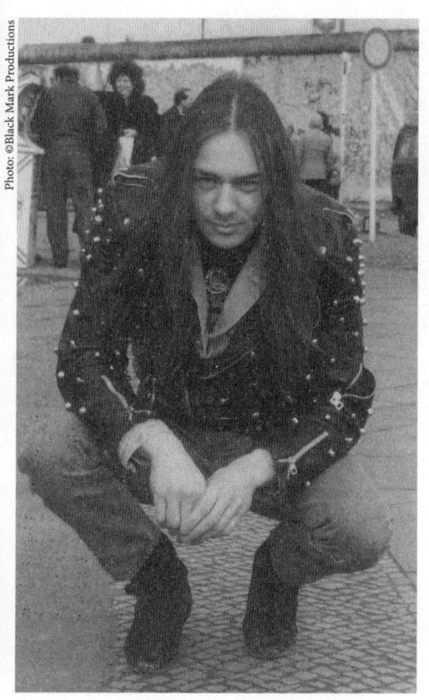

Photo: ©Black Mark Productions

Quorthon an der Berliner Mauer, 1988.

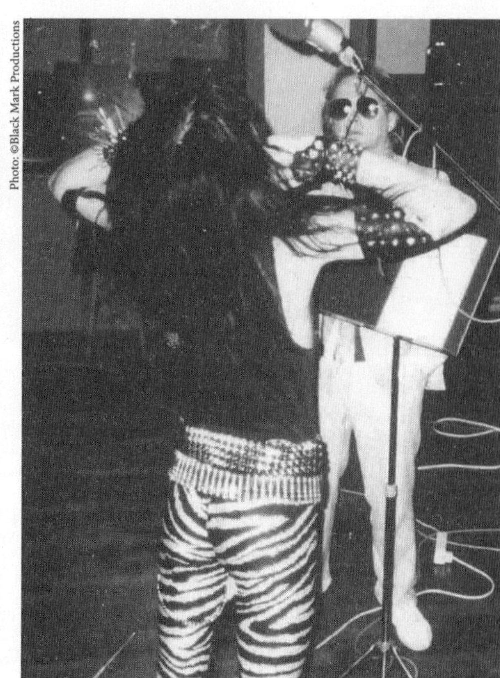

Photo: ©Black Mark Productions

Quorthon und Boss im Elektra Studio, 1985.

Photo: Øyvind Ihlen

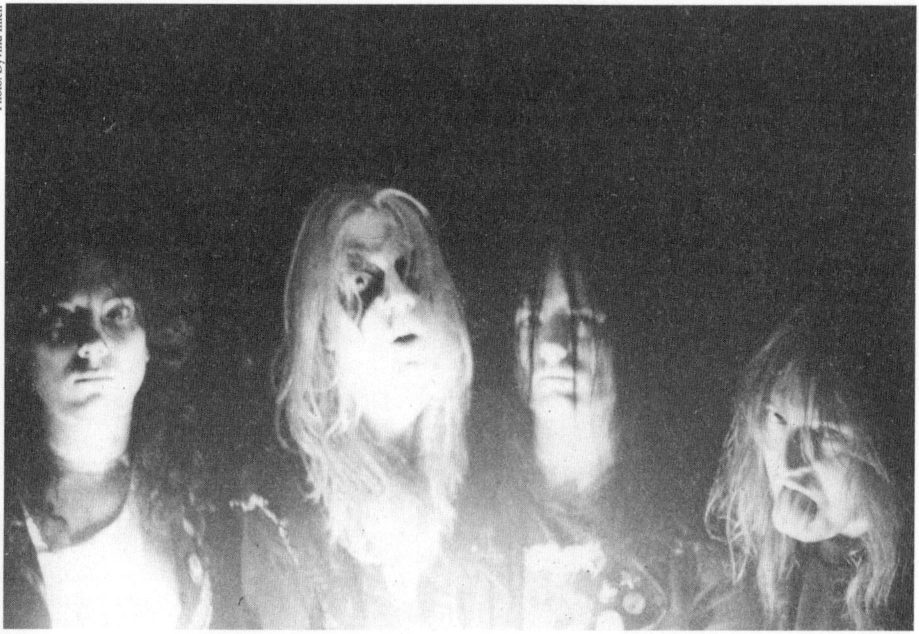

Mayhem. Jan-Axel „Hellhammer“ Blomberg, Pelle „Dead“ Ohlin, Øystein „Euronymous“ Aarseth, Jørn „Necrobutcher“ Stubberud.

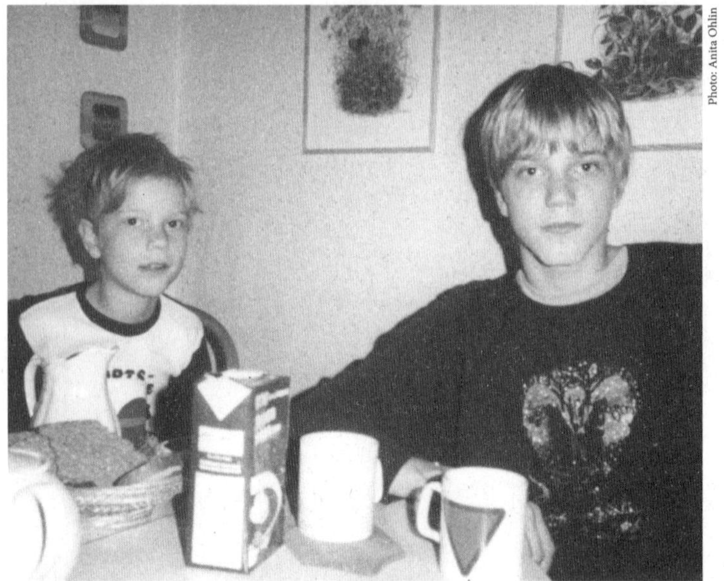

Photo: Anita Ohlin

Anders und Pelle Ohlin am Frühstückstisch in Västerhaninge, 1983.

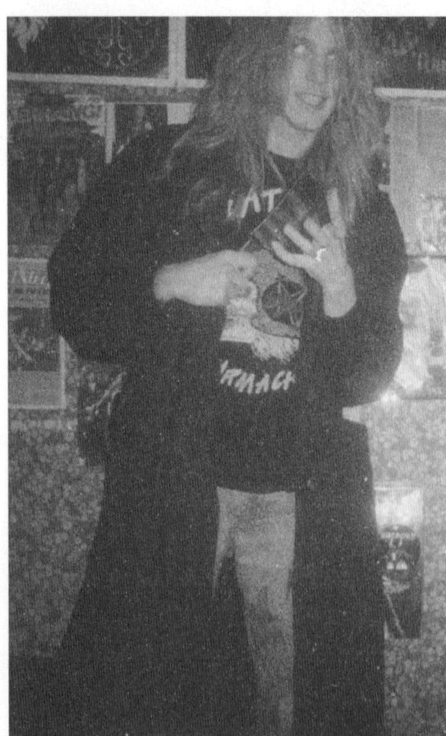

Photo: Mats Gonzales

Pelle Ohlin in Jordbro, Ende der Achtziger.

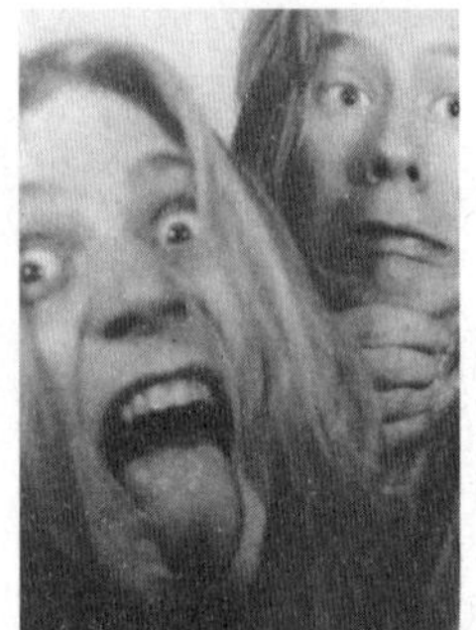

Pelle Ohlin und Jens Näsström.

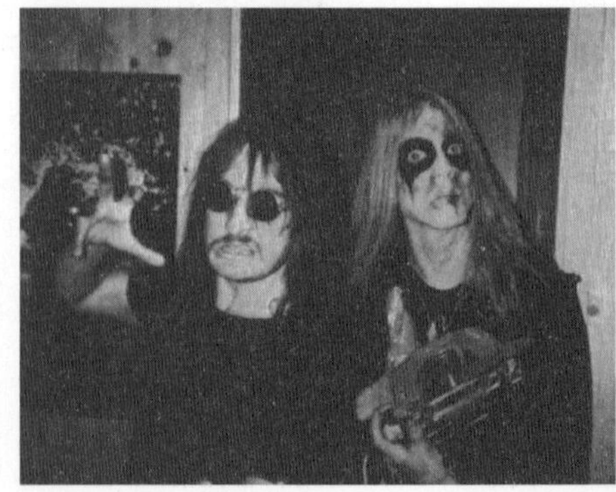

Necrobutcher und Dead.

Photo: Steven Cuzner

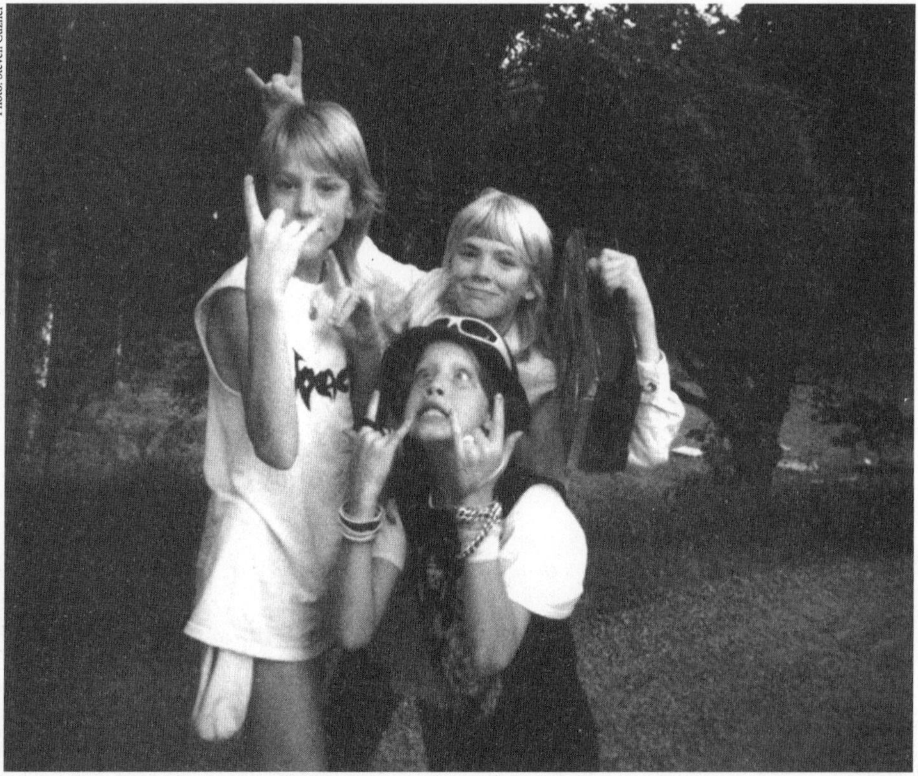

Leif Cuzner, Nicke Andersson und Daniel Strachal im Sommerferienlager, Dalarna, Mitte der Achtziger.

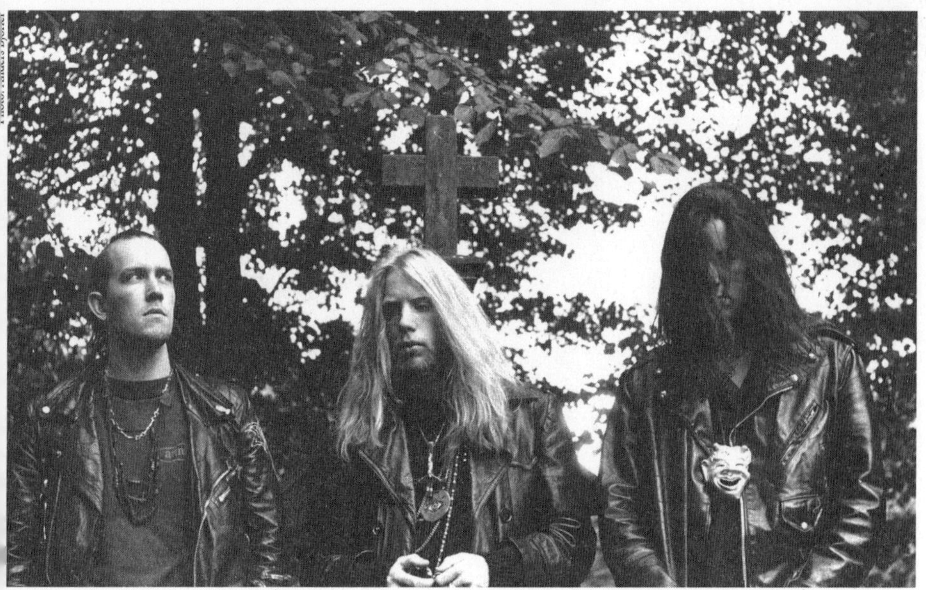

Grotesque, Fotosession für *Incantation*, 1990. Alf Svensson, Tompa Lindberg, Kristian Wåhlin.

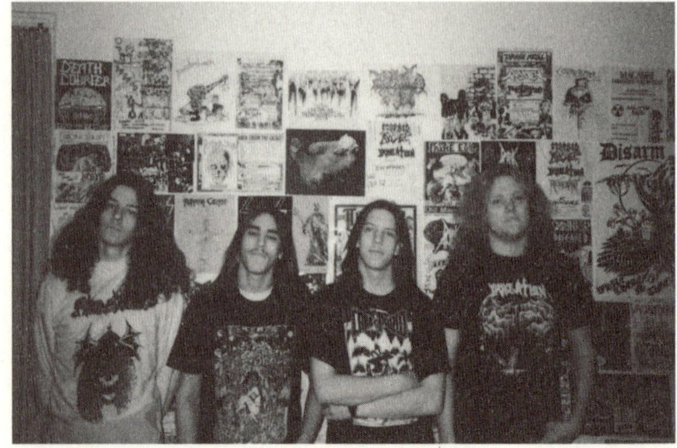

Photo: Chelsea Krook

Unleashed, 1989. Fredrik Lindgren, Robert Sennebäck, Anders Schultz, Johnny Hedlund.

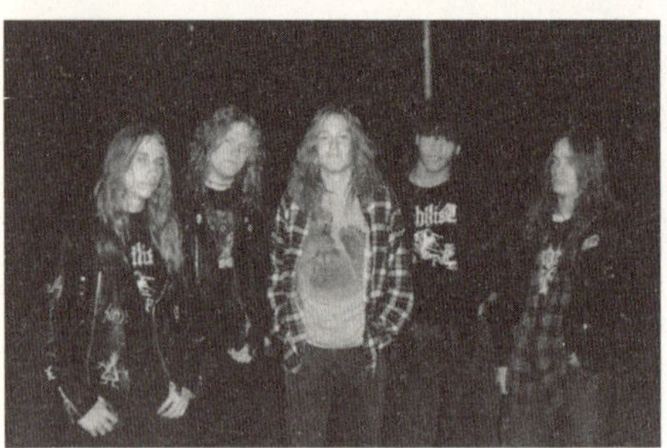

Photo: Chelsea Krook

Nihilist, 1989. L-G Petrov, Johnny Hedlund, Leif Cuzner, Alex Hellid, Nicke Andersson.

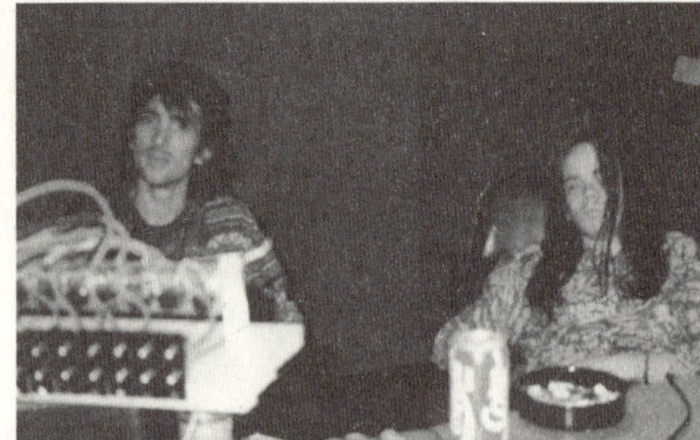

Tomas Skogsberg und Nicke Andersson, Sunlight Studio, 1990.

Zeichnung von Kristian Wåhlin, Ende der Achtziger.

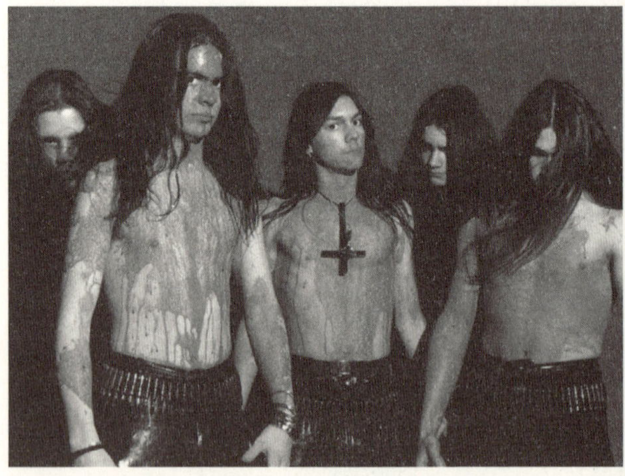

Foto vom Dismember-Album *Like An Everflowing Stream*, 1991. Matti Kärki, Fred Estby, Richard Cabeza, David Blomqvist, Robert Sennebäck.

Photo: Sebastian Todor

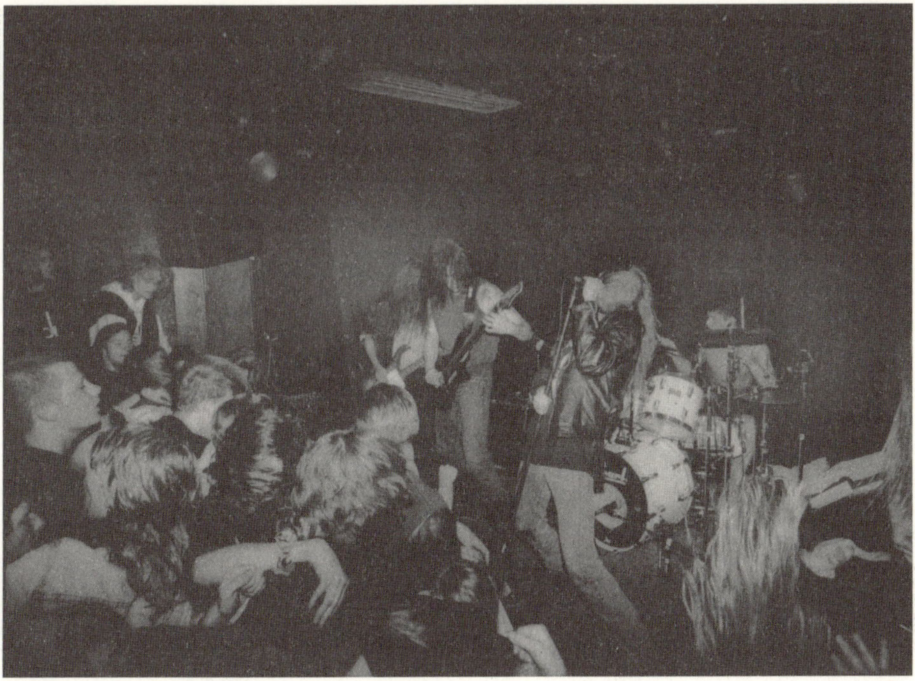

At The Gates, Valvet, 1990.

1990.

Photo: Mikael Williamsson

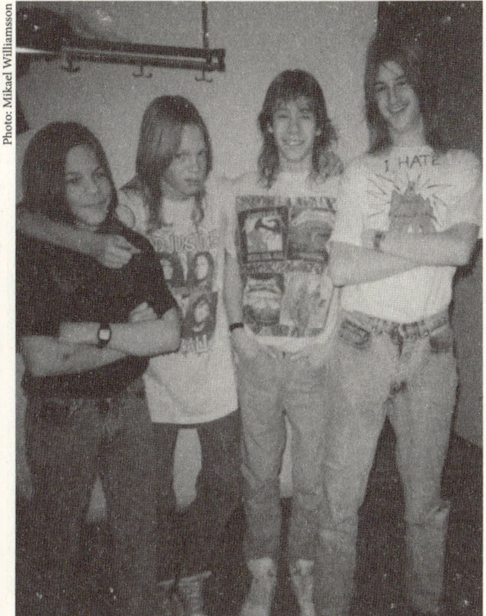

Siren's Yell, 1988. Jon Nödtveidt, Mäbe Johansson, Ole Öhman, Peter Palmdahl.

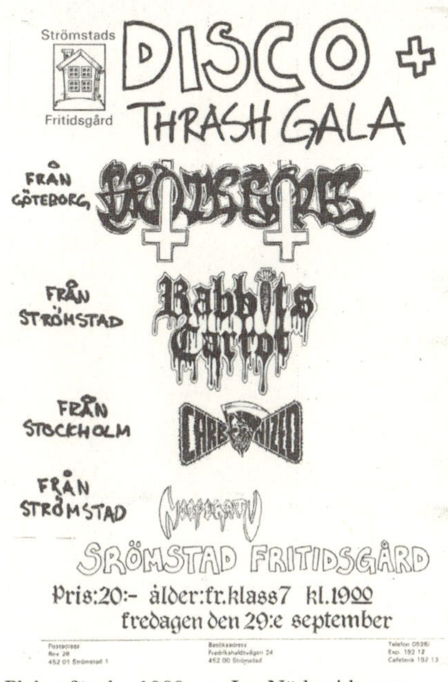

Plakat für das 1989 von Jon Nödtveidt organisierte Thrash-Gala-Konzert in Strömstad. Carbonized traten nicht auf, also sprangen Therion ein.

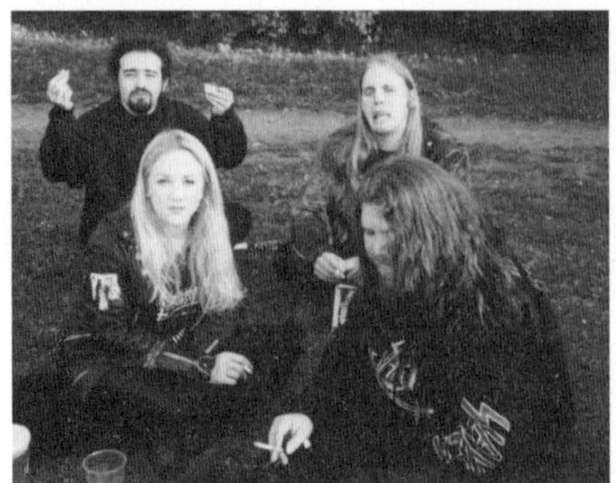

José Afonso von der portugiesischen Black-Metal. Band Decayed, Crille Nilsson, Susanna Berglund und Metalion, Stockholm, 2003.

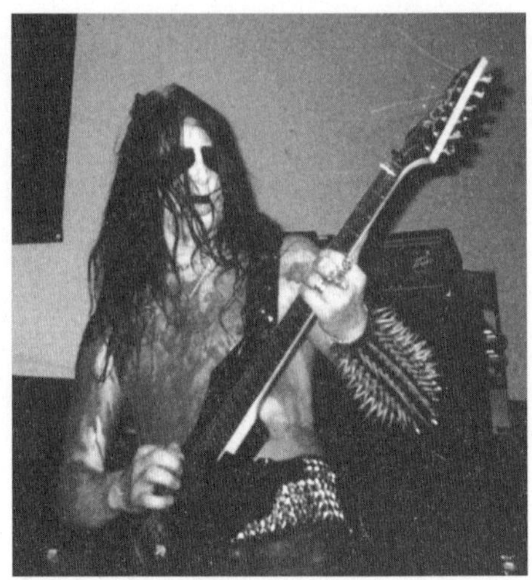

Lord Ahriman, Dark Funeral, 1997.

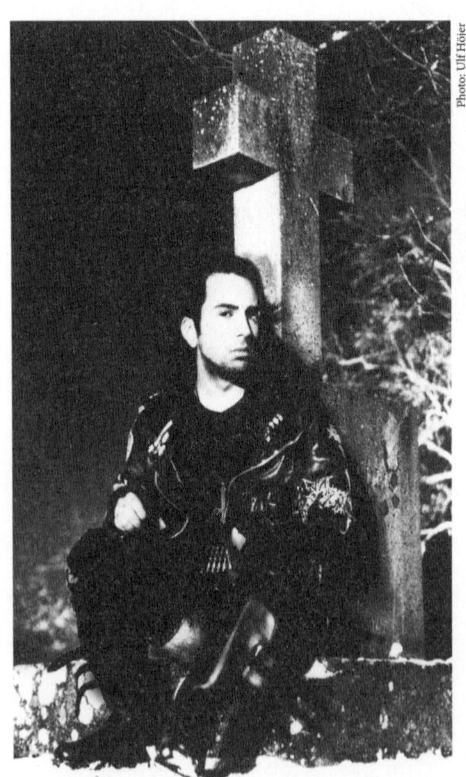

Photo: Ulf Höjer

It, Finspång, 1993.

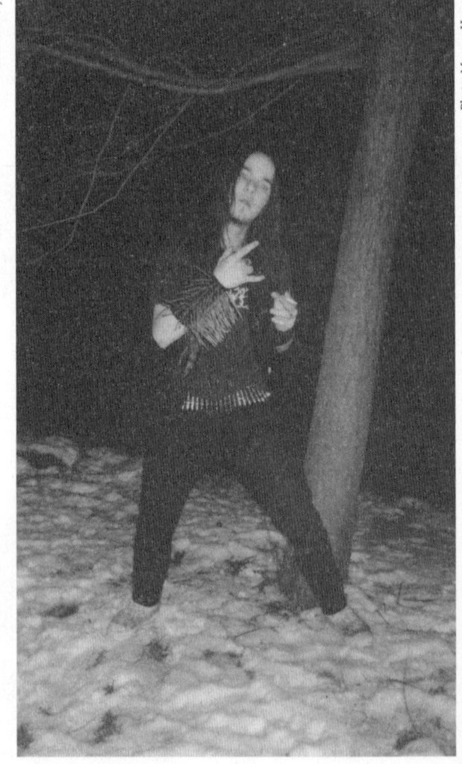

Photo: Magnus Hanson

Peter Stjärnvind, 1991.

Grotesque gründeten sich 1988 nach Sarcófagos Vorbild. Tompa und Gitarrist Kristian Wåhlin stahlen Kruzifixe aus dem Souvenirladen einer Kirche in der Nähe ihres Gymnasiums und hängten sie sich umgedreht um den Hals. Hinter Tompas Elternhaus begann dann eine intensive Phase des Amateurhandwerkens: Aus gebrauchten Autofußmatten und Nägeln wurden Stachelarmbänder und mit Pentagrammen verzierte Brustpanzer gefertigt. Tompa erinnert sich vage daran, dass sein Vater ihm beim Bau der umgedrehten Kreuze half, die Grotesque später als Bühnendekoration verwendeten.

Kristian Wåhlin besuchte in der Schule ein Kunstprogramm und war ein aufstrebender Graffiti-Sprayer. Er entwarf das Bandlogo und ließ sich dabei sowohl von der Ästhetik des Metal als auch von der Streetart-Kultur inspirieren.

Später im selben Jahr unterbanden Vertreter der örtlichen Elternvereinigung einen Auftritt von Grotesque bei einem Schulball in einem südlichen Vorort von Göteborg. Nichtsdestotrotz hinterließ die Show bei einigen Kids im Publikum einen bleibenden Eindruck. Mikael Stanne, der heute bei Dark Tranquillity singt, erinnert sich noch genau an diesen Abend.

„Als die Erwachsenen das Konzert abbrachen, brüllte Tompa, der Teufel würde sie holen. Dann kratzte er sich im Gesicht, bis es zu bluten anfing. Das war der krasseste Auftritt, den ich je erlebt habe."

Der spätere In-Flames-Sänger Anders Fridén befand sich ebenfalls in der Menge. Er erinnert sich an den starken Gegensatz zwischen dem Publikum und der Gruppe auf der Bühne.

„Die verwöhnten Vorstadtkinder standen da in ihren brandneuen Designerjeans. Dann verbrennt dieser dünne, bärtige Typ mit Corpsepaint eine Bibel auf der Bühne. Die Leute haben sich nicht mehr eingekriegt."

In Stockholm hatte sich Nicke Anderssons Crossover-Combo Brainwarp unterdessen in die Death-Metal-Band Nihilist verwandelt. Nicht einmal der Anführer selbst kann sich an alle Mitglieder erinnern, die ein- und ausgestiegen sind. In der Anfangszeit des schwedischen

Death Metal wechselten die Musiker ihre Bands häufiger als ihre Unterwäsche. Manchmal tauschten sie auch die Instrumente untereinander, was es noch schwieriger machte, sich Jahrzehnte später genau an Besetzungen zu erinnern.

„Da geschah so unheimlich viel, bevor man endlich eine Entscheidung traf. Ich habe zum Beispiel eine Zeit lang in einer Hardcore-Band namens Corrupt gespielt. Johan Edlund gehörte auch dazu, falls ich mich nicht irre, bevor er Treblinka gründete." Das sagt Nicke und weiß anscheinend nicht, dass der Schlagzeuger von Corrupt kein Geringerer als Uffe Cederlund war.

Johan Edlund gibt an, kurz bei Nihilist gespielt zu haben.

„Ich glaube allerdings, das zuzugeben fällt Nicke schwer. Als sich alles immer mehr um Death Metal drehte, durfte ich nicht mehr mitmachen. Er hatte nicht den Mut, mich zu feuern und mir dabei in die Augen zu schauen, also tat er es per Telefon. Ein paar von uns blieben aber in Kontakt und machten zusammen Party. Zudem hatte jeder von uns eine Band."

Edlund lebte in dem ruhigen Vorort Täby nördlich von Stockholm und erinnert sich, dass die Jungs dort gern abhingen. Ein Hauptgrund war die geringere Wahrscheinlichkeit, in Schlägereien verwickelt zu werden. Parallel zum Aufkommen des Death Metal schoss sich eine andere junge Subkultur in der Stadt auf Banden, Verbrechen, Kampfsport und Straßengewalt ein. „Wir sind in den Wald gegangen und haben Musik gehört, Bier getrunken und Kotzwettbewerbe veranstaltet. Man steckte sich einfach die Finger in den Hals und schaute, wer am besten kotzen konnte."

1987 gaben Nihilist in einem Jugendzentrum in Kista ihr allererstes Konzert.

„Das Publikum bestand nur aus Idioten", sagt Uffe. „Sogar der Typ, der dort arbeitete und den Gig filmte, schrie ins Mikrofon der Kamera, wir würden scheiße klingen. Alle waren gegen uns."

Die zahllosen Päckchen mit Kassetten, die im Briefkasten der Familie Cederlund landeten, hatten jedoch eine unerwartete Nebenwirkung.

„Es ließ meine Eltern erkennen, dass das Ganze einen Wert hatte. Es war nicht so, dass man in der Innenstadt herumlungerte und Leute auf der Straße vermöbelte. Außerdem begannen wir für schwedische Verhältnisse sehr spät, Alkohol zu trinken. Wir waren siebzehn oder achtzehn, als wir *folköl* (Bier mit niedrigem Alkoholgehalt, in Schweden im normalen Handel erhältlich) probierten. Zudem hatten wir nichts mit Mädchen am Hut. Wir waren so schüchtern und so versessen auf das, was wir taten, dass es zu so etwas wie einer verdammten Mauer um uns herum wurde."

Die Death-Metal-Bands jener Zeit ließen sich unter anderem von Splatter-Filmen und dem amerikanischen Horrorschriftsteller H.P. Lovecraft inspirieren, um nur zwei Quellen zu nennen. Viele der Musiker trugen umgedrehte Kreuze und experimentierten mit Beschwörungsformeln aus dem *Simon-Necronomicon.* Nicke Andersson bezeichnet das Interesse an echtem Satanismus in Death-Metal-Kreisen allerdings als gering.

„Ich glaube, wir fanden Splatter-Streifen schon damals viel geiler als den Teufel. Man kann natürlich beides kombinieren, aber unsere Hauptinspiration für Songtexte kam von *Tanz der Teufel.* H.P. Lovecraft war cool, aber ich habe nicht viel von ihm gelesen. Er benutzte so viele seltsame Wörter, und die Bücher waren nicht auf Schwedisch erhältlich."

Als Nicke Andersson und Uffe Cederlund die neunte Klasse abschlossen, hatte keiner der beiden vor, weiter zur Schule zu gehen.

„Alle, die ich kannte, gingen aufs Gymnasium", sagt Uffe, „doch für mich und Nicke kam das nie infrage. Scheiß auf Schule!"

Stattdessen begannen sie, Gelegenheitsjobs anzunehmen. Cederlund arbeitete zunächst in einem Lebensmittelgeschäft, wo er sich beim Tragen schwerer Kartoffelsäcke am Rücken verletzte. Andersson verdiente seinen Lebensunterhalt damit, Gefahrenstoffe von Druckplatten zu entfernen.

„Weil ich gern zeichne und gestalte, fand ich den Job in einem kleinen Familienunternehmen in Axelsberg ziemlich cool, als ich die Annonce sah. Am ersten Tag hieß es dann: ‚Hier sind Gasmaske und

Schutzanzug – wir reinigen diese Siebdruckrahmen.' Das war echt übel. Und die Gasmaske habe ich eigentlich auch nicht benutzt, weil das tierisch nervte. Aber das war alles egal, denn an den Wochenenden fuhr man zum Feiern nach Täby."

Die Arbeitserfahrung inspirierte zumindest einen Nihilist-Song. Dessen Titel „Severe Burns" („schwere Verbrennungen") stammt von einem Warnschild in der Druckerei.

Da noch keiner der Jungs achtzehn geworden war, standen Kneipenbesuche außer Frage. Stattdessen wurde der großformatige Stockholmer Stadtplan, der seinerzeit an einer Wand auf der unteren Ebene des Stockholmer Hauptbahnhofs hing, zum Treffpunkt der jungen Death-Metal-Szene. Johnny Hedlund besuchte „die Karte" oft. Er war vom Punkrocker zum Death-Metal-Fan geworden und tat sich dadurch hervor, dass er als Erster eine eigene Wohnung hatte.

„Ich war der Flurfunk", sagt Hedlund. „Jeder kannte meine Nummer, und ich die der anderen. Ich rief vielleicht acht Leute an, und als ich zur Karte kam, warteten schon sechzig Leute. Anfangs waren wir nicht sehr viele, aber es wurden immer mehr. Am Ende feierten wir in der U-Bahn-Station Midsommarkransen, weil dort die wenigsten Sicherheitsleute unterwegs waren. Wir stiegen aus der U-Bahn, ein oder zwei Leute mit einem Ghettoblaster, der Slayer in voller Lautstärke spielte. Man konnte nicht alle auf eine Party schleppen, wir waren einfach zu viele."

Nicke Andersson erinnert sich insbesondere daran, dass Death Metal quasi über Nacht alles überflüssig machte, was sich unter Crossover einordnen ließ.

„Und Thrash Metal war der größte Schrott, den man sich anhören konnte. ‚Echt jetzt, du stehst auf Testament? Immer noch? Elender Poser!'"

Man darf erwähnen, dass Nicke Andersson jedes Mal grinst, wenn er den Begriff Poser verwendet. Er bezieht sich oft auf die grundlegende Funktion des Wortes in seiner Jugend.

„Ein Poser war jemand, der Metallica und kommerzielle Bands mochte; der nicht genug Demos zu Hause hatte oder Bandshirts mit lesbaren Logos trug. Der sich ein bisschen zu oft die Haare wusch oder zu viel mit Mädchen herumhing. Die Regeln waren sehr streng."

1989 nahmen Nihilist ihr zweites Demo *Only Shreds Remain* auf. Die Besetzung bestand aus Nicke am Schlagzeug, L-G Petrov als Sänger, Bassist Johnny Hedlund sowie den Gitarristen Alex Hellid und Leif Cuzner. Diese Aufnahme ging als diejenige in die Geschichte ein, auf der Leif Cuzner den charakteristischen Gitarrensound des schwedischen Death Metal vorgab. Das dafür verwendete Gerät war ein Gitarreneffekt namens Boss Heavy Metal HM-2, ein schwarzes Pedal mit orangefarbenen Knöpfen. Es ist relativ unbrauchbar für Heavy Metal, eignet sich aber durch sein irrsinniges Kettensägen-Geschwirr in Verbindung mit den Mittenreglern hervorragend für extreme Musik.

In dem Moment, da Cuzner die Regler ganz aufdrehte, erhielt der schwedische Death Metal seinen unverwechselbaren Sound. Als er Nihilist schließlich verließ und mit seiner Familie nach Kanada zog, stieß Uffe Cederlund wieder zur Band; die verbleibenden Mitglieder hofften, Cuzners Sound beibehalten zu können. Cederlund versuchte zunächst, Cuzners Gitarre zu benutzen. Letzten Endes erkannte er, dass das Geheimnis nicht im Instrument lag, sondern in dem schwarzen Kästchen.

Außer Morbid und Treblinka hatte der Produzent Tomas Skogsberg vom erst kurz vorher eröffneten Sunlight Studio nur eine Handvoll Funk-Bands aufgenommen. Durch seine Zusammenarbeit mit Nihilist erkannte er, dass er etwas Besonderem auf der Spur war. Statt sich von amerikanischem Death Metal inspirieren zu lassen, beschloss Skogsberg, frühere Herangehensweisen zu ignorieren. Dies führte zu einem brutalen, intensiven Klangbild, das eng mit Stockholm-Death-Metal verbunden ist.

Der schwedische Underground wuchs schnell. Fred Estby gründete bereits im Mai 1998 die erste Inkarnation von Dismember. In Stockholm gab es neben Therion auch Treblinka, die mit der *Severe-*

Abominations-Single einen der ersten Szenetitel auf Vinyl herausbrachten, bevor sie den politisch etwas korrekteren Namen Tiamat annahmen. Carbonized aus dem Stockholmer Vorort Spånga hatten immer wieder Besetzungsprobleme, die meisten Mitglieder tauchen auch in anderen Bands wie Entombed, Dismember oder Therion auf.

Wenngleich Stockholm und Göteborg die beiden Hotspots der schwedischen Szene waren, handelte es sich nicht um ein auf Städte beschränktes Phänomen. Filthy Christians stammten aus Falun, Nirvana 2002 aus dem kleinen Dorf Edsbyn. In Sandviken gab es Sorcery, den ersten Szenebeitrag aus Eskilstuna leisteten Macrodex, und die abgelegene Insel Gotland hatte Grave.

Damit ging der Wettstreit um den Titel „Ruppigste Band des Landes“ vielversprechend los.

Mit der Entwicklung der Szene nehmen viele dieser Gruppen immer brutalere Elemente in ihre Musik auf. Eine der härtesten und schnellsten Bands sind rein musikalisch gesehen Merciless, die sich 1986 unter dem Einfluss von Kreator, Slayer und frühen Metallica in Strängnäs gegründet haben. Drei Jahre später nehmen sie ihr Debütalbum *The Awakening* in Eskilstuna auf, das vom norwegischen Label Deathlike Silence Productions veröffentlicht wird. Gitarrist Erik Wallin erinnert sich noch gut an die Anweisungen der Band an den Tontechniker im Studio:

„Wir sagten ihm: ‚Es muss brutal klingen! Der Gesang soll sich anhören wie in einem Parkhaus aufgenommen, und die Bassdrums müssen fett und barbarisch klingen.‘ Wenn man das unter den Umständen hinbekommt, die wir damals hatten, ist das ein berechtigter Anlass, zufrieden zu sein.“

Dank eines Untergrundnetzwerks aus eifrigen Veranstaltern und ungewöhnlichen lokalen Veranstaltungsorten gaben Death-Metal-Bands Konzerte im ganzen Land. Wirtschaftlich denkende Musiker und Fans organisierten Auftritte meist in Jugendzentren, wo man finanzielle Unterstützung zur Deckung von Reisekosten erhalten konnte.

In Strömstad veranstaltete der vierzehnjährige Jon Nödtveidt, der später Dissection gründete, zusammen mit Freunden Shows mit Bands aus Stockholm, Göteborg und Norwegen. Göteborger Acts traten im Valvet auf, das auch als Treffpunkt für Leute diente, die zuvor nur per Post oder Telefon kommuniziert hatten. Diese Gelegenheiten wurden oft genutzt, um ausgiebig zu feiern. Man trank Alkohol, den man ins Gebäude geschmuggelt hatte, diskutierte ausgiebig über Bands und ging stagediven.

Erik Wallin erinnert sich an einen Merciless-Gig mit Kazjurol und Tribulation in einer Scheune in Surahammar. Die Veranstalter legten in einer Ecke vor der Bühne Kissen aus, auf denen die Fans weich landen konnten. Schnell wurde klar, dass viele im Publikum eigens zum Stagediving gekommen waren. Das ganze Herumgehüpfe brachte die Bühne zum Wackeln, weshalb sich Sänger Rogga Petterson wiederholt das Mikro gegen die Zähne schlug. Schließlich hatte er genug, nahm es mit in einen Nebenraum und sang dort weiter. Als das Lied zu Ende war und die jungen Veranstalter bemerkten, dass der Sänger den Raum verlassen hatte, liefen sie nach nebenan und verlangten, dass er sofort wieder hinausging.

„Als er nach dem Grund fragte, sagten sie ihm, dass zwei aggressive Dachse in einem Loch im Boden lebten", erinnert sich Wallin. „Es war wie ein Jugendzentrum ohne verantwortungsvolle Erwachsene. Man musste über einen Steg durch ein Fenster kriechen, um überhaupt hineinzukommen."

Gegen Ende der Achtziger trug der in Fagersta lebende Peter „Babs" Ahlqvist durch den lokalen Musikverein Tid Är Musik („Zeit ist Musik") wesentlich dazu bei, dass mehr Konzerte stattfanden. Babs stand hauptsächlich auf amerikanischen Hardcore, doch die Crossover-Mentalität ermöglichte eine Koexistenz von Metal und Hardcore, und während der Hochphase des Death Metal wurde Tid Är Musik zum führenden Veranstalter von extremem Metal in Schweden. Babs zeichnete auch für das Bergslagsrocken Festival mit Bands wie Kreator, Morbid Angel, Pestilence, Carcass und Napalm Death verantwortlich.

Die Fans kamen aus dem ganzen Land zu den Konzerten. Robert „Robban“ Becirovic aus Norrköping begann, Busreisen zu organisieren.

„Als Kreator und Death spielten, fuhren wir von Norrköping durch Finspång und füllten einen ganzen Gelenkbus. Wir mussten allerdings jedes Mal das Busunternehmen wechseln, weil die Leute kotzten und allgemein für Verwüstung sorgten.“

Zu jener Zeit fanden in Stockholm deutlich weniger wichtige Konzerte statt. Die einzigen Zentren der alternativen Musikszene der Stadt waren ein Jugendzentrum in Täby und ein verlassenes Haus im Vorort Haninge namens Ultra House.

„Ein paar Bands, die dort auftraten, stimmten ihre Instrumente auf D oder sogar C herunter“, erzählt Nicke Andersson. „Wir konnten noch nicht richtig spielen. Generell denke ich, dass die Göteborger Szene viel mehr versierte Musiker hatte als wir. Ich habe keine Ahnung, warum. Wahrscheinlich machte es dich zu einem Poser, wenn du gut spielen konntest.“

Wohingegen Nicke Schwierigkeiten hat, all seine frühen Bandmitgliedschaften aufzuzählen, fällt es ihm leichter, sich an die Hierarchie im jungen Stockholmer Underground zu erinnern.

„Dismember waren okay, denn sie spielten genau denselben Stil wie wir. Merciless aus Strängnäs waren cool, auch wenn sie nicht tiefer stimmten und daher kein echter Death Metal waren. Bands wie Septic Broiler aus Göteborg waren auf keinen Fall cool, also unserer Meinung nach. Und Kazjurol waren eine hoffnungslos alberne Zur-Seite-gedrehte-Baseballmützen-Band.“

Trotzdem wurden Kazjurol als Vorgruppe gebucht, als Napalm Death im Herbst 1988 nach Schweden kamen. Das sorgte im Nihilist-Lager für große Empörung.

„Unseres Erachtens hatten sie nichts in der Nähe von Napalm Death verloren“, sagt Nicke, „also nervten wir herum, bis sie uns endlich erlaubten, ebenfalls zu spielen.“

Mit Napalm Death reiste Digby „Dig“ Pearson, der 1985 das britische Label Earache gegründet hatte. Es war über ein Regierungsprojekt finanziert worden, bei dem junge Leute Zuschüsse für die Gründung eigener Unternehmen beantragen konnten.

„Dig war ein Glückspilz", findet Uffe Cederlund. „Er war mit Shane Embury von Napalm Death befreundet, der ihm genau sagte, welche Bands er unter Vertrag nehmen sollte."

Kurz nach seinem Abstecher mit Napalm Death meldete sich Pearson bei Nihilist, um sie zu signen. Es gab nur ein Problem: Die Band existierte nicht mehr. Nicke verstand sich nicht gut mit Johnny Hedlund, traute sich aber nicht, den vier Jahre älteren Bassisten zu feuern. Stattdessen beschloss er, die Band aufzulösen – nur um sie wenige Tage später als Entombed neu zu gründen.

Im Spätwinter des Jahres 1989 begaben sich Entombed ins Studio, um ihr Debütalbum *Left Hand Path* aufzunehmen. Die Aufnahmen und der Mix wurden in nur wenigen Tagen abgeschlossen. Uffe Cederlund spricht von einer äußerst kreativen Zeit.

„Freitagnachmittags fuhren wir zum Sunlight Studio und stellten etwa eine Stunde lang den Schlagzeugsound ein. Dann nahmen Nicke und ich mehr oder weniger alle Drum-Parts an einem Abend auf. Am nächsten Tag verbrachten wir vielleicht eine halbe Stunde mit der Feinabstimmung des Gitarrensounds und nahmen auf. Es ging schnell, ich vermisse diese Zeit wirklich sehr."

Im Juni 1990 erschien *Left Hand Path*, zufälligerweise am selben Tag, als Morbid Angel in Schweden beim Bergslagsrocken auftraten. Der Plattenladen House of Kicks in Stockholm organisierte eine Autogrammstunde der Amerikaner. Besitzer Calle von Schewen bewertet diesen Event als Wendepunkt.

„Dieser Tag veränderte mein Leben so nachhaltig wie das erste Mal, als ich die Ramones sah. Als ich aus dem Fenster schaute, war die ganze Gasse voller Menschen – und das, obwohl sich unsere Werbung auf eine briefmarkengroße Anzeige in einer der Boulevardzeitungen beschränkte. Es ging chaotisch zu. Plötzlich wurde alles ernst."

Die ersten paar Akkorde auf *Left Hand Path* reichten aus, um ein neues Kapitel der schwedischen Musikgeschichte einzuläuten, zumindest für diejenigen, die hinhörten.

„Dieser wahnsinnige Wirbelsturm hat einen sofort gepackt", sagt Musikjournalist Håkan Persson von Sveriges Radio. „Sie besaßen eine Power, die frühere schwedische Metal-Bands beim Versuch, internationale Vorbilder zu imitieren, völlig verfehlt hatten. Entombeds Musik zu hören hat dich völlig geplättet. Man spürte, dass sie es wissen wollten."

Left Hand Path verdrängte alles andere. Das Album inspirierte die Gründung einer Vielzahl neuer Bands und bewog andere, sich musikalisch umzuorientieren. Diese Entwicklung veränderte bald die gesamte schwedische Metal-Szene. Tomas Skogsberg erinnert sich, dass etablierte Bands die Klanggewalt der tiefer gestimmten Gitarren im Death Metal kritisierten.

„Sie behaupteten: ‚Die Gitarren so tief zu stimmen ist unmöglich.' Ein Jahr später taten sie dann genau das Gleiche."

Innerhalb eines Jahres veröffentlichten auch Dismember und Unleashed ihre ersten Alben, gefolgt von einer noch größeren Schwemme von Demos anderer Gruppen aus dem ganzen Land.

In der Zwischenzeit hatten sich Grotesque in Göteborg aufgelöst. Tompa Lindberg gründete At The Gates, die sich als erste Death-Metal-Band der Stadt rasch etablierten – Dark Tranquillity folgten knapp dahinter. In Flames tauchten ebenfalls 1990 auf. Dieser melodiösere und eher geschliffene Stil sollte später international als „Göteborg-Sound" bekannt werden, während sich die Stockholmer Acts durch eine brutalere Ausrichtung hervortaten.

Dieser Unterschied in puncto Klang und Herangehensweise rührte vor allem daher, dass die meisten Göteborger Bands stark von der New Wave of British Heavy Metal beeinflusst waren, wohingegen die Wurzeln vieler Wegbereiter des Stockholm-Stils im Punk lagen.

Eine mögliche Erklärung geht dahin, dass Nicke Anderssons Einflüsse die Ausrichtung und die Vorlieben der Stockholmer Bands indirekt mitprägten. Die beiden Szenen grenzten sich jedoch nicht nur hinsichtlich ihrer musikalischen Präferenzen voneinander ab:

Während viele Stockholmer Musiker aus Hochhaussiedlungen in reinen Arbeitervierteln stammten, überwogen in der Göteborger Szene Kids aus den wohlhabenden Wohngegenden in den südlichen Vororten der Stadt.

Dark-Tranquillity-Sänger Mikael Stanne, die At-The-Gates-Mitglieder Anders und Jonas Björler, Tompa Lindberg und Kristian Wåhlin wuchsen alle in Einfamilienhäusern entlang derselben Buslinie auf. Stanne beschreibt dieses Milieu als gehobene Mittelschicht und merkt an, niemandem von ihnen habe es jemals an etwas gemangelt.

„Vielmehr kam einem alles ein bisschen zu gewöhnlich und durchschnittlich vor. Als wir extreme Musik entdeckten, wollten wir wirklich herausstechen, um nicht ein weiterer Normalo zu werden, der im selben Betrieb arbeitet wie sein Vater seit zwanzig Jahren."

Die Alben *Endless Pain* von Kreator und *Walls of Jericho* von Helloween, die beide 1985 erschienen, mochte Stanne am liebsten. Zuvor hatte er nur klassischen Heavy Metal gehört.

„Ich war völlig geschockt", sagt Mikael. „Ich hatte keine Ahnung, dass es da draußen so etwas gab. Alben zu kaufen und in diese verrückte Welt einzutauchen war absolut genial. Es fühlte sich an, als würde ich ein Geheimnis mit mir herumtragen."

Durch seine Faszination für Metal hatte er immer Gesprächsstoff und etwas, das ihn antrieb.

„Ich traf mich jedes Wochenende mit Freunden, wir tranken Bier und hörten Demos amerikanischer Death-Metal-Bands. Später am Abend schlugen wir in einer Kneipe auf, und tags darauf ging es wieder von vorn los."

Die meisten Leute, mit denen Mikael Stanne damals zu tun hatte, spielen auch heute noch in Bands. In seinen Augen liegt das daran, dass sie die Musik alle in einem Alter entdeckten, in dem sie dafür empfänglich waren

„Die Musik und der Lebensstil, der damit einherging, prägten alles, was danach kam. Alles, was nicht mit Demos und Live-Tapes zu tun hatte, war völlig sinnlos und uninteressant."

In-Flames-Frontmann Anders Fridén begann als Sänger bei Dark Tranquillity, tauschte aber schließlich den Posten mit Mikael. Auch er sagt, Metal habe ihm etwas anderes geboten. In seinem Fall war es eine Alternative zu einer Art von Leben, in dem man sich allenfalls darum sorgen musste, die richtige Kleidermarke zu tragen. Anders betont jedoch, nie besonders rebellisch gewesen zu sein, und kann nicht genau erklären, warum er sich zu extremer Musik hingezogen fühlte. Er sah sie nicht als Ventil, sondern fand den Gemeinschaftsgeist sehr reizvoll, genauso wie die allgemeine Atmosphäre und die Tatsache, dass es eigentlich nie Auseinandersetzungen gab.

„Alle trafen sich, um Spaß zu haben. Eines führte aber zum anderen; es begann mit softem Hardrock und wurde von da an immer härter."

Er erinnert sich daran, auf der Fahrt mit Freunden zum Bergslagsrocken 1990 Metallicas *...And Justice for All* gehört und über die Produktion gestaunt zu haben.

„Wir fanden das Schlagzeug toll, sowohl Lars Ulrichs Spiel als auch den Sound. Aus heutiger Sicht klingt es beschissen – wie Pappkartons. Ich weiß auch noch, dass mich Morbid-Angel-Drummer Pete Sandoval bat, ihm zu helfen, Gras zu kaufen. Da ich noch sehr jung war, verstand ich nichts und antwortete: ‚Ich kann dir nicht helfen, aber frag mal die coolen Typen da drüben.' Danach war ich überschwänglich, weil ich mit ihm gesprochen hatte. Als sie dann spielen sollten und ihr Intro lief, sahen wir, wie sich ihr Gitarrist Trey schnitt und Blut aus seinen Armen rann. Es war magisch – absolut beeindruckend."

Er erzählt, wie Dismember in den frühen Neunzigern nach Göteborg kamen und er erfuhr, dass sie siebentausend Kronen – heute etwas über sechshundert Euro – für einen Auftritt bekamen.

„Uns blieb die Spucke weg. Wir hätten nie gedacht, dass man so viel mit einem Konzert verdienen konnte." Dismember und Entombed live zu sehen war für den jungen Anders genauso besonders wie eine Iron-Maiden-Show heute – einschließlich einer Prise Rivalität.

„Du hast insgeheim gedacht: ‚Wow, Entombed wurden von Earache gesignt! Und Dismember von Nuclear Blast. Mensch, das ist so cool!' Wir versuchten also wahrscheinlich, ein wenig abweisend zu wirken, und ließen vielleicht sogar ein bisschen Neid durchblicken."

In den drei Jahren, die Anders bei Dark Tranquillity verbrachte, trat die Band nicht in Stockholm auf. „Ich gehe mal davon aus, dass uns das dortige Publikum wohl boykottiert hat."

Bei At The Gates oder Dark Tranquillity waren weder die Songtexte noch die Plattencover von den Blut- und Gewaltexzessen geprägt, die im Genre ansonsten überwogen. Solche Themen herrschten bei den Stockholmer Bands häufiger vor, wobei es Dismember bunter getrieben haben als die meisten anderen.

Sie beschlossen, blutüberströmt für die Promo-Fotos zu ihrem 1991er-Debüt *Like an Everflowing Stream* zu posieren. Im Fotostudio machten allerdings sowohl Gitarrist David Blomqvist als auch Sänger Matti Kärki einen Rückzieher. Matti schob zur Begründung vor, keine Kleider zum Wechseln mitgenommen zu haben. Heute weiß er nicht mehr genau, wie sie überhaupt darauf kamen.

„Aber ich weiß, dass unser Schlagzeuger Fred ein großer Kiss-Fan war. Es handelte sich also zum Teil um eine Hommage an Kiss und Alice Cooper, obwohl wir die Idee auf brutalere Weise umgesetzt haben."

Das Artwork malte Kristian Wåhlin unter seinem Pseudonym Necrolord. Er sollte später den ästhetischen Rahmen des schwedischen Metal mitgestalten.

Als das Album veröffentlicht wurde, machte sich die Band darauf gefasst, dass die blutigen Fotos einen Skandal auslösen würden. Stattdessen erregten sie kaum Aufmerksamkeit. Dismember benutzten Blut auch für ihre Bühnenshow bei einem Auftritt in Kolingsborg in Stockholm. Im Nachhinein waren sie sich einig, es sei eine zu große Sauerei gewesen, und zogen ihr Programm wieder wie gewohnt durch. Matti Kärki sagt, die in der Stockholmer Szene vorherrschende Gore-Thematik gehe zu einem großen Teil auf die Todesschwadron Autopsy aus San Francisco zurück, die zu ihren wichtigsten Einflüssen gehörte und übrigens Nicke Anderssons Lieblings-Death-Metal-Band war. Ein weiterer Grund war Zeitnot.

„Wir brauchten etwas für die Texte, also beschrieben wir Dinge, die wir in Filmen wie *Hellraiser* oder *Tanz der Teufel* gesehen hatten, und dachten uns nichts weiter dabei.“ Der Dismember-Song „Skin Her Alive“ hatte einen anderen Hintergrund: Ein Mann, der unter Matti Kärkis Wohnung in Tensta lebte, ermordete seine Frau, und Mattis Großmutter sah, wie die Leiche hinausgetragen wurde. Er schrieb den Text aus der Perspektive des Täters statt des Opfers.

Als das Album fertig war, wurde eine Lieferung von Schallplatten nach einer Stichprobe am britischen Zoll beschlagnahmt. Obwohl sie auch Titel von Bands wie Pungent Stench aus Österreich und den Briten Benediction enthielt, zogen die Dismember-LP und insbesondere „Skin Her Alive“ den Zorn der Behörde auf sich. Sie erhob Anklage gegen den Vertrieb. Matti Kärki erinnert sich, wie sie dem Prozess im Vereinigten Königreich beiwohnen mussten, wo das gesamte Album gespielt wurde.

„Auch wenn es nur eine halbe Stunde lang ist, war das ziemlich unsinnig. Ich musste dann in den Zeugenstand treten. Unser Anwalt vertrat die Position, dass das Lied auf einer wahren Geschichte beruhte, und argumentierte, Beschreibungen von Ereignissen aus dem wirklichen Leben könnten nicht zensiert werden. Letztendlich hat die Zollbehörde verloren.“

Das Gesetz aus der viktorianischen Zeit, das die Verbreitung von unanständigem und obszönem Material im Reich Ihrer Majestät untersagte, gab Dismember den Titel für das Nachfolgealbum: *Indecent and Obscene*. Der Streitfall wurde von schwedischen Nachrichtenagenturen aufgegriffen, was die Band noch bekannter machte.

Inzwischen war Death Metal zur unwahrscheinlichsten Erfolgsgeschichte überhaupt geworden, und die Szene trat in ihre brisanteste Phase ein.

Zu den Pionieren gesellten sich zahllose neue Bands, die dem Trend folgten, statt ihn selbst gesetzt zu haben. Die Labels schlugen Kapital aus der Situation, so gut sie konnten. Anders Fridén weiß noch, wie er sich aufregte, als er erkannte, dass die Ansprüche immer niedriger wurden.

„Wir fuhren nach Strömstad, um mit Dissection und Cemetary zu spielen. Cemetary waren so verdammt schlecht, doch als wir das nächste Mal mit ihnen auftraten, standen sie bei Black Mark unter Vertrag und wurden in MTVs Metal-Sendung *Headbangers Ball* vorgestellt. Wir konnten nicht begreifen, was da passierte. Diese Außenseiter aus Borås hatten einen Plattenvertrag, und wir nicht!"

Tomas Skogsberg, der immer beliebter werdende Hausproduzent des Sunlight Studios, sah ebenfalls eine Kehrseite dieses rasanten Wachstums.

„Viele Bands, die in meinem Studio aufnehmen wollten, sagten: ‚Wir wollen auf keinen Fall den Entombed-Sound!' Aber letztendlich war das der Sound, den sie bekamen. Ich glaube, es hatte viel damit zu tun, dass die Bands sehr neidisch auf Entombed waren."

Tompa Lindberg suggeriert, viele dieser Newcomer seien eigentlich Thrash-Bands gewesen, die auf einen Zug aufsprangen. Sie hatten eigentlich kein Verständnis für das Wesen des Death Metal.

„Es ging nicht nur um Brutalität. Man musste begreifen, weshalb Autopsy Götter und Pestilence aus den Niederlanden nur eine ganz normale Thrash-Band waren."

Als Entombed zum ersten Mal durch Europa tourten, waren die Bandmitglieder zwischen sechzehn und achtzehn Jahre alt. Jeden Abend warteten in der Garderobe mehrere Kisten Freibier auf sie. Dies führte bald zu Problemen.

„Wir hatten überhaupt keine Ahnung", erinnert sich Uffe Cederlund. „Viele Auftritte verliefen völlig katastrophal, weil wir zu besoffen waren. Wir versuchten immer, alles zu vernichten, was gerade auf dem Tour-Rider stand. Einige Jahre sind vergangen, bis wir das in den Griff gekriegt haben. Es ist schade; ich glaube, Entombed wären sonst viel größer geworden."

Kurz nach der Veröffentlichung des ersten Albums wurde L-G Petrov gefeuert, nachdem er auf einer Silvesterparty mit der Freundin von Nicke Andersson geflirtet hatte. Schwedens größte Death-Metal-

Band stand plötzlich ohne Sänger da. Gleichzeitig verlangten alle nach neuem Material. Entombed schalteten eine anonyme Suchanzeige in einer Morgenzeitung, in der stand, dass die Bewerber Motörhead, Black Sabbath und Repulsion mögen mussten, um infrage zu kommen. Im Laufe mehrerer Monate probierte die Gruppe einige Kandidaten aus. In der Zwischenzeit rekrutierte sie Orvar Säfström von Nirvana 2002, einen alten Freund aus der Fanzine- und Tapetrading-Szene. Er sang die 1991er-EP *Crawl* ein.

„Uffe rief mich ein paar Tage nach Silvester an und fragte mich direkt, ob ich bei einer anstehenden EP-Aufnahme und Europatournee aushelfen wolle", erzählt Orvar. „Ich war damals sechzehn, und Entombed waren die coolste Band Schwedens, vielleicht sogar der ganzen Welt. Ich habe nur ein paar Sekunden zum Überlegen gebraucht. Von vornherein war aber klar, dass sie nach einem festen Ersatz suchten. Ich war mehrmals dabei, als sie andere Sänger ausprobierten – dabei ging es vor allem darum, sich zu unterhalten, etwas zusammen zu trinken und herauszufinden, ob man gut mit der betreffenden Person auskam. Es hatte weit weniger mit der eigentlichen Gesangsleistung zu tun, was irgendwie auch erklärt, was dann passierte."

Entombed rekrutierten schließlich Johnny Dordevic von Carnage und begannen mit den Aufnahmen zu ihrem zweiten Album.

„Als Johnny seine Parts einsingen sollte, klang es nicht so toll", erzählt Uffe Cederlund. „Damit wir das Album schnell fertigstellen konnten, sprang Nicke in die Bresche – doch da Johnny unser neuer Sänger sein sollte, führten wir ihn in den Credits auf. Nicke wollte, dass alles professionell und durchdacht wirkte. Diese Illusion zerschlug sich bald."

Als die neue Besetzung erste Konzerte gab, bemerkten viele Leute, dass der Gesang nicht im Entferntesten wie auf dem Album klang. Viele Jahre lang bestritt Nicke Andersson die hartnäckigen – und wahren – Gerüchte, die aufgenommene Stimme sei in Wirklichkeit seine.

Trotz seines Rauswurfs zeigte sich L-G nicht verbittert.

„Stattdessen stand er immer in der ersten Reihe und sang bei jedem Lied mit, das er kannte“, erinnert sich Uffe Cederlund. „Langsam kamen er und Nicke wieder ins Gespräch – und plötzlich kehrte er in die Band zurück. Daraufhin lag es an mir, Johnny zu feuern.“

Das zweite Entombed-Album heißt *Clandestine.* Statt seinem Titel gerecht zu werden („heimlich“), rückt es Death Metal in die öffentliche Wahrnehmung Schwedens, nicht zuletzt dank der Medien, die nun reges Interesse an der neuen Bewegung bekunden.

Bis zu diesem Zeitpunkt war die Metal-Szene des Landes eine randständige Subkultur, die sich in Jugendzentren und Punk-Clubs tummelte. 1991 wurde Death Metal plötzlich zum letzten Schrei. Das Zusammentreffen von angesagten kulturellen Kreisen und extremem Metal offenbarte sich vollends, als Entombed ein Musikvideo mit La Camilla von der schwedischen Popgruppe Army of Lovers drehten.

1991 veröffentlichten Metallica ihr selbstbetiteltes „schwarzes“ Album, das weltweit für Furore sorgte. Die Mitte der Achtziger aus der kompromisslosen Thrash-Szene hervorgegangene Band erreichte nun ein Publikum, das weit über extremen Metal hinausreichte.

In den darauffolgenden Jahren sollten schwedische Musiker einen zunehmend größeren Teil des Inhalts von *Headbangers Ball* auf MTV ausmachen. Ein neuer Song von Hypocrisy aus Ludvika mochte neben den amerikanischen Stadionrockern Poison oder dem Seattle-Grunge von Soundgarden ausgestrahlt werden. Außer Entombed gehörten Dismember, Therion und Tiamat sowie Grave, Unleashed und At The Gates zur Spitze der schwedischen Szene. Sie alle standen inzwischen bei internationalen Labels unter Vertrag. Hinzu kamen neue Gruppen aus dem ganzen Land mit Namen wie Desultory, Crematory, Afflicted und Edge Of Sanity. Angesichts des massiven Zustroms guter Bands, die Schweden zu jener Zeit hervorbrachte, konnte man zum ersten Mal sagen, dass das Land das Zentrum einer musikalischen Revolution war.

Zu dem Zeitpunkt, als Morbid Angel zusammen mit Entombed und Unleashed im Stockholmer Fryshuset auftraten, hatte auch das trendhörigste Publikum der Hauptstadt den Death Metal entdeckt. Der Gig war ausverkauft, und Calle von Schewen, der sich um den Vertrieb von Earache-Alben in Schweden kümmerte, erinnert sich an ein hibbeliges Gefühl von „heute Nacht ist es so weit", als der Konzerttermin näherrückte.

„Der einflussreiche Musikjournalist Jan Gradvall hatte Entombed auf die Titelseite der Zeitschrift *Nöjesguiden* gesetzt, und jeder, der in Stockholm etwas auf sich hielt, war dort."

Auf dem Weg in die Stadt kam der Lastwagen, der Morbid Angels Ausrüstung transportierte, von der Straße ab, woraufhin die Band ihren Auftritt absagen musste. Entombed und Unleashed beschlossen, trotzdem zu spielen. Calle weiß noch, dass die tiefe Enttäuschung einen Großteil der positiven Energie zunichtemachte, durch die sich die Szene bis dahin ausgezeichnet hatte.

„Ich glaube, dass Death Metal in Schweden weiter gewachsen wäre, wenn Morbid Angel diese Show gespielt hätten. Weil Entombed und Unleashed allerdings spielten, wurde das Konzert als erledigt betrachtet, weshalb man den Leuten keine Rückerstattung des Eintritts anbot. Das hatte eine Menge unangenehmer Folgen."

Im November 1992 explodierte bei einem Konzert der amerikanischen Death-Metaller Deicide in Stockholm ein Sprengkörper. Niemand wurde verletzt. Die Polizei brach die Show ab, erlaubte der Band aber schließlich, ein paar Songs zu spielen – bei eingeschaltetem Saallicht. Der Abend markierte einen weiteren Rückschlag für die Szene. Die Täter wurden nie ermittelt, doch in der Woche zuvor war Deicide-Frontmann Glen Benton bei Tierschützern angeeckt, indem er in einem Interview mit der schwedischen Boulevardzeitung *Aftonbladet* Tierquälerei befürwortet hatte.

Die Explosion wurde in der schwedischen Death-Metal-Szene als Pendant zum Altamont der Flower-Power-Bewegung beschrieben. Sie beendete definitiv die goldene Ära des Genres in der Musikgeschichte des Landes. Die größte Bedrohung ging nicht von Tierschützern aus, sondern von der zunehmenden Vereinheitlichung. Spätestens 1993 war die Szene so groß geworden, dass sie anfing, sich selbst aufzufressen. Laut Dismember-Sänger Matti Kärki lag das Problem in der schieren Menge an Death-Metal-Bands.

„In manchen Clubs fühlte es sich an, als ob wir nur vor einem Haufen anderer Gruppen spielen würden. Und die Labels brachten weiterhin so viel Scheiße heraus. Wir konnten nicht verstehen, was vor sich ging – nicht einmal auf dem Laufenden zu bleiben war mehr möglich. An diesem Punkt hörte ich auf, die Szene zu verfolgen."

Dadurch dass Death Metal primitivere Ausdrucksformen anstrebte, hatte er den Heavy Metal wieder zu einem bodenständigen Handwerk gemacht, das den Punk-Clubs näherstand als den Stadien. Im Laufe dieser Entwicklung wurden viele Aspekte geopfert, die Metal unterhaltsam machten. Das größte Problem des Death Metal bestand aber vielleicht darin, dass er niemanden mehr vor den Kopf stieß oder ängstigte. Im Gegensatz zu frühem Heavy Metal und später Black Metal geriet schwedischer Death Metal nie ins Visier empörter Eltern oder diskutierender Gäste in Live-Fernsehsendungen. Sobald die Moralapostel unachtsam wurden, verlor die Bewegung ihren Reiz für junge Menschen, die es auf soziale Entfremdung anlegten.

Eine eindeutige Gegenreaktion entstand in Form der Black-Metal-Welle, die Mitte der Neunziger mit Bands wie Mayhem, Darkthrone und Burzum über die skandinavische Szene hinwegfegte. Die Klangwelten dieser Acts schmeichelten dem Hörer noch weniger als jene des Death Metal. Man trug Corpsepaint und machte den Metal bald wieder zu einer höchst kontroversen Angelegenheit.

Auch die Mitglieder von Entombed hatten die Stagnation im Death Metal erkannt. Uffe Cederlund behauptet, die Szene habe ihren Glanz größtenteils schon 1992 verloren.

„Zu diesem Zeitpunkt hatten wir bereits aufgehört, Death Metal zu hören, und waren stattdessen auf Helmet angesprungen. Und wir lachten über unsere Promofotos."

Auf ihrem dritten Album *Wolverine Blues* entfernten sich Entombed von der erfolgreichen Formel, die sie erfunden hatten, indem sie Einflüsse aus dem Hardrock und sogar Grunge verarbeiteten –

obwohl die tief gestimmten Gitarren und der Growl-Gesang erhalten blieben. Das Ergebnis war eine Platte, die ihnen weit übers Death-Metal-Milieu hinaus Respekt einbrachte, während ihr Renommee in der extremen Metal-Szene sank.

„Untergrundbewegungen sind immer voller Regeln", bemerkt Nicke Andersson. „Und die kann man nicht über einen längeren Zeitraum einhalten – jedenfalls konnten wir das nicht."

Bis heute gibt Uffe Cederlund *Wolverine Blues* als sein Lieblingsalbum von Entombed an. Die Ursache dafür, dass es von weiten Teilen der Death-Metal-Gemeinde abgelehnt wurde, sei in seinen Augen Neid.

„Die Scheibe ist so verdammt gut. Da haben wir gezeigt, dass wir nicht nur ‚Entombed – die Death-Metal-Band' waren, sondern auch die Rockband Entombed. Ich denke, wir wurden nicht nur dafür geschätzt, dass wir brutalen Metal spielten, sondern auch für einen bestimmten Qualitätsstandard."

Im Laufe der Neunziger wurde Nicke Andersson der musikalischen Beschränkungen des Genres zunehmend überdrüssig. 1997 verließ er Entombed, um sich auf seine Rockband The Hellacopters zu konzentrieren, die er 1994 zusammen mit seinem Jugendfreund Kenny Håkansson gegründet hatte.

„Ich fand, dass wir musikalisch so weit gekommen waren, wie wir konnten", sagt Nicke und fügt hinzu, heute würde er möglicherweise nicht mehr so denken.

Während einer Hellacopters-Tour sprach er 2003 mit Thunder-Express-Gitarrist Robert Pehrsson über ihre gemeinsame Liebe zu Autopsy. Sie beschlossen, etwas in der gleichen Richtung zu machen, und hoben Death Breath aus der Taufe. Scott Carlson von der legendären Repulsion aus den USA sang in mehreren Stücken des Debütalbums *Stinking Up the Night* und tourte später mit der Band.

Bevor das Album aufgenommen wurde, besprachen Andersson und Pehrsson, wie man eine Hommage an Death Metal der alten Schule am besten vermitteln könne. Sie stellten fest, dass die besten

Genre-Veröffentlichungen in Studios entstanden, deren Tontechniker eigentlich keine Ahnung hatten, was sie da taten.

„Wir wollten etwas, das so altmodisch war, dass es sich brandneu anfühlte. Vor den Aufnahmen spielten wir dem Studio-Typen alten Death Metal vor und fragten, ob er etwas davon verstand. Das tat er nicht. ‚Perfekt', sagten wir. ‚Auf geht's!'"

Mit Merciless-Schlagzeuger Peter Stjärnvind als dauerhaftem Ersatz für Nicke Andersson blieben Entombed in den 2000ern eine der umtriebigsten Bands der schwedischen Szene. Sie haben neun Alben veröffentlicht und weit über zweitausend Konzerte gegeben. Anders jedoch als Bands wie In Flames, Sabaton oder Amon Amarth avancierten Entombed nie zum Headliner in größeren Arenen.

Erst nach Nicke Anderssons Ausstieg vollzog die schwedische Metal-Szene ihren Wandel von einer Underground-Kultur zur Mainstream-Bewegung endgültig. Andersson scheint sich der Ironie dieser Entwicklung durchaus bewusst zu sein. Er wundert sich über die Tatsache, dass die Wurzeln vieler der heute bekanntesten Gruppen des Landes in der Death-Metal-Szene der Neunziger liegen.

„Ich bekomme fast ein schlechtes Gewissen, weil ich aufgegeben habe."

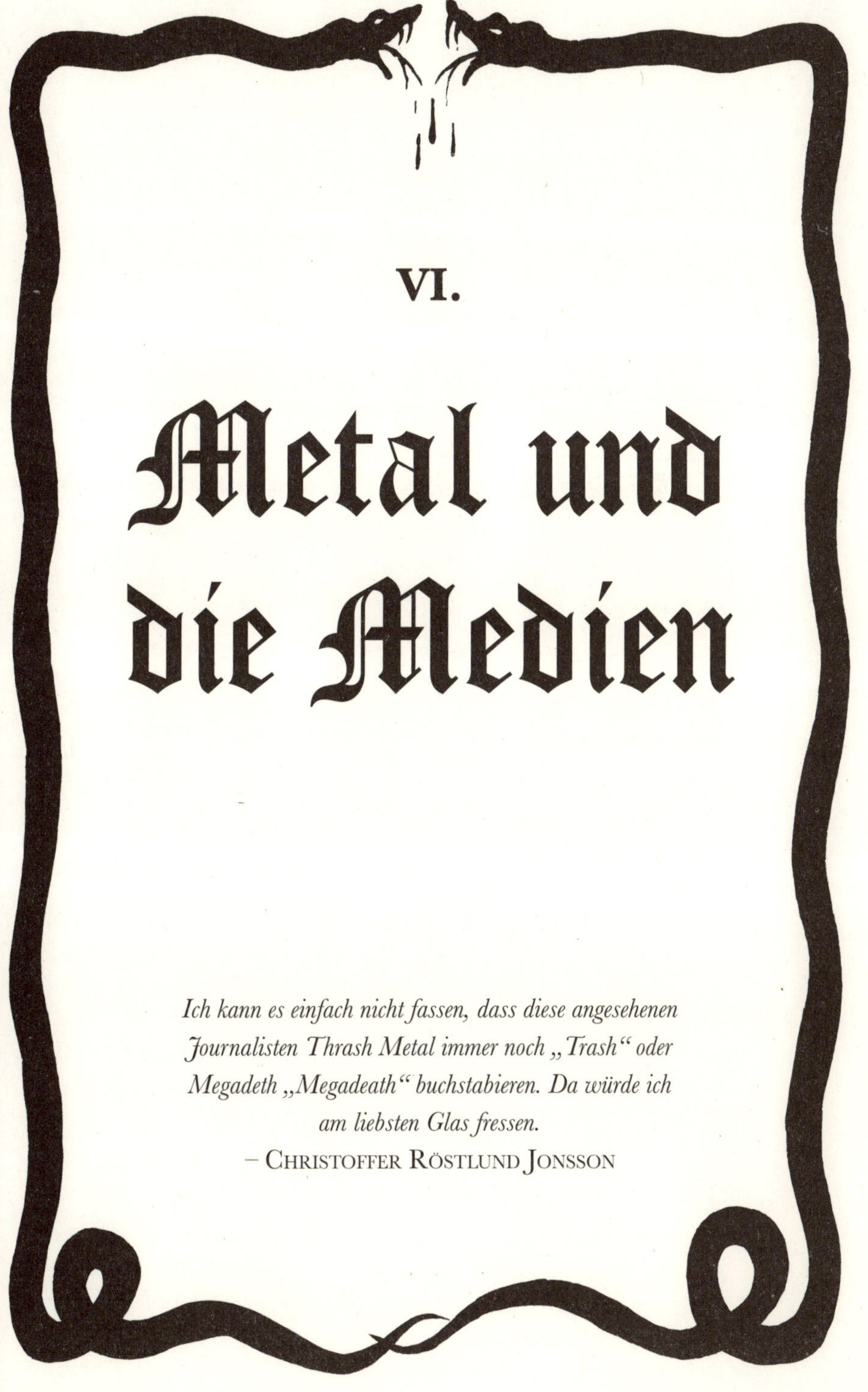

VI.

Metal und die Medien

Ich kann es einfach nicht fassen, dass diese angesehenen Journalisten Thrash Metal immer noch „Trash" oder Megadeth „Megadeath" buchstabieren. Da würde ich am liebsten Glas fressen.

– Christoffer Röstlund Jonsson

Wenn man versucht, die statistisch gesehen übermäßige Vielzahl an international gefeierten Metal-Bands aus Schweden zu erklären, führt man häufig die langen Winter im Land und die quälende Langeweile beim Aufwachsen in abgelegenen Provinzgemeinden an. Gelegentlich wird auch das landesweite Netz aus lokalen Musikschulen erwähnt, die Kindern Unterricht und Instrumente zur Verfügung stellen. Nur wenige nennen indes ein Teenager-Magazin, das in den Achtzigern eine ganze Generation von Jugendlichen mit Bands wie AC/DC, Iron Maiden, Judas Priest, Accept, Venom und W.A.S.P. bekannt machte.

In den Sechzigern arbeitete der in Deutschland geborene Hans Hatvig als Layouter bei der *FAZ*. Nachdem er 1967 eine Schwedin kennengelernt hatte, buchte er einen einfachen Flug nach Stockholm, wo er als Tellerwäscher in der Kantine eines großen Verlagshauses Arbeit fand.

Als er eine Ausschreibung für die Stelle eines Layouters bei dem nicht so hoch angesehenen H-son Förlag las, bewarb er sich sofort. Wie sich herausstellte, war H-son Schwedens wichtigster Produzent pornografischer Zeitschriften und brachte seit den frühen Vierzigern Pin-up-Magazine heraus. Hatvig war sehr ambitioniert und leistete Pionierarbeit bei der Verwendung von Fotomontagen in den Publikationen. Zum Beispiel wurde eine Kurzgeschichte, in der ein Priester Geschlechtsverkehr mit einem Bauernmädchen hat, mit schönen Landschaften und einkopierten Bildern eines Pornodarstellers in einem Gewand illustriert.

Hatvigs optische Gestaltung erwies sich als beliebt, und die Hefte wurden ein kommerzieller Erfolg. Bei H-son lernte Hatvig die Tricks, auf denen er seine spätere Karriere aufbauen sollte.

„Curt Hson hat immer gesagt, dass jede freie Fläche mit etwas gefüllt werden muss – einer Überschrift, einem Schlagwort oder einer

Sternumrandung. Jede Seite sollte randvoll sein. Außerdem sollte auf der Titelseite immer das Wort ‚NEU!' stehen", erzählt Hatvig.

1973 startete er die Zeitschrift *Poster*. Der Titel deutete bereits an, dass jedes Blatt im Heft auf der einen Seite ein Poster und auf der anderen einen Artikel hatte. Angesagte Musikgruppen wie Kiss, Sweet und The Runaways wechselten sich mit Filmstars, frisierten Autos und beliebten Fernsehsendungen ab. Die Publikation wurde sofort zu einem Renner, und ihr visueller Schwerpunkt trug anerkanntermaßen Mitte der Siebziger zur immensen Beliebtheit von Kiss in Schweden bei.

Nach ein paar Jahren verloren die Leser jedoch das Interesse.

Hatvig wurde als Chefredakteur der Pornozeitschrift *Brud Special* eingesetzt, wollte die Musik aber nicht aufgeben und versuchte, dem Unternehmen ein anderes Konzept zu verkaufen: ein Magazin, das wie ein Pornoheft gestaltet war, bloß mit Musik und Filmstars anstelle von Sex. Es sollte sich stark auf Bilder und Klatsch konzentrieren. Er nannte es *OKEJ*. Die Verlagsführung war nicht ganz überzeugt.

„Sie dachten, Popmusik und all das sei gänzlich abgehakt. Schließlich erklärten sie sich aber bereit, es mich versuchen zu lassen. Ich musste ihnen innerhalb von drei Ausgaben zeigen, dass ich Gewinn machen konnte."

Die erste Ausgabe von *OKEJ* kam 1980 an die Kioske. Auf dem Titel stand: „Wird Priscilla Elvis' Leichnam noch einmal heiraten?" In einem anderen frühen Artikel wurde beschrieben, wie die deutsche Punk-Sängerin Nina Hagen in einer Fernsehsendung masturbierte. Der Schreibstil war sehr tendenziös, und es gab keine Tabuthemen. Elton John und die Village People wurden in einer Story mit dem Titel „Künstler, die homosexuell sind" aufgeführt.

Die schwedische Boulevardzeitung *Expressen* reagierte umgehend. Unter der Schlagzeile „Verbrennt diesen Dreck!" veröffentlichte sie ein ganzseitiges Foto einer brennenden Ausgabe von *OKEJ*. Die Fernsehnachrichten warnten vor einer geschmacklosen neuen Jugendzeitschrift. An die zwanzig Zeitungen im Land veröffentlichten entrüstete Beiträge, in denen sie die neue Zeitschrift verurteilten.

Gewerkschaftsvertreter im Verlagshaus wollten Hatvig überreden, das Heft nicht weiterzuführen, da die Leser lukrativer Prominenten- und Gartenzeitschriften drohten, ihre Abonnements aus Protest zu kündigen.

Nach den drei vereinbarten Testausgaben wurde *OKEJ* auf Eis gelegt, damit sich der Medienrummel legen konnte.

„Sex, drugs and Rock'n'Roll waren der einzige gangbare Weg", behauptet Hatvig. „Ich hatte mir fest vorgenommen, etwas Gewinnbringendes zu schaffen, und fand, die Zeit sei reif für diese Idee. Die Aufregung rührte nicht nur von der Elvis-Sache her, sondern auch von der landläufigen Meinung, *OKEJ* sei das verwerflichste Magazin, das je für Heranwachsende gemacht wurde."

Die skandalträchtigen Schlagzeilen außen vor gelassen, erhielt Hatvig die volle Unterstützung seiner jüngeren Kollegen, die das Potenzial der zunehmend auf Musik ausgerichteten Jugendkultur erkannten. Nach langen Diskussionen wurde *OKEJ* 1982 in eine Monatszeitschrift umgewandelt – in einem größeren Format und mit etwas weniger sensationslüsternen Inhalten. Die Titelseite der ersten Ausgabe zeigte Hasse Carlsson, den äußerst fotogenen Sänger der schwedischen Jugendidol-Band Noice. In den ersten drei Jahren stieg die monatliche Auflage der Zeitschrift von 18.000 auf 148.000 Exemplare.

OKEJ sollte sich schließlich zum wichtigsten Magazin des Verlags entwickeln. Ein Faktor, der zu diesem Erfolg beitrug, war Hatvigs gutes Auge für neue Schreibtalente. Er rekrutierte Jörgen Holmstedt und Anders Tengner sowie den Fotografen Micke Johansson. Doppelseiten mit populären Hardrock-Acts wie Mötley Crüe, W.A.S.P. und Twisted Sister mischten sich zwischen Berichte über einheimische Bands wie Europe und Treat, immer mit einem Mindestmaß an Popstars, um die Mainstream-Leser anzusprechen.

Das Heft wurde zu einer wichtigen Inspirationsquelle für eine neue Generation schwedischer Rock- und Metal-Musiker. HammerFall-Sänger Joacim Cans war einer der Teenager, die es von der ersten bis zur letzten Seite verschlangen.

„*OKEJ* war unheimlich wichtig", betont er. „Ich habe mein ganzes Zimmer mit Fotos daraus tapeziert. Dank dieser Zeitschrift wurde ich W.A.S.P.-Fan, ohne die Band gehört zu haben. Als ich ihr Debütalbum in die Finger kriegte, war es sogar noch besser, als ich es mir vorgestellt hatte. Die letzte Seite war auch wichtig, weil sie immer eine Anzeige für neue Metal-Alben enthielt, die man per Post bestellen konnte. Ich habe so viele Platten über diese Anzeigen gekauft."

Auf den Leserbriefseiten von *OKEJ* fanden hitzige Debatten statt. Die Themen reichten von Kiss' Entscheidung, sich abzuschminken, über die Frage, ob der Bandname wirklich ein Akronym für Kids in Satan's Service (oder vielleicht Knights in Satan's Service) war, bis zu Tipps für angehende Groupies. Ein Brief stammte von dem jungen Jon Nödtveidt aus Strömstad, der später Frontmann von Dissection wurde und eine Sonderausgabe vorschlug, in der es ausschließlich um Venom gehen sollte.

Journalist Jörgen Holmstedt weist darauf hin, dass die Zeitschrift in der schwedischen Medienlandschaft einzigartig war – als einzige Publikation, die Hardrock und Metal ernst nahm.

„Damals gab es in Schweden noch keine privaten Fernseh- oder Radiosender, sondern nur die staatlichen öffentlich-rechtlichen. Als ich in den Siebzigern aufwuchs, zeigte das schwedische Fernsehen insgesamt vielleicht dreißig Sekunden Kiss. Ein kurzer Ausschnitt aus ihrem ‚C'mon and Love Me'-Video wurde in irgendeiner schrecklichen Unterhaltungssendung ausgestrahlt. Allerdings hatte der Sender die Musik mit Gequieke von Schweinen überlagert. Ich kann mir vorstellen, dass die Produzenten dachten, die Musik würde wirklich so klingen: wie Schweine, die gequält werden."

Dass *OKEJ* so ausgiebig über Metal berichtete, lag eher daran, dass Hans Hatvig das Zielpublikum verstand, weniger an seinen musikalischen Vorlieben. Er erkannte die Popularität des Genres und eine Nachfrage, die es zu befriedigen galt. Freimütig gibt er zu, persönlich nie an Musik interessiert gewesen zu sein.

„Als ich meine Pop-Magazine machte, war es am besten, neutral zu bleiben, aber ich habe ein Gespür für Trends entwickelt. Ich hielt

Metal-Musiker immer für die nettesten Menschen überhaupt. Sie strahlten etwas aus, das ich nachempfinden konnte, weil sie sich aus der Arbeiterschicht zu Multimillionären hochgearbeitet hatten."

Angesichts einer Elterngeneration, die weder von den mit rohem Fleisch posierenden W.A.S.P. noch von verkaufsorientierter Kultur allgemein begeistert war, blieb das Magazin ein Ärgernis für die Welt außerhalb der Jugendzimmer. Als die Generation *OKEJ* einige Jahre später begann, eigene Fanzines herauszugeben, erwies sich die Vorstellung, sie seien nichts weiter als passive Medienkonsumenten in den Händen skrupelloser Unterhaltungsunternehmen, als falsch. Völlig falsch.

Fanzines existierten in Schweden seit der Punk-Bewegung der Siebziger – zu den ersten Titeln gehörten *RIP*, *Heatwave* und *Jörvars Gosskör*. Wie Punk fanden auch Metal und Hardrock in den Massenmedien wenig Beachtung, was die Fans dazu brachte, selbst Hefte zu veröffentlichen.

The Hammer war das allererste schwedische Hardrock-Fanzine. Es tauchte 1982 auf, und Jörgen Holmstedt zählte zu den Autoren. Ihm zufolge prägte der schräge Humor von Chefredakteur Bengt Grönkvist die Zeitschrift stark.

„Er baute eine Menge eigentümlicher Witze ein. Das konnten kranke Sachen sein wie ‚Sag nicht, alles an Reggae sei schlecht, zumindest ist Bob Marley tot.' Außerdem wurde viel Aufwand betrieben, um die beliebte Popsängerin Carola Häggkvist zu verunglimpfen. Mir ging es in erster Linie darum, ein reines Hardrock-Magazin zu produzieren, doch da Bengt immer letzte Hand an *The Hammer* legte, konnten wir ihn nicht aufhalten."

Einige Jahre zuvor hatte der britische Musikjournalist Geoff Barton den Begriff New Wave of British Heavy Metal geprägt, der oft als NWOBHM abgekürzt wird. In einer Artikelreihe in *The Hammer* über schwedische Acts wie Glory Bells Band, Six Feet Under und Axewitch wurde der Begriff Första Vågen av Svensk Heavy Metal

(„First Wave of Swedish Heavy Metal") erfunden. Doch die Bezeichnung FVASHM hat sich nie richtig durchgesetzt.

In der Klatschspalte von *The Hammer* stand einmal, Dio-Bassist Jimmy Bain habe auf einer Party in Los Angeles einen jungen schwedischen Gitarristen in einen Swimmingpool geworfen – als Strafe für die Verbreitung des falschen Gerüchts, er sei der neue Sechssaiter der Band. Dies war das erste Mal, dass Yngwie Malmsteen in den Printmedien erwähnt wurde. 1984 brachte das Heft ein Black-Metal-Special mit Mercyful Fate, Venom und – etwas überraschend – der kanadischen Heavy-Metal-Band Anvil. In einer Artikelreihe mit dem Titel „Aus den Tagebüchern eines Groupies" sprach eine junge schwedische Blondine offen über ihren Umgang mit Mitgliedern von Saxon und Iron Maiden.

Während in *The Hammer* überwiegend Hardrock stattfand, startete Lennart „Phantom" Larsson in Dals Långed ein reines Metal-Fanzine namens *Heavy Metal Massacre*. Als eifriger Tapetrader verschlang er alles, was er von der emporstrebenden Thrash-Metal-Szene in die Finger bekam. In der ersten Ausgabe, die im Herbst 1983 erschien, beschrieb er Metallicas Debütalbum als „echten Killer, der deine Vernunft in zwei Hälften spaltet, mit Reißzähnen und allem Drum und Dran", und widmete eine ganze Kolumne dem Mangel an Metal im öffentlich-rechtlichen Rundfunk Schwedens.

Im selben Jahr präsentierte das öffentlich-rechtliche Fernsehen die erste Sendung im Land, die sich mit Musikvideos befasste: *Videobeat*. Hardrock und Metal waren nur selten vertreten. In der Silvesternacht 1983 strahlte der schwedische Rundfunk allerdings die erste Folge von *Rockdepartementet* („Rockministerium") aus. Es handelte sich keineswegs um eine reine Hardrock-Show, doch jede Woche wurden ein paar härtere Songs gespielt. Dies dürfte die erste regelmäßige Ausstrahlung von Hardrock im schwedischen Radio gewesen sein, darunter Titel von Gruppen wie Van Halen, Motörhead und Judas Priest.

Der 2. März 1984 wird schwedischen Metal-Fans immer in Erinnerung bleiben. Damals lief im Fernsehen und Radio gleichzeitig die

Heavy Metal Non-Stop Gala, in Dortmund mitgeschnittene Aufnahmen aus dem vorangegangenen Dezember. Der Zusammenschnitt dauerte drei Stunden und umfasste Konzerte von Iron Maiden, Judas Priest, Ozzy Osbourne, Def Leppard und Krokus.

„Die Sendung kam spätabends, und ich durfte eigentlich nicht aufbleiben", sagt Anders Fridén von In Flames. „Weil ich aber versprach, mein Zimmer für die nächsten drei Jahre sauber zu halten, durfte ich sie ganz sehen. So fing alles an."

Anders Tengner moderierte Mitte der Achtziger mehrere Rockshows im Fernsehen. In einer Folge von *Norrsken* behandelte er 1984 satanistische Bands und zeigte einen kurzen Ausschnitt eines Venom-Videos, bevor er es für schrecklich erklärte und demonstrativ ausschaltete. Dadurch handelte er sich eine Morddrohung auf Mayhems erster Demokassette ein.

„Wir hatten noch nie bewegte Bilder von Venom gesehen, bevor *Norrsken* das Video spielen sollten", erzählt Jørn „Necrobutcher" Stubberud aufgeregt. „Wir waren unheimlich gespannt. Und dann – nach nur wenigen Sekunden – schaltet er das Video aus und bezeichnet es als Scheiße. Das war abgefuckt."

Tengner, der damals auch Chefredakteur des Magazins *Rocket* war, wurde oft aufgerufen, die Extreme im Hardrock und Metal zu verteidigen. In einem klassischen Beitrag in der schwedischen Fernsehtalkshow *Svar Direkt* wandte sich der offen christliche Moderator Siewert Öholm gegen die amerikanische Band W.A.S.P. und ihren Sänger Blackie Lawless, der auf der Bühne Sägeblätter im Schritt trug und rohes Fleisch aß.

Sichtlich verärgert meinte Öholm, das Magazin habe eine moralische Verantwortung. Eine ganze Generation von Metal-Fans jubelte einhellig, als Tengner antwortete: „Nein – wir geben den Lesern, was sie wollen." Gegen Ende des Beitrags wurde es wahrlich bizarr, als ein junges Mädchen aus dem Studiopublikum eine alternative Version eines christlichen Gebets vorlas, das so umformuliert war, dass es W.A.S.P. anprangerte. Jahre später stellte sich heraus, dass es sich um die Tochter eines Angestellten des Senders handelte, der ihr den

Zettel zum Lesen gegeben hatte. Sie war allerdings ein Metal-Fan und schämte sich natürlich dafür, dass Hunderttausende den Clip im Laufe der Jahre sahen.

1986 konkurrierten zunehmend härtere Genres wie Thrash Metal mit den radiotauglichen Hardrock-Bands. Metal-Fanatiker im ganzen Land warteten sehnsüchtig auf den Samstag, denn dann kam *Rockbox*. Moderator Pär Fontander spielte zum ersten Mal Slayer, Anthrax und Metal Church im schwedischen Radio. Er interviewte auch viele Musiker, darunter Quorthon von Bathory.

1987 wurde im Lokalradio der Stadt Norrköping eine Sendung namens *Power Hour* ins Leben gerufen. Man könnte behaupten, dass sie fast die gleiche Bedeutung erlangte wie *Rockbox*, obwohl sie nur eine begrenzte Region Schwedens erreichte. Die Moderatoren Robban Becirovic und Erik Sandberg schafften es überraschenderweise, ihre kleine Show mit hochwertigen Inhalten zu füllen. Laut Becirovic war dies vor allem dem völligen Desinteresse der Massenmedien zu verdanken.

„Als Metallica 1986 in Stockholm auftraten, juckte das sonst niemanden. Wir konnten all die coolen Interviews mit Metallica, Ozzy, Anthrax, Queensrÿche und Testament führen. Zudem bekamen wir massenweise Platten von den Labels zugeschickt, da es niemand anderen gab, den sie hätten bemustern können. Das waren tolle Zeiten.“

Trotz ihrer eingeschränkten Reichweite erhielten sie eine Menge Feedback.

„Einmal hatten wir zum Luciafest ein zwölfstündiges Programm. Die Leute riefen die ganze Nacht lang an und wünschten sich Lieder. Die meisten waren natürlich aus Norrköping, aber darunter fanden sich auch Hörer aus den umliegenden Städten und sogar aus Linköping. Ich schätze, die hatten richtig gute Radioantennen.“

Eine neue Welle Fanzines überschwemmte die Szene, als der Death Metal Ende der Achtziger in Schweden Fuß fasste. Erwähnenswert sind davon Tiamat-Frontmann Johan Edlunds *Poserkill*, *To the Death* von Patrik Cronberg, *Hang 'Em High* von Orvar Säfström und Tomas Nyqvists *Putrefaction*.

In gewisser Weise waren diese Hefte Beispiele dafür, wie der Death Metal Konzepte aus der Punkszene einschließlich einer ähnlichen Vernetzung und Infrastruktur übernahm. Ein Überblick der Inhalte dieser Publikationen zeigt auch, dass die Punk- und Underground-Metal-Szene eigentlich nicht voneinander getrennt waren. Die dritte Ausgabe von *Kakafoni* enthielt Interviews mit Entombed und Morbid Angel, aber auch die Punk-Bands Strebers und Headcleaners.

Insgesamt war die Fanzine-Kultur für die Entwicklung der schwedischen Death-Metal-Szene von entscheidender Bedeutung. Sie verbreiteten Neuigkeiten über neue Bands und vor allem Adressen von Tapetradern im In- und Ausland.

„Ich habe mich mit Fanzines beschäftigt, um zu erfahren, wohin ich Demos schicken sollte", erzählt Anders Jakobson, der später Schlagzeuger der Grindcore-Band Nasum aus Örebro wurde.

Ein weiteres Heft war *Flotzilla*, herausgegeben von Niklas Pettersson in Skärplinge. Jakobson fand darin nicht nur die Adressen, nach denen er suchte; er schrieb schließlich auch dafür und brachte bald sein eigenes Fanzine *Hymen* heraus. Die erste Ausgabe wurde 1990 fertiggestellt und enthielt ein Interview mit Entombed, deren *Demo But Life Goes On* sie zur meistdiskutierten Band in Underground-Kreisen gemacht hatte.

Anders beschreibt den sehr integrativen Ansatz des Amateurjournalismus, der zur Kameradschaft innerhalb der Death-Metal-Szene beitrug: „Die meisten Newcomer wurden interviewt, egal ob sie gut waren oder nicht. Man wurde dafür respektiert, dass man eine Band hatte. Damit qualifizierte man sich für ein Interview."

Hymen erlangte nach kurzer Zeit den Ruf einer seriösen, hochwertigen Publikation. Es war auf Schwedisch geschrieben und schlug einen ernsthafteren Ton an als andere Fanzines. Insgesamt kamen von 1990 bis 1994 sieben Ausgaben in Auflagen zwischen dreihundertfünfzig und fünfhundert Exemplaren heraus.

„Schließlich kamen mir meine immer höheren Ansprüche in die Quere. Am Ende veröffentlichte ich eine Ausgabe pro Jahr, so wie viele andere Fanzines auch. Dennoch veraltete das Material nie – im Gegensatz zu heute, wo alles innerhalb innerhalb einer Woche an Aktualität einbüßt." In der Lokalpresse berichtet Anders heute noch regelmäßig über Musik.

Die künstlerische Ausrichtung vieler Zines aus jener Zeit zeugt davon, wie der Death Metal nicht nur musikalische Kreativität beflügelte. Das Cover der ersten und einzigen Ausgabe von Johan Edlunds *Poserkill* ist ein absolutes Meisterwerk des Genres. Es wurde mit Filzstiften auf blutrotem Hintergrund gestaltet und zeigt die schwarzen Umrisse eines verlassenen Schlosses, das sich über einem unendlich weiten Feld aus Totenköpfen erhebt.

Das Cover der ersten Ausgabe von *Slayer*, dem ältesten und angesehensten aller Fanzines aus der skandinavischen Extrem-Metal-Szene, war 1985 deutlich bescheidener: Die Zeichnung zeigte einen Totenkopf und ein Schwert in einer Hand mit Nietenarmband. Die Illustration sah aus, als hätte ein gelangweilter Vierzehnjähriger sie heimlich im Biologieunterricht gekritzelt, und erinnert daran, dass viele der wichtigsten Vorreiter innerhalb der Metal-Subgenres Teenager waren – im Grunde also Kinder.

Slayer sollte eine längere Publikationsgeschichte beschieden sein, als man damals erwarten konnte, und es wurde praktisch zum Sprachrohr der norwegischen Black-Metal-Szene, als diese in den frühen Neunzigern explodierte. Herausgeber Jon „Metalion" Kristiansen war ihr Knotenpunkt, und sein Heft enthielt ausführliche Interviews mit Bands wie Mayhem, Burzum oder Emperor – alles in einer Ästhetik, die so rau war wie der Wind auf einem Berggipfel.

Mit zwanzig Ausgaben in sechsundzwanzig Jahren hat *Slayer* mehr Paradigmenwechsel im Metal überlebt als die meisten anderen Magazine seiner Art. Es bewahrte sich seine Identität im Laufe der Zeit und schaffte es, das Wesentliche der Subkultur auf den Punkt zu bringen, auch wenn die Cover immer auffälliger wurden.

Metalion erzählt, dass Mitte der Achtziger mehrere Ausgaben von *OKEJ* ihren Weg über die norwegische Grenze zu ihm fanden. Dies machte ihm eine Musikrichtung zugänglich, die in seinem eigenen Land zu jener Zeit nicht annähernd so bekannt war.

„Generell ist Schweden viel interessanter als Norwegen, wenn es um Metal geht. Alle Schweden hatten seit ihrem fünften Lebensjahr Iron Maiden gehört – das war bei uns nicht der Fall. Wir hatten keine naturgegebene Metal-Vorgeschichte. Viele Norweger sind direkt zum Black Metal übergegangen."

Metalion stellte die letzte Slayer-Ausgabe 2010 fertig und kompilierte im darauffolgenden Jahr alle Hefte zu einem recht persönlichen Sammelband mit dem Titel *Metalion: The Slayer Mag Diaries*. Er bestätigt, dass er das Magazin endgültig eingestellt hat, vornehmlich weil die Arbeit daran keinen Spaß mehr machte.

„In den Achtzigern und bis in die frühen Neunziger, bevor das Internet aufkam, war alles besser." Heute findet er es sehr schwierig, exklusive Inhalte zu finden.

„Hinzu kommt, dass man den Jugendlichen erklären muss, warum sie eigentlich für das Heft bezahlen müssen."

Könnte man also sagen, dass das Internet *Slayer* gekillt hat?

„Nein, schlechte Musik hat *Slayer* gekillt, haha. Es gibt immer noch guten Black Metal, aber heutzutage lockt mich nicht mehr viel Musik aus der Reserve."

Einer der wenigen, die Fanzines nicht durch die Nostalgie-Brille betrachten, ist Robban Becirovic, der zum Zeitpunkt unserer Recherchen als Chefredakteur des *Close-Up* arbeitet.

„Bei der *Power-Hour-Show* fanden wir alle Fanzines völlig wertlos. Sie taugten nicht mal als Klopapier. Kaum jemand konnte schreiben."

Während seines Wehrpflichtdiensts setzte man Becirovic als Fahrer eines Lebensmitteltransporters ein. An seinem ersten Tag bekam er ein Geheimnis erzählt, das seit dreißig Jahren unter jungen Soldaten weitergereicht wurde: Die tägliche Fahrt zum Truppenstandort dauerte nicht vier Stunden, wie die Offiziere glaubten, sondern eineinhalb. In Wirklichkeit hielten die Wehrpflichtigen auf einer Waldlichtung, um sich ein paar Stunden auszuruhen.

Während dieser Pausen formulierte Becirovic eine Idee aus, die ihn zu einer allgegenwärtigen Instanz im schwedischen Metal machen sollte. Die Artikel, aus denen die erste Ausgabe des *Close-Up* bestand, wurden auf einem Spiralnotizblock auf der Lichtung geschrieben. Hatte er genug davon zusammengetragen, trommelte Becirovic Freunde und Freundinnen in einer Werbeagentur zusammen, die irgendjemandes Vater gehörte. Dort halfen alle an Computern mit, die handgeschriebenen Artikel abzutippen.

„Jeder aß Süßigkeiten und Kartoffelchips, während er am Rechner saß und tippte. Dann haben wir das Ganze in vier Spalten pro Seite ausgedruckt, die einzelnen Spalten ausgeschnitten und damit ein Magazin zusammengeklebt."

Zu den Beteiligten gehörte Christian Carlquist, ein Schulkamerad von Becirovic mit einem großen Interesse an Gore- und Splatter-Filmen.

„Christian war in gewisser Weise ein Spinner", so Becirovic. „Er kaufte sich einen fetten Schokoriegel und sah sich dann seltsame Autopsie-Videos an, die er aus den USA bestellt hatte. Er wurde nicht gemobbt oder so, blieb aber gern für sich."

Am schwierigsten gestaltete sich bei der Gründung des neuen Magazins die Suche nach einem geeigneten Namen. Die meisten reinen Metal-Fanzines waren damals nach irgendetwas benannt, das mit Metal zu tun hatte: *Metal Invader*, *Metal Holocaust*, *Metal Command*. Becirovic wollte aber auch Hardcore und Punk einbeziehen. Als er in einer von Carlquists Ausgaben des Horrormagazins *Fangoria* blätterte, fiel ihm ein Artikel über die amerikanische Sensationspresse in den Fünfzigern auf – und er hatte eine Idee.

„Eines der Klatschblätter hieß *The National Close-Up*. Die Titelschlagzeile lautete ‚Verrückter fällt über Ehefrau her und isst sie', darunter ein Typ, der eine Leiche verspeist hatte oder so ähnlich. ‚Mensch, das ist cool!', dachten wir und klauten das ganze Cover. Es war ein Faksimile, also haben wir das ganze Ding einfach kopiert. Gore und Death Metal waren damals schwer angesagt, und die Leute standen echt drauf. Es hat eine Reaktion provoziert."

Als es an der Zeit war, das Magazin zu vervielfältigen, gefiel das Ergebnis den jungen Verlegern so gut, dass sie beschlossen, es professionell drucken zu lassen.

„Sie wollten elftausend Kronen für den Druck von tausend Exemplaren. Das bedeutete elf Kronen pro Heft. Wir haben es durchgezogen und sie dann zum Bergslagsrocken in Fagersta mitgenommen, wo wir sie für zwanzig Kronen verkauften. Das war sicherlich keine Abzocke."

Die erste Ausgabe des *Close-Up* erschien im Juni 1991. Sie wurde auf Festivals und in einer Handvoll Plattenläden in Göteborg und Stockholm verkauft. Nach sechs Monaten waren alle tausend Exemplare vergriffen. Für die zweite Ausgabe erhöhte man die Auflage auf tausendfünfhundert.

„Das erste Heft hatte ein wirklich freches Editorial", erinnert sich *Hymen*-Macher Anders Jakobson. „‚In diesem Magazin findet sich kein einziger Rechtschreibfehler', prahlten sie, doch es gab welche. Sie tauchten plötzlich auf dem Markt auf und eroberten ihn. Andererseits erscheint es bis heute. Sie haben es geschafft, einen regelmäßigen Veröffentlichungszyklus einzuhalten, dem Fanzines definitiv nicht gewachsen waren."

Statt in der Versenkung zu verschwinden, etablierte sich *Close-Up* in den Neunzigern als Schwedens größtes Metal-Magazin. Schon bald war es landesweit neben Autozeitschriften und Klatschmagazinen in Geschäften zu finden. Becirovic hat eine widersinnige Theorie dafür, wie es dazu kam:

„Es war nie unsere Absicht. Andere Zeitschriften wie *Metal Zone*, *Heavy Metal* und *Kool Kat News* wurden mit dem Anspruch gestartet, sie irgendwann regelmäßig herauszubringen. Sie sollten wirtschaftlich rentabel sein und den Beteiligten zu einem Einkommen verhelfen. Das war bei uns nicht so. Wir brachten eine Ausgabe heraus, doch es bereitete uns so viel Spaß, dass wir einfach weitermachten."

Als die Medien der Popkultur in den Neunzigern immer mehr Beachtung schenkten, begannen Zeitungen und Boulevardblätter, auch über die extremeren Formen des Metal zu berichten. Im September 1991 erschien in der einflussreichen Monatszeitschrift *Nöjesguiden* ein langer Artikel über die neue Death-Metal-Welle. Der Musikjournalist Jan Gradvall schrieb über den Plattenladen House of Kicks und die amerikanische Death-Metal-Band Morbid Angel sowie Entombed und Dismember aus Schweden; Entombed landeten sogar auf dem Cover. Es war das erste Mal, dass ein renommierter schwedischer Schreiber Death Metal würdigte und ihm Aufmerksamkeit entgegenbrachte.

„Ich erinnere mich, dass der Artikel eine Liste der besten schwedischen Extrem-Metal-Alben enthielt, zusammengestellt von Johan Hargeby von House of Kicks und Fred Estby von Dismember. Sie setzten Bathorys Debüt-LP auf den dritten Platz", sagt Jan Gradvall. „Jonas Åkerlund rief mich an und freute sich sehr, denn es war im Grunde das erste Mal, dass Bathory von einem großen schwedischen Magazin erwähnt wurden."

Als Death- und Black Metal in den frühen Neunzigern ihren Zenit erreichten, berichteten Mainstream-Magazine, die sich an jüngere Leser richteten, gelegentlich darüber. *Ultra* (keine Verbindung zum Ultra House) war ein kostenloses Heft, das an alle Gymnasiasten verteilt wurde. In einer Ausgabe gab es ein Entombed-Interview, in einer anderen sprachen Jon Nödtveidt und Ole Öhman von Dissection über Träume. Die beiden waren in einem Bett liegend abgebildet und gaben vor zu schlafen. Die führende Boulevardzeitung *Expressen* interviewte At The Gates beim Wäschewaschen.

2001 fand *Close-Up* mit dem *Sweden Rock Magazine*, das die Organisatoren des Sweden Rock Festivals finanzieren und herausgeben, endlich ernsthafte Konkurrenz. Ursprünglich hieß es *Bright Eyes Metal Magazine* und war ein Fanzine, das Mark Frostenäs und Micke Svensson 1997 gestartet hatten. Nach zwölf Ausgaben und in Anbetracht einer stabilen Auflage von mehreren Hundert Exemplaren schlugen Sweden Rock eine Zusammenarbeit vor, um die Marke ihres Festivals das ganze Jahr über sichtbar zu machen.

Beide Magazine haben im Laufe der Jahre die meisten Metal-Subgenres abgedeckt, aber es gibt Punkte, in denen sie sich klar voneinander unterscheiden. Das *Sweden Rock Magazine* konzentriert sich hauptsächlich auf klassischen Melodic Rock und Heavy Metal, wohingegen *Close-Up* extremere Acts und Punk-Bands vorstellt. Während *Sweden Rock* seinen Lesern ausführliche Artikel über die Rockgeschichte von Queen bis AC/DC bietet, widmet *Close-Up* unzählige Rubriken dem alternativen Artrock kleinerer Independent-Labels. Für die meisten schwedischen Metalheads sind die zwei Magazine leicht zu unterscheiden. Viele Fans kaufen beide regelmäßig.

Heute leitet Martin Carlsson, der einst das Fanzine *Megalomaniac* herausgab und zwanzig Jahre lang mit dem *Close-Up* zusammenarbeitete, die Geschicke des *Sweden Rock*.

Becirovic spricht ohne die geringste Sorge über seine Rivalen: „Wenn es mehr als ein Magazin zu lesen gibt, ist das toll. Macht das *Sweden Rock* etwas richtig gut, versuchen wir, etwas anderes viel besser zu machen."

Als Redakteur kann er im Schlaf sagen, welche Bands und Phänomene bei Metal-Lesern am beliebtesten sind.

„Death Metal war immer beliebt. Und dann Künstler mit einer eingeschworenen Fangemeinde in Schweden – HIM, Thåström, Slipknot, solche Sachen verkaufen sich hervorragend."

Bisweilen hat ihn der konservative Geschmack des Metal-Publikums überrascht. „Als wir The Donnas aufs Heftcover setzten, brachen die Verkäufe so stark ein, dass unser Vertrieb anrief und die Angelegenheit besprechen wollte. Wir dachten, Girls auf dem Titel zu haben sei cool, zumal sie ein bisschen *Cosmopolitan*-Flair ausstrahlten. Die Metalheads wollten die Mädchen aber nicht. Lieber kauften sie das Magazin gar nicht. Wenn wir hingegen die hässlichen alten Säcke von Iron Maiden aufs Cover setzen, verkaufen wir wie geschnitten Brot."

Jahrzehnte nach seinem kommerziellen Durchbruch ist Metal immer noch eines der beliebtesten Musikgenres in Schweden. Niemand runzelt die Stirn, wenn landesweite Massenmedien wie die Morgenzeitung *Dagens Nyheter* oder die Kulturnachrichten von Sveriges Television bekannte Bands wie Opeth oder Arch Enemy interviewen. Im Juli 2011 übertrug das Staatsfernsehen das Konzert der „Big 4" live aus Göteborg. Sechs Stunden Metallica, Slayer, Megadeth und Anthrax wurden an einem Freitagabend beim größten Sender des Landes ausgestrahlt. Metal ist wirklich die Musik der Massen geworden.

Dennoch gibt es eine weitere Entwicklung, was die extremeren Randgebiete Death- und Black Metal angeht. Obwohl die großen Medienhäuser auch über diese Subgenres berichten, beschränkt sich dies in erster Linie auf Rezensionen – keine Interviews oder längeren Artikel. Gleichzeitig werden sie trotz ihres aggressiven und umstrittenen Charakters in der Regel mit mehr kulturellem Feingefühl und Respekt behandelt als traditioneller Metal.

Das Hipster-Kulturmagazin *Vice* begann Mitte der Achtziger, über Black Metal zu schreiben, was dazu führte, dass immer mehr Menschen diesen Stil entdeckten. In Verbindung mit der schwedischen Black-Metal-Band Watain, die der Popularität des Genres neuerlichen Schub verlieh und über ernst zu nehmende Medienkompetenz verfügt, wurde das Genre überraschend trendig – etwas, das man stolz nach außen kehrt, womit man sich als cool und im Trend positionieren kann. Dies zeigte sich auch in den Kulturteilen von Zeitungen.

Als der amerikanische Fotograf Peter Beste im Jahr 2008 seinen Fotoband *True Norwegian Black Metal veröffentlichte*, kam er sehr gut an. Das Gleiche gilt für den Künstler Ragnar Persson, dessen Illustrationen stark von Fanzine-Grafiken und Black-Metal-Motiven beeinflusst sind. Dennoch interviewen die Massenmedien selten die eigentlichen Bands.

Der Journalist Christoffer Röstlund Jonsson schreibt schon lange über Metal, unter anderem für *Close-Up*, *Sweden Rock* und die führende Boulevardzeitung *Aftonbladet*. Er meint, obwohl man jetzt häufiger Berichte über Metal sehe, würde das Genre außerhalb der Genre-Zeitschriften immer noch nicht ernsthaft behandelt.

„Man hält ihn nach wie vor für kindisch. Niemand da draußen schreibt ernsthafte Artikel über Metal-Künstler – nicht wie über Morrissey oder andere von der Kultur akzeptierte Ikonen."

Er weist darauf hin, dass die meisten großen Printmedien nicht einmal einen eigenen Metal-Kritiker haben. „Niemand scheint sich für die Materie zu interessieren, wenn er über Metal schreibt. Ich kann es einfach nicht fassen, dass diese angesehenen Journalisten Thrash Metal immer noch *Trash* oder Megadeth *Megadeath* buchstabieren. Da würde ich am liebsten Glas fressen."

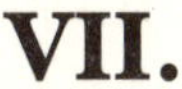

VII.

Black Metal

Ein satanisches Image allein reichte nicht.
Man musste es vollständig in allem verkörpern,
was man tat. Es musste Teil deines Lebens sein.
– It, Abruptum

Es ist ein milder Sommerabend Ende Juli 1992. Die achtzehnjährige Mara nimmt einen Pendlerzug, der einen der nördlichen Vororte Stockholms anfährt. In ihrer Tasche befinden sich eine Platte der norwegischen Black-Metal-Band Burzum, ein Drohbrief, ein Messer, ein Behälter mit brennbarer Flüssigkeit und Streichhölzer. Sie steigt an der Haltestelle Upplands Väsby aus und legt das letzte Stück ihres Weges zu Fuß zurück, bis sie schließlich ein gelbes Holzhaus erreicht. Sänger und Gitarrist Christofer Johnsson von Therion, einer der bekanntesten Stockholmer Death-Metal-Bands, wohnt hier bei seinen Eltern.

Nun ist es fast Mitternacht. Mara geht ums Haus herum und schaut sich die Umgebung an. Eine Terrassentür ist offen. Sie hört Geräusche aus einem Fernseher, kann aber nicht erkennen, ob Christofer zu Hause ist. Hinterm Haus entdeckt sie eine Tür, die man von der Straße aus nicht sieht. Das wird passen. Sie begießt die Tür mit der Flüssigkeit aus dem Behälter, wobei der überschüssige Teil eine kleine Lache am Boden bildet. Dann nimmt sie das Album und den Brief heraus. Darin steht: „It und der Count waren hier, und wir kommen wieder." Auf der Plattenhülle steht mit schwarzem Filzstift „Ein Gruß vom Count" geschrieben. Das schwarz-weiße Cover zeigt eine schemenhafte Gestalt im Wind auf einer Ebene neben einem Baum mit langen gewundenen Ästen. Auf einem Foto auf der Rückseite der Hülle steht der Count („Graf"), auch bekannt als Varg Vikernes, mit Corpsepaint in einem schwarzen Umhang.

Sie befestigt die Schallplatte und den Brief mit dem Messer an der Hauswand. Dann zündet sie ein Streichholz an.

Parallel zum kometenhaften Aufstieg des schwedischen Death Metal in den frühen Neunzigern entwickelte sich in Norwegen ein ähnliches, aber düstereres Subgenre. Dieser Ableger wurde als Black Metal bekannt – ein Begriff, der ursprünglich 1982 von der britischen Metal-Band Venom und ihrem zweiten Album *Black Metal* geprägt wurde. Die Musik, die in Norwegen gemacht wurde, hatte jedoch wenig mit den Gruppen gemein, die sie inspirierten.

Abgesehen von Venom bestand die sogenannte erste Welle des Black Metal aus Bands wie Bathory, Mercyful Fate, Sarcófago und Hellhammer. Obwohl man sie sicherlich als Heavy- oder Thrash-Metal-Bands bezeichnen könnte, unterschieden sie sich durch eindeutig finstere Themen. Der Gesang war rauer als bei den meisten ihrer Zeitgenossen, und in den Texten ging es eher um Tod, Satanismus und Okkultismus als um heiße Bräute, Alkohol und Headbanging. Black-Metal-Bands waren extremer und gaben sich oft mit großem Aufwand geheimnisvoll.

Die Black-Metal-Welle der Neunziger griff ähnliche Inhalte auf, vertiefte sie aber viel weiter. Der Stil beruhte auf dem gleichen aggressiven Fundament wie der Death Metal, doch die Klangkulisse war primitiver und karger. Die Riffs verbreiteten eine dunkle Atmosphäre, und der Gesang reichte von verzweifelten Schreien bis zu Knurren und Fauchen.

Mayhem standen zu jenem Zeitpunkt im Zentrum der norwegischen Black-Metal-Szene. Nach ihrer Gründung im Jahr 1984 machten sie sich schnell einen Namen im übersichtlichen Extrem-Metal-Underground. Als der Schwede Pelle „Dead" Ohlin 1988 als Sänger einstieg, festigte die Band ihre stilistische Ausrichtung, die später als Vorlage für die allgemeine Black-Metal-Bewegung dienen sollte. Pelle brachte seine Faszination für Tod und Dunkelheit sowohl in die Texte als auch in die Bildersprache der Band ein. Die Bandmitglieder begannen, Corpsepaint zu tragen, und posierten sowohl auf Fotos als auch auf der Bühne blutbesudelt mit Tierteilen.

Unter der Weisung ihres Gitarristen und visionären Kopfes Øystein „Euronymous" Aarseth folgte die Band einer kompromisslosen Leitlinie für Black Metal. Ihr Ziel bestand darin, die Extreme möglichst weit auszureizen, um die Musik wahrhaft böse und abstoßend zu machen.

Als Pelle „Dead“ Ohlin im Frühjahr 1991 Selbstmord beging, beobachtete Mayhem-Schlagzeuger Jan Axel „Hellhammer“ Blomberg zunehmend eigenwilliges Verhalten bei seinem Mitmusiker Øystein.

„Danach wurde er noch schlimmer – viel schlimmer. Ich glaube, er hat eine Grenze überschritten, als Pelle starb. Ich weiß noch, dass er verrückte Einfälle hatte, etwa dass er den Tod kontrollieren könne.“

Ungefähr einen Monat nach Pelles Tod eröffnete Øystein mit finanzieller Unterstützung durch seine Eltern den Plattenladen Helvete („Hölle“) in der Schweigaards Gate in der Osloer Innenstadt. Er wurde sofort zum Treffpunkt der jungen norwegischen Black-Metal-Szene, mit Øystein als selbst ernanntem Anführer. Es handelte sich um ein rein auf extremen Metal spezialisiertes Geschäft, wo Tonträger, Fanzines und andere Bandartikel verkauft wurden.

Die Wände waren schwarz gestrichen, und in einer Ecke stand eine Vitrine mit Splittern von Pelles Schädel. Der Keller des Helvete wurde als Büro des Labels Deathlike Silence Productions eingerichtet.

Zum ersten Mal hatten die wenigen aktiven Mitglieder der Szene einen Ort, wo sie sich treffen konnten. Da sie über ganz Norwegen verstreut waren, hatte ihr Austausch hauptsächlich über Briefe und Telefonate stattgefunden. Von nun an entwickelte sich die Szene schnell weiter.

Die norwegische Death-Metal-Band Darkthrone, deren Debütalbum *Soulside Journey* im Stockholmer Sunlight Studio aufgenommen wurde, orientierte sich von Grund auf neu in Richtung Black Metal. Emperor aus Notodden, Immortal und Burzum aus Bergen sowie Thorns aus Trondheim frequentierten das Helvete.

Jon Nödtveidt von Dissection aus Schweden fuhr am Wochenende mit dem Bus nach Oslo, um den Laden zu besuchen, zusammen mit anderen Mitgliedern der kleinen Metal-Szene in der Grenzstadt Strömstad. Sie blieben oft über Nacht und feierten mit den norwegischen Bands.

Die Norweger reisten ihrerseits nach Schweden, um Konzerte zu besuchen und sich mit Freunden aus anderen Bands zu treffen.

Das Kollektiv rund um den Plattenladen legte bald so etwas wie eine gemeinsame Satzung fest. Man diskutierte über ideologische Grundsätze sowie die Bedeutung von Satanismus und dem Bösen. Gemeinsame Nenner der Beteiligten waren Gefühle von Hass auf ihr Umfeld und Entfremdung, die sie untereinander schürten. Nicht lange, und man kam auf konkrete Maßnahmen zu sprechen.

Øystein gründete einen satanischen Orden namens The Black Circle, eine Art Interessengruppe für die bösesten und engagiertesten Mitglieder der Szene. Dazu gehörten auch Jan Axel „Hellhammer“ Blomberg von Mayhem, Varg „Count Grishnackh“ Vikernes von Burzum, Gylve „Fenriz“ Nagell von Darkthrone und der Fanzine-Herausgeber Jon „Metalion“ Kristiansen.

Während Death Metal zu dieser Zeit mehr oder weniger frei von intellektuellen Ansätzen war, wurde der Black Metal bald zum Synonym für Elitedenken, die Betonung des Konzepts des Übermenschen und verschiedene andere protofaschistische Begriffe, die man von dem deutschen Philosophen Friedrich Nietzsche übernahm.

Der Kerngedanke besagte, Worten auch Taten folgen zu lassen – *true* zu sein.

„Wir nahmen uns selbst unheimlich ernst und ließen uns nicht infrage stellen“, erklärt Jan Axel Blomberg.

Øystein war damals dreiundzwanzig und etwas älter als die anderen. Durch seine Verbindung zu Mayhem und seine verstiegenen Ideen nahm er schnell eine führende Position in der Gruppe ein. Auch der siebzehnjährige Varg Vikernes wurde zu einer wichtigen Figur. Er war das einzige Mitglied von Burzum und gleichzeitig der neue Mayhem-Bassist.

In der schwedischen Kleinstadt Finspång experimentierte It, der eine Hälfte des Black-Metal-Duos Abruptum war, schon früh mit Okkultismus. Er gründete eine Band und bezeichnete sich mit zwölf Jahren selbst als Satanisten. Bereits 1989 gründete It auch eine eigene Organisation, die True Satanist Horde, während er Vorbereitungen für die

Aufnahme des ersten Demos der Band traf. Die True Satanist Horde erlangte bald einen Ruf in Untergrundkreisen. An ihren Treffen in Finspång nahmen Jon Nödtveidt und Ole Öhman von Dissection, Morgan Håkansson von Marduk und verschiedene andere Musiker mit Interesse am Satanismus teil. Nach Its eigenen Angaben waren Øystein Aarseth und Varg Vikernes zunächst ebenfalls Mitglieder der Gruppierung, bevor sie sich entschlossen, in Norwegen den Black Circle zu gründen.

„Ich bin mir nicht sicher, ob ich darauf eingehen sollte, was wir in der True Satanist Horde besprochen haben", erklärt It. „Es ging hauptsächlich darum, Menschen Schaden zuzufügen und die Menschheit auf negative Weise zu beeinflussen, sei es durch den Verkauf von Drogen, die Verbreitung von Untergrundpornografie, das Niederbrennen von Kirchen, die Ermordung von Priestern oder was uns sonst noch so einfiel."

Bei Treffen ließ man der Fantasie freien Lauf und schmiedete große Pläne. Die Mitglieder tranken billiges Bier und träumten davon, ihr eigenes Dorf in der Wildnis zu bauen, um gänzlich außerhalb der Gesellschaft zu leben. Begriffe wie „Prospect" und „Hangaround" wurden von der berüchtigten Biker-Verbindung Hells Angels übernommen, um quasi eine Bruderschaft zu bilden – eine satanische Armee auf Kriegsfuß mit der Welt.

„Wir verspürten einen generellen Hass auf etwas Größeres, das schwer zu bestimmen war", sagt Ole Öhman, der seinerzeit bei Dissection Schlagzeug spielte. „Ich war sehr kalt."

Auch Jan Axel Blomberg fällt es schwer, den eigentlichen Ursprung dieses Hasses zu benennen. „Das hatte nichts mit der Gesellschaft zu tun, es war nicht so wie die Haltung der Punks. Wir haben uns gegenseitig angespornt und uns große Illusionen darüber gemacht, wer wir eigentlich waren und wie wir uns benehmen sollten, bis wir schließlich anfingen, es selbst zu glauben."

It hatte sich selbst schon sehr früh als anders empfunden – als nahezu unmenschlich – und war überrascht, als er erfuhr, dass anscheinend weder Varg noch Øystein eine ausgesprochen harte oder schwierige Kindheit hatten.

„Ich fand das sehr seltsam, denn ich hatte eine sehr schwere Kindheit voller Gewalt, Alkohol und Drogen. Der Count schien hingegen eine ganz normale Erziehung genossen zu haben. Er lebte mit seiner Mutter in einem Haus in Bergen und hatte bis dahin ein angenehmes, schönes Leben."

Im Frühjahr 1992 erschienen zwei wichtige Alben der zweiten Black-Metal-Welle.

Der Opener von Darkthrones *A Blaze in the Northern Sky* heißt „Kathaarian Life Code". Dröhnende Synthesizer und Sprechgesang geben die Stimmung vor, ehe der fast elfminütige Track richtig beginnt. Insgesamt vermittelt er einen Eindruck von kalter Aggression, die besser gesteuert wirkt als das Hardcore-Punk-lastige Getöse des frühen Death Metal.

Zur gleichen Zeit veröffentlichte Deathlike Silence Productions das selbstbetitelte Debüt von Burzum, auf dem Varg Vikernes zu harten, aber melancholischen Riffs verzweifelt schrie. Die Produktion war sehr roh und relativ dünn. Thematisch streiften beide Alben folkloristische Romantik, sowohl hinsichtlich ihrer klanglichen Beschaffenheit als auch auf der textlichen Ebene – Merkmale, die sich im Laufe der Jahre weiterentwickelten, bis sie praktisch untrennbar mit norwegischem Black Metal verbunden waren.

Der zunehmende Erfolg der schwedischen Death-Metal-Bands reibt die Szene in Norwegen auf. Sie empfindet die Songtexte ihrer Nachbarn in Anbetracht der Brutalität des Genres als zu gesellschaftskritisch und unpassend. Außerdem wächst ihr Unmut gegenüber den immer aufwändigeren Produktionen der großen Death-Metal-Bands. Die Veröffentlichung von Entombeds zweitem Album *Clandestine* drängte zahlreiche schwedische Bands in eine ähnliche Richtung, was bei den Norwegern auf heftige Ablehnung stieß.

Des Weiteren befasste sich die schwedische Boulevardpresse nun auf eine Weise mit Death-Metal-Bands, die man in der Black-Metal-Szene befremdlich fand. Entombeds Musikvideo mit Model und Sängerin La Camilla von der ironischen Eurodance-Gruppe Army of Lovers war schlichtweg zu schwer zu schlucken.

Im Sommer 1992 schickte Varg Vikernes Drohungen an mehrere schwedische Bands, darunter Therion und Entombed, wobei er sie beschuldigte, zu kommerziell und nicht *true* zu sein, sie würden „Life Metal“ und keinen Death Metal spielen. Viele Gruppen erhielten seltsame Drohanrufe.

„Wir waren offen gestanden ziemlich sauer“, sagt Gitarrist Uffe Cederlund von Entombed. „Plötzlich wurden wir als ‚Life Metal‘-Band abgestempelt, nur weil wir Spaß an der Musik hatten. Ich habe diese Einstellung gehasst. Wir waren mit diesen Leuten befreundet gewesen. Uns kam es vor, als würde man uns in den Rücken fallen.“

Sein Bandkollege und Drummer Nicke Andersson erzählt, Darkthrone hätten bei ihm gewohnt, während sie ihr Debüt im Sunlight Studio aufnahmen, und sie seien schon lange miteinander befreundet gewesen. Eines Tages klingelte sein Telefon, und am anderen Ende posaunte jemand auf Norwegisch, sie würden auf der Todesliste stehen.

„Welche Todesliste? Eine anonyme Todesliste? Fenriz gehörte zu meinen ersten Brieffreunden. Damals war er ein lustiger kleiner Glam-Rocker, der mit einem dieser Slash-Hüte herumstolzierte und L.A. Guns hörte. Er übernachtete bei mir, als sie in Stockholm spielten, und wir haben uns wunderbar amüsiert. Ein Jahr später wollten sie keine Freunde mehr sein. Wir fragten uns, was wir falsch gemacht hatten.“

Im Fall von Therion lehnte Vikernes die Texte glattweg als lebensbejahend und politisch ab. Seiner Meinung nach gehörten die Gesellschaft oder das Zeitgeschehen betreffende Texte nicht in den Death- oder Black Metal. Ein Song über die Zerstörung des Regenwaldes durch Coca-Cola war ihm besonders zuwider.

Gerüchte über Drohungen verbreiteten sich wie ein Lauffeuer im schwedischen Underground. Während der Black Circle und die True Satanist Horde immer berüchtigter wurden, loteten sie die Grenzen des Möglichen immer weiter aus. Øystein ließ T-Shirts mit der Aufschrift *„Drep de kristne“* („tötet die Christen“) – drucken und verkaufte sie im Helvete. Jemand nagelte einen toten Dachs an die Tür der Hogdal-Kirche außerhalb Strömstads.

„Ich erinnere mich, dass It nach dem *Estonia*-Unglück völlig aus dem Häuschen war“, sagt Andreas „Whiplasher“ Bergh. Die Ostseefähre *MS Estonia* ging 1994 unter, wobei 852 Menschen ums Leben kamen. Es war das tödlichste Schiffsunglück in Europa außerhalb von Kriegszeiten.

„Er lief mit einem T-Shirt herum, auf dem ‚Und tötet diese verdammten Wale‘ stand. Wir waren im Grunde gegen alles. Es ging viel darum, sich selbst abzustumpfen, und einer wollte böser sein als der andere.“

Emil Nödtveidt und Andreas Bergh spielen heute in der Industrial-Band Deathstars, verkehrten aber in den Neunzigern mit dem Death-Metal-Projekt Swordmaster in der Szene von Strömstad. Viele Mitglieder der True Satanist Horde waren gute Bekannte von ihnen.

„Wir hatten nicht viel mit dem zu tun, was in Finspång passierte“, so Bergh. „Dort kam es darauf an, so extrem wie möglich zu sein. Man sagte sich ‚Böse Nacht!‘ oder ‚Ich wünsche dir böse Weihnachten‘.“

Emil, der Jon Nödtveidts jüngerer Bruder ist, fährt fort: „Was zum Teufel willst du damit sagen, das Essen würde gut schmecken? Nein, es schmeckt BÖSE!“

Bis dahin wurde der „Evilness“-Wettstreit hauptsächlich mit Worten ausgetragen. Bald jedoch uferten kleine Bagatellen wie das Umwerfen von Grabsteinen zu viel schlimmeren Handlungen aus.

„Alles war so verdammt extrem geworden“, rekapituliert Bergh und erzählt, wie er einmal mit einem King-Diamond-Shirt auf dem sogenannten „Bierberg“ in Grebbestad saß, einem Treffpunkt für lokale Metalheads an der malerischen Westküste Schwedens.

„Perra, der Sänger von Satanized, mit dem ich heute gut befreundet bin, war damals ein echter Schläger. Er kam auf mich zu und brüllte: ‚Bist du *true* oder nicht? Bist du *trve*?‘ All von Abruptum hat in derselben Nacht einen Polizisten verprügelt. Ich meine, er schlug ihm wirklich das Gesicht ein. Dann machte er sich auf den über dreißig Kilometer langen Weg nach Strömstad. Nach ein paar Kilometern klopfte er an die Tür eines beliebigen Hauses und schrie: ‚Fahrt mich gefälligst nach Hause!‘ Er war mit Blut verschmiert. Die Leute sagten, sie könnten ihn nirgendwohin fahren, doch er dürfe gern bei ihnen übernachten."

Im Sommer besuchte Varg Vikernes Strömstad, um sich mit It und Jon Nödtveidt zu treffen. Er spazierte mit einem vierzig Zentimeter langen Messer am Oberschenkel durch die Küstenstadt. Sie feierten alle zusammen, saßen herum und zankten sich.

It erinnert sich an ihre Diskussionen.

„Der Count behauptete, es gebe keine bösere Band als Burzum. Ich weiß noch, dass wir uns darüber stritten. Ich sagte: ‚Abruptum sind der Inbegriff des Bösen. Es ist keine verdammte Musik, sondern der bösartigste Sound, den man sich geben kann.' Und er konterte mit ‚Nein, Burzum ist *noch* viel böser.'"

Er erwähnt, vor allem Øystein und Varg hätten kleinlich debattiert, welche Haltungen und Meinungen annehmbar seien. Sie stellten strenge Regeln auf, um verbindlich festzulegen, was Black-Metal-kompatibles Verhalten ausmachte.

„Das kam alles aus Norwegen: wie man sich anziehen, welche Musik man hören sollte, welche Bands *true* waren und welche nicht. Ein satanisches Image allein reichte nicht. Man musste es vollständig in allem verkörpern, was man tat. Es musste Teil deines Lebens sein."

Am 6. Juni 1992 verbreiteten die norwegischen Medien verstörende Neuigkeiten: Die Stabkirche Fantoft außerhalb Bergens war vollständig abgebrannt. Das Holzgebäude, ein bekanntes historisches Denkmal, war 1150 mittels einer im Mittelalter gängigen Stabbautechnik errichtet worden. Die Nachricht empörte die breite Öffentlichkeit.

Wann der Begriff „True Metal" zum ersten Mal aufkam, ist schwer zu bestimmen. Die Band, die sich zweifellos am stärksten für seine Etablierung einsetzte, waren Manowar aus den USA. Das Wort *true* („wahrhaftig") bleibt umstritten, vor allem innerhalb des Black Metal.

Noch bevor sie in den frühen Achtzigern ihr erstes Album veröffentlichten, warfen Manowar anderen Bands vor, unaufrichtigen

(„false") Metal zu spielen. Dies zielte auf Acts wie Twisted Sister ab, die wegen aller möglichen Dinge verspottet wurden, von ihren Frisuren bis zu unzureichenden musikalischen Fähigkeiten.

Manowar stellten sich als Gruppe dar, die für Metal lebte und sterben wollte. Bassist Joey DeMaio war Bass- und Pyrotechniker bei Black Sabbath gewesen und ließ verlauten, mehr Metal als das sei kaum möglich. Den Plattenvertrag zur Veröffentlichung ihres zweiten Albums *Into Glory Ride* (1983) unterzeichneten Manowar mit ihrem eigenen Blut.

Auf diesem Album prägten Manowar ihr Motto „Death to False Metal". Es verkaufte sich über hunderttausend Mal und verbreitete die Botschaft in der Metal-Welt. In einer Musikdokumentation aus den frühen Achtzigern saßen die jungen Mitglieder von Metallica auf einer Couch und proklamierten: „Tod dem falschen Metal."

Im Nachhinein betrachtet war Manowars fanatischer Glaube an ihre eigene Authentizität und Botschaft eine brillante Marketingtaktik. So gesehen folgt der Heavy Metal einer Tradition, die in der Popmusik seit den Anfängen des letzten Jahrhunderts präsent ist.

Im Buch *Faking It – The Quest for Authenticity in Popular Music* erzählen die Autoren Hugh Barker und Yuval Taylor die Geschichte des schwarzen Sängers und Instrumentalisten Leadbelly, der amerikanische Folksongs für ein fast ausschließlich weißes Publikum spielte. Der als Hudson Ledbetter geborene Musiker saß wegen Mordes und versuchten Mordes im Gefängnis. Nach seiner Entlassung 1934 schickten die Folkmusik-Chronisten John und Alan Lomax ihn auf Tournee. Mit seiner kraftvoll eindringlichen Stimme trug er alte Folksongs vor, die er in Haft gelernt hatte, woraufhin er für seine Glaubwürdigkeit und Authentizität gerühmt wurde.

Dem weißen Publikum bestätigte Leadbelly die Vorstellung vom primitiven, ungezähmten und gewalttätigen schwarzen Mann, der emotionale Lieder aus tiefstem Herzen vortrug. Bei seinem kommerziellem Durchbruch 1935 schienen sich die amerikanischen Zeitungen gegenseitig darin überbieten zu wollen, ihn als exotisch darzustellen. Der *New York Herald Tribune* veröffentlichte einen

Artikel mit der Schlagzeile: „LOMAX MIT NEGERMUSIKER LEADBELLY EINGETROFFEN: SUMPFLAND-SCHNULZEN-SÄNGER GIBT ZWISCHEN SEINEN MORDEN EIN PAAR LIEDER ZUM BESTEN". Die *Time* bezeichnete ihn als „mörderischen Minnesänger", und der *Brooklyn Eagle* schrieb, er sei „virtuos an Messer und Gitarre".

Leadbelly war allerdings nicht „echt". Ja, er hatte einen Mord begangen und einen weiteren versucht – er war jedoch eine Marionette seiner „Manager" John und Alan Lomax. Sie verlangten, dass er in Gefängniskleidung auftrat statt in den hochwertig gefertigten, sorgfältig gebügelten Anzügen, die er bevorzugte. Sie bestimmten, welche Lieder er sang. Dass Leadbellys Publikum ausschließlich aus Weißen bestand, sagte alles. Schwarze Jugendliche hörten unterdessen die Musik, die ihnen gehörte: Blues, Jazz und den aufkommenden R&B. Diese Stile verzeichneten während der zwei Jahrzehnte, in denen Leadbelly in den Augen des weißen Amerikas einer der wichtigsten Vertreter afroamerikanischer Musik war, eine sprunghafte Reifung und Weiterentwicklung. Statt diese Musik in den Vordergrund zu stellen, die als zu anspruchsvoll galt, suchten John und Alan Lomax nach „primitiven" schwarzen Interpreten, die besser zu ihren Vorurteilen bezüglich Afroamerikanern passten.

Obwohl man den Begriff der Authentizität als Marketingkonstrukt betrachten kann, das Plattenverkäufe ankurbeln soll, ist er bis heute ein entscheidendes Kriterium in der Popmusik. Dies zeigt sich im Rock sowie in noch stärkerem Maß im Rap und Hip-Hop, wo die Legitimität eines Künstlers ein bedeutendes Werbemittel ist.

Die Wichtigkeit, als echt wahrgenommen zu werden, kann auch ziemlich konfrontativ sein. Als die britische Zeitschrift *New Musical Express* (*NME*) 1991 in einem Interview mit Richey Edwards von der walisischen Band Manic Street Preachers dessen Motivation anzweifelte, antwortete er nicht sofort, sondern ritzte sich stattdessen „4 REAL" in den Arm – so tief, dass er das Gewebe ernstlich verletzte. Er musste in ein Krankenhaus eingeliefert werden und bekam die Wunde mit achtzehn Stichen genäht. Er verschwand 1995 und wurde 2008 für tot erklärt.

Nirvana-Sänger Kurt Cobain litt seinem Abschiedsbrief zufolge dergestalt unter dem Gefühl, nicht wahrhaftig zu sein, dass es zu seinem Suizid 1994 beitrug. Das Genre Grunge, das auf Innenschau und plump emotionalen Texten beruht, starb nach Cobains Tod nahezu völlig aus, wenn man von Pseudo-Grunge-Popgruppen wie Nickelback absieht, die genauso viel mit Hair Metal und zeitgenössischer amerikanischer Country-Musik gemein haben wie mit Grunge. Was konnte angesichts der unmöglichen Ansprüche, die Cobain seines Erachtens nicht zu erfüllen imstande war, *truer* sein als Selbstmord? In dem Brief, der sich direkt an die Fans wandte, schrieb er: „Tatsache ist, ich kann euch nichts vormachen, keinem von euch. Es ist einfach nicht fair euch gegenüber, aber auch gegenüber mir selbst. Das schlimmste Verbrechen, das ich mir vorstellen kann, ist, die Leute abzuziehen, indem ich vortäusche, hundert Prozent Spaß zu haben." Einer seiner Lieblingsmusiker war Leadbelly.

Falls Manowar den Kreuzzug der Authentizität im Heavy Metal einleiteten, legte Øystein Aarseth wesentlich höhere Maßstäbe an. Er stellte das, was im Black Metal als *true* galt, auf eine gänzlich neue Ebene.

In einem Interview in der Juniausgabe 1992 des schwedischen Magazins *Close-Up* erklärte er: „Was sie tun, verspottet alles, wofür Death Metal ursprünglich stand, und ist eine Beleidigung uns gegenüber. Mayhem sind die einzige verbliebene Band aus den frühen Achtzigern, die nicht zahm geworden ist. All diese neuen Idioten zu sehen, die ihr Fähnchen in den Wind hängen, ohne nur die geringste Ahnung davon zu haben, was Death Metal wirklich war, gleicht einer Farce. Wir sind uns ziemlich sicher, dass keine dieser Trendbands jemals Venom gehört hat, denen sie ihre Existenz verdanken. Was Therion angeht, die schlimmste aller schwedischen Bands, haben wir eine Botschaft für sie: Sollten sie sich trauen, einen Fuß auf norwegischen Boden zu setzen, um ihren Life Metal dort zu spielen, bringen wir sie um. Die gesamte norwegische Black-Metal-Szene wird mit Messern vor Ort sein; scharfen Messern."

Der Artikel sprach sich schnell herum, und bald hatte jeder im Underground das Magazin gelesen. Mayhem standen schon früh in dem Ruf, eine extreme Band zu sein, doch dieses Interview ging einen Schritt weiter. Øystein lobte darin auch Pol Pot und warb für: „Krieg, Sodomie und Diktatur!"

„Es war das erste Mal, dass jemand Death Metal als schwächlich bezeichnete", sagt Nifelheim-Sänger Pelle „Hellbutcher" Gustafsson, der sechzehn Jahre alt war, als er die betreffende *Close-Up*-Ausgabe las.

In dem Interview prophezeite Øystein jedoch eine schöne Zukunft: „Seit dem Tod der Ziege hat sich die Situation langsam verbessert – viele Bands, die sich an den alten, wahren Lebensstil halten, sind entstanden. Norwegen ist ein führendes Land – Acts wie Immortal, Burzum, Darkthrone, Thorns, Malfeitor, Incarnator und so weiter sind wahnsinnig gut und ungeheuer evil."

Feuer bricht aus, aber bei Weitem nicht so stark, wie Mara gehofft hat. Ihr wäre es lieber, wenn die Tür vollständig in Flammen stünde. Stattdessen schwelt es nur ein wenig, als sie enttäuscht aufbricht.

Christofer Johnsson tourt mit Therion in Österreich und erfährt erst nach seiner Rückkehr, was geschehen ist. Er weiß sehr wohl, wer Varg Vikernes ist. Während die meisten Empfänger ihre Drohbriefe einfach wegschmeißen, ist Johnsson so wütend, dass er zurückschreibt, um dem Count mitzuteilen, er solle sich ins Knie ficken.

Im Herbst 1992 brennen mehrere weitere norwegische Kirchen nieder: die Skjold-Kirche von 1887 in Vindafjord, eine Anfang des 20. Jahrhunderts erbaute Kapelle am Holmenkollen, die 1795 errichtete Åsane-Kirche in Bergen und eine Methodistenkirche in Sarpsborg, wo ein Feuerwehrmann beim Versuch, den Brand zu löschen, ums Leben kommt. Die Polizei hat keinerlei Hinweise auf die Täter.

Am 20. Januar 1993 gibt Varg Vikernes der Tageszeitung *Bergens Tidende* ein anonymes Interview. Er hat gerade ein neues Burzum-

Album aufgenommen und lockt die Journalisten, indem er „interessante Informationen“ verspricht.

In dem Artikel berichtet Finn Bjørn Tønder, wie er zu einem mitternächtlichen Interview in die Wohnung des zwanzigjährigen Vikernes eingeladen wird. Dort ist es stockdunkel, und der Journalist wurde gewarnt, Vikernes sei für den Fall bewaffnet, dass die Zeitung die Polizei verständigt hat. In der Dunkelheit kann Tønder Waffen, Nazi-Devotionalien und satanische Symbole erkennen. Vikernes sitzt in einer Ecke und spricht über das Anzünden von Kirchen. Er sagt Dinge wie: „Unsere Absicht besteht darin, Schrecken und Teufelei zu verbreiten; Angst vor den Mächten der Finsternis, weshalb wir *Bergens Tidende* all dies offenbaren. Es begann mit der Stabkirche Fantoft, und wir werden nach den acht Kirchen, die bisher gebrannt haben, nicht aufhören.“

Der Journalist zweifelt zunächst an der Stichhaltigkeit von Vikernes' aufsehenerregenden Behauptungen, doch nach Rücksprache mit der Polizei wird deutlich, dass viele der detaillierten Informationen nur dem Täter bekannt sein können. Beispielsweise ist ein enthauptetes Kaninchen, das auf der Treppe der Stabkirche Fantoft hinterlegt war, aus den Medien herausgehalten worden.

„Wir planten, die erste Person, die durch den Wald lief, aus dem Hinterhalt zu überfallen, da wir wussten, dass Studenten oft diesen Weg nahmen“, erklärte Vikernes im Interview. „Leider kam niemand. Die Wirkung wäre stärker gewesen, wenn wir einen toten Studenten statt eines Kaninchens als Opfer hinterlegt hätten.“

Der Artikel endete damit, dass Vikernes zu wissen vorgab, wer die Kirchen angezündet hatte – und wer der Täter hinter einem noch ungeklärten Mord im August 1992 im Olympiapark von Lillehammer war; dieser offene Fall stellte die Polizei vor ein Rätsel.

Vikernes erzählte später, er habe gedacht, das Interview würde zu einem kleinen Artikel auf den letzten Seiten der Zeitung führen. Stattdessen fand er sich auf der Titelseite wieder. Die Schlagzeile lautete „Wir haben die Feuer gelegt“, der Untertitel „Teufelsanbeter bekennen sich zu acht Kirchenbränden“.

Mit dieser Story beginnt die mediale Vorstellung des Count, zusammen mit einer reißerischen Darstellung des erschreckenden neuen Jugendphänomens „Black Metal". Später am selben Tag wird Vikernes wegen des Verdachts auf Brandstiftung an mehreren Kirchen verhaftet. Die Strafverfolgungsbehörden hatten bereits ein Auge auf ihn geworfen, da das Cover der jüngsten Burzum-EP *Aske* („Asche" auf Norwegisch) ein Foto der schwelenden Reste der Fantoft-Kirche zeigte. Den ersten tausend Exemplaren lag außerdem ein Sturmfeuerzeug bei.

Kurze Zeit später klopfte die Polizei an Maras Wohnungstür im Stockholmer Vorort Nacka, um sie wegen des Verdachts auf Brandstiftung und Bedrohung festzunehmen.

Der Artikel in *Bergens Tidende* erregte sowohl in Norwegen als auch in den Nachbarländern große Aufmerksamkeit. Teenager, Metal-Musik und Satanismus: eine unwiderstehlich delikate Kombination, die perfekte Story. Die Boulevardpresse in Schweden und Norwegen verfolgte den Fall aufmerksam und berichtete über die „Teufelsanbeter-Sekten". Das britische Magazin *Kerrang!* veröffentlichte ein großes Feature über Black Metal mit Varg Vikernes auf dem Cover. Plötzlich wusste die ganze Metal-Welt, was in Norwegen vor sich ging.

Kurz darauf brachte die Polizei den versuchten Brandanschlag auf Christofer Johnssons Elternhaus mit den Norwegern in Verbindung.

Im Februar 1993 wurde ein Artikel in der schwedischen Boulevardzeitung *Aftonbladet* von einem großen Foto begleitet, auf dem der Count mit zwei Messern posierte, wobei seine langen schwarzen Haare sein Gesicht verdecken. Unter der Überschrift „Er befahl, die Feuer zu legen" heißt es, die Freundin des Counts, „Maria", habe auf Anweisung ihres Anführers gehandelt. Im März 1993 schrieb *Aftonbladet* erneut über „Maria", diesmal mit der Schlagzeile „Ich bin der Brandstiftung schuldig". Man veröffentlichte Auszüge aus ihrem Tagebuch und stellte sie als gewöhnlichen, wohlerzogenen Teenager dar – mit Ausnahme ihres fanatischen Teufelsglaubens und ihrer satanischen Überzeugungen.

Die Auszüge sind in typischer Jugendsprache verfasst, enthalten aber einige beunruhigende Informationen. „Ach, übrigens … am vergangenen Samstag habe ich Feuer gelegt … ups?“ Im Tagebuch steht außerdem: „Ich liebe den Count. Niemand hat solche Fantasie! Er wird es tun. Ich will ein Messer … ein schönes Messer. Ein scharfes und fieses … hehe.“

Auf dem Foto posiert sie mit einem umgedrehten Kreuz vor ihrem Gesicht.

„Mehrere Journalisten wollten mit mir sprechen, aber keiner von ihnen schien sich besonders für meine Geschichte zu interessieren, es sei denn, ich sagte genau das, was sie von mir hören wollten – dass ich ein Opfer war, dass ich das kleine Mädchen war, das in schlechte Gesellschaft geriet und Befehle anderer Leute ausführte. Und ich fand dieses Bild von mir nicht im Geringsten korrekt. Ich habe Dinge getan, weil ich dachte, es würde Spaß machen. Das ging weit über den Horizont der Leute hinaus.“

Mara hat langes blondes Haar und betrachtet uns misstrauisch. Seit jener Nacht im Juli 1992 wurde sie mehrmals interviewt, sei aber kein einziges Mal korrekt zitiert worden, wie sie sagt. Sie will nicht, dass wir den Namen veröffentlichen, den sie in den Neunzigern trug.

„Diese Darstellung von mir als Opfer war ziemlich bestürzend. Ich fand eine alte Ausgabe von *Aftonbladet* mit einem Artikel über mich, der so geschrieben war, als hätte ich tatsächlich mit dem Journalisten gesprochen. Darin wurde ich als typisches Mädchen von nebenan beschrieben, das Pferde mochte, bevor ich bei einem Konzert ‚den großen Rockstar‘ getroffen hätte. Schlagartig und unerwartet verwandelte ich mich in ein Groupie, das mit ihm zu Séancen gegangen sei. Unnötig zu sagen, dass ich wütend war.“

Mara wuchs in Nacka auf und beschreibt ihre Kindheit als relativ normal – „keine Scheidung, keine merkwürdigen Vorfälle“. Sie entdeckte Metal durch andere Kinder, die im selben Viertel wohnten, und als sie aufs Gymnasium kam, wurde Musik zu ihrer größten Leidenschaft. Bald verlagerte sie sich von Bands wie Accept, Iron Maiden und Judas Priest auf härteren Stoff. Aus dem Drang wurde eine Sucht, denn sie suchte ständig nach immer extremeren Acts.

„Die Musik ist sehr suggestiv. Ich wollte meinen eigenen Geisteszustand verändern. Wenn ich sie hörte, fühlte ich mich auf seltsame Weise gut. Dafür gab es unterschiedliche Gründe. Im Hintergrund war die Musik immer da."

Wie die meisten Jugendlichen, die in den späten Achtzigern auf Death Metal standen, interessierte sie sich auch für makabre Themen: Horrorfilme, Magie und Spirituelles. Mara vertiefte sich ins *Necronomicon* und las Aleister Crowley. Dass die Musik gut war, reichte nicht, die Songtexte waren genauso wichtig – ansonsten fühlte sie sich betrogen. Sie vergleicht dieses Gefühl mit dem Kauf eines Stephen-King-Buchs, das einen tollen Horrortitel und ein tolles Cover hat, aber eine rührselige Liebesgeschichte enthält; das fühle sich einfach falsch an. So empfand jedoch nicht jeder.

„Es war, als wäre ich eine Weile mit den Leuten mitgelaufen, und dann kam auf einmal eine Gerade, und ich setzte voll zum Sprint an, während alle anderen locker weiterliefen. So kam es mir vor. Alle steckten in dieser komischen Phase fest: ‚Ich mag Horrorfilme und so, bin aber gegen jede Form von Gewalt.' Nein, das hat für mich nicht richtig gepasst."

Warum Mara selbst Gewalt nicht für etwas Schlechtes hielt, kann sie nur schwer erklären. Sie gibt an, es sei zu einer Verblendung geworden.

„Mir war schleierhaft, wie jemand so fasziniert von etwas sein konnte, dass er sich stundenlang Filme darüber anschaute, Lieder darüber hörte und ständig darüber redete – aber dann doch nicht wirklich daran glaubte. Entweder man ist dafür oder völlig dagegen. Damals verstand ich das Konzept der Grauzonen nicht. Ich war auch noch nicht mit echter Gewalt konfrontiert worden."

Heute erkennt sie diese Haltung als unreif und leicht beschränkt. Gleichzeitig betont sie, dass sie kein ahnungsloser Teenager gewesen sei, sondern ein ziemlich zynischer.

Mara ist der Meinung, Empathie würde sich erst spät im Leben entwickeln und sei bei Jugendlichen nicht stark ausgeprägt – am wenigsten in extremen Kreisen, weshalb sie sich so zu diesen hingezogen gefühlt habe.

„Ich konnte endlich ich selbst sein. Niemand zwang mich, seine vorgefasste Meinung darüber anzunehmen, wie man sich zu verhalten hatte. Manche Kinder haben von Natur eine Einfühlungsgabe, aber nicht alle. Ich kann mir vorstellen, dass es in der Pubertät leichter ist, sie zu verdrängen, wenn sie noch nicht voll entwickelt ist. Deshalb habe ich mich in dieser Gesellschaft so wohlgefühlt; ich fühlte mich frei."

Zu jener Zeit bestellte Mara ein Abruptum-Demo und erhielt eine Antwort von It, der sie einlud, der neu gegründeten True Satanist Horde beizutreten. Sie reiste nach Finspång, um dort ein Wochenende lang abzuhängen, und fand ein Umfeld vor, in dem sie sich zugehörig fühlte.

It und seine Freundin Alexandra Balogh lebten in einer kleinen Studiowohnung, die sich zu einem Treffpunkt für Fans der finstersten Metal-Spielarten entwickelt hatte. Gäste aus dem ganzen Land kamen zum Feiern.

Während der Partys spielten sie Rollenspiele und schmiedeten Pläne für die Auslöschung der Menschheit.

„Die Leute saßen meist nur herum und versuchten, sich gegenseitig mit bösartigen Ideen und verschiedenen Plänen zu übertrumpfen, die nie verwirklicht wurden, statt tatsächlich aufzustehen und etwas zu tun", bemerkt Mara.

Durch die Bestellung eines Albums von Burzum kam sie auch in Kontakt mit Varg Vikernes. Die beiden begannen, einander Briefe zu schreiben und zu telefonieren. Bald wurde ein Besuch Maras bei ihm in Bergen vorbereitet.

Am 5. Juni 1992 nahm sie einen Zug nach Oslo und übernachtete im Helvete. Am nächsten Tag flog sie nach Bergen, wo sie einen aufgeregten Varg Vikernes traf. Die Stabkirche Fantoft war in der Nacht komplett abgebrannt, was Schlagzeilen in allen Medien machte. Er nahm Mara mit auf eine Besichtigungstour, um ihr die schwelenden Glutnester zu zeigen.

„Es war das erste Mal, dass etwas Großes passierte“, sagt sie. „Wir hatten in der Nacht vor meiner Abreise miteinander telefoniert; es sollte um sechs Uhr morgens passieren. Ursprünglich sollten mehrere Kirchen gleichzeitig brennen, aber alle anderen haben gekniffen. Er hatte eine Menge Fotos gemacht. Moment – ich habe die Fotos in Schweden für ihn entwickeln lassen. Sie entstanden, nachdem die Polizei das Gebiet abgeriegelt hatte, und es gab auch ein paar Schnappschüsse von seinem Bruder auf demselben Film.“

Während ihres Aufenthalts in Bergen wurden Mara und Varg Vikernes ein Paar. Sie fühlte sich von seinen großen Plänen und seiner hasserfüllten Einstellung angezogen.

„Dann wurde ziemlich schnell klar, dass er nur ein großer Schwätzer war. Ihm zufolge war er als Einziger *true* – obwohl er seine Sicht der Welt andauernd änderte und dann behauptete, sie von vornherein vertreten zu haben.“

Später im Sommer reiste Vikernes nach Stockholm, um Mara und andere schwedische Satanisten zu besuchen, mit denen er Kontakt geknüpft hatte. Eines Tages saß er mit It in Maras Zimmer, wo sie über Therion lästerten.

Sie schrieben einen Gruß auf ein Stück Papier, und Vikernes signierte auch ein Burzum-Album, das Mara überbringen sollte.

„It sagte, ich müsse mich beweisen, um ein echtes Mitglied der Horde zu werden“, erzählt sie. „Wie ein Aufnahmeritual.“

Der Plan sah vor, dass sie ein Fenster des Proberaums von Therion einschlagen und das Burzum-Album mit dem Begleitbrief, den sie beide unterzeichnet hatten, hineinwerfen sollte. Die Band probte jedoch in einem Keller, und Mara wusste nicht, welches Fenster zu ihrem Raum gehörte. Therion waren nicht die einzige Band in dem Gebäude, außerdem fand sie die Aufgabe für eine Aufnahmeprüfung irgendwie lächerlich, also kam sie auf die Idee, das Geschenk sozusagen frei Haus zu liefern.

Damit Christofer Johnsson die Botschaft auch wirklich zur Kenntnis nahm, wollte sie zusätzliche Aufmerksamkeit erregen. Sie betont, das Haus niederzubrennen sei nie ihr Ziel gewesen.

„In dem Fall hätte es wenig Sinn ergeben, eine Nachricht zu hinterlassen."

Kurz nach der versuchten Brandstiftung schickt Varg Vikernes Christofer Johnsson einen Brief, in dem er erwähnt, er habe Streichhölzer und eine Schallplatte mit Autogramm in Schweden vergessen – ob Christofer sie zufällig gesehen habe? Er schreibt, er würde zurückkehren, und Johnssons Eltern könnten vor ihrem Sohn eines unnatürlichen Todes sterben. „Wir Norweger sind geistesgestört. Ich lebe im Mittelalter ... woher auch meine Mord- und Foltermethoden stammen." Dann fragt er, ob Johnsson eine Schwester habe, und fügt hinzu, er besitze einen Dildo mit Stacheln.

Johnson bringt den Brief umgehend zur Polizei und fordert sie auf, sofort zu handeln. Nichts geschieht. Der Medienrummel in Norwegen hat noch nicht begonnen, und die Polizei scheint ihn nicht sonderlich ernst zu nehmen.

In Metal-Kreisen wird viel darüber geredet, was in jener Nacht wirklich geschah. Obwohl der Count in seinem Brief die Verantwortung übernahm, wusste bald jeder, dass Mara die Täterin war. Sie freute sich durchaus über ihre Leistung. In ihr Tagebuch schrieb sie: „Jetzt steht es mir frei, mich der Horde als Mitglied anzuschließen ... aber wenn ich will, kann ich stattdessen der norwegischen ‚Horde' beitreten ... Sie heißt Black Circle. Wenn ich wählen muss, entscheide ich mich wahrscheinlich für die Norweger, da ich so oder so dort hinziehen werde ... in einem Jahr oder so. Außerdem sind sie in meinen Augen brutaler als TSH. Falls mir jemand dumm kommt, kreuzen sie hier auf und schneiden oder töten die betreffende Person."

Mara fügte hinzu, sie denke darüber nach, ihren Vater um eine Armbrust mit Bolzen zu bitten. „Das wäre wirklich evil!"

Die Tiraden im Alkoholrausch häuften sich bei den Treffen der True Satanist Horde in Finspång, während in Norwegen immer mehr

Kirchen brannten. Außerdem hatte Bård „Faust“ Eithun von der norwegischen Band Emperor im Spätsommer im Olympiapark von Lillehammer einen Homosexuellen ermordet. Die Polizei wusste davon noch nichts, aber in den engen Black-Metal-Kreisen Norwegens und Schwedens hatte die Neuigkeit schon einige erreicht. Bård arbeitete im Helvete-Laden und stand Øystein nahe.

Da sowohl in der True Satanist Horde als auch im Black Circle viel geredet und wenig gehandelt wurde, verbreiteten sich Nachrichten wie ein Lauffeuer, wenn tatsächlich etwas Handfestes geschah.

„Euronymous rief mich eines Abends an und sagte: ‚Es gab einen ersten Mord‘“, erinnert sich It. „Wie sich herausstellte, hatte Faust einen schwulen Mann im Wald erstochen; darauf waren sie ungeheuer stolz. Wir hatten über Mord gesprochen und etwas Entsprechendes geplant, uns im Grunde gegenseitig aufgefordert und ermutigt – so nach dem Motto: ‚Mal sehen, wer es zuerst tut.‘ Als er mich anrief, antwortete ich ungefähr: ‚Es ist wohl an der Zeit, dass wir auch handeln.‘ Oder etwas Ähnliches.“

Am Halloween-Wochenende traf sich die True Satanist Horde in Finspång. Mara und Varg hatten sich getrennt, und sie war jetzt mit Jon Nödtveidt von Dissection zusammen. Die Gruppe bekam auch Besuch von dem achtzehnjährigen Nachwuchsmusiker Johan Karlsson, den It eingeladen hatte. Er arbeitete an einem Black-Metal-Soloprojekt und behauptete, sich aufrichtig für Satanismus zu interessieren. Das Treffen uferte ziemlich rasch zu einer richtigen Party aus.

„Wir haben uns betrunken, Monty-Python-Filme geschaut und Rollenspiele gespielt“, berichtet Mara. „Dass er dabei war, machte alles irgendwie noch eigenartiger, so auf die Tour: ‚Also gut, und wer bist du? Würdest du dich trauen, jemanden umzubringen?‘ Dann sind wir in die Kneipe gegangen, und Johan wollte uns beweisen, dass er wirklich den Mut dazu hatte.“

Auf der Straße sprach Karlsson ein älteres Ehepaar an und fragte nach dem Weg zum Hafen. Finspång hat keinen Hafen, und als der Mann antworten wollte, stach ihm Karlsson mit einem Allzweckmesser in den Hals. Der Mann verblutete fast, und Karlsson wurde später zu vier Jahren Haft verurteilt.

Mara erinnert sich, dass niemand großartig darauf reagierte; sie fanden es eher erbärmlich als cool. „Er tat es nicht, weil es ihm gefiel, sondern nur, um uns zu imponieren. Das war nicht dasselbe."

Zum Zeitpunkt der Tat war It in Norrköping, um Morgan Håkansson abzuholen. Sie kehrten nach Finspång zurück und fanden die Gruppe völlig aufgewühlt vor. Er ärgerte sich über die mangelnde Entschlossenheit aller und fuhr Morgan nach Norrköping zurück.

„Am Tag danach riefen wir die Polizei an und sagten, dass es Karlsson war. Wir durften nicht zulassen, dass der innere Kreis durch irgendetwas gefährdet wurde, zumal wir ihn auch nicht mochten", sagt It.

Im Januar 1993 klopften zwei Polizisten mit einem Durchsuchungsbefehl an Maras Wohnungstür. Sie konnte nur dabei zusehen, wie die Beamten in das Durcheinander in ihrem Zimmer stürmten und alle Dokumente, die sie fanden, in große Tüten packten. Sie beschlagnahmten alles, von beiläufigen Notizen bis zu Maras Arbeitszeugnis. Auch ihr Tagebuch entdeckten sie.

Mara wurde festgenommen und in die Haftanstalt Kronoberg gebracht, wo sie unter strenger Beobachtung stand. Man beschloss, sie einer umfassenden psychiatrischen Untersuchung zu unterziehen, und überwies sie in eine psychiatrische Einrichtung in Uppsala. Nach drei Monaten wurde bei ihr eine Borderline-Persönlichkeitsstörung diagnostiziert.

„Das trifft auf die meisten Menschen zu", bemerkt sie trocken. „Jemand hat ein gestörtes Einfühlungsvermögen, sieht alles nur schwarz oder weiß, wird schnell wütend – das ist eine Standarddiagnose."

Während Mara in Verwahrung blieb, machten weitere Vorfälle auf die neue satanistische Welle aufmerksam. Die Lundby New Church in Göteborg brannte im Februar 1993 ab. Erst einige Jahre später wurden drei Jugendliche für die Tat verurteilt, die sich angeblich von einem Artikel über den Count in der Boulevardzeitung *iDag* inspirieren hatten lassen.

Ein Entombed-Konzert in Oslo wurde von ihrer Plattenfirma nach Morddrohungen seitens norwegischer Satanisten abgesagt.

Bevor ihr Prozess begann, wurde Mara von dem christlichen Moderator Siewert Öholm kontaktiert. Er lud sie ein, in seiner Talkshow *Svar Direkt* über die wachsende satanistische Bewegung zu sprechen. Da es sich um eine Livesendung handelte, wurde eine Kamera im Speisesaal der psychiatrischen Klinik in Uppsala installiert.

Im Göteborger Studio begrüßte Öholm Christofer Johnsson als ersten Gast. Er hatte langes blondes Haar und erzählte sachlich, was in der Nacht der Brandstiftung geschehen war. Öholm wirkte entsetzt; er stellte Mara über die Liveübertragung vor – schwarze Haare verdeckten ihr Gesicht, sie trug ein schwarzes Mayhem-Shirt. An ihren Armen sah man frische Schnitte. Sie hing schief auf ihrem Stuhl und antwortete nur schleppend auf seine Fragen. Er wollte wissen, ob sie Satanistin sei. „Ja", antwortete sie in einem trägen Tonfall. Er hakte nach, ob dies bedeute, dass sie den Teufel anbete. „Ja", antwortete sie erneut. Punks im Publikum kicherten. Sie schien mit den Worten zu ringen und wirkte fast etwas dümmlich.

„Ich war ziemlich nervös, als ich dort saß, das kann ich sagen", sagt Mara heute. „Ich bezweifle, dass ich bei irgendjemandem einen guten Eindruck hinterlassen habe."

Alexandra Balogh verfolgte die Sendung von ihrer Wohnung in Finspång aus.

„Ich wurde wütend, als das Publikum lachte. Sie wirkte wie betäubt und hatte Schwierigkeiten beim Sprechen."

It beschloss, *Aftonbladet* ein Interview zu geben.

Ich weiß noch, dass sie mich fragten: „Darf man jemanden ermorden?" Ich antwortete „Ja, wenn jemand zum Beispiel meine Mutter umbringt" und nannte ihnen meine Gründe dafür. Die Schlagzeile der Story lautete: ‚Mord ist richtig'. Plötzlich riefen mich Radiosender, das Fernsehen und Zeitungen an. Eine Zeit lang war es ziemlich heftig."

Balogh erinnert sich daran, wie sie eines Morgens von Robert Aschberg geweckt wurde, dem Moderator einer Fernsehtalkshow, der an ihrer Tür klingelte und durch den Briefkastenschlitz etwas von einem Interview brüllte.

„Das Ganze erhielt unverhältnismäßig viel Aufmerksamkeit. Erwachsene wie Siewert Öholm und Robert Aschberg versuchten, die Situation auszunutzen, und bauschten sie maßlos auf. Sie verstanden nicht, dass wir alle zwischen siebzehn und einundzwanzig Jahre alt waren und gern übertrieben. Eigentlich hätten sie das selbst erkennen müssen."

Der Prozess begann wenige Tage nach Maras Auftritt in *Svar Direkt.* Im April 1993 wurde sie verurteilt und in eine Anstalt eingewiesen, wo für ihre Entlassung eine besondere Überprüfung erforderlich war – was im Wesentlichen eine unfreiwillige psychiatrische Behandlung auf unbestimmte Zeit bedeutete. Sie war gerade neunzehn Jahre alt geworden.

Mara selbst hatte die Tragweite der Ereignisse noch nicht gänzlich erfasst. Sie betrachtete ihre Handlungen nicht als kriminell und konnte sich nicht sonderlich über die Situation aufregen, in die sie geraten war. Heute findet sie keine konkrete Erklärung dafür, warum sie sich dergestalt abkapselte.

„Das war etwas, das man ständig geübt hat. Ich lernte, mich irgendwie von meinen Emotionen abzukoppeln; das war der erwünschte Zustand. Ich schätze, dass es viel mit Angst zu tun hat. Wenn dich nichts verletzen kann, kann dich auch niemand berühren. Man kann sich wirklich abschalten. Die Frage, warum man das tun sollte, ist allerdings schwieriger zu beantworten."

Als Black Metal ins Rampenlicht gerückt wurde, gerieten Varg Vikernes und Øystein Aarseth aneinander. Aarseth echauffierte sich, weil Vikernes bei *Bergens Tidende* geplaudert hatte; Vikernes ärgerte sich wiederum darüber, dass Aarseth die Situation, die Vikernes geschaffen hatte, nicht richtig ausnutzte, weil er es versäumte, Black Metal bekannt zu machen, während die Weltmedien zusahen. Stattdessen schloss Aarseth das Helvete auf Wunsch seiner Eltern vorübergehend. Sie stritten auch über Geld. Vikernes glaubte, in Aarseths Verkaufsberichten gebe es Ungereimtheiten.

In einer Nacht im August 1993 fuhr Vikernes mit Snorre „Blackthorn“ Ruch, dem neuen Gitarristen von Mayhem, von Bergen nach Oslo. Um vier Uhr morgens klingelte es an Aarseths Tür. Was dann passierte, ist nie vollständig geklärt worden. Als Vikernes jedoch das Wohnhaus verließ, lag Aarseth im Treppenhaus, tot infolge von mehr als zwanzig Stichwunden.

Vikernes behauptete, sein Aufstieg zu einer führenden Position in ihrem Kreis habe Aarseth dermaßen gestört, dass er seinen Rivalen foltern und ermorden wollte. Er beteuerte zudem, Aarseth habe ihn zuerst angegriffen, und es sei Notwehr gewesen.

Die Nachricht verbreitete sich schnell in Schweden. Die Clique in Strömstad machte sich gerade fertig, um den Zug zum Hultsfred Festival zu nehmen, als Jon Nödtveidt einen Anruf aus Norwegen erhielt. In der Bahn trafen sie sich in ihrem Abteil, standen auf und hoben ihre Getränke, um Øystein Aarseth die Ehre zu erweisen.

Jon Nödtveidt rief auch It an, um ihm zu erzählen, was vorgefallen war.

„Er sagte mir, die Polizei verdächtige Satanisten aus Schweden“, erinnert sich It. „Zuerst saß ich einfach nur erschüttert da, bevor ich meine Sachen zusammenpackte und zu Alls Wohnung fuhr.“

Da sie nicht sicher waren, ob jemand hinter den Satanisten her sei, die mit Aarseth in Kontakt standen, beschlossen die beiden, etwas zu unternehmen. It packte seine Glock 17 ein, und sie trampten nach Stockholm. Sie landeten auf der Party eines Freundes und betranken sich heftig. Als jemand eine Kassette mit der schwedischen Tanzband Vikingarna einlegte, rastete It aus und schlug sich die Kassette mit solcher Wucht gegen die Stirn, dass er blutete. Später am Abend wurde er vor dem königlichen Schloss wegen Hausfriedensbruchs verhaftet.

„Der Wachmann stieß mir immer wieder mit seinem Sturmgewehr gegen die Brust, und als die Polizei eintraf, waren es sechs Beamte, die ihre beschissenen Waffen direkt auf mich richteten. Sie fragten: ‚Warum blutet Ihre Stirn? Warum haben Sie Rasierklingen dabei?

Haben Sie sich geschnitten?‘ Ich erwiderte nur: ‚Ich bin Satanist. Lasst mich in Ruhe!‘ Am nächsten Tag wurde ich fünf Stunden lang von Kripos, der norwegischen Kriminalpolizei, vernommen.“

It führt aus, die norwegische Polizei habe alte Briefe gefunden, die er und Øystein Aarseth einander geschrieben hatten. Einige seien in einem feindseligen Ton verfasst worden, weshalb sie ihm einen Groll unterstellten. In einem der letzten Briefe bot It allerdings an, Øystein mit der True Satanist Horde in seinem Konflikt mit Varg Vikernes zu unterstützen, da er den Black Circle für unfähig hielt, ihm zu helfen. Dem Brief war ein Artikel aus *Aftonbladet* beigefügt, den die Kripos so interpretierte, dass It eine Rechtfertigung für einen Mord gefordert habe.

„Nachdem ich ihnen bestimmte Informationen gegeben hatte, die nur ich zu dem Zeitpunkt haben konnte, schaffte ich es, sie davon zu überzeugen, dass Vikernes es getan hatte“, erzählt er weiter. „Später stellte sich heraus, dass Vikernes seinerseits die Polizei angerufen und ihr den Tipp gegeben hatte, ich hätte Øystein umgebracht. Als sie seine ‚Todesliste‘ fanden, stand mein Name an dritter Stelle. Da er mich nicht mehr erreichen konnte, versuchte er stattdessen, mir etwas anzuhängen.“

Etwa eine Woche nach dem Mord an Aarseth wurde Vikernes verhaftet und wegen Mordes, drei Brandstiftungen in Kirchen, einer versuchten Brandstiftung und des Diebstahls von Sprengstoff zu einundzwanzig Jahren Haft verurteilt.

Mit dem Ausscheiden der beiden Hauptfiguren löste sich der Black Circle auf. „Als der Count Euronymous ermordete, starb alles, was mit der True Satanist Horde zu tun hatte, jedenfalls für mich“, sagt Ole Öhman. „Øystein war einer der großen charismatischen Anführer. Er war derjenige mit der Vision. Jon und ich gingen in den Wald und zündeten ein Opferfeuer aus Burzum-Artikeln an. Platten und Shirts – wir verbrannten alles, was mit Burzum zu tun hatte.“

Nach acht Monaten Haft wurde Mara aus dem Jugendgefängnis Nacka entlassen und in ein Heim eingewiesen. Sie unternahm keine

Anstrengungen, mit ihren alten Freunden in Kontakt zu treten, verkehrte aber weiterhin in Black-Metal-Kreisen. Mara schrieb Texte für die Black-Metal-Band Siebenbürgen und sitzt auf dem Cover von deren 1997er-Album *Loreia* mit einem Totenschädel in einem Kreis aus brennenden Kerzen.

Heute sieht Christofer Johnsson die Ereignisse etwas anders: „Hätten die Medien nicht alles aufgebauscht, wäre außer den Beteiligten niemand daran interessiert gewesen. Ich habe die Brandspuren an der Tür gesehen, sie wäre nie richtig in Flammen aufgegangen. Natürlich war es sowohl unschön als auch unentschuldbar – aber gleichzeitig wurde es als ‚Satanisten, die Babys bei lebendigem Leib verbrennen wollen' dargestellt. Diese Babys waren in Wirklichkeit meine Brüder im Teenageralter."

Auch wenn Johnsson durch Vikernes' Angriffe provoziert wurde, betrachtet er Maras Taten als jugendlichen Unfug.

„Ich meine, sie war achtzehn Jahre alt. Manche werden in diesem Alter Skinheads oder Hooligans, sind dann aber mit dreißig tolle Familienväter und normale steuerzahlende Bürger. Man sollte nicht zu hart urteilen. Übrigens glaube ich, dass Afflicted später *ihr* gedroht haben – aber das war wohl eher ein Streich. Genau das scheinen die Leute nicht zu begreifen, dass es sich um einen Haufen Teenager handelte, die Dummheiten anstellten."

Jon „Metalion" Kristiansen glaubt, dass viele Personen, die in jenen Kreisen verkehrten, tatsächlich sehr einsam waren. Er sagt, das Ziel sei es gewesen, alle Gefühle zu verdrängen. In Verbindung mit ihrem jungen Alter war das Unheil vorprogrammiert.

„Ich denke, viele von uns sehnten sich nach etwas, das wir nicht richtig bestimmen konnten. Da wir keine Möglichkeit hatten, unsere Emotionen auszuleben, zogen wir uns stattdessen in uns selbst zurück. Es gab wirklich nichts anderes. Um Gefühle auszudrücken, muss jemand da sein, der sie zur Kenntnis nimmt, und das war bei vielen nicht der Fall."

Nachdem Bård Eithun den Mord im Olympiapark begangen hatte, besuchte Metalion ihn und Øystein im Helvete.

„Øystein fragte: ‚Weißt du, was Bård getan hat?' Dann sagten sie es mir und lachten. So war das. Wir wussten damals schon so viel, bevor die Polizei es wusste. So viele Geheimnisse mit dir herumzutragen zerreißt dich innerlich."

Jan Axel „Hellhammer" Blomberg sagt: „Viele der Leute, die sich damals für diese Musik interessierten, waren Teenager, die mit einer Identitätskrise zu kämpfen hatten und jemanden suchten, dem sie folgen konnten. Dann begegneten sie jemandem wie Øystein oder Varg, und dieser natürliche Drang, ihnen zu folgen, nahm überhand. Das ist etwas, das jedem Menschen unterschwellig innewohnt. Bei schwachen Gemüter kann es wirklich in einer Katastrophe enden. Das ist passiert und wird in diesem Musikgenre zweifellos weiterhin passieren."

Die Kirchenbrände, die Morde und das fiebrige Medieninteresse trugen dazu bei, Black Metal als Musikform zu etablieren, und brachten unzählige neue Bands hervor. Die Kluft zwischen Black- und Death Metal wurde immer tiefer.

„Nach der Veröffentlichung unseres zweiten Albums *Indecent and Obscene* im Herbst 1993 gingen wir auf Europatournee. Es wurde gleich offensichtlich, dass die Death-Metal-Welle abebbte", erzählt Dismember-Sänger Matti Kärki. „Überall, wo wir spielten, war Black Metal der heiße Scheiß. Anstelle von Bands, die sich auf der Bühne brutal gaben, aber trotzdem eine gesunde Distanz dazu wahrten, brachte Black Metal einen Haufen Extremisten hervor, die dann die Führung übernahmen."

Als das mit Spannung erwartete erste Mayhem-Album *De Mysteriis Dom Sathanas* im Frühjahr 1994 erschien, befand sich der Black Metal auf seinem Höhepunkt. Bis heute gilt die Platte als eines der wichtigsten Werke des Genres. Alles daran war bahnbrechend.

Allein die Beteiligten machten es legendär: Auf dem Album sind Varg Vikernes am Bass und Øystein Aarseth an der Gitarre zu hören, die Texte stammten von Pelle „Dead" Ohlin – die Musik ist episch und eiskalt, insbesondere der Gesang von Attila Csihar von der ungarischen Band Tormentor scheint nicht von dieser Welt zu sein.

„Als wir die Vocals auf diesem Album zum ersten Mal hörten, dachten wir alle: ‚Was zum Teufel macht dieser Attila? Ist er gut oder schlecht?‘“, entsinnt sich Peter Stjärnvind, Mitglied vieler bekannter schwedischer Metal-Bands wie Nifelheim, Entombed und Merciless. „Im Titeltrack klingt er wie ein bekehrter Mönch aus *Der Name der Rose*, der in einer Höhle eine schwarze Messe abhält. In diesem Zusammenhang ist es absolut genial – und vor allem unnachahmlich.“

Der Mord an Øystein hinterließ eine Lücke in der Black-Metal-Szene. It hoffte, die True Satanist Horde weiterführen zu können, bekam aber bald Streit mit Jon Nödtveidt, der ein anderes Konzept gefunden hatte, das ihm besser zu liegen schien.

„Er meinte, er würde sich in einer neuen satanistischen Organisation namens Misanthropic Luciferian Order besser aufgehoben fühlen“, sagt It. „Jon war einer meiner engsten Freunde, ein echter Bruder in jeder Hinsicht, also fühlte ich mich verraten. Dies und die Tatsache, dass ich mitansehen musste, wie meine Schöpfung TSH vor meinen Augen zusammenbrach, hat mich fertiggemacht.“

Die beiden Gruppen gerieten in Konflikt miteinander, und Gerüchten zufolge wurde It in einem Ausmaß bedroht, dass er Schweden für mehrere Jahre verließ. Seinen eigenen Schilderungen zufolge zog er ins Ausland, da er sowohl von sich selbst als auch von seiner persönlichen Situation genervt war.

Micke „Lord Ahriman“ Svanberg, Gitarrist von Dark Funeral, erinnert sich, wie die Feindseligkeit zwischen den Drahtziehern die engsten Black-Metal-Kreise lange Zeit durchdrang – und wie man im Grunde aufgefordert wurde, sich für eine Seite zu entscheiden.

„Wir weigerten uns. Warum hätten wir das tun sollen? Wir waren alle Freunde und vertraten mehr oder weniger die gleiche grundlegende Haltung. Sich darüber zu streiten, wer der Anführer sein sollte, war lächerlich. Unser damaliger Sänger Caligula erklärte bei einem Treffen, dass wir kein Interesse daran hätten, Partei zu ergreifen. Es war eine Schande, da wir mit Jon, It und den Norwegern befreundet waren. Danach haben wir den Kontakt zu vielen Leuten verloren.“

Dark Funeral wurden 1993 in Stockholm gegründet, und ihr Debütalbum *The Secrets of the Black Arts* erschien drei Jahre später. Zu diesem Zeitpunkt war die Black-Metal-Szene bereits gespalten. Zusammen mit ihren schwedischen Kollegen Marduk und Dissection, den Norwegern Dimmu Borgir und Satyricon sowie Cradle of Filth aus Großbritannien brachten Dark Funeral den Black Metal durch beflissenes, ausgiebiges Touren einem größeren Publikum nahe. Während sie viele neue Fans gewannen, wurden sie auch von denjenigen verachtet, die der Meinung waren, dass Black Metal etwas für wenige Eingeweihte sein sollte.

„Wir sind unseren eigenen Weg gegangen, während andere zu viel Zeit damit verbrachten, sich anzupassen", sagt Svanberg. „Ich betrachte meine schwarze Seele als Fundament, und das wird sich nie ändern. Ich hatte nie das Bedürfnis, mich an bestimmte Regeln und Einschränkungen zu halten, um als True Black Metal bezeichnet zu werden, denn ‚ich bin eins mit der Finsternis'."

Viele ehemalige Mitglieder des Black Circle und der True Satanist Horde betonen rückblickend, dass sie sich vor allem mit Freunden betranken, statt an organisierten, geheimen, gesetzeswidrigen Aktivitäten teilzunehmen. Dies ist jedoch irrelevant, wenn man sich das Ergebnis vor Augen führt. Diese jungen Leute haben den Rahmen abgesteckt und Ideen entwickelt, die heute in der Szene vorherrschen.

In den Anfangsjahren des Death Metal bedeutete *true*, dass man die Musik liebte und ihr sein Leben widmete: Musik aus Leidenschaft spielen, statt sich um Plattenverkäufe zu sorgen, jede obskure Band zu kennen und bei allen Konzerten zugegen zu sein. Black Metal hat den Begriff übernommen und ihn sich zu eigen gemacht.

„Für Außenstehende ist es vielleicht schwer zu glauben, aber auch innerhalb der Black-Metal-Szene gab es eine Menge Selbstironie", sagt Gylve „Fenriz" Nagell von Darkthrone. „Viele Leute, die einfach nur mitmachen wollten, schienen das nicht zu verstehen. Und wenn man keinen Humor besitzt, wird man sehr langweilig. So sehr wir auch etwas von ganzem Herzen tun wollten, ändert das nichts daran: Wenn du langweilig bist, bist du eben langweilig."

Was seine eigene Verurteilung seiner ehemaligen Freunde Entombed betrifft, relativiert er, die Kritik am schwedischen Death Metal in Fanzine-Interviews habe sich ausschließlich auf die leblosen Produktionen des Sunlight Studios bezogen, wo Darkthrone selbst ihr Debüt aufgenommen hatten.

„Das ist etwas, worüber ich in den letzten zwanzig Jahren viel nachgedacht habe. In den Achtzigern gingen die Bands zu ihrem Produzenten vor Ort, um aufzunehmen. Was mir daran wirklich gefiel, war der Umstand, dass jede Band anders klang. Neue Sounds wurden geschaffen. Das war eine interessante Zeit. Dann entstand plötzlich jedes Album entweder bei Morrisound Recording in Florida oder im Sunlight Studio, was zu identischen, emotionslosen Klangbildern führte."

Nagell behauptet, diese Produktionsstile hätten die Szene ruiniert. Allein darüber zu sprechen regt ihn dermaßen auf, dass er fast wütend schreit.

„Die Methoden, die sie benutzten, wurden bald von *jeder* Band übernommen, die es gab! Und das war etwas, wogegen sich Darkthrone schließlich zur Wehr setzen mussten!"

In der zweiten Hälfte der Neunziger wurde das Streben nach Authentizität zu einer Art Wettbewerb. Wer als nicht *true* genug galt, wurde verprügelt, sagt Demonia, die uns bittet, ihren richtigen Namen nicht zu nennen. Sie betreibt den Metal-Blog Demonia und ist seit Langem in der Stockholmer Black-Metal-Szene aktiv.

„Es gab eine Band namens Satan's Penguins, die sich über Black Metal lustig machte und schließlich ausfindig gemacht wurde. Alles war todernst, und Witze über Black Metal wurden nicht toleriert. Damals kannte jeder jeden, und wenn plötzlich ein Neuling auftauchte, der behauptete, Black Metal zu sein, wurde er mit hoher Wahrscheinlichkeit verprügelt. Es gab eine Menge Gewalt."

Sie sagt, beim Black Metal komme es darauf an, Druck auszuhalten – krasse Dinge in Kauf zu nehmen, von denen sich normale Menschen abgestoßen fühlen, oder kurz gesagt: möglichst extrem zu sein, auf möglichst viele Arten.

„Damals war auch Respekt sehr wichtig – Black Metal zu hören sollte den Leuten in deinem Umfeld einen gewissen Respekt einflößen. Es ist wirklich schwer zu erklären. Black Metal zu hören ist und sollte gefährlich sein."

Während das eine Dreigestirn die internationale Black-Metal-Szene beherrschte, hatte sich in Stockholm und den umliegenden Gemeinden ein anderes gebildet. Die Band Ofermod aus Norrköping blieb zusammen mit Funeral Mist und Malign aus Stockholm im Untergrund und experimentierte mit extremeren musikalischen Ideen.

Thomas Väänänen, der früher bei der Viking-Metal-Band Thyrfing sang, erinnert sich noch gut an die spürbar aggressive Stimmung bei Black-Metal-Konzerten in Stockholm Mitte der Neunziger. Wer nicht das richtige Bandshirt trug, musste damit rechnen, dass es ihm gewaltsam ausgezogen wurde.

„Ich weiß noch, wie Mörk von Malign meinen Freund bei einem Dark-Funeral-Konzert ansprach und zwang, sein umgedrehtes Kreuz auszuziehen, weil er nicht *true* genug und daher nicht würdig sei, es zu tragen. So lief es damals. Der Besuch von Black-Metal-Konzerten war in jenen Tagen ein Abenteuer für sich."

Mörk, der nicht möchte, dass sein bürgerlicher Name veröffentlicht wird, erinnert sich nicht an den fraglichen Vorfall, bestätigt aber, dass er und seine Freunde Leute, die sie als lästig empfanden, zur Rede stellten, um sie zu ihrer Musik und ihren Überzeugungen zu befragen. Besonders diejenigen, die Mayhem-Shirts trugen, wurden verhört. Wenn die Antworten nicht zufriedenstellend ausfielen – und wenn sich die Personen nicht wehrten –, wurden sie verprügelt.

„Wir fanden, dass Black-Metaller ein gewisses Format haben sollten", so Mörk weiter. „Es gab eine Würde, die es zu bewahren galt. Ich persönlich höre Black Metal nicht auf die gleiche Weise wie andere Musik – für mich ist er etwas Heiliges. Euronymous von Mayhem hatte die Idee, die Leute zu zwingen, Fragebögen auszufüllen, um Platten der Band kaufen zu dürfen. Das sollte eine Schutzmaßnahme sein, damit keine Idioten ihre Musik in die Finger bekamen. Ich mache keine zutiefst spirituelle Entwicklung durch, damit Leute auf Partys erst uns und dann Twisted Sister oder Tankard hören. Allein der Gedanke, dass sich jemand zu unserer Musik amüsiert, macht mich wahnsinnig."

Malign gründeten sich 1994 im Stockholmer Vorort Tensta, inspiriert vom norwegischen Black Metal, aber auch von schwedischen Bands wie Unpure und Unanimated. Mörk sagt, die drei Mitglieder seien „jung und beeinflussbar" gewesen und wollten genau wie Mayhem sein. Misanthropie fühlte sich in Verbindung mit den starken aggressiven Gefühlen, die die Musik auslöste, natürlich an, und die Band erlangte schon früh den Ruf, gewalttätig zu sein. Sänger Nord hörte gänzlich zu duschen auf, um so verwahrlost wie möglich auszusehen. Das ging so weit, dass „irgendein Pilz oder Moos" auf ihm wuchs, so Mörk.

Die Mitglieder von Malign lungerten an Sommerabenden oft zusammen mit Funeral Mist und anderen Stockholmer Bands wie Werewolf, Svartsyn oder Blackwitch am Amphitheater des Rålambshovs-Parks herum und stifteten Ärger. Schwarze Kleidung und Nieten zu tragen war damals noch unüblich, die Leute gingen ihnen daher aus dem Weg. Was mit Einschüchterung und willkürlichen Schlägereien bei Konzerten begann, zog bald ernstere Straftaten nach sich: Raub und Körperverletzung.

„Viele junge Männer kämpfen, um sich zu beweisen, aber wir taten es aus anderen Gründen", erläutert Mörk. „Wir kamen aus fürsorglichen Elternhäusern, zogen uns aber daran hoch, Leid zu verursachen und Menschen zu verletzen – ich kann nicht ganz erklären, warum. Wir hatten den Drang, Wunden in Gottes Schöpfung zu reißen, und verrannten uns komplett in der Gewalt. Heute als erwachsener und reifer Mensch finde ich das völlig absurd; der Black-Metal-Teil in mir steht aber hundertprozentig dahinter."

Gegen Ende der Neunziger organisieren sich die Mitglieder von Malign, Funeral Mist und Ofermod, wobei Mörk von einer „heiligen Dreifaltigkeit“ spricht. Inspiriert vom Black Circle und anderen extremen Vereinigungen verstehen sie sich als religiöse, Satan verehrende Söldner im Krieg gegen Gott und die christliche Botschaft der Liebe.

„Zum Schluss waren wir gewissermaßen Berufsverbrecher, die weder finanzielle Interessen noch Drogenprobleme hatten. Es war gänzlich religiös und rechtswidrig. Was die Black-Metal-Szene angeht, glaube ich, dass wir eine Zeit lang ziemlich guten Schwung hatten und ihre Richtung weitaus stärker hätten bestimmen können – aber dieser Schwung ging verloren. Ich wünschte, wir hätten mehr daraus machen können.“

Er kann nicht erklären, welche Entwicklung er sich stattdessen gewünscht hätte.

„Die norwegischen Black-Metal-Bands haben das ganze Land auf den Kopf gestellt und waren außerordentlich einflussreich. Keine Ahnung, vielleicht sollte Black Metal nur als Tor zu etwas anderem dienen – etwas Tiefgründigerem für bestimmte Personen. Und das ist nicht völlig unethisch, schätze ich. Dennoch habe ich manchmal das Gefühl, dass wir, falls die Hippies in den Sechzigern in der Lage waren, einen Krieg zu beenden, imstande hätten sein sollen, wenigstens einen anzuzetteln.“

Um die Jahrtausendwende herum löste sich der Zirkel auf. Einige Mitglieder vertiefen ihre religiösen Interessen weiter, während Mörk einsieht, dass sich seine Band zu sehr auf Gewalt und zu wenig auf Musik konzentrierte. 2001 legt er Malign auf Eis und wird von Watain als Live-Bassist rekrutiert. Er bleibt fünf Jahre lang bei ihnen. Letztlich kann er es einfach nicht lassen, Konzertbesuchern gegen den Kopf zu treten – Fans, die vermutlich nichts Schlimmeres tun, als sich zu amüsieren.

In den folgenden Jahren wurde die Black-Metal-Szene durch Bands wie Watain wiederbelebt, die sich der Ästhetik und Stilmittel des

Genres bedienen, aber gleichzeitig ein Gefühl religiöser Feierlichkeit hochhalten. Außerdem hat das Genre zum ersten Mal einen Durchbruch geschafft, sowohl kommerziell als auch in den Massenmedien. Heute wird Black Metal oft als Kunstform angesehen, die mehr ist als ein spektakulärer Musikstil.

Als Watain mit dem schwedischen Grammis in der Kategorie „Hardrock/Metal" ausgezeichnet und für mehrere andere prestigeträchtige Preise nominiert wurden, machte Black Metal seinen ersten Schritt in die Hallen der kulturellen Elite. Selbstverständlich war dieser Riesenerfolg auch ein schwerer Schlag für viele Black-Metal-Fans. Mörk ist geteilter Meinung.

„Einerseits ist es erfreulich, da es Watain die Möglichkeit gibt, ihre Botschaft einem größeren Publikum nahezubringen; andererseits schreckt es auch ein wenig ab, weil es bedeutet, dass viele Leute beiläufig Musik hören, die entweder Alpträume oder Offenbarungen heraufbeschwören sollte, je nachdem, wer sie hört."

Watain-Frontmann Erik Danielsson hat aber kein Problem damit, gleichzeitig kommerziell erfolgreich zu sein und dem Kerngedanken des Black Metal treu zu bleiben. Die Band bekennt sich ganz klar zu ihrer satanischen Überzeugung und menschenfeindlichen Haltung. Danielsson weiß, dass Black Metal praktisch ein Trend geworden ist und man die meisten neuen Fans beileibe nicht *true* nennen kann. Solang Watain jedoch genau das tun, was sie wollen, und trotzdem Erfolge feiern, ist ihre Wirkung doppelt so stark.

„Sowohl im Black- als auch im Death Metal kommt es darauf an, es zu weit zu treiben; erst dann erfüllt er seine eigentliche Funktion. Das Gegenteil ist das, was schlechten Black Metal ausmacht. Es gibt eine Quelle, aus der alles entspringt. So wichtig es ist, ständig mit dieser Quelle verbunden zu sein, so wichtig ist es auch, sich ständig von ihrer unbändigen Kraft mitreißen zu lassen. Sonst wird Black Metal als Kunstform irrelevant – jedenfalls in der Art und Weise, wie ich damit arbeiten möchte. Darüber, was das für Watain bedeuten wird, will ich nicht reden. Die Leute müssen immer noch die Eier haben, um sich zu unseren Shows zu trauen."

Bathorys Quorthon sagte 1987 in einem Interview mit dem *Metal Hammer*: „Man muss eine ganz klare Grenze ziehen zwischen dem, was man auf der Bühne tut, und dem, was man privat tut." Mehr als zwanzig Jahre später entscheidet das genaue Gegenteil darüber, ob man *true* ist oder nicht. Natürlich unterscheidet sich die Bedeutung dessen, was als *true* angesehen wird, von Genre zu Genre und hängt davon ab, was man persönlich als unaufrichtig betrachtet.

Etwas authentisch zu nennen ist sowohl eine moralische als auch eine künstlerische Position.

Auf die Frage, was *true* ist und wie man den abwertenden Begriff *Poser* definiert, könnte man heute antworten: „Das wird nur zum Sticheln oder scherzhaft verwendet" – oder dass der Begriff überholt sei, weil man sich unmöglich als *true* beweisen kann. Die Beurteilung von Bands oder Einzelpersonen anhand ihrer Authentizität ist jedoch nach wie vor gängig.

„Zu behaupten, es gäbe keine Diskussion mehr darüber, was im Black Metal *true* sei, ist totaler Blödsinn", findet Lars Martinsson, *Close-up*-Autor und Sänger der Metal-Band Vampire. „Es ist heute so wichtig wie ehedem, aber Begriffe, die für etwas so Heikles stehen, müssen ersetzt werden, wenn sie ihre Bedeutung verloren haben. Über Menschen, die sich das Gesicht anmalen und seltsame Ansichten haben, kann man sich sehr leicht lustig machen. Dadurch nutzen sich solche Begriffe noch schneller ab, gerade wegen des Konflikts zwischen dem, was als *true* angenommen wird, und dem, was das konkret bedeutet. Wie der Witz, warum der Count kein Auto fährt … ‚Weil Laufen die Hölle ist.' Um im Black-Metal-Kontext *true* und echt zu sein, muss man aufhören, ein Mensch zu sein. Dogmen werden vor dem Hintergrund des großen Ganzen lächerlich. Was heutige Hochkaräter wie Watain und Funeral Mist betrifft, so nennt man sie ‚orthodoxen Black Metal' oder ‚religiösen Black Metal'. Der Inhalt bleibt mehr oder weniger derselbe, bloß mit anderem Etikett. Das ist das Gleiche wie die Bezeichnung ‚Hygienetechnikerin' für eine Putzfrau. Wenn sich Watain mit verdorbenem Blut übergießen und verweste Schweineköpfe zur Schau stellen, dreht sich alles um ein und denselben Konflikt wie damals, als Mayhem zwanzig Jahre zuvor frisches Blut und frische Schweineköpfe benutzten. Die Ernsthaftigkeit bleibt.“

Johan Karlsson ist ein falscher Name.

It starb im Februar 2017.

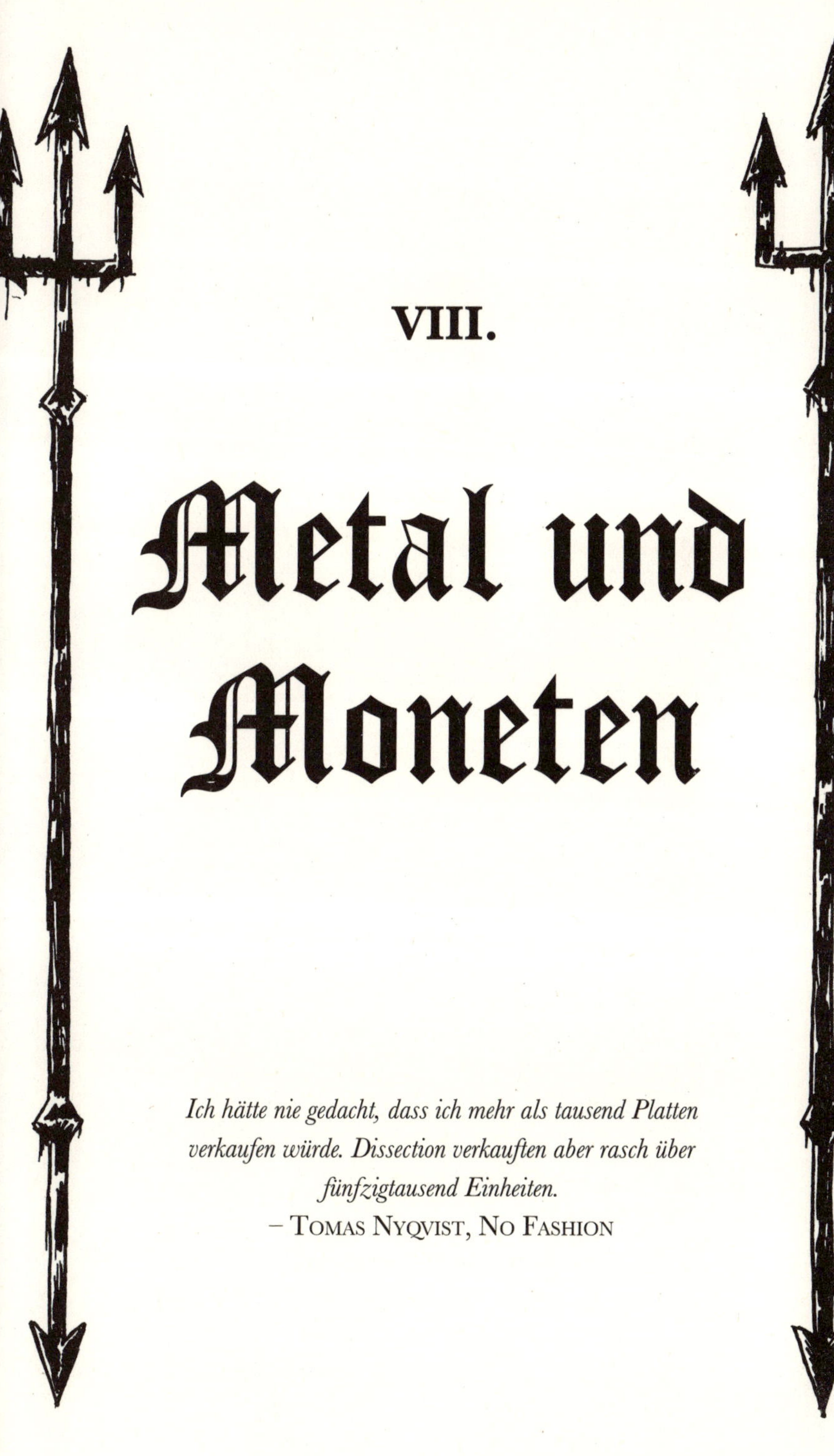

VIII.

Metal und Moneten

Ich hätte nie gedacht, dass ich mehr als tausend Platten verkaufen würde. Dissection verkauften aber rasch über fünfzigtausend Einheiten.
– Tomas Nyqvist, No Fashion

„Mein Ego wird befriedigt sein, wenn ich sie ein für alle Mal vernichtet habe."

Der melodische nordschwedische Akzent von Lord Ahriman, dem Gitarristen und Bandleader von Dark Funeral, fällt inmitten der normalen Geschäftsgeräusche im Stockholmer Café Blå Lotus kaum auf. Es ist der Sommer des Jahres 2007, und er sitzt hier, um unter anderem über den erbitterten Rechtsstreit zu sprechen, in den die Band und die schwedische Plattenfirma MNW verwickelt sind.

„Mein Ziel besteht darin, das gesamte Unternehmen zu zerstören. Und ich bin ein Sturkopf, ich werde niemals aufgeben. Ihr dürft mich zitieren."

Lord Ahriman, weniger bekannt unter seinem bürgerlichen Namen Micke Svanberg, wuchs in den Siebzigern in einem Wohngebiet von Luleå im hohen Norden Schwedens auf. Er langweilte sich oft. Die Langeweile ließ ihn Dummheiten anstellen und in seiner Jugend zur Flasche greifen. Er verstrickte sich in Verbrechen, zog zu Hause aus und befand sich schließlich auf der Flucht vor dem Gesetz.

„Alles wurde als pubertäre Streiche abgetan, weil ich so jung war. Wir gründeten Banden, und sich von der Aufregung mitreißen zu lassen war leicht. Man versuchte, sich gegenseitig mit immer verrückteren Ideen zu übertrumpfen. Und man hat einfach mitgemacht, denn es musste ja etwas passieren. Schließlich nahm ich eine Gitarre in die Hand. Das war mein Ausweg – aus vielen Dingen."

Er gründet die Band Satan's Disciples, die von der gleichen Musik beeinflusst ist, die ihn heute antreibt: Black Sabbath, King Diamond und früher europäischer Thrash Metal wie Sodom oder Destruction. Nach seinem Wehrpflichtdienst zieht Ahriman nach Stockholm und gründet die Black-Metal-Band Dark Funeral. Ihr Debüt ist 1994 eine selbst finanzierte EP. Ein Jahr später unterschreibt die Band einen Vertrag mit No Fashion Records, einem Sublabel von House of Kicks. Ende der Neunziger wird Kicks wiederum von MNW Records gekauft.

Dark Funeral sind zu dieser Zeit einer der führenden schwedischen Black-Metal-Acts, und die neuen Label-Inhaber sind zunächst eine willkommene Abwechslung. Die Band hofft auf Verbesserungen in Bereichen, mit denen sie bei House of Kicks nicht vollständig zufrieden war. Lord Ahrimans Postfach füllt sich bald mit E-Mails von MNW. Die meisten versichern, etwas würde „passieren" und „sich stark verbessern".

Stattdessen wurden Dark Funerals Tantiemen aus Plattenverkäufen und Lizenzgebühren eingefroren, sodass die Bandmitglieder einen finanziellen Alptraum erleben.

„Wir waren auf einmal alle völlig mittellos. Wir stecken immer noch bis zum Hals in Schulden. Auf das Geld aus unseren Sende- und Aufführungsrechten können wir auch nicht zugreifen. Sie haben unsere alten Alben aus dem Verkehr gezogen, und wir bekommen keine Tantiemen."

Lord Ahriman seufzt. 2006 erwirkte die Band vor dem Stockholmer Bezirksgericht ein wichtiges Urteil gegen MNW. Das Label ging in Berufung. Ahriman sagt, dass er nicht eher ruhen wird, bis er die Zinsen für „jede verdammte Minute, die vergangen ist", kassiert hat.

„Auf jeden Fall werde ich sie in den Ruin treiben. Und den Eigentümern ein Handelsverbot aufzuerlegen klingt angemessen."

Die Chancen für ein Black-Metal-Quartett vom nördlichen Zipfel Schwedens, einen Rechtsstreit gegen eine große Plattenfirma zu gewinnen, mögen äußerst gering erscheinen, doch für den groß gewachsenen Gitarristen, der uns gegenübersitzt, gibt es keinen anderen möglichen Ausgang, und er weist auf eine Charakterschwäche hin, die ihm in diesem Fall zum Vorteil gereichen könnte: „Ich bin ein totaler Kontrollfreak. Ich habe alle Dokumente, Verträge und so weiter – alles ist gespeichert. Es steht da, schwarz auf weiß. MNW hingegen … Sie haben bisher nichts als unüberprüfbare Behauptungen aufgestellt."

Ahriman sagt, er sei regelrecht beeindruckt, weil sie versuchen, die Sache juristisch weiterzuverfolgen, ohne irgendetwas zu haben, das ihre Seite der Geschichte untermauern würde.

„Das wird sie am Ende hart treffen. Aber es ist eine klassische Geschichte: ein großes Label, das keinen Respekt vor Künstlern hat. Diesmal haben sie sich allerdings mit der falschen Band angelegt."

„Heavy Metal hat eine Message an den Rest der Gesellschaft", erklärte Sebastian Bach, einst Sänger der amerikanischen Band Skid Row, in der VH1-Dokumentation *Heavy: The Story of Metal*. „Und diese Message lautet: ‚Fuck you!'"

Seine Gedanken tragen vielleicht dazu bei, die Spannungen zwischen der Geschäftsseite und der subkulturellen Mentalität im Metal zu erklären. Heavy Metal ist alles, was die Gesellschaft nicht ist: Freiheit von Verantwortung, statt sie zu übernehmen; die Gedanken schweifen zu lassen, während man ein Bandlogo in ein Schulheft kritzelt, statt Hausaufgaben zu machen; hohe Lautstärke, zerrissene Jeans und Bier als Schutz vor dem Leben nach dem Wochenende. Die ganze Szene besteht aus Außenseitern, die ebenjenen Dingen entkommen möchten, die ihnen wiederum entgegenschlagen, sobald das Hobby zum Beruf wird.

Irgendetwas ist jedoch mit den Protagonisten des kompromisslosesten Musikgenres der Welt passiert. Selbst Teufelsanbeter mit Corpsepaint archivieren Dokumente und lesen aufmerksam das Kleingedruckte. Wenn die gesamte Existenz des bluttriefenden Eskapismus auf dem Spiel steht, können unbändig kreative Lösungen vor der finanziellen Wirklichkeit schützen. Indem man den Schwerpunkt auf Band-Merchandising legt, dessen Verkauf traditionell auf Bargeld beruht, kann man einen Lebensunterhalt am Finanzamt vorbeischleusen.

Zu einer Zeit, in der Reality-TV-Trailer mit Death-Metal-Riffs aufwarten und Bands wie In Flames oder Ghost Arenen auf der ganzen Welt füllen, lässt sich nicht leugnen, dass extremer Metal äußerst lukrativ geworden ist. Aber inwieweit darf man in einem

Genre wirtschaftlich denken, in dem „Ausverkauf" und „Abzocke" seit je die schlimmsten Schimpfwörter sind?

In den Achtzigern boomte der Videoverleih. Calle von Schewen aus dem Stockholmer Vorort Rotebro kam aus der städtischen Punkszene und arbeitete als Tontechniker bei Europafilm. Ein Vorteil für die Angestellten bestand darin, dass sie gebrauchte VHS-Kassetten für ein paar Kronen kaufen konnten. Unterdessen verdiente sich der Punk-Unternehmer Johan Hargeby ein Zubrot, indem er amerikanische und britische Rockvideos raubkopierte und verkaufte.

„So lernte ich Johan kennen", erinnert sich von Schewen. „Er erkannte, dass er über mich günstig an Videokassetten gelangte."

Die Idee, einen Plattenladen zu eröffnen, hatten sie 1986 auf einer Fährfahrt nach England. An einem beliebigen späteren Tag ging von Schewen an einem leer stehenden Geschäftsgebäude in der Stockholmer Altstadt vorbei. Die beiden mieteten es schließlich. Der Plattenladen House of Kicks wurde eröffnet und spezialisierte sich zunächst auf Punk-Singles sowie Picture-Discs.

„Unsere Strategie bestand darin, coolere Sachen zu verkaufen als alle anderen, also begannen wir, Picture-Discs zu importieren. Gelegentlich besuchten wir auch Plattenbörsen, um sie zu verkaufen, und alle anderen Händler wollten wissen, woher wir sie hatten. Wir antworteten: ‚Das wird nicht verraten, aber wir verkaufen sie euch.'"

House of Kicks ging dazu über, Tonträger an Läden in Västerås, Örebro und Göteborg zu vertreiben, und etablierte sich schnell als Schwedens führender Importeur von harter Musik. Bis zur Jahrtausendwende hatte das Geschäft Heavy Sound als Treffpunkt für Bands und Fans in der aufstrebenden Death-Metal-Szene abgelöst.

Von Schewen und Hargeby spielten schließlich mit dem Gedanken, selbst Alben zu veröffentlichen, womit sie faktisch Label-Terrain betraten. Ihr erster Titel war 1990 die Therion-EP *Time Shall Tell*, 1992 gefolgtvon Desultorys *Forever Gone*.

Obwohl Death Metal in aller Munde ist, stehen schwedische Bands eher bei ausländischen Labels wie Century Media und Nuclear Blast aus Deutschland oder Earache Records aus London unter Vertrag. In

Göteborg veröffentlicht das Musikgeschäft/Label Dolores ein paar Titel, darunter eine Grotesque-EP, aber abgesehen davon mussten schwedische Plattenfirmen erst noch Fuß fassen.

Schließlich nahm ein junger Musikliebhaber aus Strängnäs namens Tomas Nyqvist die Sache selbst in die Hand. Im Laufe weniger Jahre Mitte der Neunziger schaffte es sein Label No Fashion Records, mit Acts wie Dissection, Marduk und Katatonia mehrere stilprägende Alben zu produzieren. Sein Gespür für Talent war phänomenal, was man leider nicht von seinem Geschäftssinn behaupten konnte. Nyqvist musste notgedrungen Privatinsolvenz anmelden, als Katatonia Tantiemen für ihr Debütalbum *Dance of December Souls* einforderten. No Fashion wurde von House of Kicks aufgekauft, die bis dahin als Vertrieb des Labels fungiert hatten. Mit der Firma erhielten sie auch den Backkatalog einschließlich aller Künstlerverträge.

Der ursprüngliche Dissection-Drummer Ole Öhman erinnert sich, dass der Vertrag zwischen der Band und Tomas Nyqvist mit Kugelschreiber geschrieben und nur eine halbe Seite lang war.

„Es war der komischste Vertrag aller Zeiten – und der erste überhaupt, den No Fashion aufsetzten. Darin stand, dass wir Anspruch auf zehn Prozent der Plattenverkäufe hatten. Dann übernahmen House of Kicks das Label, und plötzlich bekamen wir fünf Prozent. Wie bitte? Wir hatten nie einen Vertrag mit von Schewen abgeschlossen!“

Bis heute wurden jeweils weit über hunderttausend Exemplare der ersten beiden Dissection-Alben verkauft. Öhman versichert uns, dass er davon nur sehr wenig auf seinem Bankkonto gesehen hat.

„House of Kicks verdienten wahrscheinlich gut, weil sie den Vertrag von Tomas Nyqvist stahlen und dann umschrieben, ohne uns um unsere Unterschrift zu bitten. Uns juckte es einfach nicht. Katatonia hingegen schon, und deshalb ging Nyqvist in Konkurs. Andererseits verbrachte er die meiste Zeit auf dem Rücken liegend und gab seine ganze Kohle für Gras aus. Er hatte keine Möbel, nur eine Glühbirne, die ohne Lampe von der Decke hing. Sie brannte nicht einmal, da sie ihm den Strom abgestellt hatten. Er war völlig pleite.“

„Ich hatte die Kontrolle über alles verloren", gesteht Nyqvist, als wir ihn anrufen. Er macht gerade Pause bei einem Reifenhersteller außerhalb von Göteborg, wo er seit Jahren arbeitet.

Als Teenager gab Nyqvist das Fanzine *Putrefaction* heraus, dessen Titel auf einen Song von Carcass zurückging. Das war noch vor dem Internet, und er korrespondierte sowohl mit Bands als auch mit anderen Fanzine-Schreibern im Land. *Putrefaction* galt nach einer Weile als eines der besten schwedischen Fanzines, und Nyqvist beschloss, auch Musik einiger Underground-Bands zu veröffentlichen, die er selbst auf Platte hören wollte.

Der ehrgeizige Jungunternehmer war nicht so recht auf seinen Erfolg vorbereitet.

„Ich hätte nie gedacht, dass ich mehr als tausend Platten verkaufen würde. Dissection verkauften aber rasch über fünfzigtausend Einheiten. Ich konnte nicht mit Tausenden Tonträgern in meinem Wohnzimmer hocken."

Just als weitere Alben gepresst werden mussten, verzögerte sich die Zahlung für die erste Lieferung an House of Kicks. In dem Bemühen, die finanzielle Durststrecke zu überstehen, ließ sich Nyqvist darauf ein, als House of Kicks anboten, auch die Produktion zu übernehmen. So wurde ihm quasi das gesamte Label aus den Händen gerissen, ohne dass es ihm bewusst war.

„Sie versprachen mir das Blaue vom Himmel, doch das war nicht ganz das, was ich bekommen habe. Vielmehr übernahmen sie die Kontrolle über mein Label. Sie haben mich einfach überrannt, weil sie wussten, dass ich ein junger Mann war, dessen Hobby sich zu einem ziemlich großen Geschäft entwickelt hatte."

Unbound von Merciless war das letzte Album, bei dem Tomas Nyqvist die Hände im Spiel hatte. Er beraumte die Studioaufnahmen an und erledigte verschiedene andere Notwendigkeiten. Die Platte wurde dann von House of Kicks veröffentlicht. Viele Bands, die Nyqvist unter Vertrag genommen hatte, waren verärgert, als ihre Musik plötzlich bei einem Label erschien, das er nicht leitete.

„Sie hielten mich für einen Idioten, weil ich unsere vertraglichen Abmachungen nicht einhielt. Aus meiner Sicht waren House of Kicks verdammte Idioten, weil sie ihre Versprechen mir gegenüber nicht erfüllten. Andererseits schaffte ich es nicht allein. Die ständige Nachfrage nach Tonträgern bedeutete, dass ich hohe Geldsummen zur Verfügung haben musste, um ständig neue Auflagen zu pressen – hatte ich aber nicht, da es so lange dauerte, meine Zahlungen von House of Kicks zu bekommen. An diesem Punkt lenkten sie mit dem Angebot, mir zu helfen, ein. Und sie waren richtige Geschäftemacher, durch und durch."

Als House of Kicks 1994 No Fashion übernahmen, war dies das erste Mal, dass sie Platten aus Schweden exportierten. Die Veröffentlichungen von Dissection und Katatonia standen für einen neuen melodischen Sound, der sofort populär wurde.

„Es lief wirklich gut", sagt Calle von Schewen. „Die ersten Dissection- und Katatonia-Alben sind beide großartig."

Er kann Nyqvists Schilderung der Ereignisse nicht ganz nachvollziehen. Mit fünfundzwanzig Jahren Erfahrung im Plattenfirmengeschäft weiß er aber nur zu gut, dass es immer verschiedene Seiten einer Geschichte gibt. Er bestreitet vehement, House of Kicks seien absichtlich gegen das kleine Label vorgegangen.

„Solche Sachen erzählen die Leute. Allerdings hätten die Alben von Dissection und Katatonia meiner Meinung nach ohne uns nie das Licht der Welt erblickt. Gut, vielleicht doch, aber nur in einer Tausender-Auflage. Ich glaube, Tomas verlor das Interesse, als das Ganze zu geschäftsmäßig wurde."

Calle von Schewen lächelt müde.

„Alles darauf zu schieben, dass man jung und unwissend ist, fällt leicht. Wir haben nie jemanden gezwungen, etwas zu unterschreiben. Unsere Büros waren hier in Stockholm; wir hingen an denselben Orten wie diese Bands herum und trafen die Leute, mit denen wir arbeiteten. Wir mussten in der Lage sein, ihnen in die Augen zu sehen."

Nach Tomas' Ausscheiden veröffentlichten House of Kicks weiterhin Alben über No Fashion als Sublabel. 1996 erschien Dark Funerals Debütalbum *The Secrets of the Black Arts.*

Als die Mitglieder von Entombed 1990 bei Earache unterschrieben, war Gitarrist Alex Hellid noch minderjährig und musste eine Einverständniserklärung seiner Eltern vorlegen.

Die erste internationale Tournee der Band war ein zehntägiger Streifzug durch Deutschland, wo die Band jeden Abend vor tausend Zuschauern spielte. Erst viele Jahre später fällt Uffe Cederlund im Zusammenhang mit dieser Tour ein kleines Detail auf.

„Wir bekamen kein Geld. Rein gar nichts. Keiner von uns hatte die leiseste Ahnung, dass uns überhaupt welches zustand. Wir dachten, es läge daran, dass wir einfach nicht besonders gut waren. Ich schätze, wir haben die Tour versoffen."

In den frühen Neunzigern wurden Entombed zu Schwedens ersten echten Rockstars im Death-Metal-Genre. Nicke Andersson weiß noch, dass das Erfolgsgefühl nahezu völlig verflog, als der erste Vergütungsscheck eintraf.

„Wir haben erst später gemerkt, wie unsäglich beschissen unser Vertrag war. Eigentlich sollten wir mehr Alben über Earache herausbringen, als es am Ende der Fall war. Unser damaliger Manager bemühte sich, uns aus dem Vertrag zu befreien, und bekam dabei graue Haare. Die Sache ist immer noch nicht ganz geklärt. Ich glaube, Earache schulden uns nach wie vor ein- oder zweihunderttausend Dollar – mindestens."

Zur Sicherheit ließ die Band den Vertrag vor der Unterzeichnung von einem Anwalt prüfen. „Aber er hatte keinen Plan von der Musikindustrie, weshalb ihm wohl alles in Ordnung vorkam. Allerdings war es Schwachsinn. Beispielsweise waren die Verlagsrechte integriert. Bei dieser Art von Verträgen ist es normalerweise so, dass Label und Band einen 40/60-Split machen. Die Sache war bloß, dass in diesem Vertrag sechzig Prozent ans Label gingen … und vierzig an uns."

1991 war die Band auf dem Sprung in die USA zu ihrer ersten Nordamerikatournee. Nicke Andersson arbeitete bei der schwedischen Post und bat um mehrere Wochen Urlaub. Sein Antrag wurde abgelehnt, also sah er sich gezwungen, seinen Job zu kündigen.

„Dieser Abstecher brachte zumindest ein bisschen Geld ein. Und da ich nicht wusste, dass dieses Einkommen steuerpflichtig war, lief es eine Zeit lang ganz gut. Dann ging mir das Geld aus, und ich musste mich von Nudeln ernähren, bis mehr Geld reinkam. Das war ganz okay; hätte ich einen anständigen Vertrag unterschrieben, wäre es sogar noch besser gewesen. Ich kann mir vorstellen, dass wir nicht die Einzigen waren, die solche Situationen erlebten."

Johnny Hedlund, Bassist und Sänger von Unleashed, verdient seinen Lebensunterhalt heute in der Wirtschaftsbranche. Er sagt, das schlechte Verhandlungsgeschick der schwedischen Bands sei daher gekommen, dass Death Metal ein so neues Phänomen war.

„Uns kam es vor, als hätten wir einen neuen Musikstil vertreten. Damals hielten wir uns nicht ansatzweise für verhandlungsfähig. Heutzutage sind wir natürlich besser gewappnet."

Hedlund gibt zunächst an, er bereue die Fehler der Vergangenheit nicht, ändert seine Meinung aber nach einer Weile.

„Ich hätte unseren ersten Plattenvertrag gern neu verhandelt. Es war ein Knebelvertrag, ernsthaft. Wenn man einen Vertrag über sieben Alben unterschreibt, sitzt man fest. Man bekommt für das siebte Album genauso viel wie für das erste. Zehn, vielleicht fünfzehn Jahre sind vergangen, und du bist ein ganz anderer Mensch. Allein die Inflation während dieser Zeit bedeutet, dass du Geld verlierst."

Entombed und Unleashed sind gewiss nicht die einzigen Bands im schwedischen Metal-Underground, die ungünstige Verträge unterschrieben haben. In den Neunzigern war Abzocke durch Labels eher die Regel als eine Ausnahme. Manchmal lag es an ausbeuterischen oder betrügerischen Verträgen, oft aber auch daran, dass die Bands ihre Rechte einfach nicht verstanden.

„Ich denke, viele haderten damit, die verschiedenen Rollen unter einen Hut zu kriegen", sagt Kristian „Necrolord" Wåhlin, der bei

Grotesque und Liers In Wait mitwirkte: „Wir sprechen hier von Visionären – Idealisten gewissermaßen. Das macht es nicht leicht, die Kunst mit dem Geschäft zu vereinbaren, denn der künstlerische Output ist so persönlich. Irgendwo freut man sich einfach darüber, tun zu können, was man da tut. Gleichzeitig abzuschätzen, was man finanziell wert ist, fällt schwer."

Nach all den Jahren als Gitarrist von Entombed hat Uffe Cederlund überwiegend zynische Ansichten über die Musikindustrie. Rückblickend bedauert er vor allem, dass sich niemand aus der Stockholmer Death-Metal-Szene der Neunziger frühzeitig mit der Plattenfirmenthematik beschäftigt hat.

„Man muss Mayhem wirklich zugute halten, dass sie sich so früh mit diesem Aspekt auseinandergesetzt haben. Keiner von uns hat das getan. Stattdessen wurde die ganze Sache von externen Labels ausgenutzt, die alles ruinierten."

Cederlund zieht Parallelen zur amerikanischen Hardcore-Szene der Achtziger.

„Man könnte sagen, Euronymous sei die Antwort des Death- und Black Metal auf den Black-Flag-Gitarristen und Label-Betreiber Greg Ginn gewesen – ein auf gewisse Weise verrückter und unternehmensorientierter Chefideologe. Ich bin überzeugt: Euronymous wusste genau, was diese amerikanischen Hardcore-Jungs vorhatten, und erkannte, dass er das Gleiche tun konnte. Bei uns hat sich im Grunde nie jemand damit beschäftigt."

In den Neunzigern etablierte sich House of Kicks als Schwedens erstes Metal-Label. Calle von Schewen bestreitet, mehr als Erfahrungen und Erinnerungen behalten zu haben, fügt aber hinzu, dass er eine kurze Zeit lang auf dem Papier reich war. 1999 kaufte das alte schwedische Folkrock-Label MNW House of Kicks. Ein Jahr zuvor war MNW von einer Investmentgesellschaft mit hohen Ambitionen übernommen worden. House of Kicks erwarteten eine gesunde Zusammenarbeit, da MNW ein größeres Unternehmen mit mehr Macht war. Entscheidend ist, dass nicht nur die Marke House of

Kicks, sondern auch die Vertriebsvereinbarungen mit ausländischen Labels und die Plattenverträge mit allen Bands übernommen wurden, die mit No Fashion verbunden waren.

„Wir dachten, wir könnten bei MNW mitmischen. Als wir jedoch zu ihnen gehörten, stellten wir fest, dass wir gar nichts zu melden hatten. Ihnen lag nichts daran, dass wir da waren. Wir wurden mit ein bisschen Geld und ziemlich vielen Aktien bezahlt, MNW-Aktien im Wert von vielleicht zehn Millionen Kronen. Aber so viel waren sie schließlich nicht mehr wert."

Zum Zeitpunkt des Verkaufs hatten House of Kicks noch keinen Vertrag mit The Hellacopters. Frontmann Nicke Andersson war gut mit von Schewen befreundet, und ihre ersten Veröffentlichungen erfolgten auf dem Label.

„Damals fand ich es unheimlich schade", erinnert sich von Schewen. „Heute bin ich aber unendlich dankbar dafür, dass es nicht so gekommen ist."

Innerhalb weniger Jahre rutschten MNW in eine finanzielle Krise. 2003 wurden die meisten Mitarbeiter entlassen. Das Unternehmen blutete aus, und interne Kämpfe zerrissen das Label.

„Zum Glück gelang es uns, einige Aktien zu verkaufen, solang sie noch etwas wert waren. Ich konnte mir eine Wohnung und ein neues Auto kaufen. Unser Vertrag lief über drei Jahre, und als diese Zeit vorbei war, machten wir uns auf, um mit Sound Pollution loszulegen."

Sound Pollution ist ein Laden in selben Altstadtviertel, wo House of Kicks einst begonnen hatten. Zum Geschäft gehören auch ein Vertrieb, ein Musikverlag und zwei Plattenlabels, die unter anderem Nicke Anderssons andere Band Imperial State Electric betreuen.

Für Hargeby und von Schewen war das MNW-Debakel ein ungeschöntes dreijähriges Lehrbeispiel für ein langsam dahinscheidendes Plattenlabel. Dark Funeral sollten den durch den Deal verursachten Schaden noch wesentlich länger spüren.

Dark Funerals Gerichtsakte trägt das Zeichen T 13362-04; sie ist fünf Zentimeter dick und enthält neunzig Anhänge. Die Klage betrifft nicht gezahlte Tantiemen und die Nötigung von Bandmitgliedern, neue Verlagsverträge zu unterzeichnen, um für bereits laufende alte bezahlt zu werden. Es ist die Geschichte einer Band, die auf dem Höhepunkt ihrer Popularität nicht in der Lage war, einen neuen Vertrag zu unterzeichnen, weil sich ihr aktuelles Label weigerte, sie von früheren Verpflichtungen zu befreien.

„Ich glaube, ich habe noch nie so viele inkompetente Leute in ein und demselben Büro gesehen", bemerkt Ahriman.

Die Kaffeetasse vor ihm ist leer. Der späte Nachmittag ist zum Abend geworden, und die Gäste verlassen allmählich das Café.

„Sie haben uns eine Menge Geld gestohlen. Und sie haben unsere Lizenzverträge gestohlen, was eine Verletzung des Urheberrechts bedeutet. Dass sie sich nicht einmal die Mühe machen, das zu leugnen, ist bemerkenswert."

Ahriman zufolge handelt es sich bei diesem Fall um etwas ganz anderes als die übliche „naive Rockband unterschreibt schrecklichen Vertrag"-Geschichte.

„Es geht darum, dass sie sich nicht an eine rechtliche Vereinbarung halten, die eigentlich in Kraft war. Sie haben so viele Klauseln gebrochen, es ist nicht zu fassen."

Ahriman erzählt, das Label habe sie während eines Treffens verhöhnt, bei dem die Probleme besprochen wurden. Dabei gab die MNW-Leitung freimütig zu, der Band Geld zu schulden, und versicherte ihr, es zu zahlen – wenn sie nur für zwei weitere Alben unterschreiben würde.

„Sie sagten: ‚Wir schulden euch zwar etwa eine Million Kronen, doch die kriegt ihr nur, wenn ihr den neuen Vertrag unterschreibt.' Ich bin fast wahnsinnig geworden und habe das ganze Büro verwüstet. Es muss doch irgendwelche verfluchten Verhaltensregeln geben."

Eine Woche später sprach die Band erneut mit MNW, die ein weiteres Treffen vorschlugen.

„Dieses Treffen endete damit, dass ich sagte: ‚Nur damit ihr es wisst, ihr könnt zur Hölle fahren. Wir sehen uns vor Gericht.' Die Antwort, die ich bekam, lautete: ‚Sicher, nur zu!' Sie glaubten nicht, dass wir das tun würden, doch wir taten es. Und wir haben sie in der ersten Runde geschlagen."

Wie viele andere Bands aus dem Black-Metal-Genre praktizieren Dark Funeral Satanismus. Eines seiner grundlegenden Konzepte besteht darin, dem Ego zu folgen – eine Art Antithese zur christlichen Botschaft der Solidarität. Worin sieht Ahriman also den Unterschied zwischen der Gier ihres Labels und der satanischen Vorstellung „might is right" („Macht geht vor Recht")? Er überlegt eine ganze Weile, bevor er antwortet:

„Kommt darauf an, wie man es betrachtet. Für sie geht's nur um Geld. Keine Seele. Und das ist etwas, das der Satanismus hat – eine Seele dahinter. In ihren Augen ist es bloß ein Geschäft. Natürlich fühlt es sich beschissen an, aber wir lassen uns nicht unterkriegen und halten nicht die andere Wange hin. Der Tag wird kommen, an dem wir richtig hart zurückschlagen."

In den Jahren, die wir zur Vorbereitung dieses Buch mit Recherchen über die schwedische Metal-Szene verbrachten, stellten wir fest, dass Langlebigkeit oft mit Geschäftssinn zusammenhängt.

Therion-Frontmann Christofer Johnsson ist seit vielen Jahren Berufsmusiker. Wir treffen uns mit ihm in einem italienischen Restaurant in Stockholm. Sein blondes Haar ist immer noch lang, aber er trägt einen Anzug – sein Modegeschmack ist nur einer der Punkte, die ihn von den meisten Death-Metal-Musikern unterscheiden. Zu den weiteren gehört seine Einstellung zur praktischen Seite des Musikmachens.

„Eine Band hat normalerweise eine Triebfeder – die Person fürs Grobe. Sie bucht Auftritte, findet einen Proberaum, druckt die ersten T-Shirts, organisiert die Demoaufnahme. Bands, denen eine solche Triebfeder fehlt und die nur zufälligerweise Musik machen, die gut genug ist, um ein Label zu finden, sind dazu verdammt, sich übers Ohr hauen oder zumindest an einen Vertrag über mehrere Alben fesseln zu lassen."

Er sagt, er sei stets wachsam gewesen, was die Verträge anging, die er unterschreiben sollte. Zum Zeitpunkt unseres Gesprächs ist er seit vielen Jahren als Bewohner Irlands registriert, da die Steuerbestimmungen für Künstler auf der grünen Insel günstig sind. Seine Band ist auf großen Märkten wie Deutschland und Südamerika eine feste Instanz, was zu ihrer gesunden finanziellen Lage beiträgt. Auch in Osteuropa scheint man Therions bombastische und in vielerlei Hinsicht einzigartige Interpretation des Death Metal zu schätzen.

In Schweden hingegen ist die Gruppe der breiten Bevölkerung weitgehend unbekannt. Als sie zuletzt in Göteborg auftrat, wurden nur hundertsechzig Karten verkauft. Der Kontrast zwischen dem Interesse im In- und Ausland ist verblüffend. Bei ihrer ersten Südamerikatournee musste die Band von der Polizei vom Flughafen eskortiert werden.

„Wir saßen im vorderen Teil des Flugzeugs und gingen zuerst von Bord, als sich die Luken öffneten. Und dann hörten wir das Gebrüll; die Menschen standen auf dem Dach des Flughafens und schwenkten Fahnen."

Die Mitglieder von Therion dachten zunächst, die Fußballnationalmannschaft wäre ebenfalls im Flugzeug gewesen.

„Dann entdeckten wir Therion-Fahnen in der Menge. Wir konnten echt nicht fassen, was da vor sich ging."

Nur wenige schwedische Death- und Black-Metal-Bands können allein von ihrer Musik leben. Tompa Lindberg gehört nicht dazu. Nach der zwischenzeitlichen Auflösung von At The Gates im Jahr 1996 gehörte er weiterhin zu den emsigsten Menschen in der Szene. Abgesehen davon, dass er bei Metal-Bands wie Ceremonial Oath, The Great Deceiver und The Crown sang, war er auch mit den klassischen D-Beat-Punkbands Skitsystem und Disfear aktiv. Seine Diskografie beläuft sich auf Dutzende Veröffentlichungen. Er hat zwei Jahre lang versucht, von der Musik zu leben.

„Man ist auf Arbeitslosengeld angewiesen und muss sich durchschlagen. Ich erreichte einen Punkt, an dem es einfach nicht mehr ging."

Heute arbeitet er als Lehrer. Auch wenn Lindberg nicht von der

Musik lebt, ist er eines der positiven Beispiele in der Branche, da er jedes Jahr eine stattliche Tantiemenzahlung erhält.

„Seit vier oder fünf Jahren bekomme ich regelmäßig recht ordentliche Beträge ausgeschüttet, vielleicht drei Monatsgehälter pro Jahr. Das meiste stammt von At The Gates, was ziemlich gut ist, wenn man bedenkt, dass unsere frühen Sachen mittlerweile fünfzehn Jahre zurückliegen. Aber es hat sehr lange gedauert, bis ich überhaupt Geld bekommen habe!"

Auf die Frage, warum so viele Death-Metal-Bands beschissene Verträge unterschrieben haben, antwortet er: „Die meisten von uns waren einfach nur froh, etwas veröffentlichen zu können. Viele Bands sind das immer noch."

Im Frühjahr 2009 sollten Dark Funeral das Album *Angelus Exuro Pro Eternus* auf ihrem neuen Label Regain Records veröffentlichen. In einem Beitrag auf der Webseite der Band ließ Lord Ahriman die Fans wissen, dass der Streit mit ihrem ehemaligen Label MNW vorbei sei. In der Ankündigung schwang Erleichterung mit, aber auch Resignation. Dass Ahriman seinen ursprünglichen Plan, MNW in den Konkurs zu treiben, zugunsten einer anderen Art von Sieg aufgeben musste, war offensichtlich.

„Rechtsstreit Dark Funeral vs. MNW/No Fashion Records ist endlich vorbei!

Sieben Jahre völliger Bullshit sind endlich vorbei ... fucking unglaublich!!!

Ich will nicht ins Detail gehen (darf ich auch nicht), denn wichtig ist, dass wir jetzt endlich die Rechte an unserem ganzen Katalog haben, einschließlich der Verlagsrechte. Sie umfassen: The Secrets of the Black Arts, Vobiscum Satanas, Teach Children to... *und* Diabolis Interium.

Und von nun an besitzt KEINER außer Caligula und mir die Rechte an den gerade erwähnten Alben. Man könnte denken, dass es mich/uns so sehr freut, dass wir mit Pentagrammen rumlaufen, Bibeln in ein Feuer werfen und was nicht alles machen, aber ehrlich gesagt fühle ich mich ziemlich leer."

Als wir Lord Ahriman zwei Jahre später wiedersehen, sind alle ihre alten Alben auf dem neuen Label wiederveröffentlicht worden. Während unseres kurzen Treffens klingelt ständig sein Telefon. Dark Funeral werden in wenigen Tagen ihren neuen Sänger vorstellen, einen Ersatz für Masse „Emperor Magus Caligula" Broberg, der die Band nach vierzehn Jahren verlässt. Ahriman tippt auf seinem iPhone, beantwortet E-Mails und verschickt Pressemitteilungen. Er kümmert sich um alles, was mit der Band zusammenhängt, aktualisiert ihre Webseite und sorgt dafür, dass neues Merchandise in ihrem Onlineshop erhältlich ist. Außerdem hat er Dark Funeral schon früh eine Social-Media-Präsenz über Facebook und Twitter aufgebaut.

„Meine Überlegung dabei war: Sicher wir sind die Ältestengeneration – Old School und so weiter. Um aber als Band zu bestehen, muss man dort vertreten sein, wo man von einer jungen Generation von Fans akzeptiert wird. Sonst überlebt man nicht."

Der Bassist einer bekannten Black-Metal-Band, mit der wir uns unterhalten haben, meint, dass man angesichts der Art und Weise, wie das Musikgeschäft heute funktioniert, wirklich dankbar sein sollte, wenn man nur ein Budget für Studioaufnahmen erhält oder ein Album gepresst bekommt. Nichts für selbstverständlich halten ... schon gar nicht Tantiemen. Einkünfte generiert man durch Konzerte und vor allem Merchandise-Verkäufe. In den letzten Jahren ist die schiere Menge an verfügbarem Zeug in die Höhe geschnellt, während Downloads und Onlinestreaming die Tonträgerverkäufe in den Keller getrieben haben. Es gibt unzählige T-Shirt-Designs, und der Einfallsreichtum für neue Produkte kennt keine Grenzen.

Im Frühjahr 2011 brachten Therion ein Brettspiel namens „011" heraus, das von einem italienischen Spieldesigner entwickelt wurde. In Flames haben ihre eigene Bier- und Whiskey-Marke. Dark Funeral verkauften eine Armbanduhr mit dem Bandlogo in limitierter Auflage. Ghost gingen 2013 sogar noch weiter, als sie einen Dildo in Form des Frontmanns Papa Emeritus II und Analstöpsel aus Metall anboten – in jeder gewünschten Größe.

Auch mit Einnahmen aus Verkäufen beliebter älterer Alben kann man sich über Wasser halten. Viele Bands gaben diese Rechte auf, als sie zu Beginn ihrer Karriere schlechte Verträge unterzeichneten. Lord Ahriman merkt an, dass er während seiner juristischen Marter eine Menge Rückhalt von anderen Bands erhielt, die sich wünschten, dass jemand einen Präzedenzfall schuf.

Ahriman war seinerseits gezwungen, so viel über Vertragsrecht zu lernen, dass er dieses Wissen gern weitergeben möchte. Er hat bereits mehreren anderen Gruppen bei Konflikten mit ihren Labels geholfen. Obwohl der MNW-Streit mit einem Vergleich endete, ist er mit dem Ergebnis zufrieden.

„Anfangs war ich kompromisslos und wollte unsere Rechte zurück. Wir haben sie bekommen, aber viel mehr kann ich nicht sagen, nur dass wir das letzte Wort hatten. Ich habe es geschafft, kurz vor knapp mehrere Manövern durchzuziehen, die MNW verrückt machten. Elende Sesselfurzer-Schlappschwänze, die im Büro hocken und keine Ahnung von Musik haben. Es war ein geistiger Wettstreit, und ich hatte die beste Strategie! Ich wünschte, mehr Bands würden das tun."

„Also hat keiner gewonnen?", fragt No-Fashion-Gründer Tomas Nyqvist, als er von der Einigung zwischen Dark Funeral und MNW erfährt.

„Das ist eigentlich eine Schande. Es bestätigt nämlich das ausgelutschte alte Klischee, eine Band könne einem großen Label eigentlich nichts anhaben. Die Plattenfirmen haben das ganze Geld und die Macht, die Bands nicht."

Nyqvist erzählt uns, dass er jetzt zwei Kinder hat und nach ein paar weiteren Jahren bei dem Reifenhersteller in Göteborg zurück nach Strängnäs gezogen ist. Er arbeitet jetzt für ein Einzel- und Großhandelsunternehmen für Autoreifen.

„Ich bin wohl so was wie ein Reifenexperte geworden."

Er hat seine Leidenschaft für die Musik nicht ganz aufgegeben und veröffentlicht gelegentlich Platten über sein neues Label Iron

Fist Productions. Die Absicht bleibt dieselbe: Musik veröffentlichen, von der er sich wünscht, dass mehr Menschen sie hören. Vor ein paar Jahren brachte er ein Album von Tormented heraus. Sie kommen aus Söderköping und spielen schwedischen Death Metal der alten Schule.

Seine Platten werden von Sound Pollution vertrieben.

Nyqvist arbeitet auch mit Peter Stjärnvind zusammen, der zuvor mit seiner Band Unanimated bei No Fashion unter Vertrag stand.

„Er veröffentlichte zwei Vinyl-Singles meines Nebenprojekts Damnation“, sagt Stjärnvind. „Sie verkauften sich jeweils tausend Mal, und er hat mich mit vier nagelneuen Michelin-Reifen ausbezahlt. Das sagt einiges über seinen Geschäftssinn aus. Das geschah gerade zu der Zeit, als Michelin ihre X-Ice-Reifen rausbrachten, die extrem gut und scheißteuer sind. Tomas ist der netteste Mensch der Welt.“

IX.

Dissection

Ich tue nicht so, als würde ich im Dienst der Menschheit stehen; ich will sie vernichten! Erwartet also nicht, dass ich etwas anderes tun werde, als alle ins Verderben zu stürzen!
– Jon Nödtveidt, Dissection

In der Nacht vor Halloween 2004 ist Vollmond. Eine lange Prozession schwarz gekleideter Metal-Fans bewegt sich langsam durch die Türen der Arenan-Halle in Stockholm. Anders als bei gewöhnlichen Metal-Konzerten ist die Stimmung hier und heute gedämpft und beklommen. Man hört kein betrunkenes Geschrei und kein Gelächter, nur leises Gemurmel. Die Leute taxieren einander, schauen sich die Bandshirts an und diskutieren darüber, wie der Abend verlaufen könnte.

Auf den Tourplakaten an den Außenwänden der Halle steht „Hütet euch vor der Rückkehr". Bei einer anderen Band wäre dieser unheilvolle Slogan einfach nur Konzertwerbung, doch hier wirkt die Bedrohung sehr echt.

Dissection, eine der bekanntesten schwedischen Black-Metal-Bands, spielen ihren ersten Gig seit sieben Jahren. Gründer und Frontmann Jon Nödtveidt wurde vor einem Monat aus dem Gefängnis entlassen, nachdem er eine zehnjährige Haftstrafe wegen Beihilfe zum Mord verbüßt hat.

Die Nachfrage nach Eintrittskarten war groß. Das Konzert wurde zweimal in größere Säle verlegt, vom Klubben in die Lilla Arenan und schließlich in die Arenan, die zweitausenddreihundert Zuschauer fasst. Dennoch ist die Show schon seit geraumer Zeit ausverkauft.

Der Rückkehr ist eine Fülle von Gerüchten vorausgegangen. Vor zwei Jahren gab Nödtveidt dem *Slayer*-Fanzine ein Interview, seine erste öffentliche Stellungnahme seit der Verurteilung. Kurz darauf bestätigte Bård „Faust" Eithun von der norwegischen Black-Metal-Band Emperor – der selbst eine Haftstrafe wegen Mordes an einem Homosexuellen in Lillehammer verbüßte –, dass er der neue Schlagzeuger von Dissection ist. Diese Rekrutierung erfolgte nach einem intensiven Briefwechsel zwischen den beiden Häftlingen.

Mithilfe eines Fans von draußen startete Nödtveidt eine Dissection-Webseite, während er noch im Gefängnis saß. Hinter Gittern eröffnete er eine Ausschreibung für neue Bandmitglieder. Neben tadellosen musikalischen Fähigkeiten mussten die Bewerber das satanistische und antikosmische Konzept der Band uneingeschränkt unterstützen. Etwas mehr als ein Jahr später, unmittelbar nach seiner Entlassung aus dem Gefängnis 2003, verließ Bård Eithun Dissection. In einer Pressemitteilung erwähnte er, dass er nach Schweden gereist war und Jon während eines Hafturlaubs getroffen hatte. Erst da wurde Bård klar, wie ernst es die Gruppe mit ihrer satanistischen Ausrichtung meinte. Er entschied sich, abzuspringen.

Im Inneren der Arenan behalten bullige, schwarz gekleidete Männer in Lederwesten das Publikum im Auge. Auf einigen Westen ist das MLO-Emblem zu sehen: weiße Buchstaben in Frakturschrift und ein Pentagramm mit Fledermausflügeln. MLO ist die Abkürzung des Misanthropic Luciferian Order („Misanthropischer Luziferischer Orden"), dem Nödtveidt seit 1995 angehört.

Die Westen fallen auf. Die Leute entdecken sie, stoßen unauffällig ihre Freunde an und wechseln wissende Blicke.

Auf beiden Seiten der Bühne befindet sich je ein großes umgedrehtes Kreuz mit einem Dreizack an der Spitze sowie drei Sechsen links, rechts und unten. Ein großes Backdrop zeigt einen grinsenden Schädel mit Sense und Fledermausflügeln,darunter steht „Anti-Cosmic Metal of Death" – Dissections eigene Interpretation von zerstörerischem Metal.

In der Menge mischen sich englische, spanische, deutsche und niederländische Akzente unter die überwiegend schwedischsprachigen Unterhaltungen. Es heißt, Fans seien aus den USA und Chile angereist. Am Merchandise-Stand herrscht reges Treiben. T-Shirts mit dem Schriftzug „Rebirth of Dissection" verkaufen sich schnell, bis ein Mann mit deutschem Akzent und heiterem Tonfall in ein Bühnenmikrofon spricht.

„Habt ihr Bock, mit uns Party zu machen? Okay, lasst uns die Wiedergeburt von Dissection feiern!"

Das Intro des Erfolgsalbums *Storm of the Light's Bane* ertönt aus der Hallenanlage. Als Jon Nödtveidt die Bühne mit seiner schwarzen Gibson Les Paul und erhobenen Fäusten betritt, bricht das Publikum in lautes Gebrüll aus. Er trägt ein schlichtes schwarzes T-Shirt und eine schwarze Armeehose. An einer Kette um seinen Hals hängt ein silbernes Pentagramm. Sein Kopf ist rasiert, und sein kräftiger, breiter Nacken zeugt von vielen Trainingsstunden im Fitnessraum des Gefängnisses. Das Line-up der Band wurde erst am Vormittag bekannt gegeben und steigt jetzt in „Black Horizons" ein.

„Heute Abend hier und mit euch zusammen zu sein ist schon ein Sieg", sagt er von der Bühne aus.

Tätowierungen bedecken seine Arme. Zu seiner Rechten steht Gitarrist Set Teitan, ein schlanker Italiener mit einer schwarzen Flying-V und rasierten Augenbrauen. Er ist von Rom nach Stockholm gezogen, um bei Dissection zu spielen. Bassist Brice Leclercq kommt aus Frankreich. Schlagzeuger Tomas Asklund hat früher bei Dark Funeral gespielt.

„Geht's euch gut? Wieder da zu sein ist toll. Ich möchte euch einen neuen Song vorstellen, die kommende Single ‚Maha Kali'!"

Die Stimmung im Saal ist spannungsgeladen – und schwer zu entschlüsseln. Im Laufe des Konzerts fragen wir uns, was wir eigentlich hier tun: Sind wir gekommen, um einem der besten schwedischen Metal-Musiker zuzuhören oder einen Blick auf den berüchtigten Mörder zu werfen?

Dissections Rückkehr hat die Metal-Szene aufgewühlt. Obwohl Black Metal eine der extremsten musikalischen Ausdrucksformen überhaupt ist, waren viele (wenn nicht sogar die meisten) in der Szene – sowohl Fans als auch Musiker – nie echte Satanisten oder zumindest nicht so menschenfeindlich, dass sie einen Mord gutheißen würden. Wiederum viele kennen aber Jon Nödtveidt, seit er ein junger Metal-Fan war, der in den späten Achtzigern Gigs in Strömstad organisierte. Und sie alle kennen ihn als Frontmann von Dissection.

Jon brachte Fanzines heraus, war Tapetrader und gehörte zu den wichtigsten Netzwerkern im Untergrund. Er war nicht nur außerordentlich ehrgeizig, sondern auch bekannt dafür, beispiellos herzlich und charismatisch zu sein.

Nicke Andersson erinnert sich daran, wie er Jon kurz nach seiner Entlassung aus dem Gefängnis in Stockholm traf.

„Boba Fett [von The Hellacopters] und ich legten gerade als DJs auf, als ein Typ mit rasiertem Schädel auf mich zukam und sagte: ‚Hey, Nicke!' Es war ein bisschen peinlich, ich wusste kaum noch, wie er aussah. Dann fiel der Groschen: ‚Ach, stimmt, du hast jemanden ermordet.' Es war sehr seltsam."

Einer der Ersten, die Jon in den Achtzigern in Metal-Kreisen kannten, war Tompa Lindberg. Nachdem Jon nach Göteborg gezogen war, trafen sie sich viele Jahre lang privat und teilten sich auch einen Proberaum.

„Für mich war er immer der Freund, mit dem man herumblödeln konnte, ein lustiger und unkomplizierter Mensch", sagt Tompa. „Wir begegneten uns auf einem Festival, nachdem er aus dem Gefängnis entlassen worden war, und ich fragte so was in der Art von: ‚Wie geht's dir? Machst du immer noch eine schwierige Zeit durch?' Er antwortete: ‚Nein, die habe ich hinter mir gelassen.' Lass uns nach vorn blicken quasi. Er wollte, dass zwischen uns alles beim Alten blieb, da es keinen Sinn ergab, in diesem Abschnitt seines Lebens herumzuwühlen. Ich nehme an, das war die einzige Möglichkeit, es hinter sich zu lassen."

Wie sich herausstellt, hat die Metal-Szene selten ein so geschickt inszeniertes und gut durchdachtes Comeback erlebt. In dem Jahr vor Jons Entlassung wird Dissections Webseite ständig mit neuen Informationen aktualisiert. Pressemitteilungen über das Konzert in der Arenan und eine Europatournee werden mit neuen Bildern von Jon aus dem Gefängnis verbunden. Es gibt auch Fotos, die Dissection während seines Hafturlaubs in voller Besetzung im Studio zeigen.

Einige Wochen nach seiner Entlassung im September 2004 gibt Nödtveidt der schwedischen Boulevardzeitung *Expressen* ein Interview. Unter der Überschrift „Ich bin nicht stolz" beantwortet er Fragen zu seiner Rückkehr, lehnt es aber ab, sich zu dem Mord in Göteborg zu äußern. „Aus Respekt vor der Familie des Opfers möchte ich nicht darüber sprechen, was passiert ist. Das Einzige, was ich sagen möchte, ist, dass ich nicht stolz darauf bin", erklärt er dem Reporter. Auf die Frage, ob der Mord dazu diene, die Band zu promoten, antwortet er: „Tut mir leid, falls es so aussieht. Unsere Absichten sind das genaue Gegenteil. Allerdings ist es nichts, was wir zu verbergen versuchen. Wir würden es gern hinter uns lassen und weiterziehen."

Seit seiner Entlassung aus dem Gefängnis hat der Mord auf verschiedene Weise Aufmerksamkeit erregt. Der Kinofilm *Keillers Park* von Regisseurin Susanna Edwards, der auf den Ereignissen beruht, wurde landesweit in Kinos gezeigt. Eine eingehende Untersuchung der Tat findet sich in *No Tears for Queers*, einem Buch über Hassverbrechen gegen Homosexuelle von Johan Hilton.

In anderen Musikgenres führt die Äußerung von Meinungen, die Homophobie schüren, zu heftigen Reaktionen. Noch heute werden Konzerte des Reggae-Musikers Buju Banton wegen alter Texte mit homophobem Inhalt abgesagt. Allerdings ist Toleranz für Gewalt und unangenehme Ansichten in einem Genre, in dem es um Grenzüberschreitung geht, weiter verbreitet. Niemand protestiert gegen Dissection-Konzerte in Schweden. Wer sich von der Band distanzieren möchte, tut dies ohne viel Aufhebens. Im Rahmen der Interviews für dieses Buch wollten sich nur wenige über Jon Nödtveidt äußern.

Als er anfängt, die Band wiederaufzubauen, schaut die Metal-Welt fasziniert zu.

2005 war die Gruppe größtenteils mit den Aufnahmen für ein neues Album beschäftigt, trat bei Festivals in Europa auf und gab einige Konzerte in Mexiko sowie Brasilien. Sie war auch für ein Festival in Israel gebucht, doch Megadeth-Frontmann Dave Mustaine durchkreuzte diesen Plan. Das ehemalige Metallica-Mitglied ist wiedergeborener Christ und weigerte sich, beim selben Event zu spielen wie dezidiert satanistische Bands. „Wir sind Satanisten, ja, eure wahren Feinde!", verkündete Nödtveidt auf seiner Webseite. „Denn wir verkörpern das Gegenteil von Feiglingen wie euch!"

Die beiden Bands sollten vierzehn Tage später bei einem anderen Festival in Frankreich auftreten, und Mustaine beunruhigte Nödtveidts Aussage dergestalt, dass er um zusätzliche Sicherheitsvorkehrungen während seines Konzerts bat.

Einige Wochen danach machten Dissection in Schweden Schlagzeilen, als Kultur- und Bildungsminister Leif Pagrotsky bei ihrem unangekündigten Konzert in Stockholm gesichtet wurde, wo sie unter dem Namen The Somberlain auftraten. Das Boulevardblatt *Expressen* warf ihm vor, ein Satanisten-Konzert besucht zu haben. Der etwas über 1,60 Meter große Politiker antwortete verschmitzt, eine Frau habe ihm angeboten, ihn auf die Schultern zu nehmen, damit er die Show besser sehen könne. Er behauptete zudem, nichts von Jon Nödtveidts krimineller Vergangenheit gewusst zu haben.

Bei einem Dissection-Konzert in Kolingsborg im Dezember desselben Jahres ließ Nödtveidt das Publikum während eines Songs „Kill, kill, kill!" rufen. Als er vom *Sweden Rock Magazine* interviewt wird, trägt der Artikel die Überschrift „Mord und Musik".

Nach elf Monaten im Studio erscheint *Reinkaos* 2006 am Tag des in ganz Nordeuropa gefeierten christlichen Frühlingsfests Walpurgisnacht.

Die Reaktionen sind gemischt. Fans, die vom dritten Album der Band eine Fortsetzung des äußerst erfolgreichen Vorgängers *Storm of the Light's Bane* erwarten, werden grundsätzlich enttäuscht. Stattdessen ist *Reinkaos* ein Heavy-Metal-Album mit eingängigen Refrains, das an Metallica und Iron Maiden erinnert. Jon singt mit klarer, mehr kontrollierter Stimme als auf früheren Alben, und sein Gespür für Melodien ist stark wie ehedem. In verschiedenen Black-Metal-Foren wird behauptet, die Band habe ihren Stil kompromittiert, um mehr Platten zu verkaufen. Ebenso viele sind beeindruckt von Nödtveidts Songwriting-Talent und ausdrücklichem Wunsch, seinen eigenen Weg zu gehen.

Auf dem Cover prangt ein weißer Stern mit elf Strahlen. Die Texte handeln ausschließlich von der antikosmischen Tradition, die der MLO propagiert, und enthalten satanische Formeln sowie Sprüche aus dem Buch *Liber Azerate* von Frater Nemidial, der auch als Mitautor sowohl der Texte als auch der Musik des Albums genannt wird. Das Booklet enthält die Adresse der MLO-Webseite.

In Interviews gibt Jon an, Frater Nemidial sei der Magister Templi des MLO – der Anführer des Ordens.

Die Band bringt das Album auf ihrem eigenen Label Black Horizons heraus. Seit seiner Freilassung hat Nödtveidt mit ihrem früheren Label Nuclear Blast um die Rechte an den älteren Bandalben gestritten. Schließlich legt er diese in aufwändig gestalteten Digipak-Editionen neu auf.

Einige Wochen nach der Veröffentlichung des Albums überraschen Dissection die gesamte Metal-Szene mit der Ankündigung, sich aufzulösen. Sie werden diesen Anlass mit einem letzten Konzert feiern, das zum Mittsommer (Midsommar, ein weiterer Feiertag in Nordeuropa) im Stockholmer Hovet stattfindet. Die Band postet auf ihrer offiziellen Webseite das vorgeblich letzte Interview mit Jon Nödtveidt, das auf Fragen der Fans beruht.

Je nach Platzierung der Bühne finden im Hovet vier- bis fünftausend Zuschauer Platz – eine Publikumsgröße, die weder Dissection noch die Vorbands Nifelheim und Deathstars in Schweden erreichen können. Und am Midsommar? Dieser Feiertag bedeutet Schweden – ob Metal-Fans oder nicht – mehr als jeder andere. Er ist eng mit dem Sommer, der Natur und dem Landleben verbunden, und die Menschen fliehen aus der Stadt, um in Sommerhütten oder am Strand zu feiern.

Die Band kündigt außerdem eine Einstimmungsparty am Vorabend an. Die zweitägige Veranstaltung trägt den Namen Midsummer Massacre.

Es gibt Sommerregen. Die Plastikplanen über den Gartenmöbeln im Tantogården im Stockholmer Bezirk Södermalm sind doppelt gefordert: Im einen Moment schützen sie vor einem Regenguss, dann spenden sie Schatten für die ersten Gäste des heutigen Tages: vier Teenager in Cannibal-Corpse- und Carpathian-Forest-Shirts sowie am Nachbartisch eine Gruppe ganz stiller Mädchen, die darauf zu warten scheinen, dass etwas – *irgend*etwas – passiert.

Eine junge Frau in Jogginghose und schwarzem Kapuzenpulli mit dem Dissection-Reaper-Logo begrüßt uns. Ihre Lippe ist von einem Piercing geschwollen, sie scheint Mitte dreißig zu sein.

„Ihr bekommt eure Sachen von Jons Freundin. Folgt mir."

Auf der geräumigen Holzterrasse wird eine Wagenladung mit Drucksachen, T-Shirts und Dissection-Alben ausgepackt. Jons Freundin, die wie Anfang zwanzig aussieht, geht zwischen gestapelten Kisten, Posterrollen und handgeschriebenen Schildern hin und her. Sie ist blass und ungeschminkt, trägt schwarze Turnschuhe, eine Cargohose und ein Dissection-T-Shirt. Sie macht einen freundlichen ersten Eindruck.

Nachdem sie uns in eine Liste eingetragen hat, eilt sie hinein, um unsere Konzertkarten und Dissection-Shirts in L zu holen – „leider die einzige Größe, die wir haben" –, die im Eintrittspreis enthalten sind. Mit deutschem Akzent teilt sie uns mit, dass wir auch jeweils einen Aufkleber bekommen, sobald sie sie zwischen all den Kartons gefunden hat.

Die Shirts sind mit dem Schriftzug „Rebirth of Dissection European Tour 2004" bedruckt, auf der Rückseite stehen sechsunddreißig Termine in Städten wie Leipzig, Osnabrück und Thessaloniki. Das Frontdesign scheint eine Sonnenfinsternis darzustellen.

Die DVD *The Rebirth of Dissection*, das Comeback-Konzert aus der Arenan, wird auf einer Großleinwand gezeigt und ist im Sonnenlicht kaum zu erkennen. Die Show am nächsten Tag soll auch auf DVD veröffentlicht werden.

Die ersten prominenteren Gäste erscheinen: Mörk von Malign, Erik „Tyrant" und Pelle „Hellbutcher" Gustafsson von Nifelheim – plus ein fröhlicher Satanist aus Paris, der sich als Pierre vorstellt. Er sieht nicht im Geringsten furchteinflößend aus, obwohl er Leder und Nieten trägt und ein Pentagramm von der Größe eines Toilettensitzes an seinem Hals hängt. Die auffälligste Verzierung findet sich auf Pelles Jeansweste: ein schwarzer Nifelheim-Rückenaufnäher und umgedrehte Kreuze, umgeben von den größten Nieten, die man für Geld kaufen kann. Erik trägt ein schwarzes Kopftuch und eine Pilotensonnenbrille.

Er steht auf der Terrasse in der Sonne und betrachtet die Gäste, die sich auf dem Schotterplatz versammelt haben. Zufrieden sieht er aus. Plötzlich stürzt er ins Gebäude, als hätte er etwas Wichtiges vergessen. Kurz darauf steht er gebeugt vor Siebdrucken mit dem Text „Nifelheim – Midsummer Massacre 2006" auf mattschwarzem Papier. Er nummeriert sie gewissenhaft mit einem Silberstift. Erik stellt die Drucke an der Wand hinter dem Tisch aus und bemerkt, er habe bis morgens um halb vier in der Siebdruckerei seines Arbeitgebers daran gearbeitet. Wir fragen, wie viel sie kosten werden.

„Oh, Mann, eine Menge! Mehr, als man für ein Stück Papier bezahlen möchte." Er überlegt einen Moment, ist sich selbst nicht ganz sicher.

„Zwischen fünfzig und hundert Kronen."

Ein junger Angestellter des Tantogården erscheint mit einem Mikrofon in der Hand auf der Terrasse. Verunsichert betrachtet er die träge Menge aus rund dreißig schwarz gekleideten Gästen, die in der glühenden Hitze unter der Plane nach Luft schnappen. Dann tippt er ein paarmal auf das Mikrofon und spricht zaghaft: „In Ordnung, wir dachten, wir fangen jetzt mit einer Autogrammstunde an. Zuerst gibt es Autogramme der Band …"

Er bricht mitten im Satz ab, entschuldigt sich und holt einen handgeschriebenen Zettel hervor. „Nifelheimer!"

Während er sich umschaut, sieht er aus wie jemand, der gerade erkannt hat, dass er überfordert ist.

Spärlicher Beifall mischt sich mit Gelächter und vereinzelten Rufen.

Jenny Walroth taucht auf, die Leiterin des schwedischen Büros des renommierten Metal-Labels Century Media. Sie hat gerade mit Watain-Sänger Erik Danielsson gesprochen, der für Dissection am Bass einspringen wird. Er sagte ihr, dass nur neunhundertfünfzig Leute Karten für das morgige Konzert im Hovet gekauft haben.

„Ich glaube nicht, dass es Erik etwas ausmacht. Er freut sich so oder so riesig, mit Dissection zu spielen. Und die Bühnenrequisiten sind wohl völlig irre; er wird seine eigene Rampe haben, die er hoch- und runterlaufen kann."

Auf der Terrasse hat Jons Freundin den Stapel schwarzer Dissection-Hochglanzaufkleber entdeckt. Schüchtern ruft sie uns zu, als wir vorbeigehen. Sie scheint genau im Auge zu behalten, welche Gäste ihre Aufkleber noch nicht erhalten haben.

Auf den drei Tischen vor ihr liegen jetzt stapelweise Alben, Poster, Halsbänder, Mützen, Feuerzeuge, Fahnen und sogar Tangas – alles mit dem Dissection-Logo. Auf mit Klebeband befestigten Pappschildern sind die Preise in Kronen und Euro angegeben. T-Shirts in Mädchengrößen kosten hundertneunzig Kronen oder zwanzig Euro. Tangas mit dem Reaper-Logo kosten hundert Kronen oder elf Euro. Wenn man lediglich ein günstiges Andenken an das morgige Konzert sucht, kann man Schlüsselanhänger für nur zwei Euro kaufen.

Die Planung und Produktion all dessen müssen eine Ewigkeit gedauert haben. Die Auswahl ist aberwitzig groß im Verhältnis zur Zahl der Besucher im Tantogården – deutlich unter hundert Personen.

Die traditionell schwedisch rot-weiße Fassade des Hauptgebäudes scheint in der Nachmittagssonne zu leuchten. Aus den Lautsprechern dröhnt das Intro zu „Black Horizons" von Dissections 1993er-Debütalbum *The Somberlain*. Es klingt, als würde die Band bei Sturm in einem dunklen Wald spielen.

Zur schneidenden Musik singt ein achtzehnjähriger Jon Nödtveidt:

I am the almighty, the one with wisdom wide
I am the great shadow and from daylight in my tower I hide

I have seen the abyss and all that lies within
*I am the great shadow and I was born in sin**

Der Song peitscht mit hohem Tempo vorwärts. Das Album gilt nicht als die beste Leistung der Band, aber die Stimme und die Gitarrenmelodien erzeugen immer noch eine Intensität, die nur wenige Bands in den frühen Neunzigern erreichten, als die schwedische Szene von Death Metal mit heavy Gitarren und tiefem Gesang bestimmt wurde. Dissections Debüt ist gut gealtert. Zudem erinnert es daran, wie wenig sich das Death-Metal-Genre in den letzten zehn Jahren musikalisch weiterentwickelt hat.

Ole Öhman, der zur ersten Besetzung der Gruppe gehörte und auf dem Album Schlagzeug gespielt hat, verzieht sein Gesicht, als wir es erwähnen.

„Igitt! Die Platte groovt kein bisschen! Ich habe es gehasst, sie aufzunehmen, und hasse es, sie mir anzuhören", sagt er und schüttelt den Kopf, wobei man die drei Sechsen hinter seinem Ohr sieht. Es ist die gleiche Tätowierung, die Damien – Satans Sohn – im Horrorfilm *Das Omen* hat.

„Ole hasst alles", bestätigt Deathstars-Sänger Andreas „Whiplasher" Bergh später am Abend.

Ein jäher Regenschauer unterbricht die Nifelheim-Autogrammstunde. Das Prasseln auf den Dachziegeln mischt sich mit den Songs einer bald erscheinenden Split-EP, auf der die Band gemeinsam mit den brasilianischen Veteranen Volcano zu hören ist. Es wird die erste Nifelheim-Veröffentlichung seit sechs Jahren sein.

Kurz nach zwanzig Uhr bewegen sich drei vertraute Gestalten durch die dünne Menschenmenge in dem länglichen Hauptgebäude. Schlagzeuger Tomas Asklund trägt schlicht eine Jeans und ein T-Shirt in Schwarz, seine rotblonden Haare sind zum Pferdeschwanz zusam-

* *Ich bin der Allmächtige, derjenige mit der tiefen Weisheit*
Ich bin der große Schatten und verstecke mich in meinem Turm vorm Tageslicht
Ich habe den Abgrund gesehen und alles, was darin liegt
Ich bin der große Schatten und in Sünde geboren

mengebunden. Set Teitan hat eine Bomberjacke mit dem gezackten umgedrehten Dissection-Kreuz an und scheint wie immer nur einen einzigen Gesichtsausdruck in seinem Repertoire zu haben – das Starren. Jemand bemerkt, Set habe die vergangene Nacht so ausklingen lassen, wie es offensichtlich zu seinem sozialen Markenzeichen geworden ist: mit einer üblen Kneipenschlägerei.

Jon Nödtveidt trägt ein schwarzes Sweatshirt mit einer Zeichnung, die an den roten Teufel auf dem Cover des Iron-Maiden-Albums *The Number of the Beast* erinnert, verbunden mit der ganz und gar nicht Iron-Maiden-mäßigen Botschaft: „Fuck the world!" Keines der drei Mitglieder von Dissection würde sich von der Masse der durchschnittlichen Besucher des Sweden Rock Festivals abheben oder gar auffallen. Zumindest ist das unser erster Eindruck, bevor wir Jons neue Gesichtstätowierung bemerken: ein Tribal-artiges Muster entlang der linken Gesichtshälfte und dahinter – direkt über dem linken Ohr – ein Pentagramm, dessen obere Spitze abgebrochen ist. Der satanistischen Philosophie zufolge, der Nödtveidt anhängt, verkörpert das herkömmliche Pentagramm die innere Kraft; das abgebrochene Pentagramm entfesselt diese Kraft und schafft Chaos.

Schnell stellen sich die Leute in einer langen Schlange auf, die zu einem Tisch auf der Innenbühne führt – neben silbernen und goldenen Markern stehen Flaschen mit Mineralwasser und Cola. Sobald die Band Platz genommen hat, beginnt ein repetitives Ritual, das zwei Stunden lang dauern wird: Die Fans überreichen Platten und Poster, bedanken sich und schütteln Hände. Einer nach dem anderen schiebt sich hinter die drei Musiker, während Freunde mit bereitgehaltenen Fotoapparaten vor der Bühne stehen. Tomas und Jon posieren den Teufelsgruß zeigend mit ernsten Gesichtern im Blitzlichtgewitter.

Ein junger Mann hat seine E-Gitarre mitgebracht. Jon wechselt ein paar Worte mit ihm und signiert sie dann mit einem goldenen Stift. Ein Gast sitzt in einem Rollstuhl. Jon geht auf ihn zu und grüßt ihn kurz. Nach einer Stunde sieht man Gitarrist Set Teitans fahrigem Blick an, dass er zunehmend genervt ist. Er hat augenscheinlich genug und würde sich lieber mit seinen Freunden an der Bar entspannen.

Jons Geduld scheint jedoch kein Ende zu kennen. Ungebrochen euphorisch posiert er mit einem jungen Mann mit Brille und schüttelt dann die Hand von dessen Freund, der neben der Bühne wartet. Er scheint an nichts weiter zu denken, als dem kleinen Publikum das zu geben, weswegen es gekommen ist.

Wir grüßen ihn, schütteln seine Hand und erinnern ihn an unsere Interviewanfrage. Er macht einen gefassten, aufgeweckten Eindruck und wirkt völlig unbeeindruckt von der Tatsache, dass sein Lebenswerk unterm Strich höchstwahrscheinlich ein wenig ruhmvolles Ende finden wird.

Jon schaut uns einen kurzen Moment lang schweigend an. Dann gibt er eine schwammige Antwort, von wegen er habe sein letztes Interview bereits geführt, fügt aber hinzu, es würde ein wenig davon abhängen, was wir ihn fragen wollen. Sein Tonfall ist sanft und freundlich, fast schon hypnotisch. Als wir ihn verlassen, sind wir immer noch nicht ganz sicher, ob er uns ein richtiges Interview geben wird oder nicht.

Der Bühnenaufbau im Hovet ist beeindruckend: Zwei lange Rampen führen an den Seiten hinauf und flankieren ein riesiges Schlagzeugpodest, das mit dem Motiv des gebrochenen Pentagramms verziert ist. Ein gewaltiges Hendekagramm aus Stahl – ein Stern mit elf Strahlen – hängt über der Bühne, vier schwere schwarz-weiße Fahnen hängen von der Decke. Die Filmausrüstung ist über die gesamte Bühne verteilt, und ein langer Kran steht vor dem Mischpult. Weder für den Mitschnitt noch für das Konzerterlebnis wurden Kosten gescheut.

Nur wenige werden es hautnah erleben können. Man spürt den schwachen Kartenverkauf in dem großen Saal schmerzlich deutlich, obwohl die Bühne in der Mitte platziert wurde, wodurch sich seine Kapazität halbiert.

Das Publikum füllt nur einen Bruchteil des Saals. Diejenigen, die es hierher geschafft haben, sind jedoch begeisterter als der durchschnittliche Konzertbesucher und erleben eine herausragende Show. Jon Nödtveidt strahlt, als er die Bühne betritt. Es sieht aus und klingt wie die angekündigte Abschlussperformance. Der letzte Song „Maha Kali" endet damit, dass Nödtveidt seine weiße Gibson Flying V auf dem Bühnenboden zerschmettert und ins Publikum wirft.

Als das Hallenlicht eingeschaltet wird, stürzt er sich ins Publikum. Mehr als eine Stunde lang steht er auf dem mit Teppich ausgelegten Boden des Hovet, wirft sich für Fotos in Positur, umarmt Fans, stellt sich zu ihnen und plaudert. Ein kleiner Junge, der nicht älter als acht Jahre sein dürfte, hat die zerbrochene Gitarre ergattert. Er tritt näher und bittet darum, sie signiert zu bekommen. Die beiden posieren zusammen, während der Vater des Jungen Fotos macht. Als Jon schließlich verschwindet, um der Aftershow-Party in der dunstigen Backstage-Garderobe beizuwohnen, ist kaum noch jemand in der großen Halle.

Eine Woche nach dem Midsummer Massacre ruft uns Jon an. Er hat über unsere Anfrage nachgedacht und beschlossen, uns doch ein Interview zu geben – unter der Bedingung, dass wir ihm vertraglich zusichern, dass unser Text vollständig von ihm freigegeben werden muss.

Wir verabreden uns im Vetebullen, einem alten Arbeitercafé in der Hornsgatan in Stockholm. Jon trägt ein Dissection-Shirt, eine schwarze Armeehose und Turnschuhe. Eine schwarze Sonnenbrille liegt neben seiner Kaffeetasse auf dem grünen Plastiktisch. Er holt eine Tüte mit Geschenken hervor: Vinyl-Luxuseditionen von *The Somberlain* und *Storm of the Light's Bane*, ein Girlie-Shirt, zwei Sticker, zwei Flaggen und den Schlüsselanhänger vom Midsummer Massacre. „Wenn ich auf die fast zwei Jahre seit meiner Entlassung zurückblicke, kommt es mir unwirklich vor", schwärmt Jon. „Es war wirklich aufregend, hat Spaß gemacht und ist für mich persönlich nicht zu überbieten. Natürlich hatte ich Hoffnungen und Erwartungen, während ich mich darauf freute, rauszukommen, aber man kann eigentlich nicht begreifen, was das bedeutet. Wenn man sieben Jahre im Knast sitzt, ist es schlicht unmöglich, es richtig zu verstehen." Er grinst breit, als er das sagt.

„Nehmen wir das Rebirth-Konzert in der Arenan. In der Geschichte der Band waren noch nie so viele Leute bei einem Headliner-Konzert", sinniert er weiter, „und das nach so vielen Jahren!"

Jon wurde 1975 in Katrineholm als Sohn eines Norwegers und einer Schwedin geboren, aber die Familie zog bald nach Strömstad nahe der norwegischen Grenze. Dort wuchs er mit seinem jüngeren Bruder Emil und seiner kleinen Schwester Sara auf.

„She Loves You" von den Beatles war der erste Song, den er je hörte, doch wie so viele andere zog es auch ihn bald zu härteren Klängen. Seine Eltern waren beide im Lehramt tätig und nahmen den siebenjährigen Jon bisweilen mit in den Unterricht, wo er von älteren Schülern auf AC/DC, Mötorhead, Accept und Iron Maiden aufmerksam gemacht wurde.

„Es ist schwer zu erklären, aber irgendetwas am Metal hat mich sofort angesprochen. Manchmal hörte ich einen Song im Radio – zum Beispiel ‚TNT' von AC/DC – und dachte sofort: ‚Oh, was ist das denn?' Kennt ihr das, wenn man gleich eine Kassette einlegt und den Song mitschneidet? Das wurde mein wichtigstes Hobby. Accept waren wahrscheinlich die Band, für die ich am meisten empfand. *Restless and Wild* ist wirklich ein Spitzenalbum, es dürfte meine Lieblingsplatte gewesen sein. Es war etwas Besonderes – ein bisschen härter als alles andere, und ein bisschen rauer, so unheimlich gut."

Auch Iron Maiden und Metallica gehörten bald zu seinen Favoriten. Jons Vater Anders interessierte sich für Musik, und im Haus lief immer etwas, von Rock bis Klassik. Im Herbst 1983 fuhr Anders den achtjährigen Jon und seinen Freund Mattias „Mäbe" Johansson nach Stockholm, wo Def Leppard im Draken spielten. Beide Elternteile unterstützten die Musikbegeisterung ihrer Söhne von ganzem Herzen, bis ihre Mutter Katarina eines Tages LPs von W.A.S.P. und Dead Kennedys in Jons Zimmer fand.

„Sie ist völlig durchgedreht und hat meine Poster von den Wänden gerissen. Ich hatte sie mit W.A.S.P. und anderen Bands tapeziert. Als Acht- oder Neunjähriger findet man es nicht albern, wenn sich Bands mit rohem Fleisch und Blut ablichten lassen. Schaut man sich diese Bilder heute an, kann man sie nicht mehr ernst nehmen. Meine Mutter stand überhaupt nicht drauf, aber ich hatte im selben Ort eine sehr liebe Großmutter, die ich manchmal nach der Schule besuchen konnte. Dort hatte ich ein eigenes Zimmer und durfte egal welche Poster aufhängen."

Zu dieser Zeit Mitte der Achtziger waren Hardrock und Metal in Schweden noch umstrittene Genres. Verzerrte Gitarren und eine grobe Attitüde reichten aus, um eine Band der Teufelsanbetung zu bezichtigen – was natürlich dazu führte, dass sich noch mehr Jugendliche zu dieser Musik hingezogen fühlten. Jon erzählt, dass seine Mutter sagte, er könne Poster aufhängen, wie es ihm gefiel, sobald er alt genug sei, um zu verstehen, worüber die Bands sangen.

„Also fing ich an, meinen Vater über alles Mögliche auszufragen. ‚Was bedeutet balls to the wall, Papa?' Er antwortete: ‚Einen Ball gegen die Wand zu schießen.' Haha."

Der junge Jon erfährt die wahre Bedeutung von „fuck like a beast" von jemand anderem. Im Alter von neun Jahren beginnt er, auf der Akustikgitarre seines Vaters zu spielen. Er lernt die grundlegenden Akkorde und bringt sich seine Lieblingslieder selbst bei. Eine Zeit lang nimmt er Unterricht, aber das Spielen von Balladen macht ihm nicht viel Spaß, sodass er es bald wieder aufgibt. Zusammen mit seinem engen Freund Peter Palmdahl und seinem jüngeren Bruder Emil beginnt er, in verschiedenen Formationen zu spielen.

Palmdahl erinnert sich an eine Spaßband, die sie Kill nannten.

„Jon hatte einen alten Gitarrenverstärker, und wir brüllten direkt in die Stereoanlage. Wir sangen Metallica- und Anthrax-Texte, indem wir einfach irgendwelche cool klingenden Wörter benutzten, da wir kaum Englisch konnten. Es war nichts, was man eine richtige Band nennen könnte. Anders und Katarina sahen es einfach als Spaß an. Meine Eltern dachten das auch, behielten uns aber von da an vermutlich genauer im Auge."

Peter beschreibt die Familie Nödtveidt als „äußerst musikalisch". Jon und er waren mit ihren langen Haaren, Jeansjacken und Nietenarmbändern die einzigen Metalheads in der Grundschule. In den Pausen malten sie Monster und Zombies.

„Jon war künstlerisch begabt, aber hoffnungslos schlecht im Sport. In die Fußballmannschaft wurde er in erster Linie aufgenommen, weil er in der Gruppe einen gewissen Status hatte, ein Metalhead war und mit den cooleren Kids abhing. Das gab er auf, als wir ins Teenageralter kamen und sich alles nur noch um Musik drehte."

Sie hörten immer härtere Musik. Palmdahl war ein großer Slayer-Fan, und Bands wie Venom oder Metallica standen in seinem Regal neben Accept, Iron Maiden sowie anderen Hardrock-Bands. In den Sommerferien gestaltete Jon aus Spaß eigene Zeitschriften. Eine davon hieß *Varning* („Warnung") und bestand aus Schnipseln aus dem *Kerrang!* und *OKEJ*.

Zudem fing er an, eigene Songs mit simplen Riffs und Texten zu schreiben. Mit Emil und einigen Klassenkameraden gründete er die Band Thunder. Sie probten abends in der örtlichen Musikschule und spielten vor allem Coverversionen, komponierten aber auch eigene Songs zusammen.

Im Herbst 1987, als Jon zwölf war, nahmen sie an Rock of Bohuslän teil, einem Talentwettbewerb für Demobands, der von den vierzehn Gemeinden der Provinz organisiert wurde. Thunder belegten in der Endausscheidung den dritten Platz. Jon wollte zu härterer Musik übergehen, fand aber wenig Unterstützung bei seinen Mitmusikern, weshalb er Thunder auflöste und die Thrash-Metal-Band Siren's Yell mit Peter Palmdahl, Mäbe Johansson und Ole Öhman gründete.

„Jon spielte Gitarre, Mäbe den Bass, und da ich der Einzige war, der die Pubertät schon hinter sich hatte, musste ich singen", so Peter. „Jon unterstützte mich manchmal bei den Refrains, doch es klang arg schrill – zum Totlachen. Ich habe irgendwo ein Video davon."

Ende der Achtziger brodelte es gewaltig im schwedischen Metal-Underground. Die beiden Freunde entdeckten das *Slayer*-Magazin und pilgerten zum Plattenladen Dolores in Göteborg, um Alben wie

Morbid Angels *Altars of Madness* und andere von Sepultura, Kreator oder Carcass zu kaufen. Jon begann mit der Arbeit an seinem *Mega Mag*, knüpfte Kontakte zu anderen Fanzine-Herausgebern wie Tompa Lindberg in Göteborg. Und er war der aktivste Tapetrader in der Region.

Mit beeindruckendem Unternehmergeist organisierte Jon zudem Metal-Gigs in einem Jugendzentrum in Strömstad, als er fünfzehn war. Den ersten bestritten Tompas Band Grotesque und Therion aus Stockholm sowie die lokale Band Nosferatu. Jon trat mit der Thrash-Combo Rabbit's Carrot auf.

„Zu diesem Konzert tauchte eine Riesenmenge Leute auf", erinnert er sich. „Ein ganzer Zug voll mit Bier trinkenden Göteborger Metalheads – ‚Onkel' und diese Clique. Hinzu kam natürlich planloses Disco-Volk, das sehen wollte, was da los war. Sie standen völlig fassungslos da, als Grotesque die Bühne mit Spikes und umgedrehten Kreuzen betraten. Danach gab es Gerüchte über eine schwarze Messe, die im Jugendzentrum abgehalten worden sei."

Kurz darauf fanden Jon, Ole und Peter wieder zusammen, um härtere Musik mit viel düstereren Texten zu spielen. Die neue Band heißt Dissection.

Seit den Tagen von Black Sabbath werden Hardrock und Metal mit Satanismus und einer Faszination für die dunkle Seite der Spiritualität verbunden. Mit den extremeren Spielarten der Rockmusik kamen auch explizit satanische Themen auf, auch wenn die Bands nur selten echte okkulte Überzeugungen vertraten. Wie die meisten anderen Metal-Fans hatte Jon Nödtveidt viele Notizblöcke und Schulbücher mit fein säuberlich gezeichneten Totenköpfen, blutrünstigen Ungeheuern und Antikreuzen gefüllt.

„Der Grund dafür, dass ich mich überhaupt zum Metal hingezogen fühlte, war die Dunkelheit in der Musik – also in der tatsächlichen Musik, nicht bloß im Image. Ich würde sagen, dass Slayer mein Sprungbrett in den Satanismus waren. Auf *Reign in Blood* hatten sie Texte, die man als satanisch interpretieren konnte. Das war krass und mutig, und man hat eigentlich nicht viel tiefer darüber nachgedacht."

In der Death-Metal-Szene verwendeten etliche Bands satanische Symbole und okkulte Themen in ihren Texten und Artworks.

„Manche haben sich als Satanisten ausgegeben", erklärt Jon. „Ich weiß zum Beispiel noch, wie mir Tompa erzählte, er sei Satanist. Damals war ich vierzehn. Der Kontakt zu Leuten, die behaupteten, Satanisten zu sein, brachte mich dazu, mich eingehender damit auseinanderzusetzen: Was bedeutet Satanismus, mehr als nur Pentagramme und umgedrehte Kreuze? Ich fing zu recherchieren an und gewann einen Einblick in das, was hinter diesen Symbolen steckt – etwas Dunkles und Reizvolles."

In den späten Achtzigern, lange bevor die gesamte Literatur der Welt übers Internet zugänglich war, gelangte man nicht so leicht an esoterische Bücher, erst recht nicht in einer Kleinstadt wie Strömstad, wo schon die britische Zeitschrift *Metal Forces* recht ungewöhnlich war.

Wenn Jon nach Göteborg fuhr, um Platten zu kaufen, besuchte er auch Buchhandlungen, um alles vom Simon-*Necronomicon* bis zu Anton LaVeys *Die Satanische Bibel* zu bestellen – Bücher, die in den Begleittexten von Alben und in Interviews mit anderen Bands jener Zeit erwähnt wurden. Er lieh sich in der Bibliothek Titel über sumerische Mythologie aus, vertiefte sich in Enzyklopädien und las alles, was er in die Finger bekam. Peter Palmdahl gibt an, die meisten Anhänger des extremen Metal-Underground hätten sich Satanisten genannt. Selbst diejenigen, die diesen Glaubensvorstellungen nicht anhingen, ritzten sich auf Partys umgedrehte Kreuze in die Arme, trugen Pentagramme um den Hals und hatten schwarze Stumpenkerzen auf dem Nachttisch stehen. Das gehörte einfach dazu.

„Ich überlege gerade, wann ich mein erstes umgedrehtes Kreuz gebastelt habe", sinniert Peter Palmdahl. „Ich glaube, ich war damals fünfzehn. Alle Leute, die man traf, trugen Schwarz, und die Musik war auch pechschwarz. Sie gab dir den Mut ‚Ich bin Satanist, ich hasse Jesus und das Christentum' zu sagen – aber weiter als das hat man die Dinge im Grunde nicht infrage gestellt."

Jon trieb den Satanismus wie alles andere, was ihn interessierte, viel weiter als der Rest der Gruppe.

„Wir haben bei Dissection nie aneinander gezweifelt, niemals", betont Palmdahl. „Es gab selten irgendwelche ideologischen Diskussionen. Wir betrachteten uns gegenseitig als selbstverständlich; wir waren eine Einheit, in der sich alle stark engagiert haben."

Während er sein Netzwerk vergrößerte und Freunde in der Szene fand, schrieb Jon weiter Musik und Texte für Dissection. Er war der geborene Frontmann – der Inspirierte, Entschlussfreudige, der Charismatiker. Die Band sei schnell zu einem Mittel seiner spirituellen Suche geworden.

„In den Texten erforschte ich meine innigsten Gedanken, Konzepte wie Tod und Dunkelheit – alles, was über dieses Leben hinausgeht. Je tiefer ich vorstieß, desto deutlicher spürte ich, dass etwas nach mir rief. Das Interesse an sich wurde so stark, dass ich begann, mich als Satanisten zu begreifen. Nach einer Weile fand ich andere, die meine Interessen teilten."

Durch seinen regen Briefverkehr freundete sich Jon mit Morgan Håkansson von der Black-Metal-Band Marduk an. Dieser half ihm dann mit dem *Mega Mag*. Sie trafen sich persönlich beim Bergslagsrocken 1990 und führten Interviews mit einigen Bands, darunter Morbid Angel. Anders Nödtveidt hatte Jon und Peter Palmdahl mit dem Auto hingefahren und begleitete sie zum Festival. Etwa zur gleichen Zeit lernte Jon den älteren Tony „It" Särkkä von Abruptum aus Finspång kennen. Dieser bezeichnete sich ebenfalls als Satanisten, und die beiden schlossen sofort Freundschaft.

Anfang der Neunziger hatte Death Metal seinen kommerziellen Durchbruch geschafft, und Bands wie Entombed oder Dismember weckten plötzlich auch außerhalb der Metal-Szene Interesse. Diese spaltete sich sofort: Man schloss sich entweder den anderen Death-Metal-Bands auf ihrer Mainstream-Schiene an oder ließ sich weiter auf das Böse und die dunkle Seite ein. Der Wettbewerb kam erst recht in Schwung, als sich Pelle „Dead" Ohlin 1991 das Leben nahm.

Nur wenige Tage nach dem Selbstmord traten Dissection in Falkenberg im Vorprogramm von Entombed auf und spielten zum Gedenken an Dead Mayhems „Freezing Moon". In Strömstad organisierte Jon weiterhin Gigs und ein Festival, das er Böldfest nannte – ein Wortspiel mit *böldpest*, das schwedische Wort für „Beulenpest". Mehrere Bands gründeten sich in der Gegend, und über die Stadtgrenzen hinaus wurde bekannt, dass es in Strömstad eine aufstrebende Szene gab. Metalheads aus Norwegen und anderen Teilen Schwedens besuchten nun Konzerte vor Ort. Jon lernte Øystein Aarseth und Varg Vikernes kennen. Auf Partys betranken sie sich und sprachen über Satanismus.

Als It die True Satanist Horde gründete, hoffte Jon Nödtveidt, einen ernsthaften satanistischen Diskurs führen zu können.

„Alle waren echt blutjung, aber es sollte trotzdem etwas Ernstes sein", sagt er. „Und dann fühlte man sich natürlich gezwungen, etwas zu tun, um seinen Standpunkt deutlich zu machen."

„Klar, Jon trat der Horde bald bei, zusammen mit Ole Öhman und ein paar anderen", erzählt Peter Palmdahl. „Das Ganze kam einem vor wie eine Zuflucht für It. Er blieb den ganzen Sommer bei Jon zu Hause, sie tranken Bier und hingen zusammen ab. It war ein cooler Typ, sah aber weit übler aus als alle anderen, und er war gemischter Abstammung, unter anderem von amerikanischen Ureinwohnern, was ihn vom Aussehen her ziemlich einzigartig machte. Er war drei Jahre älter, hatte einen Bart und schwarze Haare. Außerdem trug er zwei Patronengürtel. Und er hatte sich unter den Augen geschnitten. Auf einer Party zeigte er uns, wie man sich schneidet, und wir waren schwer beeindruckt."

Dissection nahmen ihr Debütalbum *The Somberlain* mit dem Produzenten Dan Swanö im Unisound Studio in Finspång auf. Zu diesem Zeitpunkt war die Band bereits in ganz Schweden bekannt. Jon besuchte ein Gymnasium in Eskilstuna, nachdem er die Schule in Strömstad abgebrochen hatte. Ole Öhman lebte in Karlstad, John Zwetsloot in Göteborg, und Peter Palmdahl immer noch in Strömstad. *The Somberlain* erschien 1993 bei No Fashion Records und verkaufte sich rasch fünfzigtausend Mal.

In Eskilstuna schloss sich Jon der Black-Metal-Band The Black an und übernahm für Øysteins Plattenladen Helvete den Versandhandel in Schweden. Er beteiligte sich an einem Kunstprogramm in der Schule und arbeitete nebenbei als Fotoassistent. Es war eine turbulente Zeit voller Dummheiten und Partys, vor allem zusammen mit Mitgliedern der True Satanist Horde. Schließlich wurde er der Schule verwiesen, nachdem er sich in der Lokalzeitung *Eskiltuna-Kuriren* als Befürworter des Satanismus geäußert hat.

„Dabei ging es vor allem darum, mich stark, konkret und rebellisch auszudrücken", erklärt Jon. „Wir hassten das Christentum, und deshalb setzen wir Kirchen in Brand zum Beispiel. Wir waren bereit, für unsere Ideale zu töten und zu sterben. Sehr einfach und primitiv, doch für einige von uns spiegelten diese Handlungen ein Höchstmaß an Aufrichtigkeit wider."

Dissection machten sich zügig einen Namen und gingen mit der britischen Band Cradle Of Filth auf Europatournee. Zu Hause in Schweden überschritt die Gruppe aus Freunden immer wieder Grenzen, sowohl untereinander als auch bei anderen. Ole Öhman erinnert sich, wie er und Jon einmal in einer Disco in Hunnebo von der Polizei festgenommen wurden.

„Wir waren betrunken und benahmen uns daneben. Die Bullen kamen, fuhren uns verdammt noch mal mehrere Kilometer weit raus aufs Land und setzten uns an der Straße ab. ‚Jetzt geht ihr nach Hause und nüchtert euch aus!' Das war die falsche Methode. Wir haben uns Stöcke gesucht und auf dem ganzen Rückweg Autofahrern gedroht. Als wir die Stadt erreichten, wurden wir gleich wieder verhaftet. Aber die Bullen hatten keine Lust, wieder mit uns hinauszufahren, also ließen sie uns laufen. Zwei dämliche Metalheads mitten auf dem Marktplatz von Hunnebo, wo die Leute für ihren spätabendlichen Hotdog anstanden. Die Leute gaben keinen Ton mehr von sich. Solche Sachen passierten ständig. Jon konnte der witzigste Mensch der Welt sein, wenn er so drauf war."

Dissection nahmen *Storm of the Light's Bane* ebenfalls im Unisound in Finspång auf und veröffentlichten es Ende 1995. Das Album erhielt sofort euphorische Kritiken und gilt heute als eines der wichtigsten schwedischen Metal-Alben überhaupt. Geschätzt zweihunderttausend Einheiten wurden verkauft. Die Band tourte sechs Wochen lang mit At The Gates und den US-Death-Metal-Göttern Morbid Angel durch Amerika.

„Damals lebte ich in Los Angeles, also fuhr ich für ein paar Konzerte in Kalifornien mit“, erinnert sich Orvar Säfström. „Tompa war ein langjähriger Freund von mir, aber obwohl ich Jon schon vorher getroffen hatte, war dies das erste Mal, dass wir beide richtig zusammen abhingen. Es war eine tolle Zeit. Nach der Show in Corona stritt sich Jon heftig mit Morbid Angels Tourmanager. Dissection waren die Vorband, weigerten sich aber, auf die Bühne zu gehen, bevor sie fertig waren. Der Typ brach ihr Set ab und brüllte Jon hinterher an, doch Jon meinte nur zu ihm, er könne sich ficken. Jon kannte keine Kompromisse.“

Während Dissection auf der ganzen Welt gefeiert wurden, ärgerte sich der Frontmann zunehmend über die Black-Metal-Szene. Er hatte das Gefühl, man würde Satanismus nicht ernst nehmen und nur zum Selbstzweck aufgreifen. Das zeigte sich insbesondere in Situationen, wenn die Polizei auf den Plan trat; die Leute bekamen Angst und zogen den Schwanz ein.

„1995 war ich zutiefst enttäuscht von den sogenannten Satanisten in der Metal-Szene, die lieber ihre Plattensammlungen anbeteten – *Bathory* mit dem Yellow Goat und Mayhems *Deathcrush* mit rosa Cover –, als ein Buch in die Hand zu nehmen. Es war völlig idiotisch, und die Leute waren feige. Ich persönlich bevorzugte solche, die sich wirklich für etwas interessierten und den Mut hatten, dafür einzustehen.“

Jon war auch von der True Satanist Horde enttäuscht, weil er dachte, die Mitglieder würden nur reden und nichts tun.

Zu diesem Zeitpunkt wohnten alle Dissection-Musiker in Göteborg, und Jon lernte einen Satanisten kennen, der zu lokalen Black-Metal-Gigs kam. Er kannte sich mit Okkultismus, Satanismus und schwarzer Magie aus, und eine enge Freundschaft entstand. Gemeinsam mit zwei anderen Personen wurde 1995 die Organisation MLO gegründet –

Misanthropic Luciferian Order. Jon sah darin die Chance, Okkultismus ernsthaft zu praktizieren. Die beiden wurden unzertrennlich.

Seine Freunde bemerkten, dass er sich in zunehmendem Maße in seine neuen Interessen vertiefte und von der Clique entfernte. Er wurde mit seinem neuen Freund in der Stadt gesehen, wo er sich prügelte und alte Freunde gegen sich aufbrachte. Man machte sich allmählich Sorgen um ihn.

It und die anderen Mitglieder der True Satanist Horde ärgerten sich darüber, dass Jon zum MLO übergelaufen war, damit war eine Fehde angefacht. Jon Nödtveidt schnaubt verächtlich.

„Ich war Mitglied der True Satanist Horde und habe ihnen natürlich vom Orden erzählt. ‚Schaut, das ist der MLO – falls ihr bereit seid, könnt ihr euch hier für was Ernstes engagieren.' Aber niemand war interessiert. So kam es zu einer Spaltung. Die TSH stellte uns ein Ultimatum – wir sollten den MLO verlassen. Er drohte, ihre schwachen Grundfesten ins Wanken zu bringen. Sie erkannten, dass niemand sie respektieren würde, sobald Menschen da waren, die sich auf wahren Satanismus einließen. Den Harten zu markieren ist leicht, wenn es keinen Widerstand gibt, wenn dir niemand die Stirn bietet. Jetzt taten Leute es. Und dann war Schluss mit lustig."

Eines Abends im Juli 1997 hatten Jon und sein neuer Freund mit den Nifelheim-Zwillingen eine Party besucht. Sie waren im Restaurant Kompaniet und im Stripclub Chat Noir in der Nähe des Göteborger Hauptbahnhofs gewesen. Als sie durch den Kungsparken gingen, lief ihnen Josef ben Meddour über den Weg, ein sechsunddreißigjähriger homosexueller Algerier.

Wenige Stunden später wurde er mit zwei Schüssen – in den Rücken und den Kopf – am Wasserturm auf dem Berg Ramberget auf der Insel Hisingen ermordet.

Jon Nödtveidt wurde im Dezember 1997 verhaftet und elf Monate lang in Haft gehalten, bevor ihn das Berufungsgericht wegen Beihilfe zum Mord und illegalen Waffenbesitzes zu zehn Jahren Gefängnis verurteilte. Sein Komplize wurde wegen Mordes ebenfalls zu zehn Jahren verurteilt.

DAS LETZTE INTERVIEW MIT JON NÖDTVEIDT CAFÉ VETEBULLEN, 6. und 12. Juli 2006

Warum ist dies das letzte Interview, das du geben wirst?
„So viel Zeit ist vergangen, nun da wir nicht mehr an der Metal-Szene teilhaben möchten. Wir haben nichts mehr mit ihr gemein, außer dass wir eine Band mit Fans sind, die auf Metal stehen. Wir repräsentieren nicht das Gleiche wie andere Bands. In unseren Augen gibt es keine satanische Szene im Metal, der wir angehören. Und gleichzeitig hat sich die Metal-Szene von uns distanziert."

Inwiefern?
„Weil Dissection zu kontrovers sind. Viele lassen sich von Äußerlichkeiten blenden – zum Beispiel von meiner Gefängnisstrafe. Dass ich zurückgekehrt bin und Dissection wiederauferstehen ließ … so etwas darf man nicht tun. Die Leute denken, ich sollte mich für den Rest meines Lebens schämen und verstecken. Ich schäme mich nicht dafür, wer ich bin, und ich schäme mich auch nicht für meine Taten. Ich stehe hinter dem, was ich getan habe, und akzeptiere die Konsequenzen."

Kannst du verstehen, warum die Leute so reagieren?
„Aus ihrer Sicht kann ich das verstehen. Das liegt natürlich daran, dass sie entweder instinktiv oder bewusst erkennen, dass wir nicht wie sie sind. Wir sind etwas ganz anderes; wir haben nichts mehr gemeinsam. Als ich *Reinkaos* schrieb, hatte ich eine Reihe von Maßstäben und einen Rahmen. Bestimmte Prinzipien. Ich wollte kein verdammtes beliebiges Black-Metal-Album machen, das nach Black Metal klang. Black Metal ist für mich ein Fake. Black Metal ist anmaßend. Sie schreien über Satan, meinen es aber überhaupt nicht so. Sie tragen theatralisches Make-up, spucken Blut und Feuer und wälzen sich wie Idioten auf der Bühne herum – aber sie meinen kein Wort ernst. Das war mein grundlegender Maßstab: Dissection sind keine verdammte Black-Metal-Band."

Waren sie es jemals?
„Wir sind eine satanische Metal-Band, und das können die Leute interpretieren, wie sie wollen. Ich setze Black Metal schon lange mit Posern gleich."

Dissection klingen nicht einmal mehr nach Death Metal.
„Dissection spielen satanischen Metal, Punkt. Die Leute kommen zu mir und fragen: ‚Wie jetzt, du hast keine Blastbeats auf dem Album?' Nein, denn das war meine oberste Regel – absolut keine Blastbeats auf der Platte zu haben! Das war wirklich Regel Nummer eins: Keine. Verdammten. Blastbeats. Auf diesem Album. Ich habe mehr Respekt vor Bands wie AC/DC und Motörhead. Sie singen ‚Highway to Hell' und solche Sachen, haben aber nie behauptet, Satanisten zu sein. Rapper sind praktisch satanischer als jede Metal-Band; sie erschießen mehr Menschen. Wie viele in der Metal-Szene kommen aus einem Umfeld, in dem sie gezwungen waren, Gewalt anzuwenden?"

Äußerst wenige, und das ist einer der interessantesten Aspekte der Genres.
„Lass es mich so ausdrücken: Von allen Subkulturen, die es gibt, ist Metal die schwächlichste. Da tummeln sich fast nur Mittelschichtkinder, die immer alles auf dem Silbertablett bekommen haben und nie für etwas kämpfen mussten. Selbst Punks sind extremer, sie prügeln sich wenigstens mit der Polizei und werfen Molotowcocktails. Vor ihnen habe ich mehr Respekt. Im Metal würden die Leute nicht im Traum daran denken, die Dinge in die Tat umzusetzen, über die sie singen. Wenn man genau das tut, wird deutlich, inwieweit man ein Außenseiter ist."

Was wirst du jetzt nach der Auflösung der Band tun?
„Bei Dissection kam es oft darauf an, den ganzen Weg zu gehen, was bedeutet, es bis zum Ende durchzuziehen. Alle Texte auf allen Alben handeln vom Tod – der großen Auflösung, dem Armageddon. Und mit *Reinkaos* haben wir den Punkt erreicht, an dem es an der Zeit ist, die Band zu töten. Auf der materiellen Ebene weiterzumachen

ist nicht mehr möglich. Das hängt alles mit den Dingen zusammen, über die wir singen, mit den Konzepten, die wir in unseren Texten und in unserer Musik ansprechen. Es sind keine Märchen; hinter all den mythologischen, symbolischen Gestalten, die wir darstellen, existiert eine geistige Wirklichkeit, der wir angehören und mit der wir uns vereinigen wollen."

Wie sieht diese Wirklichkeit aus?

„Geistige Freiheit ist ein Begriff, der alle Religionen durchdringt; sie bedeutet nur unterschiedliche Dinge. Ein Mensch, der den Schöpfer dieser Welt verehrt, hat vielleicht das Ziel, eins mit ihm zu werden, will aber nicht wie ein Mensch aus Fleisch und Blut leben. Als Satanist möchte ich diese Schöpfung völlig auslöschen – das ursprüngliche Chaos wiederherstellen und eins mit ihm werden. Natürlich gibt es Religionen mit ähnlichen Botschaften, die diese Welt als niedrigere Seinsform betrachten und ihren Schöpfer für böse halten. Ich könnte den Gnostizismus nennen, der starke Parallelen zum von mir vertretenen Satanismus aufweist. Es steht für ‚Einsicht durch Erleuchtung', und mein Ziel als Satanist ist die Chaos-Gnosis – Einsicht ins Chaos."

Und was heißt das nun tatsächlich?

„Gnostizismus beruht auf der Erkenntnis, dass diese Welt falsch ist – dass es eine treibende Kraft in uns gibt, die sich befreien will. Im traditionellen Gnostizismus wird sie als göttlicher Funke bezeichnet. Im Satanismus nennen wir ihn die schwarze Flamme. Gnostiker glauben, man müsse den Gott im Inneren suchen – alle anderen Götter seien falsch, unterdrückend oder versklavend. Der Satanismus, von dem ich spreche, ist ein aggressiver satanischer Gnostizismus, denn wir verstehen uns als Feinde dieser Welt. Wir sind bereit, alles zu tun, was nötig ist, um uns und das Chaos zu befreien, das hier eingeschlossen ist. Deshalb waren alle Geschehnisse auf dem Weg hierher nur verschiedene Phasen des Endes. Ich persönlich habe mich immer bereit gefühlt, es bis zum Ende durchzuziehen, und genau das wird auch geschehen."

In welcher Hinsicht hattest du das Gefühl, es sei Zeit?
„Ich empfinde eigentlich schon seit einer ganzen Weile so."

Schon als du im Gefängnis Musik geschrieben hast?
„Das Konzept der Band ist so viel größer als die Band selbst, es geht also nicht nur um ihre Existenz. Es geht um religiöse und spirituelle Konzepte, die über uns als Menschen und aktive Gruppe hinausgehen. Vielmehr läuft es darauf hinaus, den Pfad zur linken Hand zu beschreiten, die Musik der Band ist ein Ausdruck und ein Mittel, um dieses Streben zu lenken. Die Sehnsucht nach dem Ende, die Sehnsucht nach dem Tod, die Sehnsucht nach der Dunkelheit – eins zu werden mit dem Chaos und dem Leben ein Ende zu setzen."

Auch dem körperlichen Dasein?
„Ja, um diese kosmische Gefangenschaft zu beenden. Diese Sehnsucht hat mich die ganze Zeit über begleitet. Vielleicht war es nur eine Saat, die auf meinem Weg aufgegangen ist. Geh zurück und lies die alten Texte, und du wirst die gleiche Antriebskraft darin erkennen. Das war kein Scherz; alles war absolut ehrlich. Ich identifiziere mich mit der Dunkelheit, mit dem Chaos. Deshalb besteht mein ultimatives Ziel darin, über diesen körperlichen Zustand hinauszuwachsen."

Indem du stirbst?
„Dauerhaft über den körperlichen Zustand hinaus zu reisen ist unmöglich, außer man stirbt. Also ist der Tod natürlich das Ziel. Genau das haben wir von Anfang an gesagt. Es ist auch das Konzept von Dissection – Anti-Cosmic Metal of Death. Und warum nennen wir es Metal of Death? Weil es um den Tod geht, ernsthaft."

Planst du, dir das Leben nehmen?
„Wenn ich nicht von jemand anderem umgebracht werde, werde ich natürlich Selbstmord begehen. Ich habe nicht vor, weiterzuleben, bis ich an Altersschwäche sterbe – die Vorstellung ist mir so fremd, dass

ich noch nie darauf gekommen bin. Ich habe schon mit fünfzehn oder sechzehn geplant, mir das Leben zu nehmen."

Warum hast du bisher es nicht getan?
„Es gab Dinge, die mich am Leben gehalten haben. Und natürlich wollte ich bestimmte Ziele erreichen. ‚Ich hasse das Leben, also bringe ich mich jetzt um' zu sagen, woraufhin sich alles fügt ... so einfach ist das nicht. Von dieser Auffassung halte ich nichts. Wenn man so etwas tut, muss es einen Grund dafür geben. Die kosmische Gefangenschaft ist Fakt. Ich bin kein Atheist, der glaubt, dies hier sei alles – ich glaube an den Geist, eine spirituelle Antriebskraft, die jenseits dieser Welt liegt. Und das ist der Wesenskern, mit dem ich mich identifiziere und den ich befreien will."

Was bedeutet dir der Tod?
„Er hat mich schon früh unglaublich fasziniert. Für mich war immer klar, dass der Tod nicht das Ende ist, sondern nur das Ende des Lebens im Hier und Jetzt. Er ist aber nicht das Ende von mir oder dem, was jenseits liegt. Der Tod ist ein Anfang, ein Neuanfang. Er ist das Tor, das man durchschreiten muss. Mir ist klar geworden, dass man nicht eins werden kann mit dem Chaos, nicht eins werden kann mit der Dunkelheit, bevor man die Schwelle des Todes überschritten hat. Bis dahin kann man natürlich das Feuer im Inneren entfachen – man kann die Kraft entfesseln und sich mit ihr identifizieren. Solang man aber in einem menschlichen Körper lebt, ist man ein rein materieller Organismus, der auf einem materiellen Planeten wandelt. Mein Ziel bestand immer darin, hier herauszukommen und derjenige zu werden, wer ich wirklich bin. Ich muss die Antwort auf das Rätsel finden, warum ich hier bin und warum ich nach etwas anderem suche."

Bist du immer auf der Suche gewesen?
„Man kann sicherlich zurückgehen und meine Kindheit auf verschiedene Arten analysieren. Die Tatsache, dass ich meine Großmutter

außer Fassung brachte, als ich sechs Jahre alt war, indem ich Figuren aus Knete formte, die in ihren Augen aussahen wie der Teufel. Diese Antriebskraft muss in mir geschlummert haben und ist dann in unterschiedlichen Phasen wieder aufgeflammt. Es geht letztlich darum, dieser auf den Grund zu gehen und zu sich selbst zu finden."

Wann bist du zum ersten Mal auf dieses Feuer aufmerksam geworden?
„Das kann ich nicht beantworten. Ich weiß aber noch, wie mich bestimmte Geschichten emotional bewegt haben, Erzählungen von finsteren Ungeheuern und Kreaturen. Es gab Dinge, die Gefühle in mir erregt haben, aber ich war zu jung, um zu verstehen, worum es eigentlich ging."

Die Strafe, die du für deine Tat erhalten hast, war es das für dich wert?
„Zweifellos. Strafe, ich weiß nicht – keine Strafe kann schlimmer sein, als in diese Welt geboren zu werden. Deshalb weigere ich mich, Gesetzen und Moralvorstellungen zu folgen, die auf Lügen beruhen. Daher kann mich kein Mensch verurteilen oder bestrafen. Das Kind ist schon in den Brunnen gefallen."

Da du aber hier geboren bist, hast du menschliche Reaktionen und Emotionen geerbt, ob es dir gefällt oder nicht.
„Als Mensch besteht man aus einem mit menschlichen Befangenheiten programmierten Gehirn; als Organismus ist man an das Menschsein angepasst. Wenn man sich aus dem Kreislauf oder der Rolle löst, ist das keine friedliche Trennung. Es kann nur durch Gewalt geschehen; seelische, aber auch körperliche Gewalt. Ich versuche nicht, evil oder tough zu sein. Ich versuche nicht, irgendjemanden von irgendetwas zu überzeugen; ich versuche lediglich, ich selbst zu sein. Es ist nur so, dass mir diese Welt im Weg steht."

Das heißt aber, dass es einen guten Grund gibt, dich zu fürchten.
„So ist es eben. Ich habe nicht darum gebeten, in einen Körper eingeschlossen geboren zu werden, renne aber gleichzeitig auch nicht

herum und greife Menschen an oder begehe Gräueltaten, nur weil es mir Spaß macht. Es ist nicht deine Schuld, und es ist nicht die Schuld meines Nachbarn – es ist ein grundlegender Fehler im gesamten Kosmos.“

Ich denke, das ist das, was die Leute glauben – dass du völlig unberechenbar bist. Sie haben wirklich damit gerechnet, dass beim Midsummer Massacre etwas passieren würde.
„Das haben sie?“

Ja, dass der ganze Laden in die Luft fliegen würde.
„Warum sollte ich so vorhersehbar sein? Sicher, die Leute bekommen ein latent unangenehmes Gefühl, wenn es um Dissection geht. Die meisten mögen es nicht, aber einige fühlen sich natürlich davon angezogen. Satanist zu sein bedeutet nicht, einen Haufen sinnloser Grausamkeiten zu begehen. Das wäre ja idiotisch, ständig Gewalttaten zu verüben.“

Während der Zeit der True Satanic Horde stach jemand, der zu der Gruppe gehören wollte, auf der Straße auf einen älteren Mann ein. Wie hast du da reagiert?
„Das war völlig unnötig. Es gab keinen Grund dafür.“

Hast du dir jemals die Macht vor Augen geführt, die du hattest – dass Leute solche Dinge taten, um dir zu imponieren?
„Wenn sich jemand entscheidet, so etwas zu tun, muss er selbst die Verantwortung dafür übernehmen. Was soll ich denn machen? Überhaupt darüber zu sprechen ist völlig lachhaft.“

Ich finde es nicht lachhaft, darüber zu sprechen, weil genau das so schwer zu begreifen ist.
„Wenn du sechzehn bist und siehst, wie auf jemanden eingestochen wird, was denkst du? Ich spielte in einer Band, die über die Vernichtung der Menschheit sang. Heute würde ich wahrscheinlich heftiger reagieren, weil es so bedeutungslos ist. Als es damals passierte, passierte es einfach.“

Wie reagierst du dann auf große Ereignisse wie das Estonia-Unglück oder 9/11? Ist es gut, wenn möglichst viele Menschen sterben?
„Jeden Tag sterben Menschen. Menschen regen sich übereinander auf und führen Krieg. Objektiv gesehen, worauf soll ich da reagieren? Die *Estonia* hat mich nicht im Geringsten berührt; 9/11 fand ich von der symbolischen Warte aus betrachtet interessanter. Für mich war das ein Angriff auf den Feind, auch wenn ich nicht für die gleichen Dinge einstehe wie die Taliban. Natürlich hat es mich gefreut, dass die Weltordnung Schaden nahm. Andererseits hoffte ich aber logischerweise, ein weiterer Weltkrieg würde ausbrechen."

Wünschst du dir einen Dritten Weltkrieg?
„Damals schien es nicht so weit hergeholt und wäre aus ideologischer Sicht spannend gewesen. Warum halte ich es für eine gute Sache? Weil ich gern sehe, wie sich jemand gegen Unterdrückung auflehnt und mehr Chaos auf der Welt verbreitet. Auf der Straße auf einen alten Menschen einzustechen tut nichts dergleichen."

Wann bist du der Polizei als Satanist bekannt geworden?
„Mit sechzehn. Occultus, der damalige Mayhem-Sänger, war in Strömstad zu Besuch. Er fuchtelte in einer Kneipe mit einem Messer herum, und jemand rief die Polizei. Wir waren zu dem Zeitpunkt schon gegangen, aber die Cops kamen, um ihn einzukassieren. Es endete damit, dass sie mich wegen Widerstands gegen die Festnahme und versuchter Beihilfe festnahmen. Ich wurde angeklagt, weshalb viel über Satanismus hochkam, das nichts damit zu tun hatte."

Woher kam das?
„Wir hatten Pentagramme und entsprachen einem bestimmten Bild – vor allem damals, als es einen ausdrücklicheren Black-Metal-Look mit langen schwarzen Haaren und umgedrehten Kreuzen gab. Während des Prozesses verbrachte der Staatsanwalt die meiste Zeit damit, Satanismus zu definieren. Er brachte eine Reihe von Büchern mit und erklärte, wie Satanisten Kinder opfern und was nicht alles

noch tun würde. Es war eine Farce. So machte ich zum ersten Mal Bekanntschaft mit den Strafverfolgungsbehörden, und unser Verhältnis ist seitdem nicht gerade bereichernd gewesen."

Sind diese Vorfälle mitverantwortlich dafür gewesen, dass du dich dem schwarzen Feuer weiter angenähert hast? Haben sie dich in deiner Annahme bestärkt, du wärst von Idioten umgeben?
„Klar, ich habe das als unverhohlene Provokation seitens der Polizei verstanden. Es sorgte für Schlagzeilen in den Lokalzeitungen. ‚Sechzehnjähriger wegen versuchter Beihilfe verhaftet.' Es hieß, sie brauchten drei Streifenwagen, um den aufsässigen Teenager unter Kontrolle zu bringen. Danach redete die ganze Stadt von den SATANISTEN! Gewiss, heute bin ich ein Satanist, doch dass ich viel darüber wusste, als ich sechzehn war, kann ich nicht behaupten."

Hat dich die Polizei in Zusammenhang mit den Kirchenbränden in den Neunzigern beobachtet?
„Im Frühjahr 1993 wurde ich zusammen mit dem Count und Bård in Norwegen verhaftet. Man beschuldigte uns des Raubes, und wir mussten eine Nacht in Einzelhaft in Oslo verbringen. Sie schnappten uns an einer Tankstelle in der Innenstadt. Plötzlich waren wir von Polizisten umzingelt, die uns Handschellen anlegten und einsperrten. Wir mussten die Nacht im Knast bleiben und wurden zu einem Raubüberfall verhört, für den es natürlich keinerlei Beweise gab."

Wart ihr die Täter?
„Wir waren zu hundert Prozent unschuldig. Sie ließen uns am nächsten Tag wieder frei; es war nur Schikane. Wahrscheinlich haben sie den Count erkannt, der in den Zeitungen gewesen war und wegen der Kirchenbrände verdächtigt wurde."

Welchen Kontakt hattest du in Haft mit der Außenwelt, mit Verwandten und Freunden?
„Ich stand während der gesamten Haftzeit in ständigem Kontakt mit meiner Familie. Dann gab es einige Freunde, mit denen ich durch

Briefe in Verbindung blieb, aber mein Leben fand größtenteils im Inneren statt. Meine Gedanken ständig nach außen zu tragen, während ich eingesperrt war, wäre zu viel gewesen. Meine Einstellung belief sich immer darauf, die Zeit einfach abzusitzen und das Beste daraus zu machen."

Du warst bei dem ersten Konzert ziemlich muskulös.
„Ich war gerade entlassen worden und hatte einen Stiernacken vom regelmäßigen schweren Kreuzheben. Riesenportionen Haferflocken zum Frühstück. Gefängnisse haben den Vorteil, dass die Zeit darin auf deiner Seite ist; du musst nur das Positive daran erkennen. Falls du dich gern eingehend mit etwas beschäftigen willst, zum Beispiel mit dem Schreiben von Songs, kannst du das tun. Ich fand meine Routine."

Misst du den Dingen heute mehr Wert zu?
„Ich versuche es. Natürlich hätte ich gern mehr Zeit, um bestimmte Dinge zu tun. Ich glaube aber auf jeden Fall, dass ich mir bewusst Mühe gebe, das zu schätzen, was ich gerade erlebe. Es ist nicht nur so, dass ich wirklich coole Konzerte gegeben habe; allein das Gefühl, nicht mehr inhaftiert zu sein, ist unglaublich. Das Gefühl, das bei meiner Entlassung aufkam, ließ in den ersten sechs Monaten danach eigentlich nicht nach. Erst weil ich jeden Tag in meiner eigenen Wohnung aufgewacht bin, dann wegen unserer Tour, die gleich darauf stattfand. Die letzten zwei Jahre waren die glücklichsten meines Lebens. Ich will natürlich nicht sagen, es sei immer nur schön gewesen. Natürlich musste ich auch harte Zeiten durchstehen."

Was meinst du damit?
„Für Dinge zu kämpfen, an die man glaubt, und sie durchzusetzen fällt nicht immer leicht. Ein eigenes Album zu veröffentlichen ist nicht so einfach, wie die Leute anscheinend denken. Wenn sie wüssten, wie viel Arbeit dahintersteckt … Es ist ein gewaltiger Unterschied im Vergleich dazu, es einfach jemand anderem zu

überlassen – und eine ganz andere Verantwortung, zumal bei einer so engen emotionalen Bindung. Das ist wichtig. Manchmal habe ich das Gefühl, dass ich zu meinem eigenen Besten zu viel Verantwortung übernommen habe."

Leidest du unter Kontrollzwang?
„Sicher, ich bin ein echter Kontrollfreak. Das ist etwas, das ich einfach akzeptieren muss. Ich war nicht immer so, aber dann ging alles den Bach runter, weil ich nicht darauf achtete, dass alles so lief, wie es laufen sollte. Deshalb bin ich bei allem wahnsinnig akribisch geworden. ‚Nein, wir weigern uns, *das* zu tun, weil wir es ein bisschen mehr *so* haben wollen.' Es geschafft zu haben, das Album zu veröffentlichen, den Backkatalog neu aufzulegen und uns aus einem Knebelvertrag zu befreien, fühlt sich absolut fantastisch an. Wir haben der ganzen Welt den Mittelfinger gezeigt – außer unseren Fans – und alles so gemacht, wie wir wollten. Außerdem sind wir im fucking Hovet aufgetreten! Stell dir das Gefühl vor, nach sieben Jahren in der Schwebe gleich so etwas zu erleben. Es war ein krasser Umschwung."

Würdest du das Risiko eingehen, wieder ins Gefängnis zu kommen?
„Man muss offensichtlich akzeptieren, dass es nicht möglich ist, sich an die Gesetze der Gesellschaft zu halten, wenn man als Satanist leben will."

Wie hast du dich in Haft als Mensch verändert?
„Ich war zweiundzwanzig Jahre alt, als ich inhaftiert wurde, und habe fast ein Drittel meines Lebens im Gefängnis verbracht, weshalb ich heute naheliegenderweise nicht mehr derselbe bin. Die Perspektiven ändern sich, wenn man im Gefängnis sitzt und sein Leben neu bewertet. Dir ist jederzeit bewusst, dass du ununterbrochen überwacht und kontrolliert wirst. Man gewöhnt sich daran, auch wenn man es nicht gutheißt. Du willst immer da raus. Ich gewann den Eindruck, ich könnte davon profitieren, diese Erfahrung zu überstehen."

Hat dir dein Glaube dabei geholfen?
„Nein, aber ich habe die Zeit genutzt, um mich, soweit das möglich war, in Dinge zu vertiefen, für die ich draußen keine Zeit hatte. Nach ein paar Jahren durfte ich meine E-Gitarre in der Zelle haben. Ich spielte und schrieb Musik. Irgendeiner Tätigkeit nachzugehen ist Pflicht. Du musst entweder arbeiten oder studieren. Eine Zeit lang nahm ich an Arbeitseinsätzen teil, bei denen ich hirnlose Aufgaben wie das Aufwickeln von Kabeln, das Zusammenbauen verschiedener Elektrokästen und Ähnliches erledigte. Manchmal habe ich auch Lehrfächer studiert, die angeboten wurden.

Welche genau?
„Mathematik, Philosophie, Schwedisch, Englisch. Oberstufenkurse."

Wo warst du inhaftiert?
„Erst wurde ich in die landesweite Aufnahmestelle in Kumla gebracht. Wenn man mehr als vier Jahre bekommt, schicken sie einen dorthin, um zu prüfen, wo man die Strafe absitzen muss und ob bestimmte Einschränkungen gerechtfertigt sind. Damals wurde man als 7:3 bezeichnet, wenn man als besonders gefährlich galt. Das hieß: kein Urlaub, nichts. Sie haben einem nichts über die eigenen Umstände im Rechtssystem erzählt, außer dass man in einem Hochsicherheitsgefängnis für Risikostraftäter untergebracht wird, bis man neu eingeschätzt wird. Ich saß fünfeinhalb Jahre lang ein, bevor die Dauer meiner Strafe festgelegt wurde. Als ich noch sieben Monate hatte, verlegten sie mich in ein Gefängnis mit niedriger Sicherheitsstufe."

Kannst du den Unterschied beschreiben?
„Es ist wie ein normales Gefängnis, nur ohne Mauern. Oft darf man raus und in einer Fabrik arbeiten. Das Gefühl, nach sechs Jahren hinter Mauern in eine offene Anstalt zu kommen, war herrlich. Ich war zwar nicht auf freiem Fuß, aber nicht mehr tief im Herzen des Justizsystems eingesperrt. So hatte ich mich während meiner Haft die meiste Zeit über gefühlt."

Hast du je an Flucht gedacht?
„Man muss schon ziemlich verrückt sein, wenn man im Gefängnis sitzt und nicht an Flucht denkt. Natürlich habe ich alle Möglichkeiten in Erwägung gezogen, aber aus einem schwedischen Hochsicherheitsgefängnis zu fliehen ist nicht leicht. Man müsste eine Geisel nehmen oder jemanden haben, der einem während eines Transports oder beaufsichtigten Freigangs zur Flucht verhilft. Man kann nicht einfach über die Mauer klettern; man kann nicht einmal bis zur Mauer laufen. Es ist bautechnisch nicht möglich, sich einen Weg nach draußen zu graben. Bei einem Versuch hätte ich nichts gewinnen können. Mein Ziel bestand immer darin, rauszukommen und weiter bestimmte Dinge zu tun. Ich wollte nie verschwinden und mich im brasilianischen Dschungel verstecken."

Du musst mit einigen der schlimmsten Verbrecher Schwedens eingesessen haben.
„Ich war für einen Großteil der Zeit unter den härtesten Bedingungen inhaftiert, die man haben kann, falls man nicht lebenslang bekommen hat. Ich war in rauen Gefängnissen mit Leuten, die lange absitzen mussten. Meine Strafe betrug zehn Jahre. Das erste Gefängnis, in das ich nach der Aufnahme geschickt wurde, war der Klasse-1-Flügel von Tidaholm. Die durchschnittliche Strafe in meinem Block betrug zehn bis zwölf Jahre. Der Typ mit der kürzesten Strafe hatte sechs Jahre bekommen und galt als Kurzzeitler – jeder empfand es so, dass er eine sehr kurze Strafe hatte."

Durftest du im Gefängnis Kontakt zu Frauen haben?
„Es gibt Wärterinnen, aber man darf keinerlei Beziehungen mit ihnen haben – nicht gut, falls man entdeckt wird. Und dann gibt es Frauen, die sich zu Männern im Gefängnis hingezogen fühlen."

Hattest du Gefängnis-Groupies?
„Ich hatte eine Freundin, als ich festgenommen wurde. Wir blieben nach meinem Strafantritt noch anderthalb Jahre lang zusammen. Während ich in Untersuchungshaft war, schrieben wir uns viele

Briefe. Als ich dann in Tidaholm untergebracht wurde, konnten wir uns jeweils für ein paar Stunden in einem grauen, langweiligen Besuchsraum treffen. Sie reiste mit dem Zug von Göteborg nach Falköping, nahm dann den Bus und so weiter. Nach ein paar Monaten trennten wir uns. Dass es so lange hielt, wundert mich trotzdem. Danach trat ich in Kontakt mit einer Frau, mit der ich einen Briefwechsel anfing und dann eine Beziehung einging, während ich noch im Gefängnis war."

Habt ihr euch getroffen?
„Sie besuchte mich."

Ist sie deine jetzige Freundin?
„Nein. Ich war Single, als ich rauskam."

Warum fand das Midsummer Massacre am Mittsommer-Tag statt?
„Von der Planung her war es praktisch. Vielleicht hätten wir noch einen Monat warten können. Wir fanden den Termin passend."

Wann ist euch klar geworden, dass das Hovet wahrscheinlich nicht ausverkauft sein würde?
„Unsere Zielsetzung war ein richtig geiles Konzert, das wir auf DVD aufnehmen wollten, mit einer Bühnenshow für diejenigen, die uns sehen wollten. Wir sind sehr zufrieden damit. Es hätte nicht besser laufen können."

Findest du nicht, das Publikum hätte etwas größer sein können?
„Das Publikum kann immer größer sein."

Als ihr das Konzert angekündigt habt, dachten die Leute, ihr wärt verrückt. Schließlich war es in Schweden das Mittsommer-Wochenende.
„Wir wollten Dissection ein für alle Mal so präsentieren, wie wir die Band sehen. Es war absolut fabelhaft. Klar, wir hätten eine lange Clubtour machen und damit deutlich mehr Geld verdienen können.

Stattdessen haben wir uns entschieden, in eine opulente Show und eine DVD zu investieren, was so viel lohnenswerter ist. Wir schließen das Kapitel Dissection würdevoll ab – auf eine Art, die wir selbst gewählt haben und die die Anwesenden eindeutig sehr zu schätzen wussten."

Wie konntet ihr euch das überhaupt leisten? Ich habe gehört, das Hovet zu mieten kostet mehr als zweihunderttausend Kronen.
„Das ist die Höhe der Kaution. Unabhängig davon, ob auch nur ein einziger Besucher kommt, erhalten sie diesen Betrag garantiert. Ich meine, ich kann dir versichern, dass wir alles gründlich durchgerechnet haben. Egal ob man mit einem solchen Event Geld verdient oder verliert, besteht der Mehrwert darin, dass man es veranstalten kann. Außerdem geht es nicht nur darum, was am Ende in der Kasse landet. So etwas kann man machen, wenn man allein entscheidet, wenn die Band keine Mittelsleute hat. Wenn wir Geld, das wir durch Album- und Merchandise-Verkäufe verdient haben, für diesen Abend aufwenden wollen – sicher, dann ist es das wert."

Ihr habt zwei DVDs in Arbeit, eure ersten beiden Alben wurden auf CD und Vinyl wiederveröffentlicht, und ihr habt eine Menge Merchandise. Besteht die Gefahr, dass ihr das Interesse an Dissection überschätzt?
„Ich weiß nicht, was in diesem Fall überschätzt würde."

Besteht für all das eine Nachfrage?
„Ja, selbstverständlich."

Warum hast du dir diese Gesichtstätowierung stechen lassen?
„Weil es sich gut anfühlte. So ausgeklügelt war das. Ich wollte schon immer eine Tätowierung im Gesicht haben. Danach hatte ich das Gefühl, etwas anderes als ein Mensch zu sein. Durch die Tätowierung habe ich wieder Zugang zu tieferliegenden Instinkten gefunden. Quasi ein Ausdruck des Tierischen."

Wie alt ist deine erste Tätowierung?
„Ich bekam sie recht spät, nicht vor 1995. Das MLO-Motiv war die erste – das Ushumgal-Pentagram. Es ist eines unserer Symbole. Auch im Gefängnis habe ich mir viel stechen lassen. Man sitzt nicht unbedingt dort und befolgt alle Regeln. Da drinnen gibt's einige kreative Köpfe."

Wurden sie mit Kugelschreibertinte gestochen?
„Jemandes Freundin schmuggelte Nadeln und Tinte rein, dann bauten wir eine Tätowiermaschine aus einem elektrischen Rasierapparat. Ich selbst habe mal eine aus einem Walkman gebaut."

Du hast also etwas beim Bau jener Elektrokästen gelernt?
„Ich habe auch mal eine Tätowiernadel aus einer Gitarrensaite gemacht. Das war echt schwierig; ich musste eine dicke Saite verwenden und das Ende anspitzen. Ich glaube, das gelang mir nicht so gut. Die ganzen Flammen wurden im Gefängnis gestochen. Der Typ, der es getan hat, war Tätowierer, aber er benutzte eine improvisierte Maschine. Er machte auch Shader-Nadeln, Round Liner und alles Mögliche aus Pfeifenreinigern. Dieses Siegel habe ich im Gefängnis angefertigt; es steht für die Geburim – diejenigen, die die schwarze Flamme tragen.

Siehst du Menschen an, dass sie die schwarze Flamme tragen?
„Man muss Menschen kennenlernen. Das Chaos brennt in einigen wenigen. Der Rest ist völlig uninteressant. Ich bin nur deshalb ein Rassist, weil ich die menschliche Rasse ablehne; alle Menschen sind gleichermaßen wertlos. Keine Hautfarbe ist besser oder schlechter als eine andere. Die Menschen sind so sehr in ihren eigenen Vorurteilen und Gedanken gefangen. Sie würden es nie verstehen. Es hat keinen Sinn, mit einem Insekt zu diskutieren."

Empfindest du so, wenn du mit Leuten sprichst, die die schwarze Flamme nicht tragen?
„Na ja, du wirst dich nicht hinsetzen und versuchen, einem Regenwurm, der auf der Straße liegt, etwas zu erklären."

Nein, aber kommt es dir so vor, als würdest du mit einem Regenwurm reden, wenn du uns etwas erklärst?
„Ich kann dich nicht dazu bringen, das Chaos zu verstehen, wenn du es nicht selbst in dir trägst. Tust du das, kannst du darin suchen und dich bemühen, es zu verstehen, aber ich kann dich nicht zwingen, es zu verstehen. Was ich damit sagen will: Die Menschen missdeuten im Grunde das, worum es geht, und sehen nur ihre eigenen Vorurteile."

Die Menschen sehen, dass jemand ermordet wurde.
„Jeden Tag sterben Leute. Wir werden alle eines Tages sterben."

Stimmt, aber nicht alle von uns sterben durch die Hand eines anderen.
„Ich tue nicht so, als würde ich im Dienst der Menschheit stehen; ich will sie vernichten! Erwartet also nicht, dass ich etwas anderes tun werde, als alle ins Verderben zu stürzen! Die Leute sollten die Situation nicht missverstehen und denken, ein Satanist würde von Menschen geschaffene Gesetze befolgen. Sie können tun, was sie wollen – mich töten oder ins Gefängnis stecken –, aber sie werden das Feuer, das ich trage, niemals auslöschen. Ich bin bereit, das zu akzeptieren; ich habe es akzeptiert. Einige haben versucht, mich zu töten, und andere haben mich ins Gefängnis gesteckt."

Haben viele Menschen versucht, dich zu töten?
„Nein, aber ich war schon in Situationen, in denen Versuche unternommen wurden. Und heute bin ich noch am Leben."

Wie hat deine Familie auf all das reagiert? Versteht sie dich?
„Ich kann nicht sagen, dass sie mich verstehen, aber sie begreift, dass ich ich selbst bin. Was kann ich sonst noch tun? Ich verlange von niemandem, mehr als das zu verstehen. Wer mich wie ein mensch-

liches Wesen behandelt, ist offensichtlich selbst schuld. Wenn er das tut, hat er trotz der ganzen Anzeichen alles falsch verstanden. Macht einfach die Augen auf. Ich bin hier, und eines Tages werde ich es schaffen, zu entkommen. Das ist alles, was ich will."

Gegen Ende des Sommers 2006 ruft Jon an und sagt, er wolle den Vertrag zur Freigabe des Texts umschreiben. Er erklärt, Dissection-Gitarrist Set Teitan solle das Kapitel lesen und überarbeiten, weil er selbst verreise.

Wir treffen uns wieder im Vetebullen. Jon zieht zwei schwarze Koffer hinter sich her. Er sagt, er habe uns bereits alles erzählt, was er erzählen wollte. Wir fragen, wohin er verreist.

„Nach Transsylvanien", antwortet er lächelnd.

Wir einigen uns darauf, eine Vollmacht aufzusetzen, die wir alle unterschreiben. Der Vertrag muss vervielfältigt werden, und wir beschließen, uns später am Nachmittag am Stureplan im Stadtzentrum zu treffen. Irgendetwas fühlt sich falsch an.

Als sich Pelle „Dead" Ohlin das Leben nahm, trug er ein T-Shirt mit dem Aufdruck „I ♥ Transylvania", und in einigen Teilen der Black-Metal-Szene war dies eine makabre Anspielung auf Suizid. Wir denken über Jons Worte nach. Wird er ein weiteres Verbrechen begehen und dann verschwinden? Vielleicht will er wirklich nach Transsylvanien, um sein altes Leben hinter sich zu lassen?

Ein paar Stunden später erwartet uns Jon am Stureplan und übergibt uns die Kopie des neuen Vertrags. Er wirkt gehetzt und leicht nervös, bleibt aber herzlich wie immer.

„Danke für alles", sagt er, während er uns einen festen Händedruck gibt. „Wir hoffen sehr, dich wiederzusehen", entgegnen wir.

Er sieht uns an und lacht in sich hinein. Dann dreht er sich schnell um und überquert die Straße an der Kungsgatan.

Am 15. August 2006 verschafft sich die Polizei Zutritt zu Jon Nödtveidts Wohnung in Hässelby, einem westlichen Vorort von Stockholm.

Seit mehreren Tagen haben weder sein Vater noch sein Bruder Emil ihn erreicht. Und eine Postkarte mit einer Liste von Personen, bei denen sich sein Vater für Jon bedanken soll, gibt Anlass zur Sorge. Als seine Freundin aus Deutschland anruft, um ihnen von einem Abschiedsbrief zu berichten, den sie erhalten hat, wendet sich die Familie an die Polizei.

Sie finden Nödtveidt tot in einem Kreis aus Kerzen auf dem Boden des Wohnzimmers. Er hat sich mit einem Revolver in den Kopf geschossen. Vor ihm liegt ein satanisches Grimoire, ein Buch mit Anleitungen für magische Praktiken.

Jon Nödtveidt wurde einunddreißig Jahre alt.

Vier Jahre später treffen wir Set Teitan am Mariatorget in Stockholm. Er kommt gerade aus dem Fitnessstudio und trägt einen Kapuzenpullover mit Logos von Watain, wo er seit der Auflösung von Dissection live mitspielt.

Jons Tod hinterließ in der schwedischen Black-Metal-Szene eine klaffende Lücke. Die Aufregung, die nach seiner Haftentlassung aufkam, hat sich gelegt. Der MLO hat sich zum Temple of the Black Light umbenannt.

Set Teitan kam nach Schweden, um mit Dissection zu spielen, und sagt, er habe nicht vor, nach Italien zurückzukehren. Heute kümmert er sich um alles, was mit Dissection zu tun hat, und tut sein Möglichstes, um Jon Nödtveidts Erbe am Leben zu erhalten – von der Überwachung der Produktion der *Midsummer-Massacre*-DVD bis zur Durchsicht dieses Textes.

Er zählt seine Freundschaft und Zusammenarbeit mit Jon zu den wichtigsten Ereignissen in seinem Leben.

„Ich habe noch nie eine so starke Verbindung zu einem anderen Menschen erlebt. Er war wie ein Bruder für mich und ist immer noch sehr präsent. Jeder muss seinen eigenen Weg im Leben gehen. Aber natürlich vermisse ich ihn."

Jon Nödtveidts Vater Anders hat ein Interview für dieses Buch abgelehnt. In einer E-Mail schreibt er: „Tut mir leid, ich will nichts mit diesem Buch zu tun haben. Ich habe versucht, Jon zu unterstützen, so gut es ging, aber genug ist genug." Auch Emil lehnte unsere Interviewanfrage ab.

Die Midsummer-Massacre-Show wartet immer noch auf ihre DVD-Veröffentlichung.

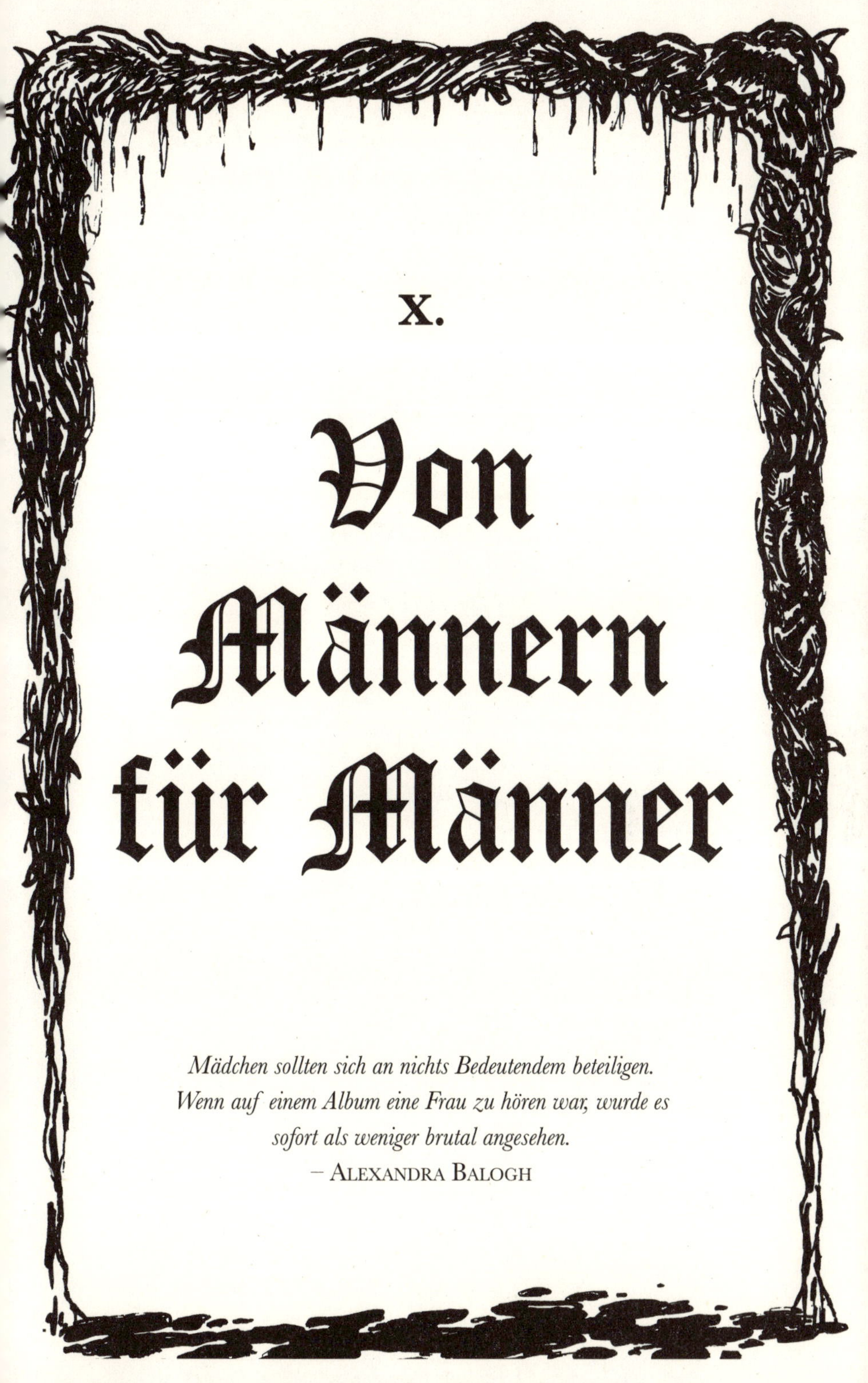

X.

Von Männern für Männer

Mädchen sollten sich an nichts Bedeutendem beteiligen. Wenn auf einem Album eine Frau zu hören war, wurde es sofort als weniger brutal angesehen.
– Alexandra Balogh

Hardrock und Metal waren von Anfang an eine vorwiegend männliche Domäne. Als in den späten Achtzigern Death Metal und die zweite Black-Metal-Welle aufkamen, waren sie nicht nur die bis dato aggressivsten Spielarten des Genres, sondern markierten auch das erste Mal, dass Frauen nicht als Lustobjekte benutzt wurden.

„Im Black Metal geht es um Gewalt, Brutalität und das Böse. Es geht nicht so sehr um die Geschlechter und Sex", sagt Alexandra Balogh.

„Eine nackte Tussi auf einem Albumcover würde als falsch und dumm angesehen", fährt sie fort. „Das ist ein Aspekt des Genres, der mir gefiel. Für ein Black-Metal-Girl war alles geschlechtsneutral; man zog sich nicht anders an als die Jungs. Manchmal, wenn ich mich nicht schminkte oder keine Ohrringe trug, dachten die Leute, ich sei ein Kerl. Ich empfand das irgendwie als Erleichterung. In der Schule haben mich die Leute immer angestupst und sich gefragt, was ich sei."

Balogh wuchs in Finspång auf und ist eine der ersten Frauen, die auf einem schwedischen Extrem-Metal-Album mitgewirkt haben. Sie schrieb und spielte das Klavierstück „No Dreams Breed in Breathless Sleep" auf dem zweiten Dissection-Album *Storm of the Light's Bane* und hat an Alben von Vondur, Ophthalamia sowie Darkified mitgewirkt. Sie komponiert außerdem Orchestermusik.

Da sie schon immer philosophisch und religiös veranlagt war, zogen die satanischen und okkulten Songthemen sie zum Black Metal. Als Freundin von It, dem Sänger von Abruptum und Gründer der True Satanist Horde, geriet sie in den Brennpunkt der Black-Metal-Szene Mitte der Neunziger. Anders jedoch als Mara, die ebenfalls Teil der Gruppe war, wurde sie in diesem Kreis nie richtig akzeptiert.

„Ich schätze, Mara war nützlicher – sie hat gehandelt. Wahrscheinlich hielten sie mich für zu empfindlich und verletzlich. Ich wurde in erster Linie als Frau gesehen und nicht als Mitglied des Rudels. Es ist nicht so, dass sie mich ausgegrenzt hätten, aber ich vermute, es hing damit zusammen, dass ich jemandes Freundin war."

Wenn sie versuchte, tough zu wirken, sagten ihr die Jungs, sie solle aufhören.

„Ich war eher die Person, die Kaffee kochte. Allerdings wohnte ich auch dort, und während sie Pläne machten, zeichnete ich unterm Tisch. Ich gehörte sozusagen zum Inventar, aber im positiven Sinn. Manchmal habe ich ihnen die Haare gefärbt."

Ihr Interesse am Satanismus wurde oft angezweifelt, nie aber ihr musikalisches Können und ihre Leidenschaft. Balogh hatte seit ihrem vierten Lebensjahr klassisches Klavierspiel gelernt und war sehr gut darin. Als Dissection sie baten, etwas Bedrückendes zu komponieren, tat sie das – und war sich gleichzeitig bewusst, dass Frauen als Musikerinnen in der Szene keinen hohen Stellenwert genossen.

„Mädchen sollten sich an nichts Bedeutendem beteiligen. Wenn auf einem Album eine Frau zu hören war, wurde es sofort als weniger brutal angesehen. Aber nicht jeder war dieser Meinung – Dissection etwa, was jedoch daran gelegen haben könnte, dass ich nicht in ihr Revier eingedrungen bin. Ich kann mir vorstellen, dass es ganz anders gewesen wäre, wenn ich angefangen hätte, zu growlen."

Eine Frau, die sich genau damit einen Namen gemacht hat, ist die gebürtige Deutsche Angela Gossow von der schwedischen Band Arch Enemy.

Arch Enemy wurden 1996 in Halmstad gegründet, als Mike Amott nach einigen Jahren bei der legendären britischen Death-Metal-Band Carcass nach Schweden zurückkehrte. Sie veröffentlichten mehrere gefeierte Alben, blieben aber außerhalb des Rampenlichts. Erst als sie Angela 2001 als Sängerin rekrutierten, schafften sie mit *Wages of Sin* den kommerziellen Durchbruch. Heute sind sie einer der wichtigsten schwedischen Acts ihres Genres.

Angela growlt tief und kehlig, knurrt und schreit. Nur wenige erkennen allein an ihrer Stimme, dass sie eine Frau ist.

„Als ich in den frühen Neunzigern anfing, in Bands zu singen, gab es viele Kommentare. ‚Das wird nicht funktionieren, du bist ein Mädchen.' So etwas musste ich mir jahrelang anhören. Dann bemerkte ich aber, wie viele sich zur Band hingezogen fühlten, weil ich eine Frau war. Heute ist das ganz anders – wir bekommen eine Menge Respekt."

In den Anfängen des Metal schafften es nur eine Handvoll Frauen, Karriere zu machen. Die Ex-Runaways-Gitarristin Lita Ford war eine von ihnen. Weitere Beispiele sind die Deutsche Doro Pesch, die Kanadierin Lee Aaron, die Amerikanerin Wendy O. Williams und die Mitglieder der britischen Band Girlschool.

Als das Genre neue Formen annahm, waren in noch weniger Bands Frauen vertreten. Im Thrash Metal gab es Sabina Classen von Holy Moses aus Deutschland, Witches aus Frankreich und die Schwedinnen Ice Age aus Göteborg. Die frühe amerikanische Death-Metal-Szene hatte die Sängerin Lori Bravo von Nuclear Death und die reine Frauenband Derketa. Bolt Thrower aus dem Vereinigten Königreich hatten eine Bassistin, Jo Bench. Das war's mehr oder weniger.

Als die schwedische Death-Metal-Szene in den späten Achtzigern entstand, gehörten nur wenige Frauen dazu – auch im Publikum.

Maria „Black Virgin" Ström wohnt in einem gelben Holzhaus in den Wäldern von Ullared etwa eineinhalb Stunden südöstlich von Göteborg. Der Rasen ist nass, nachdem es früher am Tag geregnet hat, und auf dem unordentlichen Vorhof finden sich eine alte Toilette, ein verrosteter Grill sowie etliche leere Bierdosen. Marias silberner Volvo 240 steht in der Einfahrt und ist eines von vielen Modellen der Marke, die sie im Laufe der Jahre hatte. Am liebsten mochte sie den Amazon.

Ein schwarzer Volvo Amazon war der Wagen, mit dem sie und ihre zwei Jahre jüngere Nachbarin Maria Staaf in den späten Achtzigern zu Auftritten entlang der Westküste fuhren. Zunächst schauten sie sich lokale Punkbands in den nahegelegenen Orten Halmstad und Falkenberg an, dann ging es weiter nach Göteborg und Fagersta sowie Sarpsborg in Norwegen, um die neuen Death-Metal-Bands zu sehen. Zu diesem Zeitpunkt war die Szene noch sehr klein. Jeder kannte Staafen und Strömmen, wie ihr Spitzname lautete. Unter der Woche arbeiteten sie in Ullared, Strömmen in einer Kunststofffabrik und Staafen in einer mechanischen Werkstatt. An den Wochenenden waren sie immer auf Achse.

Während Frauen in der heutigen Death- und Black-Metal-Szene Schwedens eine Minderheit bleiben, waren sie damals sogar äußerst selten. Maria Ström kann ihresgleichen an einer Hand abzählen: „Da waren Chelsea und Nina in Stockholm, dann Lena und Therese in Örebro. Vielleicht noch ein paar andere, die übers ganze Land verstreut wohnten, aber meistens handelte es sich um jemandes Freundin."

Ihr Pseudonym „Black Virgin" erhielt sie von Tompa Lindberg von Grotesque, als sie sich um den Schlagzeug-Posten in einer der frühen Inkarnationen der Gruppe bewarb.

„Ich war eine Jungfrau, ganz einfach", sagt sie und lacht. Ihre Katze Bigfoot versteckt sich unter einer Decke auf dem Bett, das gleichzeitig als Couch dient.

Der Spitzname ist ihr bis heute treu geblieben. Mit sechsundvierzig verwendet sie Black Virgin immer noch in ihrer E-Mail-Adresse.

Sie holt mehrere Fotoalben von Partys und Konzerten aus jener Zeit hervor. Die gesamte schwedische Death-Metal-Elite ist darauf zu sehen, mit runden Wangen und struppigen Bärten auf verwackelten Schnappschüssen von Konzerten in Strömstad, im Rockclub Valvet in Göteborg und bei Uffe Cederlund zu Hause in Stockholm.

Natürlich sind auf den wenigsten dieser Fotos Frauen zu sehen, außer Strömmen und Staafen selbst.

Damals war die Szene so winzig, dass es ausreichte, sich für die Musik zu interessieren, um sich Respekt zu verschaffen. Sie hatte nie das Gefühl, dass ihr Musikinteresse infrage gestellt wurde.

„Da wir bei jedem Gig auftauchten, war das eigentlich kein Thema. Es war ziemlich offensichtlich, dass wir für diese Musik lebten."

Maria „Staafen" Staaf lebt seit vielen Jahren in Stockholm. Sie erinnert sich daran, wie gut es sich anfühlte, wenn die beiden Ullared verließen und die Wochenenden zusammen verbrachten, weit weg von der öden Kleinstadt.

„Ich habe mich immer als etwas anderes gesehen als die Mäuschen, die bloß hinter einem Typen hertrotteten. Ich will Dinge selbst in die Hand nehmen. Überall, wo ich gearbeitet habe, gab es nur Männer. Zuerst war ich Möbelmonteurin, dann arbeitete ich in einer mechanischen Werkstatt. Ich habe mich schon immer sehr für Autos und Motorräder interessiert. Für ein Mädchen hatte ich wahrscheinlich ziemlich ungewöhnliche Interessen; vielleicht hatte es damit zu tun, dass meine Mutter berufstätig war und mein Vater bei uns zu Hause blieb, als wir Kinder waren. Er führte sein Geschäft von daheim aus, und wir waren immer zusammen. Meine Mutter war quasi nie da."

Staafen sagt, sie sei nie sonderlich mädchenhaft gewesen. Vielmehr war das soziale Umfeld so asexuell, dass sie einer der Jungs wurde. Sie merkt an, dass die Jungs ihre Freundinnen selten zu Konzerten oder Partys mitbrachten, und wenn doch mal eine Frau auftauchte, interessierte sie sich nicht für die Musik.

„Das war eigentlich fast immer so. Die extremen Typen haben oft ganz normale Freundinnen, was ich nicht verstehen kann. Ich habe viel darüber nachgedacht. Sie führen den harten Lifestyle, wollen aber trotzdem die Madonna haben. Wenn man in traditionell männlichen Kreisen geachtet werden will, muss man fast wie ein Mann werden – und dann fühlen sich viele Männer abgestoßen. Es ist bedauerlich."

Das Wort „Freundin" fällt oft, wenn es um Geschlechterrollen im extremen Metal geht, sowohl bei Männern als auch bei Frauen. Eine Freundin zu sein und die Musik durch den Freund zu entdecken steht nicht weit oben auf der strengen *True*-Skala.

Chelsea Krook verkehrte in der frühen Stockholmer Death-Metal-Szene – und sie erinnert sich daran, wie sie und die anderen Mädchen der Clique neue Freundinnen unterschiedlich behandelten.

„Es war wirklich schwierig für die Mädchen, die nach uns kamen; sie wurden überhaupt nicht akzeptiert. Damals hatte ich das Gefühl, sie würden den vorherrschenden Zustand stören – Mädchen machen immer Ärger. Wir leugneten, überhaupt Mädchen zu sein; wir waren wie die Jungs. Diejenigen, die so stark und mutig gewesen sind, ihre Weiblichkeit zu zeigen, wurden abgelehnt, weil sie nicht unserer Vorstellung davon entsprachen, wie der Kreis aussehen sollte."

Chelsea zog mit dreizehn Jahren aus den Vereinigten Staaten nach Sollentuna, wo sie Nils „Nisse" Gullbrandsson und Rikard „Rille" Synstad – Freunde von Pelle „Dead" Ohlin – auf einer Busfahrt nach Hause in die Vorstadt kennenlernte. Sie fing an, mit den Stockholmer Bands abzuhängen, bevor diese überhaupt Bands waren, und wurde sofort eingespannt, sich makabre Wörter für Songtexte auszudenken und diese dann zu korrigieren. Dass sowohl Death Metal als auch die zweite Black-Metal-Welle so wenig mit Gefühlen und Sex zu tun hatten, kommt ihr nicht merkwürdig vor.

„Wir waren Kinder, es gab keine Gefühle, und alle waren ziemlich asexuell. Wir gaben uns als Satanisten aus und schauten Horrorfilme. Ich glaube nicht, dass irgendjemand Songs über Gefühle gemocht hätte, das war einfach nicht besonders interessant. Wenige dieser Jungs hatten Freundinnen. Die Leute waren gerade aus der Pubertät raus."

Auf der Webseite der Black-Metal-Band Pest aus Stockholm heißt es: „PEST spielen reinen Black Metal im alten Stil; Frauen oder Keyboards sind nicht dabei." Auch wenn diese Aussage womöglich leicht ironisch gemeint ist, dient sie als gutes Beispiel dafür, was die Leute früher über Frauen im Black Metal dachten – und bis zu einem gewissen Grad immer noch denken.

„Die Einstellung gegenüber Frauen ist nicht berauschend", bestätigt Demonia, die einen Metal-Blog gleichen Namens betreibt. „Die allgemeine Auffassung besagt: Mädchen haben es nicht drauf, Mädchen sind nicht extrem. Ich persönlich finde, dass Frauen nicht auf eine Black-Metal-Bühne gehören. Sicher, sie können Fans sein, aber keine Musikerinnen. Für mich sieht das albern aus."

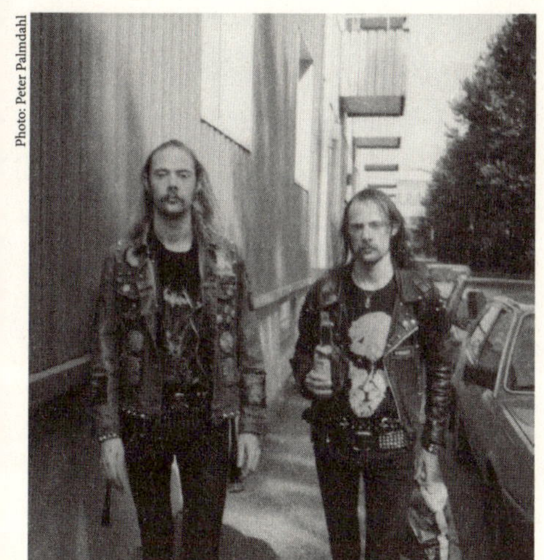

Photo: Peter Palmdahl

Pelle und Erik Gustafsson, Hisingen, 1998.

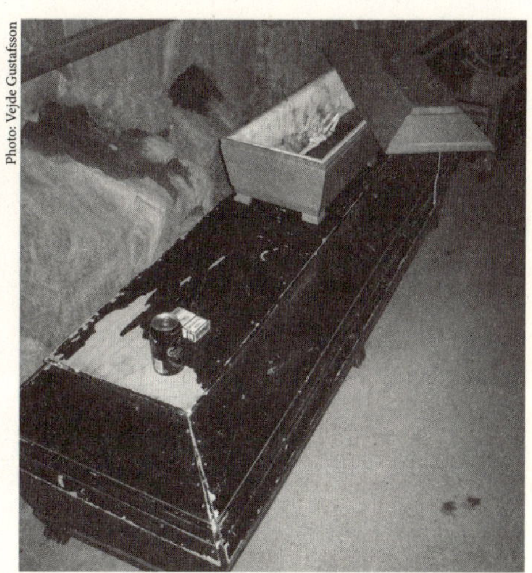

Photo: Vejde Gustafsson

Särge backstage, Uddevalla, 2006.

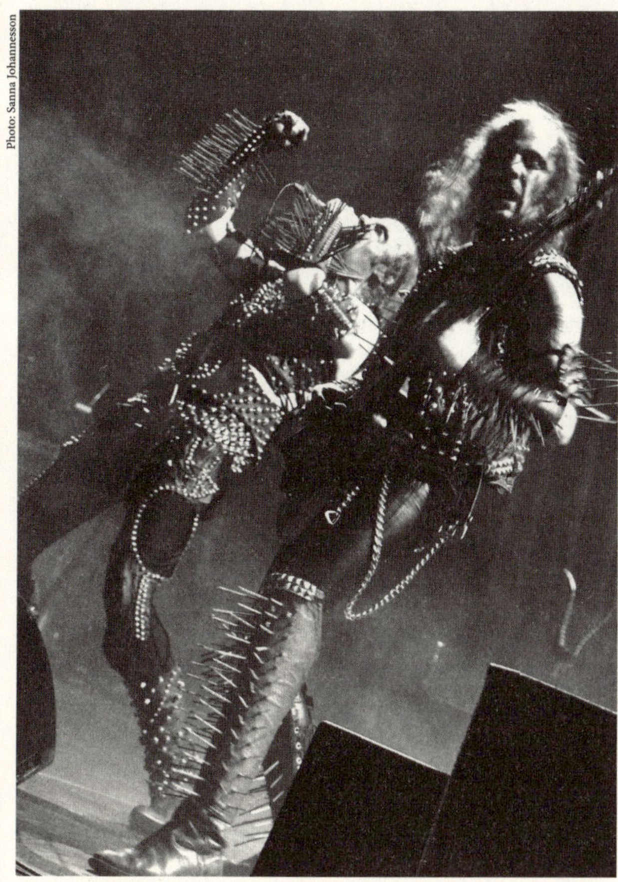

Photo: Sanna Johannesson

Nifelheim beim Getaway Rock Festival, Gävle, 2011.

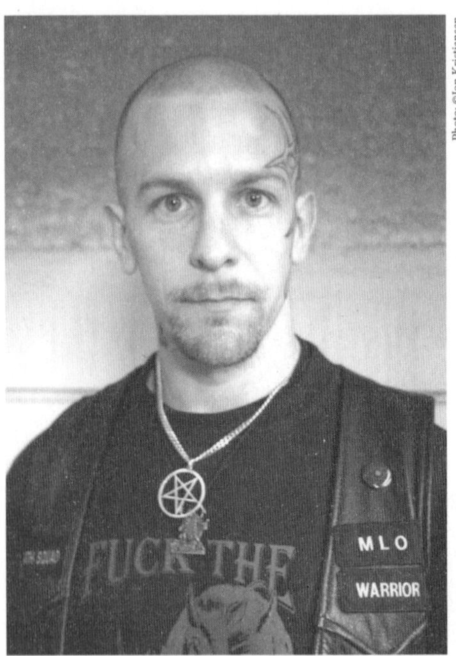

Photo: ©Jon Kristiansen

Jon Nödtveidt, Hovet, Stockholm, 2006.

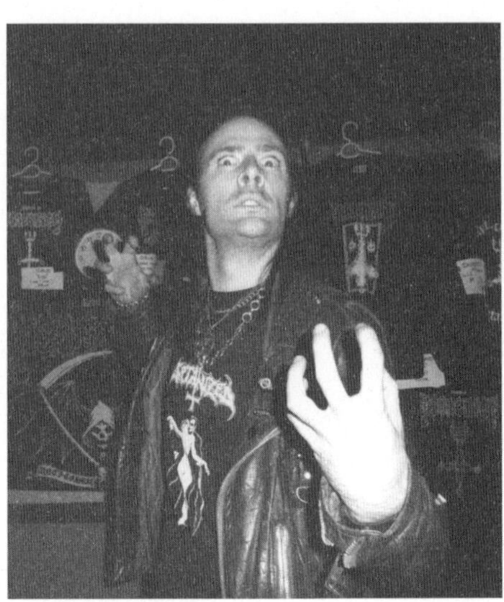

Photo: Jon Jefferson Klingberg

Erik „Tyrant“ Gustafsson, Kolingsborg, Stockholm, 2005.

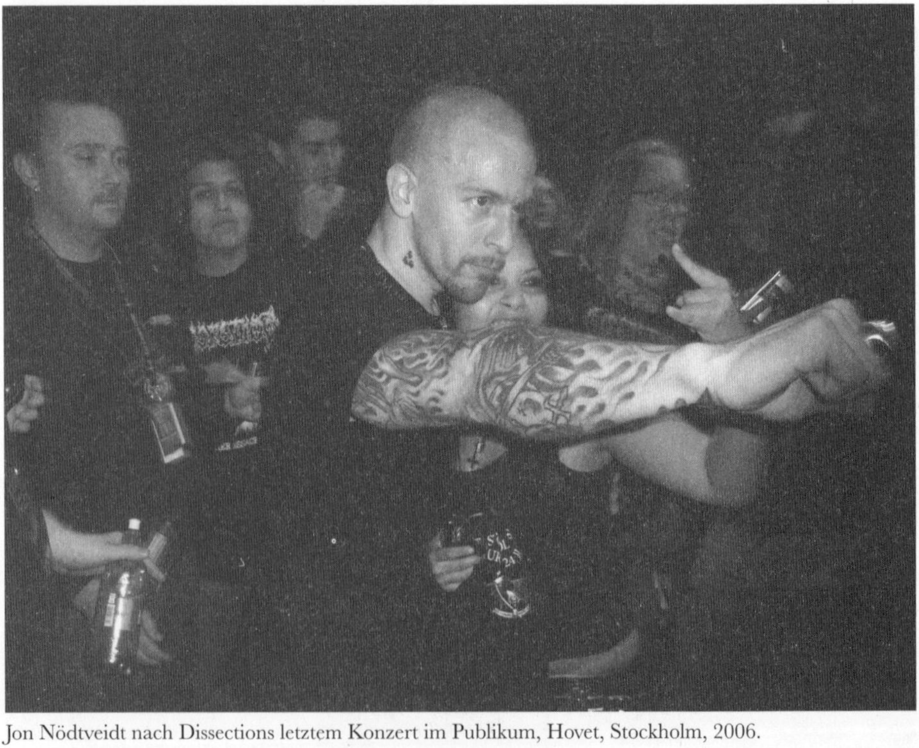

Photo: Jon Jefferson Klingberg

Jon Nödtveidt nach Dissections letztem Konzert im Publikum, Hovet, Stockholm, 2006.

Photo: Jon Jefferson Klingberg

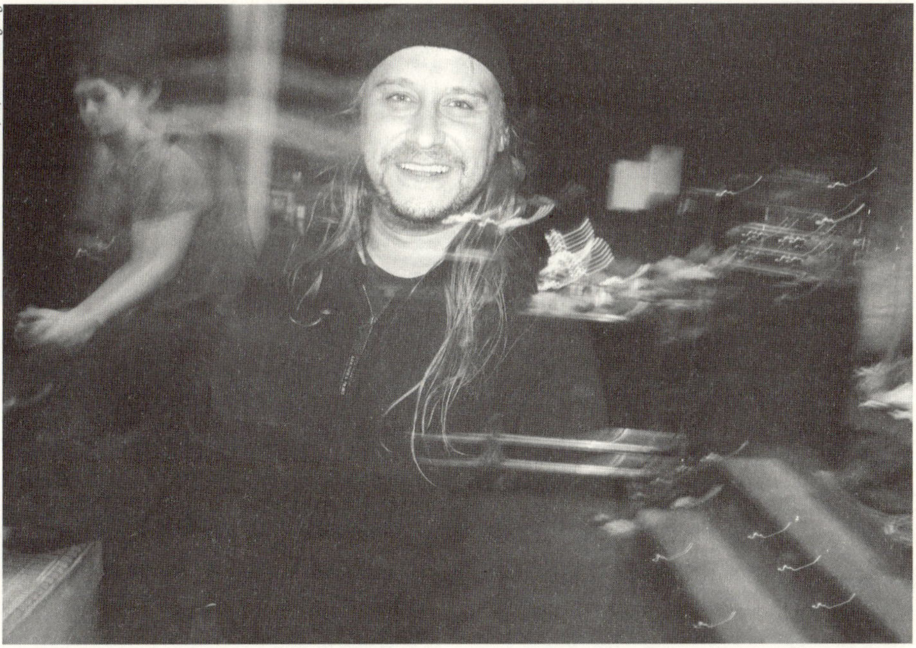

Victor Brandt und L-G Petrov, Örebro, 2009.

Photo: Jon Jefferson Klingberg

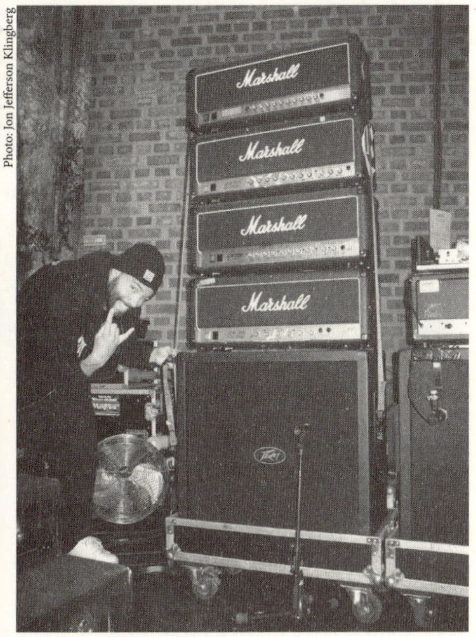

Alex Hellid, Örebro, 2009.

Photo: Ika Johannesson

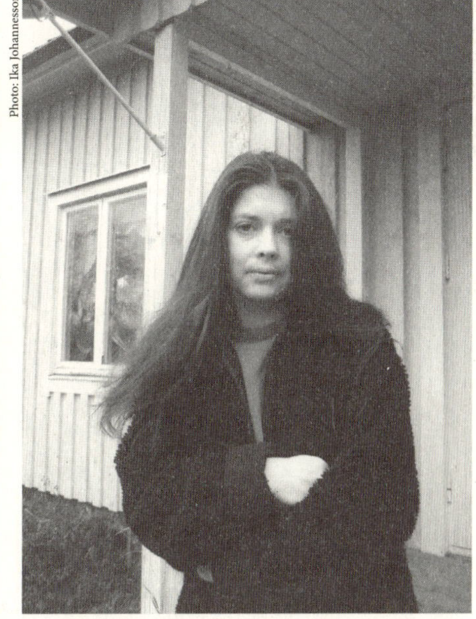

Maria „Black Virgin“ Ström, Ullared, 2009.

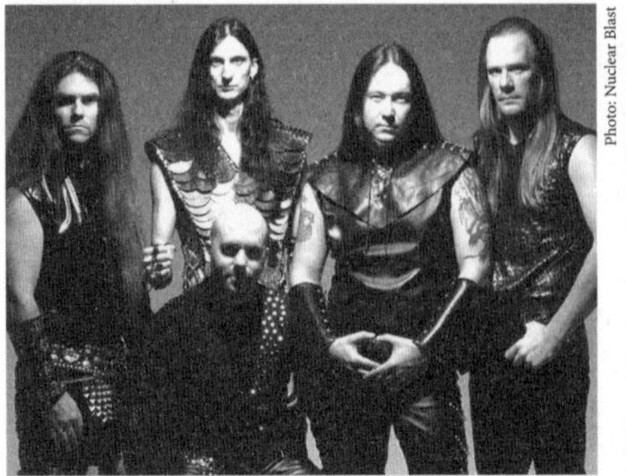
Photo: Nuclear Blast

Hammerfall, 2002.

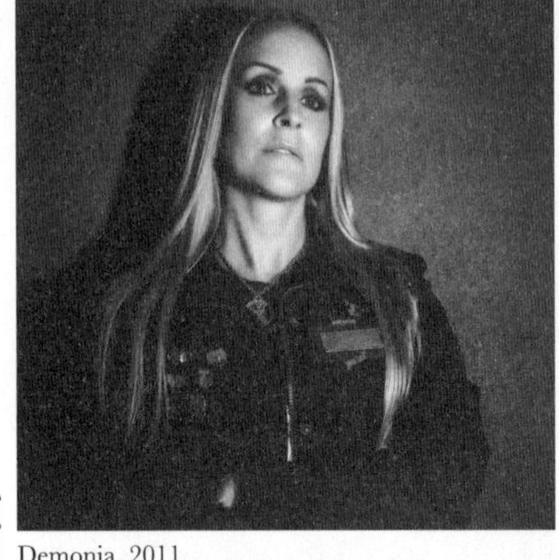
Photo: Magnus Norman

Demonia, 2011.

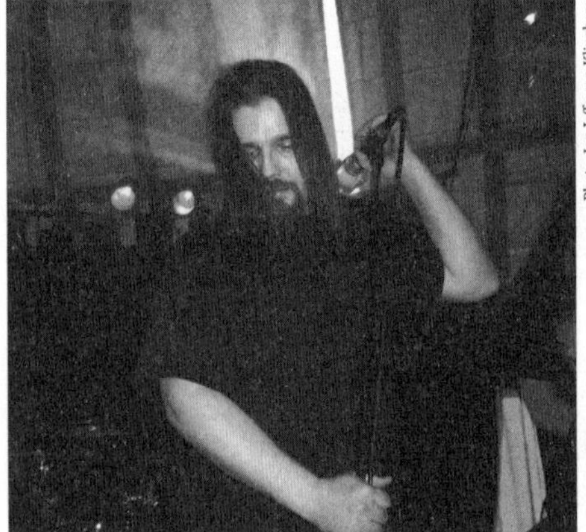
Photo: Jon Jefferson Klingberg

Matti Kärki, Sweden Rock Cruise, 2006.

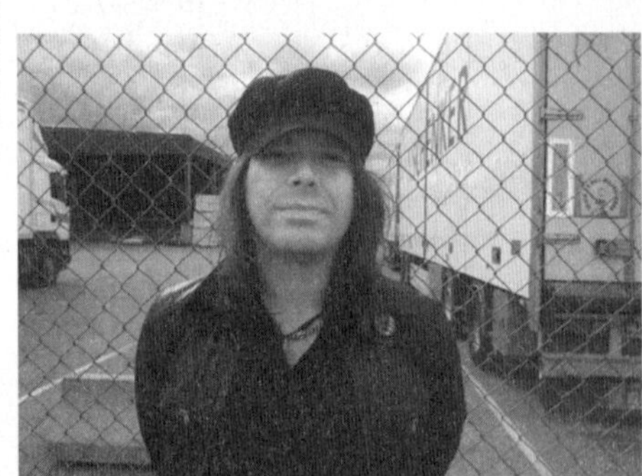
Photo: Jon Jefferson Klingberg

Nicke Andersson, Hultsfred, 2011.

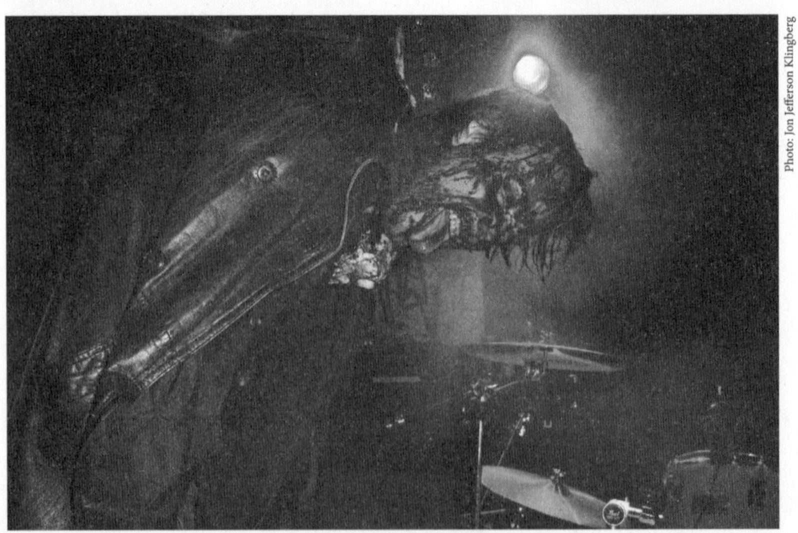
Photo: Jon Jefferson Klingberg

Tompa Lindberg beim Grotesque-Reunion-Konzert, Stockholm, 2007.

Photos: Jon Jefferson Klingberg

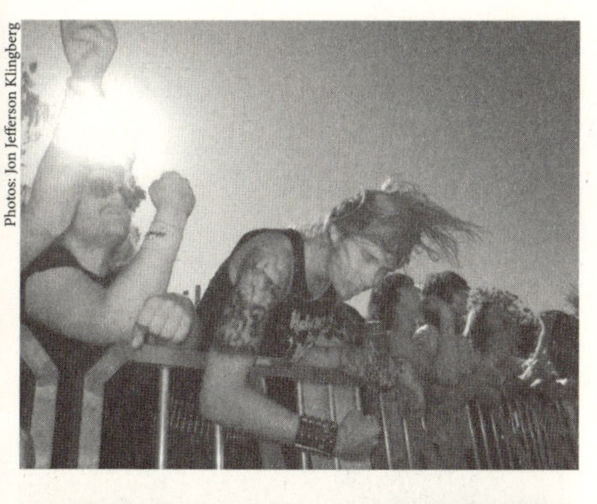

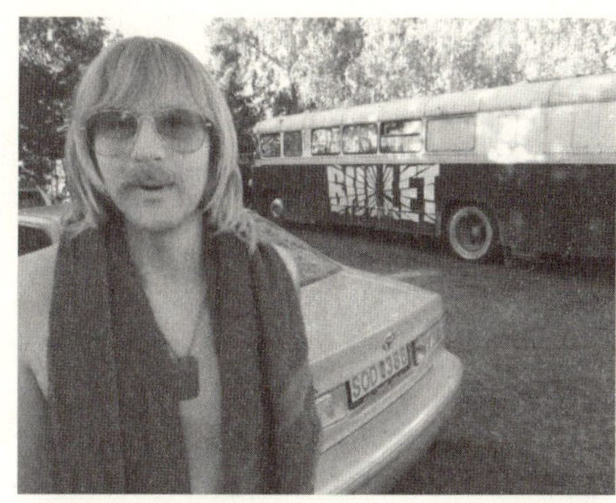

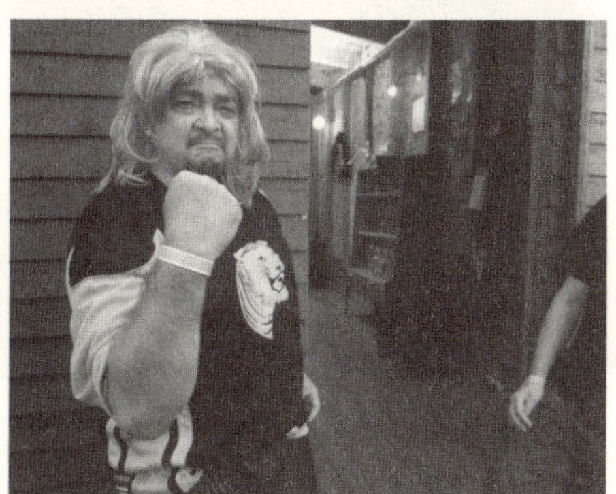

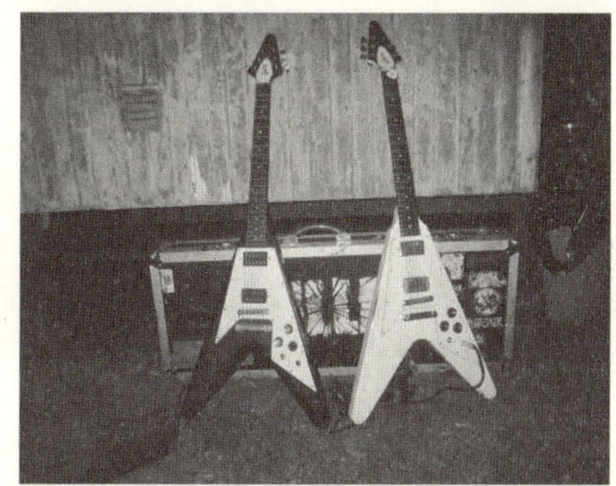

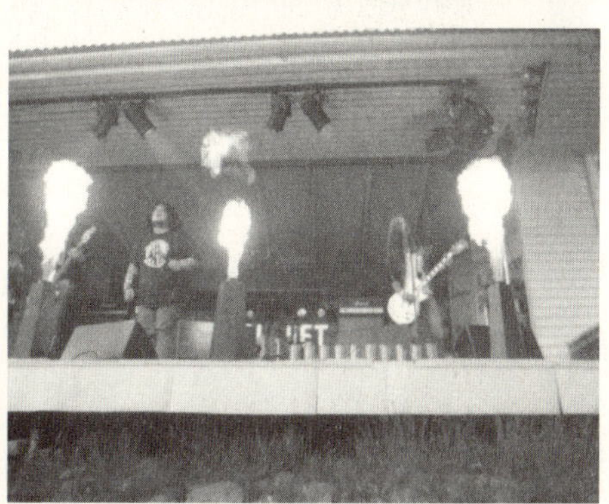

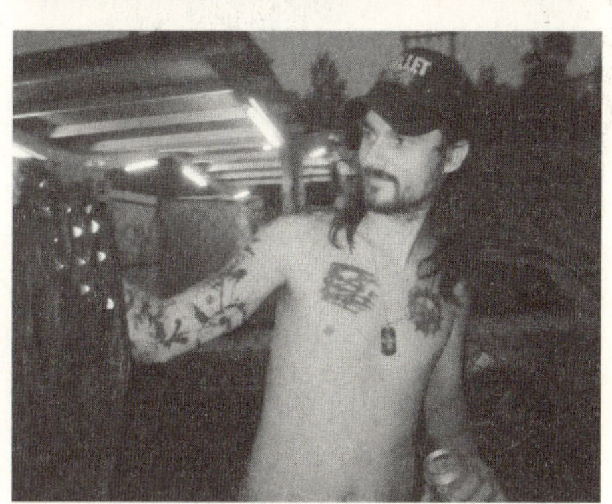

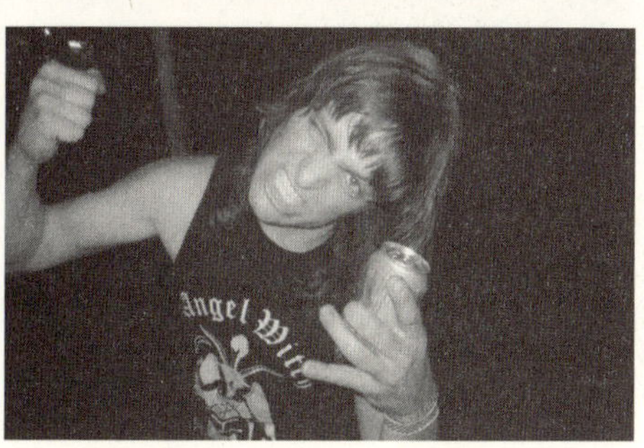

Muskelrock, Blädinge, 2011.
Von links oben nach rechts unten: Headbanger vor der großen Bühne. Kongo Magnéli vor dem Bullet-Bus. Jon Mikl Thor. Bullets Gitarren. Staffan Hamrin. Hampus Klang.

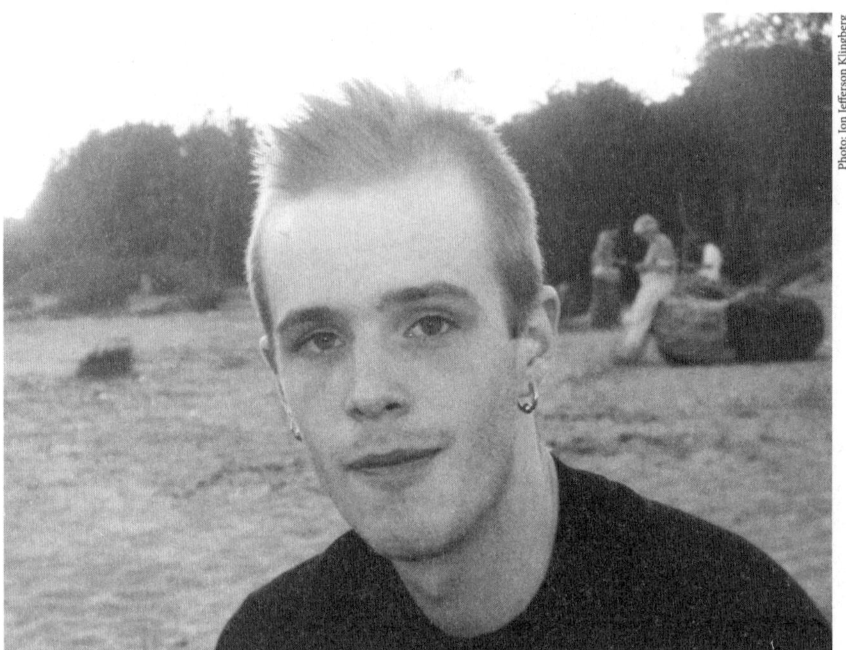

Photo: Jon Jefferson Klingberg

Niklas Kvarforth am Strand, Halmstad, 2006.

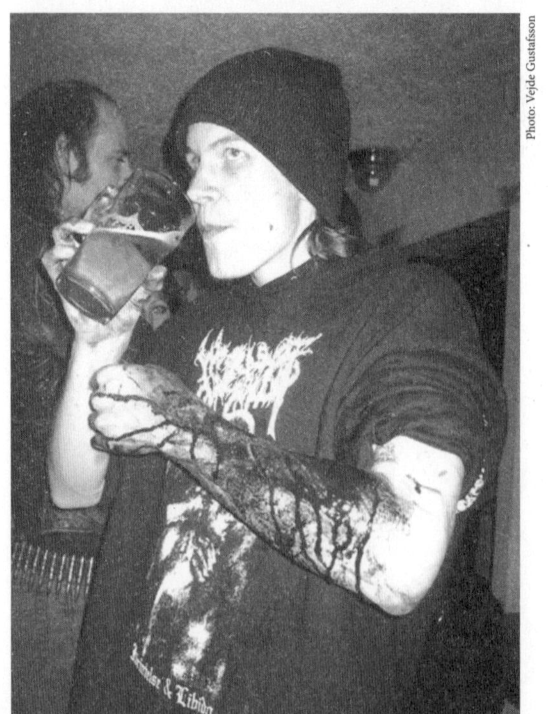

Photo: Vejde Gustafsson

Kim Carlsson bei einem Shining-Konzert, Stockholm, 2005.

Photo: Jon Jefferson Klingberg

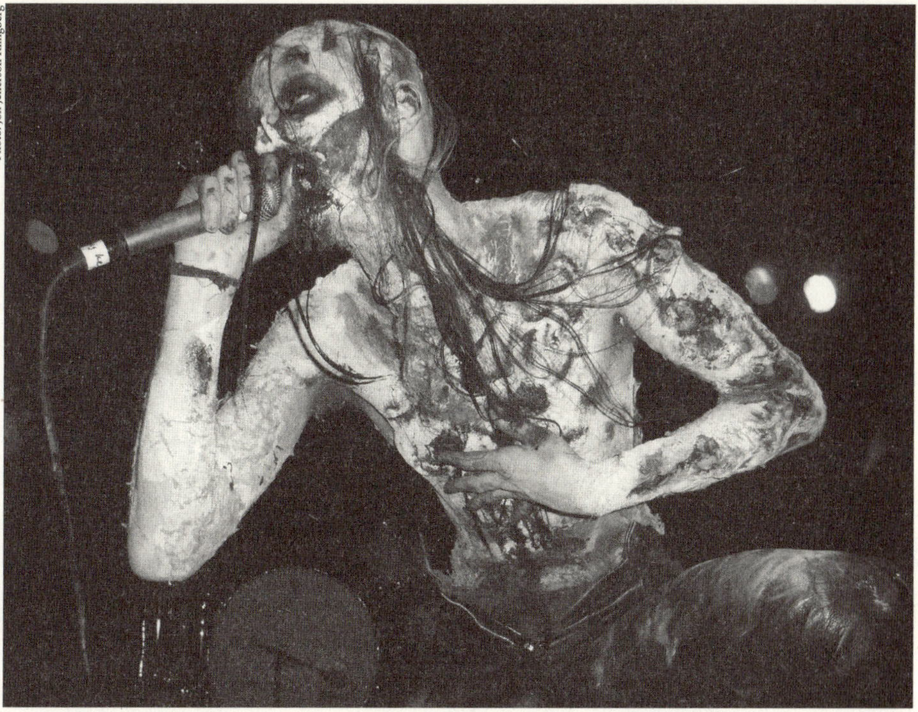

Niklas Kvarforth als „Ghoul“, Halmstad, 2007.

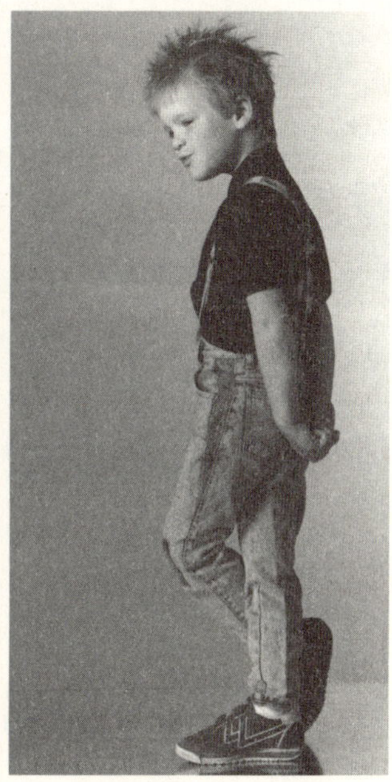

Niklas Kvarforth als Model für das Modeunternehmen H&M, Ende der Achtziger.

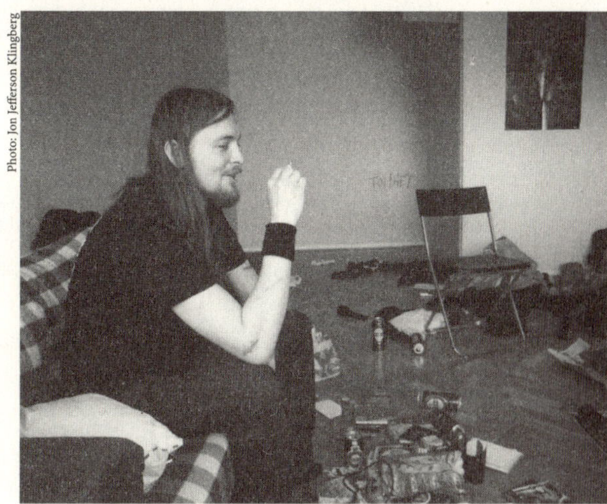

Photo: Jon Jefferson Klingberg

In Johan Hallanders Wohnung, Halmstad, 2006.

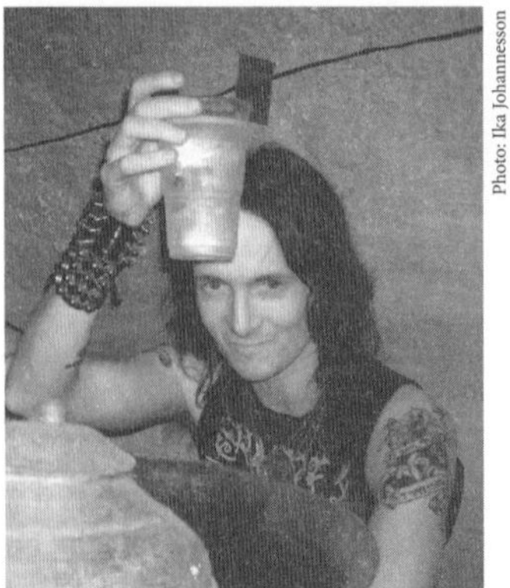

Photo: Ika Johannesson

Erik Danielsson, Stockholm, 2009.

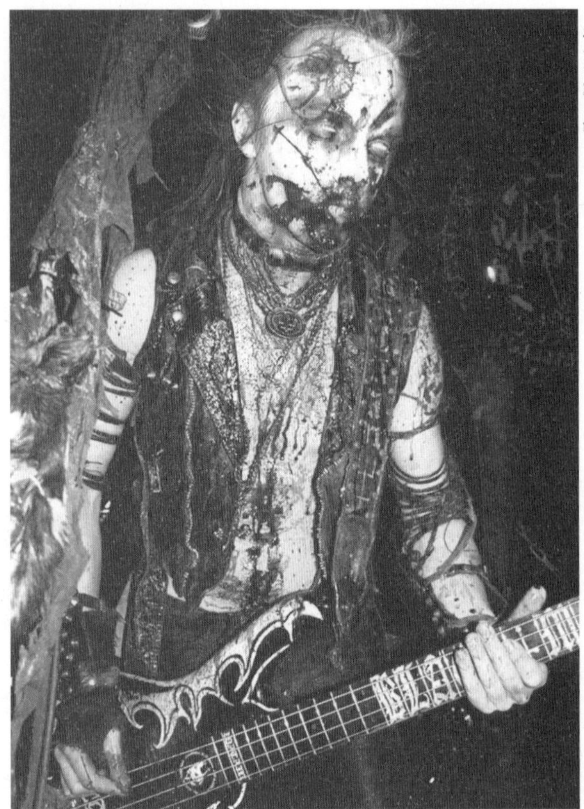

Photo: Watain Archives

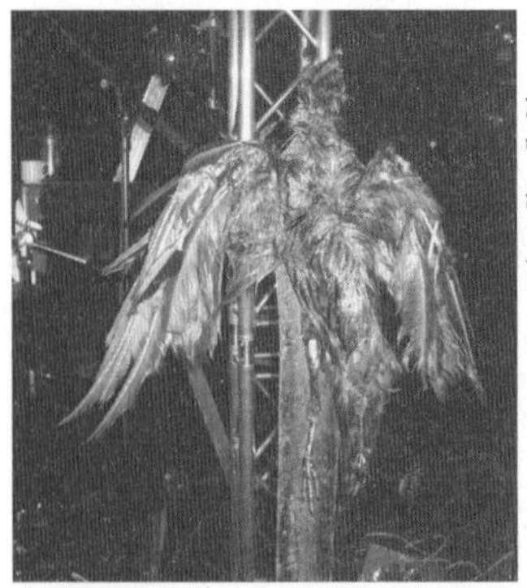

Photo: Ika Johannesson

Der verweste Rabe, Sundsvall, 2010.

Erik Danielsson, New Orleans, USA, 2008.

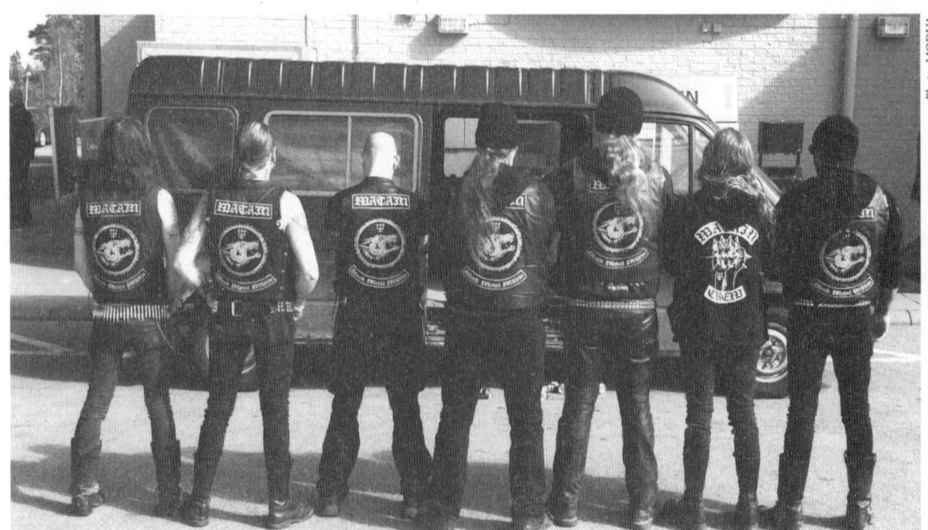

Photo: MODUA

Watain auf Tour, 2011. Erik Danielsson, Håkan Jonson, Set Teitan, Johan Frölund, Pelle Forsberg, Tore Stjerna, Alvaro Lillo.

Sie betont, dass sie Metal-Musikerinnen wie Doro und Lita Ford mag. Es sei vor allem im Black Metal, wo sie lieber keine Frauen auf der Bühne sähe. Demonia ist überzeugt davon, dass die Metal-Szene eine weibliche Black-Metal-Band niemals respektieren würde. Frauen sollten sich ganz einfach aus dem Genre heraushalten, es sei denn, sie seien auf ein feindseliges und extrem herausforderndes Klima gefasst.

„Es ist ein Genre von Männern für Männer – mit Ausnahmen natürlich. Um es zu verstehen, muss man schon lange dabei sein und den Weg vom Hardrock über Death- zu Black Metal mitgemacht haben. Diejenigen, die direkt in den Black Metal einsteigen, denken oft, es sei nur Lärm. Ich habe eine Menge durchgemacht, viel Ärger und viele Kämpfe, Tieropfer, Zerstörung und Leute, die sowohl sich selbst als auch andere ziemlich übel verletzt haben."

Demonia fing mit vier Jahren an, Metal zu hören, als ihr Stiefvater VHS-Kassetten von Twisted-Sister- und Black-Sabbath-Konzerten als Ersatz für einen Babysitter nutzte. Im Auto ließ er Metal bei voller Lautstärke laufen, und Einwände machten ihn bloß wütend. Einige Jahre später erbte Demonia seinen Plattenspieler, seinen Verstärker, seine Boxen und alle seine Schallplatten. So fing sie an, aus eigenem Antrieb Interesse an zunehmend härterer Musik zu entwickeln.

Als sie sechzehn war, fuhr sie mit älteren Freunden aus Umeå nach Stockholm, um Morbid Angel im Melody zu sehen. Sie übernachteten bei Johnny Hedlund von Unleashed und gingen zu House of Kicks, um sich mit Demokassetten, Alben und Fanzines einzudecken. Zu Hause begann sie, Bands und Fans auf der ganzen Welt Briefe zu schreiben, während ihre Kassettensammlung stetig wuchs. Durchs Tapetrading lernte sie die kleine schwedische Metal-Szene jener Zeit kennen, der sie seither treu geblieben ist.

Heute postet sie in ihrem Demonia-Blog Fotos und schreibt über Konzerte oder Partys in der Stockholmer Extrem-Metal-Szene, gelegentlich auch über Kampfsport.

In der Schule war sie meistens mit Jungs unterwegs. Sie fuhr ein Moped und spielte Videospiele. Andere Mädchen fanden sie seltsam.

Mit zwanzig zog Demonia nach Stockholm. Sie war ohnehin schon jeden Monat für Konzerte dort und hatte angefangen, mit einem ansässigen Mann auszugehen.

„Er spielte nicht in einer Band, als ich ihn kennenlernte. Was ich mir immer gefallen lassen musste, waren Fragen wie ‚Hast du was mit ihm, weil er in einer Band spielt?' oder ‚Kennst du L-G, weil er bei Entombed singt?'. Fast jeder, der Metal hört, ist auch in einer Band aktiv! Ich kenne nur ein paar Leute, die das nicht sind! Alle, die schon lange auf Metal stehen, kennen sich untereinander, die Szene ist nicht so groß."

Demonia erklärt weiter, sie würde nur selten Frauen treffen, die genauso tief in der Musik drin seien wie sie. Es gebe nur wenige in jedem Land.

„Die meisten sind durch ihren Freund zum Metal gekommen und haben dieses Interesse dann durch jemand anderen entwickelt. Ich habe es aus eigenen Stücken getan, und ich bin heute noch genauso leidenschaftlich dabei. Ich gebe meine Platten und Demos an die richtigen Leute weiter. Ich kenne nicht viele, die so krass sind wie ich – eben weil sie sich nicht von sich aus für Metal entschieden haben."

Demonia ist es gewohnt, meistens die einzige Frau zu sein, wenn es um Metal geht. Wir fragen sie, wie es sich auf sie ausgewirkt hat, ständig dem schwächer vertretenen Geschlecht anzugehören. Sie antwortet, es habe sie „verdammt stark" gemacht.

„Ich hatte keine andere Wahl, ich kann nicht als zerbrechliches kleines Mädchen daherkommen, auf das die Leute drauftreten. Ich will nicht, dass man mir eine Geschlechterrolle aufdrückt; ich verstehe mich als Teil der Clique und weiß oft mehr als die Jungs, wenn es um Musik geht. Mir wurde früh klar, dass ich viel über die Musik lernen musste, sonst hätte man mich nie akzeptiert. Wenn man eine Frau ist, geht jeder davon aus, dass man nichts weiß – weiblich zu sein ist in diesem Zusammenhang etwas Negatives. Man ist wie ein Untermensch. Sobald ich einen Typen traf, den ich nicht kannte, unterzog er mich einem richtigen Verhör mit zig Fragen, um mich zu testen."

Alle Frauen, mit denen wir sprechen, geben an, ihre Kenntnisse würden ständig auf den Prüfstand gestellt. Völlig ignoriert zu werden ist allerdings noch schlimmer.

Ende der Achtziger betrieb Susanna Berglund den Metal-Laden Black Hole auf Södermalm in Stockholm, wo sie gebrauchte Schallplatten und Merchandise verkaufte. Sie hört seit ihrem zwölften Lebensjahr härtere Musik und entdeckte Grunge, nachdem sie mit Opernwerken aufgewachsen war. Grunge führte sie zum Metal. Seit ihrer Jugend geht sie zu Konzerten und verbrachte Zeit mit Personen, die später in Bands wie Tribulation, In Solitude und Watain spielen.

„Ein typisches Beispiel ist ein Konzert von Inquisition aus Kolumbien, das ich mit Erik von Nifelheim in Örebro besuchte. Eines der Mitglieder der Band kam auf uns zu und begrüßte Erik und einen anderen Freund, der mit uns unterwegs war. Er schüttelte den beiden die Hand, ignorierte mich aber völlig. Und das war nicht das erste Mal, dass das passierte."

Wie in vielen anderen Jugendsubkulturen erfolgt die Identifizierung und Zugehörigkeit zu diesem Genre häufig über bestimmte Kleidung, Frisuren und andere Merkmale. Man hört eine bestimmte Art von Musik und liest bestimmte Bücher.

Die Norwegerin Runhild Gammelsæter verbrachte ihre Jugend in Seattle, wo ihr Vater arbeitete. Zusammen mit Stephen O'Malley und Greg Anderson, die sich später zu Sunn O))) zusammentaten, gründete sie 1996 die Death-Metal-Band Thorr's Hammer und schrieb für *Descent* – das erste amerikanische Fanzine, das sich der wachsenden norwegischen Black-Metal-Szene widmete. Heute macht sie ihre eigene Musik und veröffentlichte 2008 das von Doom Metal inspirierte Soloalbum *Amplicon*.

„Was die männliche Rolle angeht, denke ich, dass sich Black-Metaller selbst als sehr männlich betrachten – und das ist bis zu einem gewissen Grad auch richtig. Sie sind tough und haben eine klare, starke Meinung. In ihnen steckt viel Aggression, die durch die Musik zum Ausdruck kommt. Gleichzeitig denken sie wahrscheinlich mehr über ihr Aussehen nach als andere Männer. Die langen

Haare und die Verwendung von Make-up zeugen von Eitelkeit. Sie sind selten muskulös und passen nicht unbedingt in das althergebrachte Bild des prähistorischen Mannes, des ultimativen Symbols für Testosteron. Individualität ist in diesem Genre sehr wichtig; sie sind selbstbewusst und integer. Ich habe den Eindruck, dass viele von ihnen in ihrer Ideologie und Mentalität männlicher sind als in rein körperlicher Hinsicht."

Als wir Alexandra Balogh fragen, was ihrer Meinung nach die männliche Norm im Black Metal kennzeichnet, muss sie lachen.

„Es war wirklich wichtig, keinen Spliss zu haben! Das Haar sollte immer gut gepflegt sein. Fettig war okay, aber nicht ausgefranst. Manche hatten Kulturbeutel voller Haarpflegeprodukte. Wir sprachen viel über die Haare der anderen: ‚Er hat so lange Haare und überhaupt keinen Spliss!' Ein Typ in Norrköping hatte eine unglaubliche Mähne, und wie sich herausstellte, benutzte er nicht einmal Shampoo. Das hat uns echt die Augen geöffnet – okay, vielleicht bringen all diese Produkte nichts? Er erzählte uns, das Geheimnis bestehe darin, die Haare nur auszuspülen, also ohne Shampoo, weil sie dadurch nicht so stark beschädigt würden. Das war eine große Offenbarung."

Wie in vielen anderen männerdominierten Kreisen existiert auch im Metal eine tief verwurzelte Homophobie. Wie ernst man flüchtige homophobe Äußerungen nehmen sollte, ist schwer zu sagen, aber fest steht, dass sich viele mit Gefühlen gegenüber dem gleichen Geschlecht schwertun. Man sollte erwähnen, dass sich bis heute nur eine Handvoll Musiker geoutet haben, obwohl Metal ein sehr populäres Genre ist. Das berühmteste Beispiel ist Judas-Priest-Sänger Rob Halford, der 1998 in einem MTV-Interview verriet, dass er schwul ist. Dan Martinez, Sänger und Gitarrist der amerikanischen Grindcore-Band Cretin, unterzog sich 2008 einer Geschlechtsumwandlung und lebt jetzt als Marissa Martinez. Möglicherweise gibt es einfach keine anderen bi-, homo- oder transsexuellen Männer an der Spitze der Metal-Szene, doch man muss wohl kaum anmerken, dass das statistisch gesehen höchst unwahrscheinlich ist.

Kristian „Gaahl" Espedal – der ehemalige Sänger der norwegischen Black-Metal-Band Gorgoroth, der als gewalttätiger Einsiedler bekannt ist und wegen Folter im Gefängnis saß – outete sich 2008 in einem Interview mit dem deutschen Magazin *Rock Hard*. Reaktionen folgten prompt: Die einen taten ihn als Weichling ab, der sowieso nie gute Musik gemacht habe – typisch, dass er zufällig auch noch schwul ist. Das andere Lager erklärte ihn für noch cooler als zuvor, da man keinen satanischeren Akt vollziehen könne, als andere Männer in den Arsch zu ficken.

Rob Halford hatte nie das Gefühl, dass er seine Sexualität versteckte. Leder und Nieten, die er bei Judas Priest trug und die den Grundstein für die klassische Metal-Mode weltweit legten, hatte er unmittelbar aus den Schwulenclubs im Londoner Stadtteil Soho übernommen.

Für Gaahl verlief die Entwicklung ganz anders.

Er wurde 1975 in einem kleinen Dorf an der norwegischen Westküste geboren und wurde 1998 Mitglied von Gorgoroth. Man kennt ihn für seine kontroversen Meinungen und Gewalttaten, deretwegen er bereits zweimal zu einer Gefängnisstrafe verurteilt wurde: 2002 wegen Körperverletzung, 2004 wegen schwerer Körperverletzung und Folter, nachdem er einen Mann in seinem Haus gefangen gehalten und sein Blut in einem Becher gesammelt hatte, wofür er vierzehn Monate einsitzen musste. Gaahl selbst behauptet, er habe in Notwehr gehandelt, da er im Zuge einer Unstimmigkeit, die mit der früheren Gefängnisstrafe zusammenhing, von einem Auftragskiller angegriffen worden sei.

Gorgoroth etablierten sich schnell als eine der extremsten Bands der norwegischen Szene. 2005 machte der kanadische Dokumentarfilm *Metal: A Headbanger's Journey* Gaahls Namen in der ganzen internationalen Metal-Szene bekannt. In dem Interview sitzt Gaahl in einem dunklen Keller und nippt an einem Glas Rotwein. Auf die Frage, was Gorgoroth inspiriere, scheint die Zeit stillzustehen, während er völlig ruhig überlegt und den Reporter Sam Dunn mit leerem Blick ansieht. Dann antwortet er einfach „Satan“ und trinkt einen weiteren Schluck Wein.

Der kurze Clip ist auf YouTube zu sehen und ein hervorragendes Beispiel dafür, wie urkomisch das Aufeinandertreffen von todernstem Black Metal und ahnungsloser Neugierde sein kann.

2007 schickte das amerikanische Magazin *Vice* ein Filmteam zu Gaahls Hütte in Espedal, einer winzigen Bergsiedlung, die im Besitz von Gaahls Familie und nach ihr benannt ist. Die Gerüchte über sein verrücktes, unberechenbares Verhalten bestätigten sich rasch. Die Dokumentation zeigt, dass die Unterhaltung arg gezwungen ist und das Filmteam eindeutig Angst vor ihm hat. Die Situation spitzt sich weiter zu, als Gaahl die leicht bekleideten Amerikaner auf eine Wanderung zur Jagdhütte seiner Großeltern auf einem nahegelegenen Gipfel mitnimmt. Das Wetter verschlechtert sich zusehends, es schneit stark, und die Sicht ist äußerst eingeschränkt. Gaahl marschiert in Stiefeln und einem Ledermantel den Berg hinauf, während sich die Filmleute allmählich fragen, ob sie heil zurückkehren werden.

Als sich diese ungemein düstere, furchterregende Black-Metal-Ikone also plötzlich als schwul outete, ging ein Beben durch die Metal-Szene.

Wir treffen Gaahl 2010 an einem Sommertag im Bergener Zentrum. Er führt uns zum Stenersens Samling, einem Museum für zeitgenössische Kunst, in dessen Café wir Platz nehmen. Er ist dort Stammgast.

„Ich schätze, ich habe mit allen Vorstellungen davon gebrochen, wie ein homosexueller Mann zu sein hat“, sagt er.

Der Barista serviert ihm einen Caffè Americano.

„Ich kann dieses Bedürfnis, Menschen in solche Rollenklischees einzuteilen, nicht verstehen. Das Homo-Milieu ist genauso steif – viele haben Angst, sie selbst zu sein. Sie fürchten sich davor, von der Norm abzuweichen.“

Kurz nach dem *Rock-Hard*-Interview wurde bekannt, dass Gaahl viel Zeit in der Gesellschaft eines jungen Modedesigners namens Dan

DeVero verbrachte. Norwegische Zeitschriften spekulierten sofort in Artikeln, Gaahl sei im Begriff, der Musik den Rücken zu kehren, um gemeinsam mit Dan Kleider zu entwerfen.

Was die Aufregung über Gaahls sexuelle Orientierung zusätzlich steigerte, war die Nachricht, dass er die Hauptrolle in dem Black-Metal-Musical *Svartediket* („Der schwarze Graben") im angesehenen Nationaltheater in Bergen spielen würde. Zum Zeitpunkt unseres Gesprächs ist er mit dem zwanzigjährigen Robin zusammen, der gerade mit seiner Familie Urlaub im Gebirge macht.

Als wir wissen möchten, warum Black Metal ein so asexueller Musikstil zu sein scheint, versteht Gaahl die Frage nicht.

„Was soll das heißen? Ich bin kein sexueller Mensch, ich denke nicht in solchen Kategorien."

Aber du hast doch bestimmt auch Sex?

„Nein, eigentlich nicht. Ich kann diesen Drang überhaupt nicht nachvollziehen, weil ich Sex nicht verstehe. Ich bezeichne mich als homophil, bin aber nicht homosexuell. Für mich besteht da eine ästhetische Anziehungskraft. Ich glaube, die Menschen sind zu sexbesessen."

Wir trinken unseren Kaffee aus und machen uns auf den Weg in die Stadt. Gaahl ist ein ruhiger Mann, aber höflich und zuvorkommend. Die Leute starren ihn auf der Straße an. Vor dem Nationaltheater fragt ein junger Mann mit weißem Hemd und stark gegelten Haaren, ob er wirklich Gaahl sei. Gaahl bejaht und wird daraufhin gebeten, für ein Foto zu posieren. „Das ist in Ordnung", stimmt er zu, und die beiden werden von dem eifrigen Freund des jungen Mannes fotografiert. Als wir weitergehen, kichern die beiden immer noch vor Aufregung.

„Das passiert ständig. Ich bin so etwas wie ein Prominenter geworden und nicht ganz sicher, wie ich damit umgehen soll", bemerkt Gaahl und lächelt schief.

Dass ein mehrmals wegen Gewaltverbrechen verurteilter Mann zu einer Berühmtheit wird, kommt selten vor.

Eine wahrscheinliche Erklärung ergibt sich aus einer spannenden Kombination: einerseits Befürwortung von Brandstiftung an Kirchen –

Gaahl äußerte sich kurz nach der Annahme seiner Rolle in *Svartediket* positiv dazu, was empörte Debatten nach sich zog –, andererseits der völlige Bruch mit allen Vorurteilen über Schwule.

Gaahl behauptet, aus allen seinen Verurteilungen gehe eindeutig hervor, dass er in Selbstverteidigung gehandelt habe, wenn auch mit unverhältnismäßig viel Gewalt. Er sagt, im Black Metal gehe es darum, ein Krieger zu sein und einen Krieg gegen sich selbst zu führen.

„Im Black Metal ist kein Platz für Soldaten, denn Soldaten befolgen Befehle – ein Krieger kämpft mit seinem Herzen. Dazwischen besteht ein riesiger Unterschied."

Er weist darauf hin, dass es freilich auch Kriegerinnen gebe – obgleich nicht so viele, da Frauen selten dazu erzogen würden, für sich selbst zu kämpfen.

„Romantik spielt eine große Rolle im Black Metal – nicht zwischen Menschen, sondern gegenüber Dingen wie der Natur. Und vielleicht auch, was Ichbezogenheit angeht."

Gaahl erzählt, wie er sich im Alter von einunddreißig Jahren zum ersten Mal in seinem Leben verliebt habe. Wie er ausführt, fühlt er sich eher von Ästhetik als von Sexualität angesprochen, was er damit erklärt, dass ihn das Wesen seines Freundes Robin an sich anziehe.

Aber du bist mit einem Zwanzigjährigen zusammen – will er nicht andauernd Sex haben?

„Doch. Wenn der äußerste Notfall eintritt, muss ich mich der Situation wohl stellen", lacht Gaahl.

Er nimmt uns mit in ein Weinlokal, das er oft besucht. Als großer Weinliebhaber trinkt er hauptsächlich naturbelassene Weine ohne Zusatzstoffe. Als wir die Bar mit angeschlossenem Restaurant betreten, empfängt uns der amerikanische Besitzer Joseph und begrüßt Gaahl freudig. Eine leicht beschwipste Dame an der Theke umarmt Gaahl und zupft ihm spielerisch am Bart. Als wir uns zum Bestellen hinsetzen, gesteht er, sich noch nicht richtig an Körperkontakt gewöhnt zu haben.

„Vor ein paar Jahren hätte ich mir bestimmt von niemandem am Bart ziehen lassen, wenn ihr versteht, was ich meine."

Mit Gaahl zu speisen ist ein Erlebnis. Er bestellt Seehecht mit Blumenkohlpüree, geklärter Butter, Rettich und roten Essigzwiebeln. Joseph begleitet das Essen mit Arcese, einem Weißwein aus dem Piemont. Gaahl hält seine Nase ins Glas, um das Bouquet zu prüfen, und schaut zunächst etwas skeptisch. Schließlich entscheidet er sich, ein Glas des trüben Weins zu probieren.

Der Sinneseindruck ist so überwältigend, dass ihm die Worte fehlen. Nach einem Moment des Schweigens blickt er mit feuchten Augen auf.

„Wirklich, das ist … es ist so vollkommen."

Als Joseph vorbeikommt, um zu fragen, wie es geschmeckt hat, überschlägt sich Gaahl vor Wertschätzung.

„Zuerst dachte ich, etwas würde fehlen, aber jetzt mit der Zwiebelnote im Mund ist es absolut perfekt. Ich kann dieses Essen nicht genug loben."

Joseph nickt zufrieden. „Das dachte ich mir."

Auf der Bergen Gay Galla im Januar 2010 wurde Gaahl zum Homosexuellen des Jahres ernannt, weil er dazu beigetragen habe, das Ansehen Schwuler aufzuwerten. Er gibt an, sich über die Auszeichnung zu freuen.

„Ich habe den Homo-Preis in erster Linie deshalb angenommen, weil ich sehe, wie vielen Menschen es schwerfällt, sich zu outen. Etliche – sowohl innerhalb als auch außerhalb der Metal-Szene – sind auf mich zugekommen, die noch nicht den Mut gefunden haben, sich zu bekennen. Allerdings keine Musikerkollegen, nur Fans."

Das amerikanische Internetforum Infra-Iridian wurde im Jahr 2007 ins Leben gerufen und war einige Jahre lang aktiv. Es diente als Treffpunkt für schwule und bisexuelle Metal-Fans, die Schwierigkeiten hatten, ihren Platz in der Szene zu finden, und in homosexuellen Kreisen, wo Metaller selten sind, auf wenig Verständnis stießen.

Der Moderator des Forums nennt sich Vyldr. Er denkt, im Metal gebe es definitiv weit weniger Schwule als in anderen Subkulturen.

„Die Menschen entdecken ihre Sexualität im Allgemeinen, bevor sie in eine Subkultur eintauchen, und die Extreme der Metal-Welt scheinen die meisten LGBT-Menschen nicht anzusprechen. Entweder das, oder es gibt eine Menge Metalheads, die sich nicht outen – aber wir glauben nicht, dass das der Fall ist.“

Vyldr nimmt Bezug auf ein Zitat, das er von Gaahl gelesen hat:

„Metal-Musiker haben kein Coming-out, weil Künstler für ihr Talent und ihre Kreativität bekannt sein wollen, nicht für ihr Privatleben und ihre sexuelle Orientierung.“

Ein gemeinsamer Nenner für fast alle Frauen, mit denen wir während der Arbeit an diesem Kapitel gesprochen haben, besteht darin, dass sie sich selbst als Wildfang bezeichnen. Sie äußern den Wunsch, innere Aggressionen zu kultivieren, und fühlen sich nicht von den weiblichen Stereotypen der Gesellschaft eingeschränkt.

„Ich hatte wirklich Glück, denn ich konnte immer tun, was ich wollte“, sagt Chelsea Krook.

Während einer kurzen Phase in den Neunzigern spielte sie Bass in der Stockholmer Band Expulsion. Allerdings sei sie nicht gut genug gewesen. Sie versuchte mehrmals, andere Bands zu gründen, konnte sich aber nicht richtig motivieren, obwohl sie den Drang dazu hatte.

Im Vergleich zu den Achtzigern gibt es heute viele Frauen, die Metal spielen. Im Gothic Metal werden oft männliche Growls mit weiblichem Soprangesang kombiniert. Vor allem die dänische Black-Metal-Musikerin Amalie Bruun und ihr Soloprojekt Myrkur sind ausgiebig gefeiert worden, haben aber natürlich auch eine Menge Unmut auf sich gezogen. In einem Interview mit dem *Kerrang!* sprach Myrkur über die Reaktionen:

„Ich bekomme alles von Morddrohungen bis zu Hassvideos. Es gibt lange Aufsätze darüber, wie ich den Black Metal ruinieren würde und dass ich das Schlimmste sei, was der Welt passieren konnte.“

Sie kommt zu dem Schluss, dass sich überwiegend Fans echauffieren würden, nicht andere männliche Musiker, und dass es ihr völlig egal sei.

Vor allem gibt es immer mehr Frauen, die extremen Metal hören. Manchmal ist die Hälfte des Publikums bei Black-Metal-Konzerten weiblich. Trotzdem spielen weiterhin nur wenige Frauen in Death- und Black-Metal-Bands.

Runhild Gammelsæter glaubt, dass sich nur wenige berufen fühlen, so aggressive Musik zu machen. „Es gibt nicht viele Frauen, die so schnell Gitarre spielen, so kraftvoll trommeln oder so laut brüllen können, wie es der Black Metal erfordert. Diese Jungs spielen Gitarre seit ihrer Kindheit – sie waren Sonderlinge und haben viel geübt. Zudem hatten sie besonderes Interesse am Okkulten und eine Antihaltung, indem sie sich gegen Gesellschaft und Religion auflehnten. Meiner Erfahrung nach ist es selten, dass Frauen diese Entwicklung genauso intensiv durchmachen. Ich denke auch, nur ganz wenige finden es reizvoll, Corpsepaint zu tragen und Lieder über Satan zu singen. Sie sind einfach nicht daran interessiert, sich auf so brutale Weise auszudrücken. Vielleicht finden wir es spannend, Männern dabei zuzusehen, aber es selbst zu tun ist etwas völlig anderes."

Angela Gossow von Arch Enemy begegnet häufig jungen Frauen, die sich für Metal begeistern, und hat in ihrer Zeit als aktive Death-Metal-Musikerin einen klaren Trend festgestellt. Sie sagt, dass ihre Generation, die in den Siebzigern geboren wurde, in zwei Welten lebt. Sie wurden von Müttern großgezogen, die einerseits die Fortschritte der Frauenbewegung in den Sechzigern miterlebten, sich aber andererseits von alten Traditionen und Werten leiten ließen.

„Die Generation, die jetzt heranwächst, hat sich gewandelt, das steht fest. Heranwachsende Mädchen von vierzehn, fünfzehn Jahren sind ganz anders, viel stärker. Wenn sie sich nicht respektiert fühlen, sagen sie das auch. Dass Frauen laut werden, wird heute eher anerkannt als zu der Zeit, als ich aufgewachsen bin."

Angela ist auch aufgefallen, dass immer mehr Frauen Konzerte besuchen, vor allem in Skandinavien. Indes bekommt sie immer noch viele E-Mails von Mädchen, die Schwierigkeiten haben, Bands zu finden, mit denen sie spielen können.

„Es ist auch eine Frage des Alters. Als Teenager ist man in der Regel unsicher und sensibel, dann werden Hierarchien aufgebaut. Ich glaube aber trotzdem, dass sich die Zustände geändert haben – die Metal-Szene entwickelt sich weiter, genauso wie der Rest der Gesellschaft."

Angela Gossow verließ Arch Enemy 2014 und wurde Managerin der Band. Sie wurde durch Alissa White-Gluz ersetzt.

Demonias Blog ist nicht mehr aktiv.

Die Zahl der Frauen im Metal wächst weiter, allerdings schneller als jene der Musikerinnen auf der Bühne.

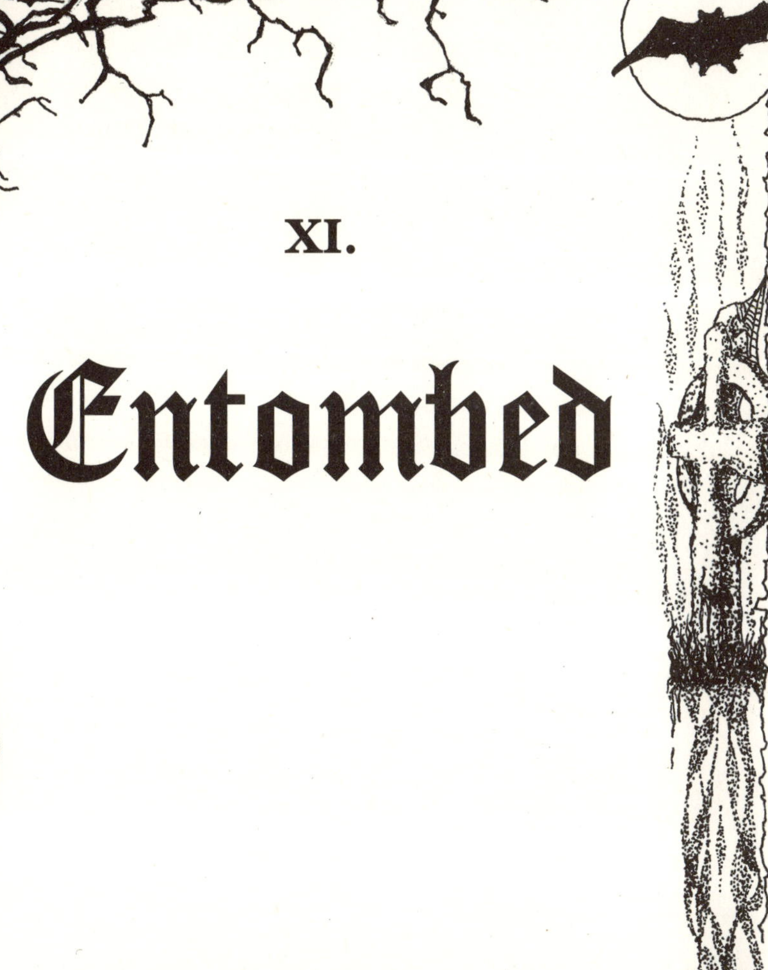

XI.

Entombed

Von einer Tour heimzukommen und herauszufinden,
dass man eigentlich Geld verloren hat, ist echt scheiße.
– Alex Hellid, Entombed

„Wegen der Trennung müssen immer noch einige Dinge geklärt werden", sagt Entombed-Gitarrist Alex Hellid.

Es ist Sommer 2017, und er spricht über die Band, der er seit achtundzwanzig Jahren angehört. Sie war in den frühen Neunzigern ein Musterbeispiel für das Phänomen des schwedischen Death Metal und hat in den letzten Jahren aufgrund eines Rechtsstreits um ihren Namen für Schlagzeilen gesorgt. Dabei kämpfen zwei Parteien gegeneinander: Eine Gruppe von Instrumentalisten um den ursprünglichen Sänger L-G Petrov firmiert seit 2014 offiziell unter Entombed A.D., die andere ist ein Projekt unter der Leitung von Hellid, dem sich zwei weitere Originalmitglieder angeschlossen haben.

Entombed A.D. haben seit 2014 zwei Alben veröffentlicht und sind häufig auf Tour gewesen. Aus Hellids Lager hört man keine neue Musik. Allerdings gab es Kollaborationen mit zwei Symphonieorchestern und (wie immer häufiger) ein bandeigenes Bier aus einer Kleinbrauerei.

Im Rahmen der Veröffentlichung von *Back to the Front* (2014) und *Dead Dawn* (2016) haben die Mitglieder von Entombed A.D. wiederholt ihre Seite der Geschichte um den Split mit Hellid und den erbitterten Namensstreit dargelegt. Uns wurde von einem Bandleader erzählt, der viel zu viel um die Ohren habe – wie Hellid die anderen angeblich zurückhielt, der musikalischen Kreativität im Weg stand und sich weigerte, die Entscheidungsgewalt in der Band zu teilen.

Von ihm selbst haben wir deutlich weniger gehört. In einem Interview mit dem *Sweden Rock* sagte er nach der Trennung 2013 nur wenig, deutete aber an, es würde ihm „auf der Zunge brennen".

Als wir ihn im Frühsommer 2017 anrufen, erklärt er: „Sie wollten mich dazu bringen, bestimmte Dinge zu äußern, doch ich glaube, je weniger ich sage, desto besser ist es für mich."

Acht Jahre zuvor …

Es ist früher Nachmittag in der kleinen Stadt Örebro zweieinhalb Stunden westlich von Stockholm. L-G Petrov ist schon auf den Beinen, um gegen seinen Kater anzutrinken. Er steht in der Nähe des Kaffeestands im Konzertsaal, einem großen viereckigen Raum, wo die Crew des Hauptacts Amon Amarth gerade dessen Bühnendekoration aufbaut.

L-G trägt einen verblassten schwarzen Kapuzenpulli und eine schwarze Strickmütze. In wenigen Minuten wird er sie über seine Augen ziehen und sich auf einem Sofa im Backstagebereich ausstrecken. Im Moment nippt er an seinem Kaffee und beobachtet verschlafen, wie einige Roadies ein Backdrop ausrollen, auf dem der Asengott Thor im Kampf mit einem Drachen zu sehen ist. Einer der Männer bemerkt, dies sei die bisher beste Bühne der Tournee.

Entombed haben keine Roadies, einen angeheuerten Bassisten, der sich schwertut, das klassische Material der Band einzustudieren, einen Gitarristen, der mit seinem neuen Pedalboard hadert – und einen verkaterten Frontmann.

Schlagzeuger Nicke Andersson und Gitarrist Uffe Cederlund, die beiden musikalischen Motoren von Entombed, haben seit zwölf beziehungsweise vier Jahren nichts mehr mit der Band zu tun. Vor ein paar Tagen ereignete sich ein überraschendes Unglück: Der Bassist der britischen Vorband Evile starb plötzlich, weshalb sie die Tour abbrechen musste.

„Ein Blutgerinnsel“, erklärt Petrov. „Es wanderte sein Bein hinauf.“

Er zeigt an seinem eigenen Bein entlang. Auf die Frage, ob es sich seltsam anfühle, nach dem Vorfall auf die Bühne zu gehen und über den Tod zu singen, antwortet er kurz: „Nein, es ging so schnell.“

L-G Petrov ist ein Mann weniger Worte. Er verwendet kurze Sätze, die aus einem bis drei Wörtern bestehen, manchmal sogar noch weniger. Ein Großteil der Kommunikation mit seinen Mitreisenden scheint durch Blicke, Kopfbewegungen, ein schiefes Lächeln oder gelegentliches Händeschütteln zu erfolgen.

Entombed sind knapp eine Woche lang als Support von Amon Amarth unterwegs, einer weiteren Stockholmer Band mit Wurzeln in der Underground-Szene der späten Achtziger. Die Tatsache, dass Petrov zwanzig Jahre später immer noch Musik macht, ist an sich schon bemerkenswert. Als er damals zusammen mit einer Handvoll anderer Death-Metal-Pioniere im Jugendalter ein neues Subgenre ins Leben rief, dachten wohl nur wenige von ihnen daran, dass ihr Stil später auch bei Menschen mittleren Alters Anklang finden würde, und dass diese Musikform einmal als „retro" angesehen würde, erschien noch unwahrscheinlicher.

Viele schwedische Death-Metal-Bands aus den Anfangsjahren sind immer noch quicklebendig, obwohl es in finanzieller Hinsicht sehr unterschiedlich um sie bestellt ist. Acts wie Merciless, Grave und Necrophobic veröffentlichen weiterhin Alben und touren, leben aber nicht ausschließlich von der Musik. Andere wie Therion und Dark Tranquillity sind dank relativ beständiger Karrieren zu Berufsmusikern geworden.

Viele der erfolgreicheren Gruppen, die ihre Wurzeln in der Szene haben, schafften ihren Durchbruch Jahre nach der Death-Metal-Explosion in den frühen Neunzigern und schufen sich eine eigene Nische innerhalb des Genres. Einige Beispiele sind Amon Amarth, Opeth, Meshuggah und In Flames.

Nach der Jahrtausendwende verfeinerten Entombed ihren punkigen Death Metal, der oft Death'n'Roll genannt wird. Mit jedem weiteren Album festigten sie ihre Position als zuverlässige Band, die ihre Verpflichtungen erfüllt.

2002 überraschten sie die Metal-Welt, als sie sich für das Ballett *Unreal Estate* des Aktionskunstduos Carina Reich und Bogdan Szyber mit der Königlichen Schwedischen Oper zusammentaten. Bei diesen Shows spielten Entombed live im Orchestergraben. Entombeds neuntes Studioalbum *Serpent Saints* (2007) stieg auf Platz drei der schwedischen Charts ein.

„Zeit für noch eine Zigarette!", ruft L-G. Johan Söderberg von Amon Amarth steht auf der Laderampe. Er teilt Petrovs Leidenschaft für Kartenspiele. Sie hält die beiden im Bus bis spät in die Nacht wach.

„Du bist heute Abend wieder dran", sagt der blonde Gitarrist.

„Gleiche Zeit", antwortet Petrov.

„Gleicher Ort", erwidert Johan.

Wenig später ist Amon Amarths englischer Drum-Techniker Chris damit fertig, ein Kunststofftuch mit Wikingermotiv am Schlagzeugpodest zu befestigen.

„Zieh dir das rein, Fredrik, wir haben das Banner jetzt an den Drum-Riser gehängt – das von der Slayer-Tour!", ruft er dem Schlagzeuger Fredrik Andersson zu, der gerade die Halle betritt.

Anderssons Ausrüstung ist von einer schlichten, aber wirkungsvollen Dekoration umgeben: beleuchtete Treppenstufen auf beiden Seiten und zwei Plattformen mit eingebauten blauen Scheinwerfern an den Bühnenrändern. Über allem ragt das gewaltige Backdrop auf, auf dem Thor und der Drache zu sehen sind.

„Na, was denkst du? Ist die richtige Seite oben?", fragt Chris und zeigt auf das in altnordischer Manier verzierte Tuch, das an der Vorderseite des Podests festgemacht ist.

„Falls es für dich gut aussieht, geht es für mich in Ordnung", entgegnet der Drummer.

„Aber ich weiß nicht, was oben und was unten ist", beharrt der Techniker.

„Ich habe meine Brille nicht auf", sagt Fredrik. „Sind da Runen oder Ornamente drauf?"

„Bin mir nicht ganz sicher."

„Falls es Ornamente sind, ist es eigentlich egal", erklärt Andersson.

„Ich würde sagen, Ornamente", erwidert Chris. „Es könnten aber genauso gut Runen sein."

Die gemeinsame Garderobe der Bands befindet sich in einem großen Konferenzsaal im Obergeschoss des Gebäudes. Die Gitarristen von Amon Amarth sitzen auf entgegengesetzten Seiten des Raumes an ihren Laptops. Keiner sagt ein Wort, es ist still wie in einer Kirche. Als ein Handy in einer Plastiktüte läutet, beläuft sich die einzige wahrnehmbare Bewegung darauf, dass Johan Söderberg seinen Kopf langsam geringfügig zur Seite neigt, ehe er seine Aufmerksamkeit wieder auf den Computermonitor richtet. Anstelle von Yogakursen und Kräutertherapien sollte man Menschen mit Burnout-Syndrom vielleicht dies hier verschreiben: eine Tournee mit zwei der geschäftigsten Death-Metal-Bands Schwedens.

In einer Ecke steht ein Tisch mit Brot, Obst, Wasser, Wein, Bier und Schnaps, daneben ein Sofa aus schwarzem Kunstleder. Die Mitglieder von Entombed werden einen Großteil des Tages darauf verbringen. Alex Hellid schaut vorbei, sagt Hallo und schüttelt Hände.

Der durchtrainierte Gitarrist kümmert sich um alles, was mit der Band zu tun hat, von der Leitung ihres eigenen Labels Threeman Recordings bis zum Tourmanagement. Er ist immer in Bewegung und geht auf seinem Weg zur Bühne zügig durch den Raum.

L-G liegt auf dem Sofa und hat sich die Mütze ins Gesicht gezogen. Er ist besorgniserregend reglos, reagiert aber, wenn ihn die anderen Musiker ansprechen. Er wird an diesem Nachmittag weitgehend in diesem Dämmerzustand bleiben. In den Sesseln neben ihm sitzen Olle Dahlstedt, der seit drei Jahren bei Entombed Schlagzeuger spielt, und Tontechniker Olle Sandqvist.

Dahlstedt hat gerade die Taschenbuchausgabe eines Krimis von Jo Nesbø aufgeschlagen, wohingegen sich Sandqvist Johan Theorins *Nebelsturm* als Lektüre ausgesucht hat. Er erzählt uns, dass er unterwegs immer liest und es geschafft hat, das Leben auf Tournee mit Online-Geschichtsunterricht zu vereinbaren.

Direkt unter der Bühne hat Alex Hellid seine Effektgeräte aufgereiht. Sein Pedalboard, für das eine alte Autofußmatte umfunktioniert wurde, hat schon bessere Tage erlebt. Er erklärt, die schlichte Konstruktion sei den immer strengeren Sicherheitsbestimmungen der Fluggesellschaften nach 9/11 geschuldet. Ringsum auf dem Boden stehen fast ein Dutzend Effektpedale in unterschiedlichem Abnutzungszustand. Nach reiflicher Überlegung ordnet er sie eines nach dem anderen auf dem neuen Board an.

„Das ist wirklich ein Experiment“, sagt er und beschreibt, wie er Effekte und Verstärker kombiniert, um hoffentlich die gleiche Wirkung zu erzielen wie zwei Gitarristen, die jeweils auf einer Seite der Bühne stehen.

„Offen gestanden bin ich mir mit den Einstellungen nicht so sicher. Bei einigen Pedalen weiß ich nur, dass sie einen anderen Sound erzeugen, wenn ich sie betätige.“

Steve taucht auf, Amon Amarths langhaariger, schnurrbärtiger Gitarrentechniker. Auch er lässt sich in Hellids Projekt einbeziehen. Er geht zur Bühne und kommt mit einem langen Streifen aus schwarzem Klettband zurück, das er mit einem Schweizer Taschenmesser in Stücke schneidet. Dann hilft er Alex dabei, die Pedale an ihren neuen Positionen zu befestigen.

Der Gitarrist erzählt, wie ihm Page Hamilton von der amerikanischen Alternative-Rock-Band Helmet sein Pedalboard zeigte.

„Es hatte drei Ebenen. So etwas Verrücktes habe ich noch nie gesehen.“

„Dann solltest du dir Dan Spitz von Anthrax anschauen“, wirft Steve ein. „Drei Racks, zig Schaltkreise und verschiedene Wah-Wahs. Außerdem hat er noch blaue LEDs in allen Komponenten seines Equipments. Völlig überflüssig!“

Hellid weist darauf hin, dass es überwiegend davon abhängig sei, was man sich leisten kann. Steve sagt, in diesem Fall würden wir über ein Vermögen reden.

„Übrigens hört man seine Solos nur über die P.A., und sie sind scheiße!“

Als er fertig ist, stellt Alex auf der linken Bühnenseite vier Marshall-Amps aufeinander. Der hohe Turm schwankt zur Decke hin, also zurrt er ihn mit einem orangefarbenen Gurt fest, damit alles hält. Nachdem er sich eine schwarze Flying V umgehängt hat, schickt er sich an, die Geräte aufs Genaueste einzustellen.

Die Bands teilen sich auf dieser Tournee den größten Teil der Backline einschließlich des gewaltigen Schlagzeugs. Olle Dahlstedt weiht es gerade mit dem Groove von „Hey, Pippi Langstrumpf“ ein.

Als Hellid endlich alles aufeinander abgestimmt hat, donnert eine erdrückende Klangwand durch den Saal, die an ein Düsentriebwerk denken lässt. Der Ton ist rau, wuchtig und hart wie Fels.

Der Soundcheck beginnt mit dem Motörhead-mäßigen Titelstück von *Serpent Saints*. Das gespenstische Gitarrenintro spielt Dahlstedt über einen MP3-Player ein, dann feuert die Band das Eröffnungsriff mit dem gleichen Tritonus-Teufelsintervall ab, das Tony Iommi im Song „Black Sabbath" verwendet. Petrov betritt die Bühne gerade rechtzeitig zum Einsatz der Vocals. Er bringt es tatsächlich fertig, den ganzen Song zu singen, ohne den Blick ein einziges Mal vom Display des Mobiltelefons abzuwenden, das er in der Hand hält.

„Nachrichtenwahnsinn", sagt er, als das Lied zu Ende ist, und erklärt: „Ich habe Attila daran erinnert, dass er kommen soll, wenn wir in Oslo spielen."

Bassist Jonas Björler von The Haunted und At The Gates erscheint auf der Bühne. Er wohnt in der Nähe und ist gekommen, um seine alten Freunde zu treffen. Er richtet aus, dass der Techniker wissen will, wie sie den Sound finden.

„Eigentlich ganz ordentlich – was denkst du?", fragt Olle Dahlstedt hinterm Schlagzeug.

„Mal schauen", antwortet der erfahrene Jonas. „Irgendetwas geht immer schief."

Im Konferenzraum im Obergeschoss rennt der zweijährige Tyr zwischen Taschen, Instrumentenkoffern und von YouTube gebannten Death-Metal-Musikern herum. Sein Vater hört auf den weniger mythologischen Namen Ted Lundström. In wenigen Augenblicken wird sein B.C.-Rich-Bass durch die Anlage der Halle dröhnen.

Amon Amarth sind die fröhlichste – und beliebteste – schwedische Viking-Metal-Band. Sie spielen pompösen Melodic Death Metal. Das Wikinger-Thema hat sich im Laufe der Jahre eingeschliffen, sowohl in den Texten als auch im Image der Band. Sie wurde Ende der Achtziger unter dem Namen Scum gegründet, der auf einen Song der Briten Napalm Death zurückgeht. Diese stammen aus der Grindcore-Punk-Szene, eine linkspolitisch orientierte Gruppe mit Texten, die gesellschaftliche Fragen behandeln. Die heutigen Amon Amarth scheinen Lichtjahre von jenen punkigen Ursprüngen entfernt zu sein, wiewohl Frontmann Johan Heggs Gesangsstil demjenigen nahesteht, mit dem Napalm Death einst die Welt entsetzten.

Die Tatsache, dass Amon Amarth an diesem Mittwochabend vor rund fünfhundert überschwänglichen Fans spielen, ist eigentlich so etwas wie eine Fügung des Schicksals. Viele Jahre lang gehörten sie zu den eher obskuren Acts der schwedischen Szene. Die eingängigen Melodien ihrer Songs sind möglicherweise ein Grund für ihre Popularität, ihr Hang zu Wikinger-Elementen könnte ein weiterer sein, gerade bei den Metal-Fans.

Der Nachmittag ist in den Abend übergegangen, und Konzertveranstalter Andreas fährt Entombed gleich zum Abendessen in ein Lokal mit dem treffenden Namen Virus Bar. Als wir uns ins Auto zwängen, ist es draußen schon dunkel. Vorn auf der Beifahrerseite bemerkt Hellid, dass auf dem Nummernschild eines Wagens vor uns die 666 enthalten ist, aber niemand aus der Gruppe bringt die Energie auf, einen geistreichen Spruch zum Besten zu geben.

Die Virus Bar hat noch nicht geöffnet. Sowohl die Band als auch die Booking-Agentur Aska sind mit dem Betreiber Kenta befreundet. Er empfängt sie im wahrsten Sinn des Wortes mit offenen Armen. Kenta ist ein lauter Berg von einem Mann mit kahl geschorenem Kopf und einem langen Bart, den er mit Haargummis zusammenhält. Er ist selbst Musiker und spielt an der Seite des ehemaligen Entombed-Bassisten Jörgen Sandström bei The Project Hate MCMXCIX. Jede Person, die er nicht kennt, begrüßt er mit demselben Satz: „Hey, Mann, wer zum Henker bist du, und wie viele Leute hast du gefickt?“

Das klassische schwedische Gericht *Pyttipanna* – Fleisch, Kartoffeln und Zwiebeln in der Pfanne gebraten – steht auf der Speisekarte. Jeder bekommt eine Handvoll Getränkebons für die Aftershow-Party. Als wir in die Garderobe zurückkehren, sagt Drummer Olle Dahlstedt, es sei an der Zeit, die Konzerttreter herauszunehmen: ein Paar Turnschuhe, die mit schwarzem Klebeband verstärkt sind. Alles, was man auf der Bühne trägt, würde völlig durchgeschwitzt, versichert er uns. Zudem unterscheide sich Bühnenschweiß in einem Punkt von allen anderen Arten von Schweiß.

„Du kannst so viel rennen oder Fußball spielen, wie du willst, wirst aber nie so schlimm stinken."

„Es ist eine andere stoffliche Verbindung", fügt Tontechniker Olle hinzu.

„Der Schweiß beim Joggen enthält weniger Alkohol", sagt Hellid und ergänzt, im Vergleich dazu würde sogar Urin gut riechen.

„Hier, schnüffel mal daran!" Dahlstedt hält sein Shirt hoch. „Und falls du denkst, das sei übel, solltest du an L-Gs Klamotten riechen."

Der Sänger hat sein Handy seit dem Soundcheck nicht mehr aus der Hand gelegt und scheint in Gedanken ganz woanders zu sein.

„Hört euch das an", sagt er und liest von dem kleinen Display ab. „‚Um wie viel Uhr geht ihr auf die Bühne?', fragt ‚Jenny aus Eskilstuna/Nicht mehr blond!'."

Victor Brandt lässt seine Haare offen fallen und zieht ein Evile-Shirt und eine sehr enge schwarze Jeans an. Während der zwei Jahre als Live-Bassist der norwegischen Black-Metal-Band Satyricon hat er sich daran gewöhnt, viel aufwändigere Bühnenoutfits zu tragen. Mit einem weichen nordischen Dialekt lässt er uns wissen, dass er das nicht vermisst.

„Corpsepaint ist vor allem lästig. Den ganzen Abend beschmiert man irgendwas damit. Warpaint aufzulegen, bevor es auf die Bühne geht, fühlte sich aber irgendwie auch gut an."

Entombed treffen sich an der Treppe zur Bühne. Das Publikum ist im Saal, doch wie viele Zuschauer tatsächlich gekommen sind, lässt sich schwerlich sagen. Die Hintergrundmusik aus der Lautsprecheranlage verstummt, woraufhin die Menge zu erwartungsvollem Gejohle anhebt. Dann setzt ein alter Country-Walzer von 1959 ein, und die sanften Stimmen der Louvin Brothers verkünden: „Satan Is Real".

Satan ist real, er wirkt im Geiste
Man sieht und hört ihn jeden Tag auf dieser Welt
Satan ist real, er wirkt mit aller Macht
Er kann dich versuchen und irreführen.

Das Quartett stellt sich im Kreis auf, Schulter an Schulter, die Köpfe dicht aneinander. Sie umarmen sich wie Fußballer, brüllen einstimmig und betreten dann die Bühne. Der erste Song „Serpent Saints" ähnelt Motörheads „Iron Fist" in einigen Passagen so stark, dass man sich fragt, ob die Band den Grenzbereich zwischen Tribut und Cover erkunden will. In diesem Fall handelt es sich sehr wahrscheinlich um ein musikalisches Zitat, das so ansprechend klingt, dass man es eigentlich nicht als Plagiat einstufen kann. Motörhead belebten den Hardrock in den späten Siebzigern und frühen Achtzigern wieder, indem sie auf Blues beruhenden Rock mit Punk verschmolzen und so quasi eine Vorform des Thrash Metal schufen. Entombed taten etwas Ähnliches, als sie mit ihrer Art von Death Metal musikalische Konventionen auf den Kopf stellten.

Auf der anderen Seite der Bühne lässt Hellid seine Flying V durch eifrige Pedaltritte wie ein halbes Orchester klingen. In den Pausen schaltet er zwei der vier Verstärker über eine A/B-Box aus, ehe er sie wieder auf Hochtouren bringt.

„SIND HEUTE ABEND IRGENDWELCHE DEATH-METAL-FANS HIER?", schreit Petrov in die Menge.

„Das ist ‚SUPPOSED TO ROT'!"

Die Band spielt den fast zwanzig Jahre alten Song, und die Leute leisten in puncto Headbanging alles, was das Herz an einem Mittwochabend in Örebro begehrt. L-Gs Bühnenpräsenz wird nicht von Macho-Rock-Posen bestimmt, sondern fußt auf finsterem Stirnrunzeln, fürchterlich verrenkten Fingern und einer wirren Körpersprache.

Am Ende von „Left Hand Path" loopt Hellid die getragene Moll-Melodie aus dem Horrorfilm *Das Böse* und legt dann eine Betonplatte aus Weltuntergangs-Akkorden darüber. Während das monotone, schwere Riff eine hypnotische Wirkung entfaltet, verlässt L-G die Bühne. Kaum dass er außer Sichtweite der Zuschauer ist, sackt er in sich zusammen und hustet. Als die Zugabe beginnt, kehrt er zurück und beendet das Konzert mit hocherhobenem Haupt. Nachdem Hellid den letzten Akkord herausgeprügelt und die Band die Bühne verlassen hat, resümiert der Frontmann seinen Auftritt mit einem Lächeln. „Ich war heute ein bisschen müde."

Oben in der provisorischen Umkleide macht Amon-Amarth-Gitarrist Olavi Mikkonen sein Instrument startklar, eine blaue Gibson mit maßgefertigten Runen-Inlays in Gold.

„Wir haben Leute, die uns mit der Holzbearbeitung helfen. Ich wollte eine echte Wikingeraxt", erläutert Olavi, während er stolz die Details vorführt. Sein eigener Name steht in Runen darunter, die Decke der Gitarre ziert ein Drachenmotiv, das Schlagbrett ein stilisiertes A.

„Das ist das Einzige, womit ich nicht ganz zufrieden bin. Mit einer zusätzlichen Drachenkralle wäre es cooler gewesen."

Der große, bärtige Amon-Amarth-Sänger Johan Hegg erscheint kurz vor Konzertbeginn. Zu ihm gesellen sich seine Freundin Maria und deren Eltern Per und Maja. Sie wohnen in der Nähe – ein freundliches Paar über sechzig. Per sagt, er habe den Freund seiner Tochter noch nie bei einem Auftritt erlebt. Sie hätten etwas früher zu Abend gegessen, und ihm sei aufgefallen, dass etwas anders war.

„Man erkannte, dass er sich fokussierte."

Per hat die Musik der Band noch nicht gehört, scheint aber eine Vorstellung davon zu haben, was ihn erwartet. „Ich werde nicht beurteilen können, ob sie gut oder schlecht sind", lacht er.

Hegg schlendert zur Bar und fragt uns freundlich, ob wir etwas möchten. Per fragt ihn, ob er nervös sei. Johan verneint und fügt hinzu, er fühle sich bloß etwas hin- und hergerissen.

Hinter der Bühne schnallt er sich seine breiten Lederarmschienen um und bindet einen Riemen an seinen Gürtel, an dem er ein großes Trinkhorn befestigt.

Die Umkleide ist fast leer. Alex Hellid bleibt ununterbrochen in Bewegung. Obwohl wir ihm und der Band acht Stunden lang gefolgt sind, haben wir noch kein richtiges Interview führen können.

L-G Petrov hat seine Pflicht für heute noch nicht getan. Er muss noch auf die Bühne, um den Song „Guardians of Asgaard" zusammen mit Hegg zu singen, wie er es auf dem Album *Twilight of the Thunder God* (2008) tut.

„Es ist noch nicht ganz so weit, oder L-G?", fragt Olle Dahlstedt, ohne auf die Uhr zu schauen. Nach sieben Gigs scheint er den Zeitplan verinnerlicht zu haben. Unten im Saal ist die Bühne vernebelt, und Amon Amarth eröffnen ihr Konzert mit „Valkyries Ride". Zu einem Drumbeat, der schwer wie Artilleriefeuer ist, stapft Johan Hegg auf die Bühne und begrüßt die Menschen in Örebro mit einer Siegesgeste. Nicht nur das Wikinger-Thema hat sich im Laufe der Zeit weiterentwickelt – Hegg hat sich zu einem großen Entertainer gewandelt. Wenn er nicht gerade Texte über Walhalla, Schlachten, Regenbogenbrücken und nordische Götter brüllt, feuert er das Publikum an und prostet ihm mit seinem Trinkhorn zu.

Nach ein paar Songs steht L-G am Bühnenrand bereit. Steve nickt ihm von seinem engen Arbeitsplatz aus freundlich zu. Er hält ihm eine Tüte mit Zimtschnecken hin, aber der Sänger schüttelt den Kopf, woraufhin Steve gestisch ungefähr zu verstehen gibt: „Ach, richtig, du wirst gleich singen."

„Der nächste Song handelt von zwei Brüdern, die alles gemeinsam durchstehen", sagt Hegg ins Mikrofon und gibt L-G ein Zeichen, nach vorn zu kommen. Als die Band loslegt, füllt Hegg sein Horn aus einer Guinness-Dose am Schlagzeugpodest und kehrt zum Mikro zurück.

Allen Widrigkeiten trotzen
Die heiligste Heimat verteidigen
Wir schützen das Götterreich
Unser Schicksal ist in Stein gemeißelt

Dann ertönt Petrovs noch eindringlichere Stimme.

Die bösen Riesen des Südens greifen ständig an
Mit flammenden Lügen aus ihren Mündern
Aber wir jagen sie immer zurück

Im Refrain geben beide Sänger alles.

Denn wir sind Hüter
Hüter von Asgard

Während der Großteil des Publikums dem Spektakel auf der Bühne nur zuschaut, hat sich eine Gruppe von Skinheads ihrer Shirts entledigt und bricht nun einen heftigen Moshpit vom Zaun. Sie bewegen sich im Kreis und stoßen gelegentlich zusammen. Ein Langhaariger neben ihnen wird zur Seite geschubst. Er schubst zurück und bekommt einen Kopfstoß gegen die Brust versetzt. Eine Schlägerei scheint unausweichlich. Wegen des dichten Nebels von der Bühne erkennt man umso schlechter, was vor sich geht.

Nach der Hälfte der Vorstellung wird Feueralarm ausgelöst, weil der Nebel in die angrenzenden Konferenzsäle eingedrungen ist. Per und Maja verschwinden durch eine Hintertür, und wir laufen mit ihnen zum Aufzug. Sie sehen zufrieden aus, und Per wirft ein, Johan habe „sowohl die Stimme als auch die Statur für so etwas".

Ein paar Stunden später hat sich der Nebel aufgelöst, und die Bühnenbeleuchtung ist ausgeschaltet. Johan Hegg entspannt sich backstage mit seiner Maria. Er schnallt das Trinkhorn ab und schält sich aus seiner engen, schweißnassen Jeans, ehe er gestreifte Unterwäsche und ein schwarzes T-Shirt mit dem Marvel-Superhelden Thor auf der Brust anzieht. Nachdem er auf einem Bürostuhl neben seiner Freundin Platz genommen hat, erzählt er uns, die ganze Band habe früher Trinkhörner auf der Bühne getragen, doch sie seien vom neuseeländischen Zoll beschlagnahmt worden.

„Und ich brauche bald ein neues – meines hat einen Riss und ist undicht geworden."

Draußen vor der Halle wird das Bühnenequipment in einen weißen Lastwagen geladen. Bis man das letzte Teil verstaut hat, ist es schon weit nach Mitternacht. Alex Hellid vergewissert sich, dass seine Marshall-Verstärker an der richtigen Stelle im Stauraum stehen. Sein Tag ist erst zu Ende, wenn wirklich alles vom Bürgersteig geräumt wurde.

Wir sind nun zwölf Stunden bei der Band, und Hellid hat die ganze Zeit gearbeitet. Entombed hatten früher eine Crew, die beim Aufbau des Equipments half. „Von einer Tour heimzukommen und herauszufinden, dass man eigentlich Geld verloren hat, ist echt scheiße", sagt er und wirft einen letzten Blick in den Wagen.

Er gibt an, jetzt allein von der Musik leben zu können, doch die geschäftlichen Angelegenheiten der Band würden eine Menge Arbeit bereiten.

Auf einem seiner Unterarme ist das Gesicht seiner Frau eintätowiert. Auf der anderen stehen die Namen und Geburtsdaten seiner Kinder. Wer sich in der Geschichte des Metal auskennt, kann sich vorstellen, wie schwierig es ist, den Unterhalt einer Familie mit Death Metal zu bestreiten. Während der Haus-DJ passenderweise „Never Surrender“ von Saxon spielt, erzählt Hellid, dass er selten in Versuchung gerät, sich einen herkömmlichen Job zu suchen.

„Ich glaube nicht, dass jemand so viel Geld bieten würde, wie ich bräuchte, um mich darauf einzulassen.“

Sein Sänger ist nirgends zu sehen. Booker Andreas sagt, er habe L-G vor einer Weile auf dem Weg zur Aftershow-Party gesehen.

„Ich habe wohl noch nie jemanden gesehen, der so durstig aussah.“

Wenig später befindet sich der gesamte Tourtross in der Virus Bar. Der DJ spielt „Bark at the Moon“ von Ozzy Osbourne und „High in High School“ von Madam X. Der Koch des Lokals serviert Entombed zwei Pizzen, die sich die vier Mitglieder bis aufs letzte Stück teilen. Alex Hellid sitzt an einem Stehtisch und trinkt ein Bier. Er sieht froh aus. Als wir ihn fragen, ob das Touren belaste, antwortet er, es sei im Vergleich zum Familienalltag wie Urlaub.

Während Petrov draußen raucht und sich mit einer Gruppe Einheimischer die Köpfe heißredet, erzählt uns Alex eine Geschichte, die nur wenige kennen.

„L-G hätte 1985 tatsächlich um ein Haar die Hauptrolle im Film *Mein Leben als Hund* bekommen. Er schaffte es durch alle Vorsprechproben, bis nur noch zwei Bewerber übrig waren.“

Man kann nur darüber spekulieren, was aus Petrovs Death-Metal-Karriere geworden wäre, wenn er in einem für einen Oscar nominierten Spielfilm mitgespielt hätte – oder wie sich die schwedische Bewegung ohne seine markante Stimme in der berühmtesten Band der Szene entwickelt hätte.

Alex ist der Meinung, dass L-G auch heute noch eine besondere Beziehung zu Kameras hat.

„Er gibt sich völlig natürlich, wenn er davorsteht. Ich selbst fühle mich total unwohl, wenn mich jemand filmt."

Seit Uffe Cederlunds Ausstieg 2005 ist Hellid Entombeds einziger Gitarrist, obwohl zwei Gitarren ideal wären, um den klassischen Sound der Band heraufzubeschwören. Die Aufgabe, einen Ersatz für Cederlund zu finden, hat sich auf unbestimmte Zeit hingezogen.

„Du willst jemanden, der besonders ist, aber nicht zu überkandidelt. Genau das ist das Problem: Alle besonderen Leute sind überkandidelt!"

Am liebsten hätte Hellid seinen ehemaligen Bandkollegen Leif Cuzner ins Boot geholt, der während seiner Zeit bei Nihilist den typischen Sound des schwedischen Death Metal geprägt hatte. Allerdings beging er 2006 in Kanada Selbstmord, bevor Hellid dazu kam, ihn zu fragen. Auf dieser Tournee würdigen Entombed ihn mit den Worten „Leif Cuzner – R.I.P." auf ihrem Backdrop. Heute Abend hat Amon Amarths Lichttechniker ihnen allerdings nicht erlaubt, es zu benutzen.

Hellid erzählt, in den frühen Tagen der Band habe er sich selbst, Uffe Cederlund und Nicke Andersson als Dreieinigkeit betrachtet.

„Sobald einer verschwand, mussten die anderen das ausgleichen."

Heute erkennt er einen entscheidenden Unterschied zwischen sich und den beiden.

„Sie waren unheimlich begabt. Das bedeutete aber auch, dass sie sich schnell langweilten, woraufhin sie anfingen, sich das Ganze selbst zu verbauen, und alles erschwert haben."

Petrov und er selbst seien ein anderer Schlag Musiker, behauptet er.

„Wir sagen eher: ‚Hey, ist es zu fassen, dass das klappt? Erstaunlich, dass wir das immer noch tun können!'"

Im April 2013 wird beim schwedischen Patent- und Registeramt eine Marke für den Namen Entombed angemeldet. Der Anmelder ist L-G Petrov. Drei Wochen später stellt Alex Hellid einen ähnlichen

Antrag. Die Metal-Welt beobachtet verwundert, wie zwei Versionen von Entombed entstehen. Schnell wird klar, dass sich hinter diesem juristischen Zirkus ein langwieriger Streit verbirgt.

Im Oktober 2012 wurde Alex Hellid schwerkrank. Er stand kurz vor einer Aortenruptur und wurde operiert. Gleichzeitig suchten Petrov und die anderen Mitglieder ein Studio, um ihr erstes Album seit fünf Jahren aufzunehmen. Im Frühjahr 2013 begannen die Aufnahmen. Hellid war nicht beteiligt. Im August des Jahres standen er und Petrov zum letzten Mal gemeinsam auf einer Bühne.

Man könnte behaupten, die Geschichte von Entombed habe tatsächlich mit einem Namensstreit begonnen. Die anfangs als Nihilist bekannte Gruppe erhielt einen Brief von einer Band gleichen Namens aus Atlanta. Nicke Andersson entsinnt sich, dass die Amerikaner behaupteten, sie hätten einen legitimen Plattenvertrag und Rechte an dem Namen.

„Wir hatten keine Lust zu streiten. Vielleicht hätten wir es aber tun sollen. Ich finde, Nihilist ist ein besserer Bandname als Entombed. Ein ‚-ist' am Ende hat etwas richtig Fieses an sich."

1997 – rund zehn Jahre nach der Gründung der Band – stieg Andersson aus. Er erinnert sich, das Gefühl gehabt zu haben, sie seien musikalisch so weit gekommen, wie es ging. Sie hielten sich zwischen zwei Festivalauftritten an einem Flughafen auf, als er es seinen Kollegen mitteilte.

„Ich wollte, dass alle dabei waren, wenn ich es sagte. Dann ging Jörgen auf die Toilette, und ich dachte nur: ‚Oh, Mist.' Als er zurückkam, wollten alle Sandwich essen gehen. Ich sagte mir: ‚Können die sich jetzt nicht alle hinsetzen? Was für ein Scheiß!' Schließlich waren alle da, und ich sagte ihnen, dass ich aussteigen würde. Die Zeit davor war aber am schlimmsten."

Nicke findet, es sei keine große Überraschung gewesen, da die Gruppe schon seit einiger Zeit nicht mehr gern gespielt habe.

„Ich glaube, viele Bands machen einfach weiter. Sie verdienen ein wenig Geld und können ihre Miete damit bezahlen. Man fragt sich nie, warum du noch live spielst. Ich habe danach aber noch eine

Tournee mitgemacht. Unser Manager zwang uns, meinen Ausstieg geheim zu halten."

Peter Stjärnvind ersetzte Nicke Andersson, und im Folgenden wurden mehrere andere Mitglieder ausgewechselt. 2005 stieg Originalgitarrist Uffe Cederlund aus, hauptsächlich wegen eines Streits mit Hellid.

„Die Stimmung kippte", erinnert sich Uffe. „Ich wollte einfach so oft wie möglich abrocken. Er war der Ansicht, ich würde zu einem Problem, weil er nicht für alle Shows zusagen konnte, die er auf meine Bitte hin buchen sollte."

Im Februar 2014 führten Alex Hellid und Uffe Cederlund den Klassiker *Clandestine* zusammen mit dem Sinfonieorchester Gävle und einem Chor auf. Ein Zeitungsjournalist interviewte Hellid, der eine Trennung dementierte, Entombed seien vor langer Zeit gegründet worden, und jeder dürfe eine andere Band aus der Taufe heben. Er versicherte dem Schreiber, aus Turbulenzen könne Großes entstehen, und niemand müsse befürchten, Entombed würden zum Erliegen kommen oder weniger spannende Musik machen.

„Falls die Produktion eines zehnten Albums Sinn ergeben soll, müssen wir die Messlatte höher anlegen und es anständig machen. So muss es sein."

Sechs Monate später veröffentlichten L-G Petrov und die anderen aktuellen Mitglieder unter dem Banner Entombed A.D. *Back to the Front*. In Interviews erzählten sie, wie sie die Trennung sahen. Ihren Aussagen zufolge wollte Hellid ein bahnbrechendes Album machen, um Entombed wieder ins Gespräch zu bringen, doch das ambitionierte Projekt nahm mehr Zeit in Anspruch, als die anderen Mitglieder akzeptabel fanden. Stattdessen beschlossen sie, ein neues Album zu veröffentlichen – das erste seit sieben Jahren – und möglichst bald wieder zu touren.

Im Dezember 2014 erteilte das Patent- und Registeramt L-G Petrov alle Rechte an der Marke Entombed.

Im Oktober 2016 nahmen Hellid, Andersson und Cederlund an einer weiteren Orchesterproduktion von *Clandestine* teil, diesmal mit dem Sinfonieorchester Malmö. Außerdem führten sie das gesamte Album im Rahmen einer vom *Close-Up*-Magazin organisierten Metal-Kreuzfahrt auf. Aus juristischer Sicht fanden diese beiden Konzerte ohne die eigentlichen Rechte am Bandnamen statt.

Im Februar 2017 brachte Alex Hellid ein Bier namens Entombed Sweden auf den Markt. Die Kommentare auf der Webseite der Online-Community Blabbermouth fielen überwiegend negativ aus. Jemand meinte ironisch, die Jungs würden sich wenigstens aufs Wesentliche konzentrieren. Ein anderer schrieb, er habe keine Lust, ein Bier zu trinken, das wie eine Leiche schmeckt.

Im Mai 2017 traf ein neues Urteil ein: Alle vier ursprünglichen Mitglieder – Nicke Andersson, Alex Hellid, Uffe Cederlund und L-G Petrov – teilen sich die Rechte an dem Namen Entombed. Eine Pressemitteilung wurde zusammen mit einem Foto aufgesetzt, auf dem Anderson, Hellid und Cederlund froh aussehen. Die drei geben an, mit dem Urteil zufrieden zu sein, denn so können sie sich darauf konzentrieren, die bestmöglichen Entombed zu werden.

Alex Hellid meldet sich zum ersten Mal seit Jahren wieder telefonisch bei uns.

In einem kurzen Gespräch vereinbaren wir, uns mit Terminvorschlägen für ein Interview bei ihm zu melden. Dann läuft täglich das gleiche Spiel ab. Wir rufen mehrmals am Tag an, hinterlassen Nachrichten, schicken ihm E-Mails und SMS mit möglichen Terminen. Wir erhalten keinerlei Antwort. So geht es neun Wochen lang weiter.

Es ist ein schöner Tag Ende Mai 2017. L-G. Petrov erscheint pünktlich im Außenbereich eines Restaurants in Stockholm. Er wirkt energiegeladener als bei unserem ersten Treffen vor acht Jahren, und wir erfahren, dass er gerade in einem nahegelegenen Fitnessstudio war. Diesen Treffpunkt hat er gewählt, weil er auf seiner morgendlichen Strecke, wenn er nicht auf Tournee ist, genau hier vorbeigeht. Er erzählt uns, dass ein typischer Tag mit einem Frühstück zu Hause in Skärmarbrink beginnt, gefolgt von einem zügigen Spaziergang an der Bucht von Årsta. Auf dem Weg dorthin gibt es mehrere Outdoor-Trainingseinrichtungen, und manchmal ist er mehrere Stunden unterwegs. Da er momentan freihat, verbringt er seine Zeit damit, sich fit zu halten und Songtexte zu lernen.

„Früher habe ich nicht über solche Dinge nachgedacht, aber wie viel man schaffen kann, wenn man sorgfältig plant, ist erstaunlich. Wir haben zwei Alben gemacht und sind getourt wie blöde. Wir haben getan, was eine Band tun muss – oder tun sollte, würde ich sagen."

Er erzählt uns, in der Band gebe es inzwischen den Konsens, dass zum Beispiel Geburtstage kein triftiger Grund seien, ein Konzertangebot abzulehnen. Das könne ziemlich emotional werden für Mitglieder mit Familie und Kindern; etwas, das L-G nicht hat.

„Weil ich selbst noch ein Kind bin, ha!"

Er erklärt, dass die Zahl der Auftrittsmöglichkeiten für Bands wie Entombed A.D. in den letzten Jahren anscheinend zugenommen hat, und diesen Umstand wollen sie ausnutzen, so gut es geht.

„Wir haben letztes Jahr hundertsechzig Shows abgerissen! In einem Jahr haben wir allein in Deutschland hundertachtundzwanzig Metal-Festivals gezählt! Wenn du spielen willst, kannst du es einfach tun."

Auf seinem Handy hat L-G Fotos von sich mit einer Reihe berühmter Metal-Musiker wie King Diamond, Sebastian Bach und King ov Hell von Abbath respektive Gorgoroth mit vollständigem Corpsepaint. Er zeigt uns auch ein Video eines gigantischen Moshpits vor Entombed A.D. bei einem Festival im indonesischen Jakarta, das zwanzigtausend Menschen besuchten.

Die letzten Jahre mit Alex Hellid in der Band beschreibt er als zunehmend frustrierend. „Wir hätten währenddessen so viel mehr erreichen können. Er bremste uns immer wieder aus. Zeit lassen wollte er sich, der Kollege Hellid. Wenn man kommuniziert, tut sich was. Wenn wir jetzt ein Auftrittsangebot bekommen, geht sofort eine E-Mail an alle Mitglieder raus, und jeder antwortet innerhalb einer Stunde. Niemand sagt drei Wochen später: ‚Tut mir leid, ich schaff's nicht.'"

L-G erzählt, die ganze Band sei bei einem Meeting mit ihrem Label gewesen und übereingekommen, ein neues Album aufzunehmen. Als sie mit der Arbeit an neuen Songs anfingen, waren alle außer Alex dabei.

„Wir bekamen Textnachrichten, in denen er uns fragte, was wir gerade taten. Wir antworteten: ‚Aber du warst doch bei dem Meeting – wir schreiben neue Songs.' Also hielten wir uns an den Plan und zogen ihn durch. Dann kam das Album heraus, ganz einfach."

Dass der Gitarrist nicht interessiert war, wurde offensichtlich. Das Gefühl, ohne Hellid ins Studio zu gehen, sei befreiend gewesen, so Petrov.

„Plötzlich lief alles wie geschmiert. Wir haben dieses Gefühl auf eine gute Art in die Musik einfließen lassen. Ihr wisst schon: ‚Aaahhh – auf geht's!' Mehr Power, mehr Freiheit. Wir – also Nico, Viktor, Olle und ich – sind schon länger in dieser Band als jeder andere. Für uns ist das also der natürliche Zustand. Alle sind auf unterschiedliche Weise ausgestiegen. Dafür, jetzt zurückzukommen und deswegen zu jammern, ist es ein bisschen spät."

Gleichzeitig schmerzt ihn die Trennung von seinen Jugendfreunden sehr. Er beschreibt sie als „unnötiges Übel, das in seine eigene Dimension verbannt wurde". Diese nennt er „die Blase" und möchte sie lieber nicht betreten.

„Zum Glück konnten wir uns davon lösen und uns einfach aufs Spielen konzentrieren. Und wir hatten einen Heidenspaß. Manchmal wird man daran erinnert, aber die Sache ist, dass es nichts mit der Musik zu tun hat. Es ist nur eine Miniblase."

Wie sich das endgültige Urteil auf Entombed A.D. auswirken wird, steht noch offen, aber L-G hat keine Pläne, etwas zu ändern, schon gar nicht den Bandnamen. Er erzählt uns auch, dass Entombed A.D. zusammen mit der dänischen Brauerei Mikkeller ein Bier entwickeln. Der Name Entombed steht allerdings nicht auf der Flasche.

„Wir hatten einfach nicht das Bedürfnis, es als Entombed-A.D.-Bier zu vermarkten. Es hat sich trotzdem gut verkauft. Victor ist ein echter Bierfanatiker, also fädelte er es ein. Wir kümmerten uns darum, während wir auf Tour waren. Man muss doch nicht zwei Jahre lang alles andere auf Eis legen, nur um ein Bier zu brauen, hahaha! Wir haben es Freeman-Bier genannt."

Warum Freeman? Das hört sich stark nach Threeman an, Alex Hellids Plattenlabel.

„Wir haben einfach einen Namen ausgesucht. Aber klar, es war teilweise ein … Ihr wisst schon."

Eine Retourkutsche?

„Ja, aber das spielt eigentlich keine Rolle. Auf ratebeer.com hat es sechsundneunzig von hundert Punkten erhalten. In den Lokalen ist die 0,75-Liter-Flasche sauteuer."

Eine Woche später treffen wir Ulf Cederlund. Er kommt mit einem Fahrrad auf uns zu, das er schiebt. An der Lenkstange hängt ein roter Helm mit einem Repulsion-Aufkleber. Er sagt, er bemühe sich sehr, öfter mit dem Rad zu fahren. Nachdem er gefragt hat, mit wem wir sonst noch für diesen Text gesprochen haben, bestätigt er, dass Alex Hellid schwer zu erreichen ist.

„Bei Nicke läuft's genauso. Er antwortet nicht mal, wenn ich anrufe! Es kann anderthalb Wochen dauern, bis man eine Antwort auf eine einfache SMS kriegt. Ich bin mir nicht sicher, ob sie sozusagen gegen die Wand gefahren sind; ob Nicke zu viel um die Ohren hat und ob Alex nicht im Grunde alles über den Kopf wächst, nachdem er fast gestorben wäre."

Er überlegt kurz.

„Es könnte stressbedingt sein. Ich will es für eine Art Krankheit halten, damit ich nicht wütend werde – vielleicht vor allem, um nicht enttäuscht zu sein, wenn so viel geredet und so wenig getan wird."

Nachdem er Entombed 2005 verlassen hatte, spielte Uffe in verschiedenen Konstellationen und Bands, von denen die D-Beat-Combo Disfear die bekannteste sein dürfte. Mit ihr tourte er vier Jahre lang regelmäßig, bis Bassist Henrik Frykman krank wurde und schließlich starb. Danach holte Uffe seinen Realschulabschluss nach, bekam einen Sohn und zog in eine Wohngemeinschaft in einem Stockholmer Vorort.

Als Entombed Ende 2016 auf der *Close-Up*-Kreuzfahrt auftraten, war es das erste Mal seit zwanzig Jahren, dass Nicke, Alex und Uffe gemeinsam auf der Bühne standen. Mit Entombed traten an diesem Abend auch Edvin Aftonfalk und Nickes Bruder Robert Andersson von der Gruppe Morbus Chron als Sänger beziehungsweise Bassist auf. Orvar Säfström stieß für den Song „Crawl" hinzu. Kurze Zeit später führte die gleiche Besetzung *Clandestine* in Malmö auf, zuerst das ganze Album in einer orchestralen Aufführung mit den Malmöer Sinfonikern und Orvar Säfström als Sänger, dann noch am selben Abend ein reines Death-Metal-Konzert. Uffe sagt, es habe Spaß gemacht, sei aber sehr schwierig gewesen.

„Nicke war irre, als er das Album schrieb. Man kann diese Riffs spielen, aber die Wechsel sind so verflucht schnell. Da mitzuhalten ist echt schwer. Ich liebe jeden, mit dem ich gespielt habe, aber wenn ich mit Nicke spiele, packt es mich sofort wieder. Ich muss ständig an meine Grenzen gehen, weil er mich herausfordert. Ich glaube, dass jeder so empfindet, der mit ihm gespielt hat. Man hat das Gefühl, als Musiker zu wachsen", sagt Uffe.

Uffe offenbart, dass er mit Nicke über weitere Shows und sogar ein neues Album gesprochen habe, aber Entombed seien im Augenblick keine richtige Band. Es gibt keine Pläne für eine Tournee. Er hat aber nicht das Gefühl, sie würden sich an den Namen klammern.

„Gerechtigkeit muss sein. Ich finde es schrecklich, wenn Entombed A.D. in Stockholm auftreten und dann in der Ankündigung *unsere* Bandgeschichte abgedruckt wird", beklagt Uffe. „Darin steht, dass Entombed ein wichtiger Teil der Death-Metal-Szene waren; die anderen Mitglieder von Entombed A.D. haben aber nie dazugehört. Das ist Falschwerbung. Es geht nicht darum, den Namen Entombed in Beschlag zu nehmen, weil wir unbedingt unter diesem Namen spielen wollen. Es geht darum, dass L-G den Namen für sich registriert hat. Das war einfach falsch, denn Nicke, Alex und ich haben die Band gegründet – oder wir vier zusammen, wenn man so will. Nicke allen voran."

Laut Uffe bedeutet Nicke Andersson so viel für den Werdegang der Band, dass er im Geiste auch nach seinem Ausscheiden präsent blieb.

„Mag sein, dass man es auf *Same Difference* nicht hört, aber ich hatte ihn immer im Hinterkopf. Um in Nickes Band zu spielen, muss man ein Maß an Respekt für ihn haben, von dem ich nicht weiß, ob Nico oder Olle es aufbringen."

Er betont, dass Entombeds Erbe bei dem Namensstreit ein wesentlicher Faktor sei. Irgendjemand müsse dafür sorgen, dass der Katalog der Band erhältlich bleibt. Unterdessen versucht er, sich mit der Tatsache abzufinden, dass Entombed A.D. das Wort „Entombed" im Namen tragen, obwohl er das nicht in Ordnung findet. Ihm wäre es lieber gewesen, wenn L-G die Band einfach als sein neues Projekt beworben hätte. Die Tatsache, dass Hellid große Ambitionen hat und sich Zeit lässt, ist kein Grund, den Bandnamen zu klauen.

„Er war dem Tod gerade ganz knapp von der Schippe gesprungen. Und sie beschlossen, hinter seinem Rücken ein Album aufzunehmen. Wenn er ‚Nein, wir machen kein Album' sagt, müssen sie das einfach akzeptieren. Ich will L-G aber auch nicht runtermachen, und ich denke, es versteht sich von selbst, dass er einen Großteil von Entombed ausmacht. Er ist seit so vielen Jahren der Frontmann und Sänger der Band, auch wenn er Dinge getan hat, mit denen ich nicht einverstanden bin."

Uffe unterstellt, die Sache hätte vielleicht eine völlig andere Wendung genommen, wenn L-G einfach auf ihn Nicke und Alex zugekommen wäre, um eine gemeinsame Registrierung des Bandnamens vorzuschlagen.

„Dann hätten wir uns womöglich darauf einigen können, dass er unter dem Namen Entombed auftritt. Das wäre etwas ganz anderes gewesen. Eine Zeit lang hat der Name Entombed aber den Neuen bei Entombed A.D. gehört. Was dachten sie sich dabei? Das sind Freunde von mir. Wenn ich sie auf der Straße sehe, gehe ich einen Umweg. Ich habe keine Lust, ihnen Hallo zu sagen."

Bevor wir aufbrechen, fragt uns Uffe, wie es seinem Jugendfreund L-G geht. Er wirkt erleichtert, als wir ihm antworten, dass es L-G anscheinend gut geht.

„Er liebt das Touren, einfach herumzureisen, aufzutreten und Leute zu treffen. Und Headbanging. Das ist seine ganze Welt, da er sich zu Hause nie ein geregeltes Leben aufbauen konnte. Ich bin mir sicher, dass er das alles bedroht sah, als Alex krank wurde, und die Aussicht, nicht mehr mit Entombed touren zu können, hat ihn bestimmt sehr beunruhigt. Falls er diese Angst in eine Blase gepackt und die dann versteckt hat, ist das nicht verwunderlich."

Drei Monate lang haben wir versucht, Alex Hellid für ein Interview zu erreichen. Zwei Wochen vor Drucklegung des Buchs schicken wir ihm eine SMS und bieten ihm an, den Text zu überprüfen und unsere Fragen an ihn zu lesen. Er antwortet sofort, dass er das sehr gern tun würde. Wir schicken sie ihm und schlagen zwei neue Termine für ein Gespräch vor. Er teilt uns mit, dass er uns leider auch an diesen Tagen nicht treffen kann.

Rockbands, die gleichzeitig in zwei oder mehr Besetzungen existieren, sind nicht so ungewöhnlich, wie man meinen könnte. Die Beach Boys und Thin Lizzy sind bekannte Beispiele, außerdem die Progressive-Rock-Band Yes, die beschlossen hat, keine rechtlichen Schritte gegen drei ehemalige Mitglieder einzuleiten, die den Bandnamen „Yes featuring Jon Anderson, Trevor Rabin, Rick Wakeman" verwenden. Tracii Guns, der Gitarrist der L.A. Guns, löste seine Inkarnation der Gruppe 2012 auf und kam zu dem Schluss: „Wenn zwei verschiedene Versionen der Band aktiv sind, tut keine der beiden der anderen einen Gefallen, und ich denke, dass es die Fans letzten Endes enttäuscht."

1994 taten sich die ehemaligen Saxon-Mitglieder Graham Oliver und Steve Dawson unter dem Namen Son of a Bitch zusammen. Ab 2000 nannten sie die Band jedoch Oliver/Dawson Saxon, woraufhin ein jahrelanger Streit mit der anderen bestehenden Version von Saxon begann. Sänger Geoff Tate wurde 2012 von der amerikanischen Band Queensrÿche gefeuert und gründete anschließend eine andere gleichen Namens. Nach rechtlichen Verhandlungen taufte er seine Gruppe mit Bezug auf den Titel von Queensrÿches bekanntem Konzeptalbum Operation: Mindcrime.

Die Gemeinsamkeit all dieser Fälle besteht darin, dass es sich um Bands handelt, die schon lange existieren. Mehrere Besetzungen, die einen Bandnamen verwenden, deuten in mehrfacher Hinsicht darauf hin, dass ein Genre ein fortgeschrittenes Alter erreicht hat. Dass der Entombed-Zwist eine Death-Metal-Band betrifft, ist vielleicht ein Zeichen der Zeit.

LG Petrov starb im März 2021, nachdem er im Jahr zuvor bekannt gegeben hatte, dass er an unheilbarem Gallengangkrebs litt. Seitdem fanden mehrere Konzerte zu seinen Ehren statt. Bei einer Entombed-Performance im Rahmen des Gefle Metal war unter anderem Cronos von Venom zu Gast.

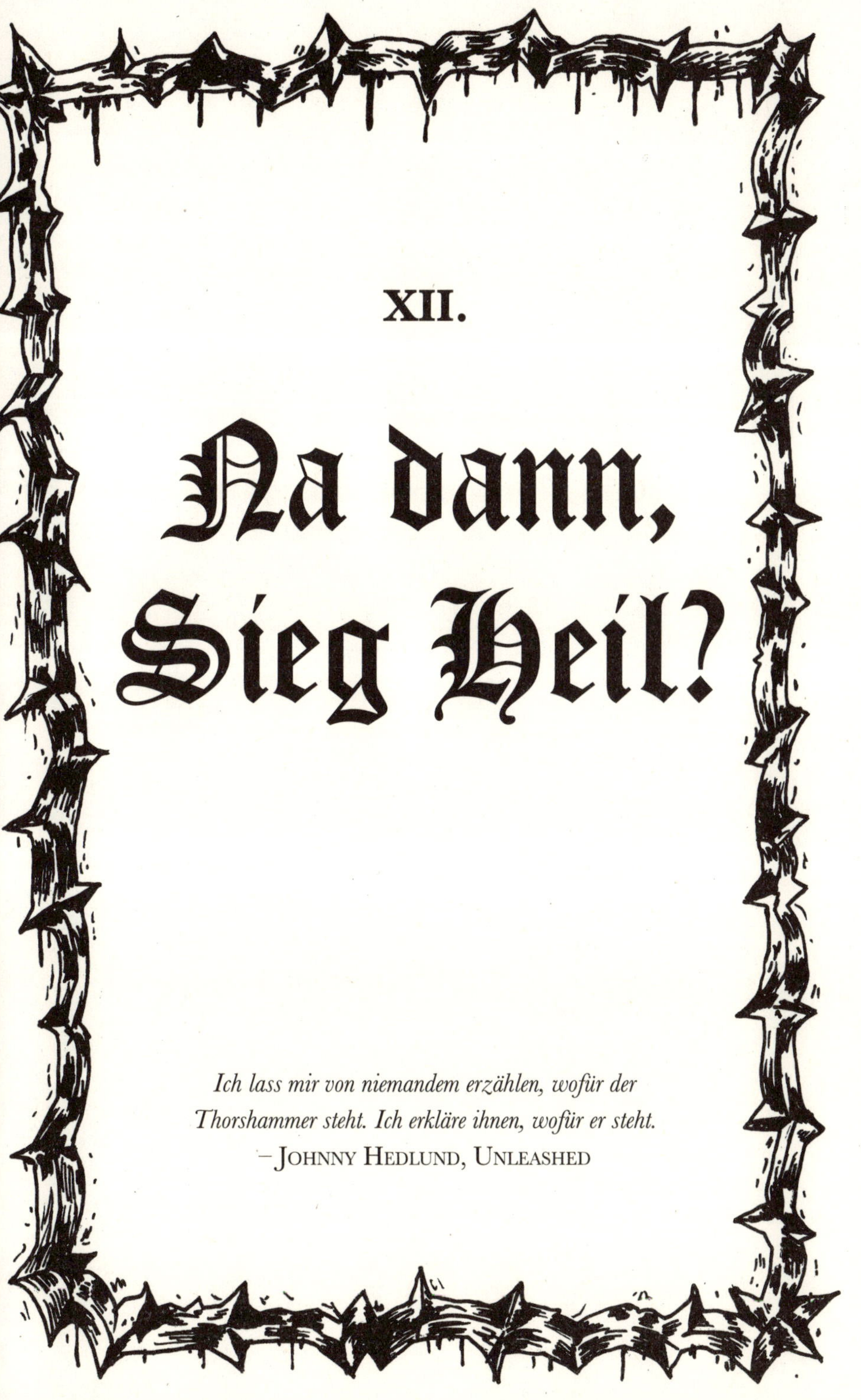

XII.

Na dann, Sieg Heil?

Ich lass mir von niemandem erzählen, wofür der Thorshammer steht. Ich erkläre ihnen, wofür er steht.
– Johnny Hedlund, Unleashed

„Die Zeit ist reif für Krieg und Vergeltung gegen Vandalen und andere Schädlinge!", ruft Månegarm-Sänger Erik Grawsiö, während er den Blick übers Publikum schweifen lässt.

Es ist kurz nach zwanzig Uhr beim Nordic Rage 2009 in Boden in Schwedens nördlichster Provinz, nur wenige Kilometer vom Polarkreis entfernt. Dark Funeral und Wolf sind die Hauptacts des Festivals. Die Mehrheit der Besucher scheint noch nicht eingetroffen zu sein. Dennoch haben Månegarm eine ergebene Menge Fans angezogen. Als Janne Liljekvist den Sound seiner E-Violine überprüft, bricht ihm lauter Jubel entgegen. Einige sind eigens aus Stockholm angereist, um das Konzert zu sehen. Das Intro des Songs „Vedergällningens Tid" (Zeit für Vergeltung) setzt ein: Er hat ein majestätisch schreitendes Tempo, und die folkigen Tonfolgen, die Liljekvist spielt, schweben melancholisch über heavy Gitarrenriffs.

Månegarm begannen 1995 unter dem Namen Antikrist als geradlinige Black-Metal-Band. Bald benannten sie sich um und fingen an, sich von altnordischer Mythologie und Musik inspirieren zu lassen, nichts Ungewöhnliches in einem sowohl extremen als auch thematisch beschränkten Genre.

Die Wirkung von Gitarrenriffs zum Mitsingen in Verbindung mit folkloristischen Melodien ist während Månegarms Show unverkennbar. Parallelen zwischen dieser Musikrichtung, die Pagan- oder Folk Metal genannt wird, und Elementen der White-Power-Szene lassen sich auch nicht übersehen. Das Aussehen der Band auf der Bühne unterstreicht dies zusätzlich.

Die beiden Gitarristen haben Kurzhaarschnitte, und alle Mitglieder tragen Springerstiefel, schwarze Militärhosen und Hemden mit Schultermanschetten, auf denen das Symbol der Gruppe zu sehen ist – eine Verschmelzung der altnordischen Runen Mannaz und Gebo. Liljekvist fällt besonders auf; mit seiner runden Brille und den strähnigen Haaren sieht er aus wie ein Folk-Rocker auf dem Weg zur nächsten Werkunterrichtsstunde.

Auf jeder Seite der Bühne wird die Band von einer schlichten Dekoration flankiert, die aus zwei rechteckigen Bannern mit Runen-Motiven besteht. Erik Grawsiö singt mit klarer, melodischer Stimme, die manchmal in urwüchsige Black-Metal-Growls überspringt.

Sieg den Anhängern der Tradition, für Yggdrasils Wurzel
Sieg den Kindern Midgards gegen den Hass der Vandalen
Der Hammer kracht nieder, Hörner blasen ein Lied
Der Blutaar bestraft Missetaten, die Zeit der Vergeltung!

Der letzte Song heute Abend heißt „Sigrblot". Im mit geringen Mitteln produzierten Videoclip auf YouTube streifen die Bandmitglieder durch den Wald, blasen Holztrompeten, trinken aus Methörnern und schlagen Schamanentrommeln, während Geister in weißen Gewändern im Moor tanzen.

Den Reaktionen der eingefleischten Fans in Nordschweden nach zu urteilen ist „Sigrblot" zum Erkennungssong der Band geworden. In einem ruhigen Part gegen Ende trägt Erik Grawsiö einen Text vor, der wie ein Gebet an die Asen – die nordischen Kriegsgötter – klingt.

Odin, Allvater, Träger Gungnirs, Herr der Raben
Schenke uns, die wir zusammengekommen sind, den Sieg

Etwas später am Abend sitzen wir an einem offenen Feuer in einem großen Zelt, das auf dem Platz hinter der Bühne aufgebaut wurde. Wir sprechen über kulturelles Erbe, Politik sowie das Verhältnis der Band zu linksgerichteten Metal-Medien und der Neonazi-Bewegung. Musiker in schwedischen White-Power-Kreisen nennen ihr Genre *frihetsrock* („Freiheitsrock"). Die Frage, ob sie „Freiheits-Metal" spielen, weisen die Mitglieder von Månegarm von sich. Janne Liljekvist ist sichtlich verärgert.

„Freiheits-Metal? Was soll das denn sein? Und warum stellst du uns diese Frage überhaupt?“

Metal mit Elementen der altnordischen Mythologie ist heute ein wichtiges Subgenre in der Szene. Das Vermächtnis der Wikinger und ihre Symbole werden von immer mehr Bands verwendet, die man unter der Bezeichnung Viking Metal zusammenfasst. Diese Entwicklung geht mit dem Aufstieg des schwedischen Nationalismus einher. Seit den Wahlen 2010 hält die nationalistische Partei Sverigedemokraterna („Schwedendemokraten“) Sitze im schwedischen Parlament.

Grenzüberschreitung gehört im Death- und Black Metal von jeher dazu – sowohl in Bezug auf die zunehmend brachiale Musik als auch hinsichtlich provokativer Liedtexte. Vor allem im Black Metal scheuen sich Bands nur selten, Hass auf die Menschheit und den Wunsch nach deren Auslöschung zu proklamieren. Allerdings wollen trotz weitverbreiteter – und in vielen Fällen extremer – Menschenfeindlichkeit nur die wenigsten Bands der Metal-Szene mit politischen Themen in Verbindung gebracht werden, geschweige denn mit Rechtsextremismus. Unsere Bemühungen, dem auf den Grund zu gehen, haben zu einem Kapitel geführt, in dem eigentlich niemand vorkommen möchte.

Im Gegensatz zum Punkrock hatte Metal oft ein zwiespältiges Verhältnis zur Politik. Das mag daran liegen, dass er schon immer auf Fantasie und Eskapismus beruht; Metal war lange Zeit vor allem eine Form von Entertainment.

Nun gehörten Dämonen und Schwerter zwar stets dazu, doch hin und wieder haben Metal-Bands auch aktuelle Themen aufgegriffen. Black Sabbaths „War Pigs“ und „Children of the Grave“ handeln von Krieg und Atomwaffen. Die Auseinandersetzung damit unterschied sich nicht stark von der linkspolitischen und dystopischen Kunst der gleichen Zeit. Andere Beispiele sind Megadeth, die in „Peace Sells“ die Normen der Gesellschaft anfechten, „Indian“ von Anthrax als Würdigung der amerikanischen Ureinwohner und Sepulturas Thematisierung politischer Ausschreitungen in „Refuse/Resist“.

Hardrock- und Metal-Bands kokettieren jedoch andererseits seit je mit der Ästhetik des Dritten Reichs. Lemmy Kilmister von Motörhead sammelte jahrelang Nazi-Utensilien und trug oft ein Eisenkreuz um den Hals. Mehrere seiner Bassgitarren waren damit verziert, und er beklagte sich öffentlich, als er erfuhr, dass dieses Symbol in Deutschland auf der Bühne nicht erlaubt ist. Andererseits sprach sich Lemmy oft gegen jede Form von Rassismus aus. Persönlich sah er sich vor allen Dingen als Anarchisten.

„Ich sammle nur das Material. Die Ideen habe ich nicht gesammelt", sagte er 2010 im *Idaho Statesman.*

Als Kiss in den Siebzigern ihren Durchbruch hatten, wurden sie in Europa beschuldigt, das SS-Logo auf ihren Platten zu verwenden. Die Tatsache, dass die beiden Frontmänner Juden sind, war dabei unerheblich. In Deutschland wird das Doppel-S im Schriftzug der Band bis heute meistens als gespiegeltes Doppel-Z dargestellt. Als Thrash Metal Mitte der Achtziger aufkam, war die Musik aggressiv, während sich die Texte oft um sozialpolitische Themen drehten. Auch wenn einige Thrash-Bands über Kettensägenmassaker und Gewalt allgemein sangen, tauchten Themen wie die Bedrohung durch nukleare Konflikte und die Gräuel des Krieges generell immer häufiger in den Songtexten auf. Immer mehr Bands schrieben Lieder über Umweltthemen. Plattencover zeigten Atompilze, Figuren mit Gasmasken und andere Symbole des gesellschaftlichen Zusammenbruchs. Während sich einige Bands einfach an Bildern der Zerstörung ergötzten, bekundeten andere ein ökologisches Bewusstsein, das Greenpeace würdig war. Das Artwork des dritten Nuclear-Assault-Albums *Handle with Care* zeigt die Erde mit einem „Vorsichtig behandeln"-Stempel.

Close-Up-Gründer Robban Becirovic glaubt, dass die Underground-Kultur des Thrash- und Death Metal in den Achtzigern an Sozialismus grenzte.

„Man half sich gegenseitig aus. Ein Demo-Tape gab es für kleines Geld, der Eintritt zu einem Gig kostete auch nicht die Welt. Bands in verschiedenen Städten organisierten Konzerte füreinander. Der Zusammenhalt war unheimlich stark, und es gab nie Streit."

Er weist auch darauf hin, dass viele Texte damals gesellschaftskritisch waren.

„Die Leute interessierten sich für Naturschutz. Death Metal war schon umweltbewusst, bevor dieser Begriff überhaupt existierte. Und das erste Therion-Album drehte sich praktisch nur darum, dass McDonald's schlimme Arschlöcher sind."

Jedoch sah längst nicht jeder Metal als geeignete Plattform für zukunftsgerichtete oder konstruktive Botschaften. Ein bedeutender Teil der Szene konzentrierte sich stattdessen auf Horrorfilmgewalt und verwendete nahezu ehrfürchtig Todessymbole. Dies sollte sich in den kommenden Jahren ausschließlich in brutalen Lyrics, ekelerregenden Bildern und einer Form von Unterhaltung niederschlagen, die zwar weit über den Rahmen des politisch Korrekten hinausging, aber trotzdem nie etwas anderes als reine Unterhaltung war.

Als die zweite Black-Metal-Welle Anfang der Neunziger in Norwegen und Schweden aufkam, verlagerte sich die Gewaltbegeisterung von der Ästhetik des Genres in die reale Welt. Während das Death-Metal-Publikum aus Horrorfans bestand, die keine hochgeistigen Interessen hatten oder antiintellektuell waren, handelte es sich bei vielen Black-Metallern um Heranwachsende, die in einer gesellschaftlichen Unterwelt zwischen Philosophie und Verbrechen feststeckten. Robban zufolge löschte die Black-Metal-Welle der Neunziger die kollektivistische Haltung weitgehend aus.

„Plötzlich sollte jeder nur noch an sich selbst denken und den Knallharten markieren. Und normalerweise sage ich, dass dieser ganze Mist passierte, war unsere Schuld." Das *Close-Up* veröffentlichte mehrere Interviews, die die Neunziger-Black-Metal-Welle förderten.

Die Gespräche wurden alle schriftlich geführt, was laut Robban kein Zufall war. „Das ist oft der Fall bei diesen Black-Metal-Freaks. Sie sitzen gern zu Hause und denken sich Antworten aus, die sie viel schlauer wirken lassen, als sie eigentlich sind. Versucht es doch mal selbst – sagt jemandem Unfug wie ‚die Berliner Mauer muss wieder aufgebaut werden' ins Gesicht. Es ist einfach albern."

In den frühen Neunzigern traf Robban gelegentlich auf Euronymous, Varg Vikernes und andere, die mit der losen Gruppierung Black Circle in Verbindung standen. Er hielt die Personen, die später Schlagzeilen machen sollten, allenfalls für einen Haufen unsicherer Zeitgenossen.

„Das waren irregeführte Rotzlöffel, wirklich. Als ich den Count grüßte, war sein Händedruck schlaff, so schwach wie bei einem Kind. Euronymous habe ich einmal in einer Pizzeria getroffen. Ich weiß nur noch, dass er etwas über Albanien sagte und sich dermaßen darüber aufregte, dass er mit seinem Tafelmesser herumfuchtelte. Wir sprachen über ein Interview, doch er wollte es nicht vor Ort machen."

Etwa zur gleichen Zeit war das politische Klima in Schweden (wie heute auch) von einer starken Polarisierung geprägt, was die Einwanderungsfrage anging. Die *Ny Demokrati* („Neue Demokratie"), eine kurzlebige rechtspopulistische Partei, wurde ins Parlament gewählt, während Ultima Thule mit ihrer hemdsärmeligen Kombination aus rauem Punkrock und nationalistischen Texten den zweiten Platz der schwedischen Album-Verkaufscharts erreichten, zwischen Nirvana und 4 Non Blondes.

House of Kicks gingen sogar so weit, ein Schild an der Kasse anzubringen, auf dem stand, dass sie kein Ultima-Thule-Material verkauften. Gleichzeitig bot ihr Vertriebsnetz Alben von verurteilten Mördern und Kirchenbrandstiftern an. Die Toleranz für Gewalt war im Metal immer hoch, aber die Bereitschaft, Rechtsextremismus zu dulden, ist viel geringer.

Wer in den späten Achtzigern richtig aggressive Musik mit offen rechtspopulistischer Message hören wollte, musste sich dem Skinhead-Punkrock zuwenden. Mit der zweiten Welle des Black Metal tauchten jedoch auch Bands mit eindeutigen Nazi-Bezügen auf. Varg Vikernes' Sympathien für den Nationalsozialismus werden gern als Auslöser dafür genannt – obwohl er mit Burzum nie entsprechende Ideen verbreitet hat. Das Phänomen wurde bald als National Socialist Black Metal (NSBM) bezeichnet und umfasste Bands wie Infernum aus Polen, Grand Belial's Key aus den USA oder die Deutschen

Absurd, deren Gründungsmitglieder einen Klassenkameraden umbrachten, als sie noch Teenager waren.

Mitte der Neunziger fiel Robban Becirovic auf, dass rassistische Tendenzen in der Szene zunahmen. Als Chefredakteur reagierte er manchmal mit direkter Konfrontation auf unannehmbare ideologische Positionen. In anderen Fällen schloss er bestimmte Bands einfach aus. Eine, die dabei auf der Strecke blieb, waren Unleashed.

1995 erschien in der zweiten Ausgabe der Neonazi-Publikation *Nordland* ein Artikel über Unleashed. Obwohl die schwedische Death-Metal-Band auf ihrem dritten Album *Across the Open Sea* zu Texten mit Wikinger-Themen übergegangen war, machten sich natürlich viele in der schwedischen Szene Sorgen, weil der Bandname neben eindeutigen Nazi-Kapellen wie Pluton Svea und Midgårds Söner auftauchte.

Plötzlich galten Thorshammer und Hitlergruß als zwei Seiten derselben Medaille. Zwar wurde die Zeitschrift *Nordland* nur vier Jahre später eingestellt, doch ihre Einbindung in einen Nazi-Kontext sollte dauerhafte Konsequenzen für Unleashed haben.

Mit seiner Lederjacke und den langen Haaren sieht Johnny Hedlund aus, als wäre die Zeit für ihn während der Hochphase des schwedischen Death Metal stehen geblieben. Als wir ihn in 2007 treffen, ist es achtzehn Jahre her, dass er Unleashed nach der Auflösung der Szenevorreiter Nihilist gründete. Er glaubt, nach jahrelanger Tourmüdigkeit und anderen Stressfaktoren sei Unleashed eine rosige Zukunft beschieden.

Das Nazi-Stigma aufgrund des *Nordland*-Artikels von 1995 haftet ihnen immer noch an. Johnny bestreitet vehement, die Band habe eine rassistische oder nazistische Botschaft. Warum ließ sie sich dann überhaupt von *Nordland* interviewen?

„Wir hatten uns darauf geeinigt, mit allen Magazinen zu sprechen, die über uns berichten wollten. Nicht wir gehen auf die Medien zu, die Medien kommen zu uns – so haben wir das in den Neunzigern gesehen. Jeder Anfrage nachzukommen hat natürlich Folgen. Man könnte sich auch die Mühe machen, jeden zu überprüfen, der um ein

Interview bittet: ‚Was ist das für eine Organisation? Warum wollen sie mit uns reden?' Damit hielten wir uns nicht auf, doch ich denke, vielleicht hätten wir es besser getan."

Johnny fügt hinzu, die Nazi-Gerüchte wären gar nicht erst entstanden, wenn die Leute das Interview tatsächlich gelesen hätten. „Ihnen wäre aufgefallen, dass ich die politischen Ansichten des *Nordland*-Magazins definitiv nicht geteilt habe. Ich erklärte ihnen nämlich, dass Fans jeglicher Couleur unsere Gigs besuchen und mir ihre politische Einstellung scheißegal ist. Leider haben die Leute nur unseren Namen auf dem Cover gesehen und ihre Schlüsse daraus gezogen."

Dass Bands wie Unleashed wegen ihrer Wikinger-Symbolik für Rechtsextreme reizvoll sind, wundert Johnny nicht.

„Außerdem haben wir zweifellos viel mehr Platten verkauft als jede ihrer beschissenen Bands. Wir machten oft Witze von wegen ‚Weiße Arische Wiederkäuer' (in spöttischem Bezug auf den Weißen Arischen Widerstand): viel Schwärmerei, aber musikalisch nichts dahinter. Demnach wollte das Heft einen größeren Act finden, den es auf die Titelseite setzen konnte, und tat es – mit uns."

Nichtsdestoweniger ließ ein Unleashed-Mitglied 1993 in der weitverbreiteten schwedischen Boulevardzeitung *Aftonbladet* verlauten, dass „Schweden zu viele Einwanderer aufnimmt". Das Zitat wurde aus dem Zusammenhang gerissen und ohne Quellenangabe wiedergegeben. Bei dem Artikel handelte es sich um ein Interview mit Johnny Hedlund, Gitarrist Tomas Måsgard und zwei Mitgliedern der christlichen Metal-Band Veni Domine.

Sind die Gerüchte, Unleashed seien fremdenfeindlich, also völlig unbegründet?

„Ich glaube, ungefähr zehn Prozent dessen, was in diesem Artikel steht, haben wir auch tatsächlich gesagt", schätzt Johnny.

Er sagt, der Journalist habe manches einfach erfunden oder Aussagen aus dem Zusammenhang gerissen.

„Meine Mutter rief mich unter Tränen an, als das Interview veröffentlicht wurde. Ich kapierte nichts, weil ich es nicht gelesen hatte. Selbstverständlich stimmte aber nichts davon."

Mehrmals während unseres Gesprächs erwähnt Johnny, seine Mutter sei wegen der Gerüchte um die Band verärgert gewesen. 2003 zog diese Reputation etwas Unerwartetes nach sich.

In den frühen Nullerjahren startete Dave Grohl von den Foo Fighters ein Nebenprojekt namens Probot, zu dem er Gastsänger aus verschiedenen Bereichen der Metal-Szene einlud. Zu den Teilnehmern gehörten Lemmy, Tom G. Warrior von Celtic Frost und Cronos von Venom. Grohl wollte ursprünglich auch Johnny dabeihaben. In einem späteren Interview mit dem *Close-Up* erwähnte er jedoch, er habe gehört, dass Hedlund ein Nazi sei, und sich deshalb entschieden, ihn nicht zu kontaktieren.

Der Unleashed-Frontmann findet, Einwanderungspolitik sollte auf humanitären Gründen beruhen. Er sagt, der Arbeitsmarkt sei 1989 zu einem unglücklichen Zeitpunkt eingebrochen, was Kräfte wie der schwedische Flügel von White Arian Resistance, die *Ny Demokrati* und White-Power-Bands vom Schlage Ultima Thules ausgenutzt hätten. Johnny fügt hinzu, diese Akteure wollten sich mit Unleashed in Verbindung bringen, um die Band zu einem politischen Werkzeug zu machen.

Für ihn ist es angesichts der Tatsache, dass Rechtsextreme nordische Symbole für sich beanspruchen, ums wichtiger, an ihnen festzuhalten.

„Mein Standpunkt ist: Ich lass mir von niemandem erzählen, wofür der Thorshammer steht. Ich erklär ihnen, wofür er steht. Sie sollten ihre Meinung darüber nicht äußern dürfen. Wenn wir nicht auf die Interviewanfrage eingegangen wären, hätten sie trotzdem über uns geschrieben. Und was hätte dann in dem Artikel gestanden?"

Johnny gibt an, er und Unleashed-Schlagzeuger Anders Schultz hätten schon als Kinder Thorshämmer getragen. Es begann in der Schule, als Religionen anderer Kulturen im Unterricht behandelt wurden, ihre eigenen Wurzeln hingegen nicht. Dies machte die altnordische Mythologie besonders anziehend, weshalb sie seit 1993 ein durchgängiges Thema auf Unleashed-Alben ist.

Ein weiterer Grund dafür war die Tatsache, dass schon so viele Bands über Satanismus sangen. Für Johnny hat der Thorshammer viele Bedeutungen.

„Der Text der Hávamál in der Lieder-Edda, dessen Werte ich gern vertrete, handelt von Freundschaft, Loyalität, Gastlichkeit, Demut, Weisheit, Mut und Stärke. Die Liste geht weiter."

Mit dem Wikinger als Symbol will Johnny nach eigenen Angaben den Kampf des Lebens darstellen – selbst für moderne Menschen mit einem Dach über dem Kopf und Essen auf dem Tisch.

„Ich beschreibe gern einen Wikinger, der mit Schwert und Schild auf einem Feld steht, und versuche dann, dies mit der Gegenwart zu verknüpfen. Wir haben Häuser. Wir haben Heizungen. Das ist gut. Trotzdem führen viele in unserer Gesellschaft ziemlich anstrengende Leben. Ich möchte ihnen – und mir selbst – ein wenig Selbstvertrauen geben. Alles ist eine Frage der Interpretation. Man kann die Bibel oder den Koran lesen, wie man will, und sagen: ‚Genau dafür stehen diese Leute – sie sind alle völlig bescheuert.' Das ist leider etwas, wozu wir in Schweden neigen."

Im Frühsommer 2004 erhielt die Redaktion des *Close-Up* einen überraschenden Hinweis: Christofer Johnsson von der schwedischen Symphonic-Death-Metal-Band Therion war Mitglied der Schwedendemokraten. Die Partei geht auf die Neonazi-Bewegung zurück, ist aber in den letzten Jahren beliebter geworden, nachdem sie sich ein glatteres, medienfreundlicheres Image zulegte. Kurz darauf brachte die Zeitschrift das Thema in einem Interview mit Johnsson zur Sprache. Daraus entstand ein fünfseitiger Artikel, in dem er behauptete, der Partei nur beigetreten zu sein, um Zugang zu Literatur zu erhalten und sich eine eigene Meinung über ihre Ansichten bilden zu können. Er erwähnte, er sei aus diesem Grund auch Mitglied der noch extremeren Nationaldemokraten geworden. Als die Ausgabe erschien, reagierten die Leser schnell.

Das Onlineforum des *Close-Up* wurde mit Postings überschwemmt, die sowohl die Schwedendemokraten als auch Christofer Johnsson selbst verurteilten. Einige waren hingegen der Meinung, das Magazin habe ihn grundlos als Rassisten abgestempelt. Schließlich schaltete sich der umstrittene Bandleader selbst in die Debatte ein. Christofer, der früher Schatzmeister des okkulten Ordens Dragon Rouge war, wies darauf hin, die Schwedendemokraten hätten von ihm höchstens so viel Geld erhalten, dass es für eine Tasse Kaffee reiche.

Als wir mit ihm sprechen, sind seit dem Artikel vier Jahre vergangen. Wir treffen ihn auf dem Parkplatz hinter der Königlichen Oper in Stockholm. Johnsson trägt eine schwarze Hose und ein Anzugjackett, seine langen blonden Haare sind zu einem Pferdeschwanz zurückgebunden.

„Wart ihr schon in der Göteborger Oper?“, fragt er auf dem Weg zu einem nahegelegenen Restaurant. „Die Akustik dort ist der letzte Dreck. Wie typisch für die bekiffte schwedische Linke, Geld in Sachen zu stecken, die nicht funktionieren.“

Das ist eines der ersten Dinge, die er zu uns sagt. Als wir das 2004er-*Close-Up*-Interview ansprechen, seufzt er und erklärt, über seine Parteimitgliedschaft zu reden sei schwierig gewesen, weil so viele seiner anderen Interessen daran gekoppelt seien. Und die ganze Angelegenheit hänge auch mit seinem mangelnden Vertrauen in die Massenmedien zusammen. Er habe gelernt, Informationen aus alternativen Quellen zu ziehen.

„Jedenfalls sagte ich dem Reporter: ‚Drucken Sie nichts davon ab!‘ Denn egal, was ich sage, ein Haufen Linksextremer wird behaupten: ‚Das sind Nazis!‘ Und dann die deutsche Nazipartei aus den Dreißigern erwähnen.“

Leute, die solche Schlüsse ziehen, seien die gleichen, die die Polizei als Faschisten bezeichnen, fügt Johnson hinzu. „Und die behaupten, alle Konservativen seien Faschisten. Das Interview war eher eine Diskussion, in der ich versucht habe, mich zu erklären, und von der ich hoffte, dass er sie nicht publik machen würde. Dann rief ich den Chefredakteur an und flehte ihn an: ‚Bitte drucken Sie das nicht, es wird mir eine Menge Ärger bereiten.‘“

Christofer sagt, dass die Zeitschrift ihm zwar erlaubte, bestimmte Antworten umzuformulieren und die endgültige Textfassung freizugeben, doch das Gerücht über ihn als potenziellen Nazi habe sich weit über die schwedische Grenze hinaus verbreitet.

Als wir ihn im Sommer 2011 wieder kontaktieren, ist er in seinem Haus in Irland, erwähnt aber, dass er nach Schweden zurückziehen möchte, und zwar dauerhaft. Bis heute empfindet er das *Close-Up*-Interview als unangenehmen Eingriff in sein Privatleben.

„Ich war zuerst völlig von der Rolle und erschrak, als die Frage aufkam, fühlte mich aber gleichzeitig auch gekränkt und war besorgt darüber, was das Magazin drucken würde. Und ich betätigte mich wirklich in keiner Weise bei den Schwedendemokraten, als meine Mitgliedschaft bekannt wurde. Im Gegenteil, ich war ein passives Mitglied, vor allem wegen meines großen Interesses an Politik und Ideengeschichte. Das wollte ich erklären, doch es ist ein bisschen unscharf geworden. Einige Leute dachten, ich wolle einfach nicht zugeben, dass ich die Partei mag."

Er sagt, davon abgesehen, dass er sich für Tierrechte und Umweltschutz einsetze, sei er lange Zeit vor allem an theoretischen Aspekten von Politik und Gesellschaft interessiert gewesen. Dann zog er in den Stockholmer Vorort Botkyrka, eine einkommensschwache Gegend mit einem hohen Bevölkerungsanteil an Migranten.

„Dort ist etwas passiert. Ein sechzehnjähriges Mädchen wurde auf dem Rasen vor meiner Wohnung vergewaltigt, während ich drinnen mit einem Freund feierte und Musik hörte. Die harte Wirklichkeit einer sechzehnjährigen Schülerin wurde Teil meiner Wirklichkeit, und das hat mich wirklich runtergezogen."

Er weiß noch, dass sich seine damalige Freundin nicht sicher fühlte, wenn sie allein zur U-Bahn-Station ging. Das habe er nicht nachvollziehen können, bis er eines Tages von einer Bande minderjähriger Einwandererjungen wegen seiner langen Haare als Schwuchtel beschimpft wurde. Zu dem Zeitpunkt, als er beschloss, Botkyrka zu verlassen, zündeten die Leute bereits Autos auf den Parkplätzen an. „Das ist meine Geschichte, aber ich halte mich nicht für völlig einzigartig. Wenn gut situierte Metalheads aus der Innenstadt gezwungen wären, ein Jahr lang in einer Problemgegend zu leben, während sie ein Kind erwarten, würden die meisten, falls sie ein Gehirn haben, auf diese oder jene Weise reagieren. Andererseits würden offensichtlich nicht alle von ihnen die Schwedendemokraten wählen, nur weil ich das tat."

Christofer Johnsson erwähnt, dass er vor einigen Jahren Vater wurde, was ein weiterer Grund sei, sich für andere Menschen einzusetzen. Er weitete seine ehrenamtliche Tätigkeit aus und verteilte vor den Wahlen 2010 persönlich fünfundzwanzigtausend Exemplare der Parteizeitung der Schwedendemokraten. Ein paar Jahre lang war er stellvertretender Vorsitzender ihres Ortsverbands.

Marduk aus Norrköping wurden 1990 gegründet und haben bis zur Drucklegung dieses Buchs vierzehn Alben herausgebracht. Für Gitarrist und Komponist Morgan Håkansson, die treibende Kraft der Band, müssen alle ihre Aspekte als Einheit funktionieren. Marduks Stil war schon immer sehr extrem, in ihren Texte verschmilzt traditioneller Black-Metal-Satanismus mit Panzern und historischen Schlachten. Passend dazu tragen die Mitglieder auf der Bühne Armeehosen, Springerstiefel und Corpsepaint.

Als das Sverige Television 2006 ein Interview mit Håkansson ausstrahlte, spielte es auch einen Ausschnitt des Songs „The Hangman of Prague", der die Taten des SS-Führers Reinhard Heydrich beschreibt. Der Beitrag wurde bei der schwedischen Rundfunkkommission gemeldet. Die christliche Zeitung *Dagen* veröffentlichte eine Stellungnahme, in der sie die Band als „das neue Gesicht des Neonazismus" bezeichnete und der Sender beschuldigt wurde, seine Richtlinie zu missachten, keine White-Power-Musik zu senden.

Später sprach die Kommission den Beitrag vom Vorwurf der Verfehlung frei, weil nicht festzustellen sei, dass das Lied ausschließlich propagandistischer Art sei. Außerdem kam man zu dem Schluss, dass weder der Songtext noch das Interview mit Morgan Håkansson zu kriminellen Handlungen angestiftet oder angeregt hatten.

Marduk werden seit ihrem 1999er-Album *Panzer Division Marduk* beschuldigt, Nazis zu sein, aber Håkansson streitet nie etwas ab.

„Genauso gut könnte ich leugnen, Sozialist zu sein oder einer anderen Ideologie anzuhängen, über die ich nie ein Wort verloren habe."

Sein Interesse an Geschichte rührt teilweise daher, dass sein Großvater mütterlicherseits im Zweiten Weltkrieg auf deutscher Seite kämpfte. Manchmal verwendet er den Familiennamen Steinmeyer vor seinem Nachnamen. Er gibt zu bedenken, niemand würde auf die Idee kommen, jemanden als Nazi abzukanzeln, weil er einen Film über den Zweiten Weltkrieg gedreht hat.

„Und wenn man ‚Ich will alle Christen ermorden' sagt, reagiert niemand. Schreibt man hingegen einen Song über den Zweiten Weltkrieg, flippen die Leute aus."

Auf die Frage, ob er ein Nazi sei, heißt es, er würde so etwas nie öffentlich beantworten, sehe Nazismus aber zuvorderst als politische Idee, die im Frühjahr 1945 gestorben sei; eine Idee mit kraftvollen Symbolen, die ihn immer noch inspirieren.

„Ihre durchschlagende Wirkung kam nicht von ungefähr."

Unabhängig von Morgan Håkanssons politischen Neigungen kann man Marduk kaum in die NSBM-Schublade stecken. Vielmehr steht die Band in einer langen, wenn auch umstrittenen Tradition von Metal mit historischen Texten.

Die Häufung von Nazi-Symbolen im Black Metal lässt sich mehrheitlich darauf zurückführen, dass man in diesem Genre seit Langem bestrebt ist, mit allen Mitteln zu schockieren und zu beleidigen. Manchmal sind die Personen, die diese Symbole verwenden, überhaupt nicht auf die Folgen ihres Verhaltens vorbereitet.

Bei einem Konzert in Essen trat Taake-Sänger Hoest 2007 mit einem riesigen Hakenkreuz auf der Brust auf. Für diese Aktion erhielt er eine Menge Gegenwind, was dazu führte, dass mehrere Konzerte abgesagt werden mussten. Auf der Webseite der Band betonte Hoest, Taake seien unpolitisch. Er gab auch zu, dass die Verwendung des Hakenkreuzes auf einer deutschen Bühne ein Fehler war:

„Andererseits bin ich der festen Meinung, dass sich Black-Metal-Bands JEGLICHE destruktive/negative Symbolik erlauben sollten, denn die Grundlage dieser Ausdrucksform ist zuallererst: DAS

BÖSE(!) Black Metal ist immer noch nicht harmlos wie alle anderen stubenreinen Arten von Metal und sollte es auch nicht werden. Offen gestanden finde ich es lachhaft, dass wir Lyrics über Mord, Folter, Vergewaltigung, Nekrophilie und Suizid schreiben dürfen, aber boykottiert werden, weil wir ein Symbol bei einer EINZIGEN Gelegenheit verwenden. Unser Ziel besteht unter anderem darin, negative Gefühle hervorzurufen, also fand ich es ganz angemessen, das deutsche Publikum an seine größte Schmach zu erinnern. (…) Für den Rest der Tour verzichten wir jetzt auf bestimmte Symbole und entschuldigen uns bei allen unseren Mitarbeitern, die eventuell Schwierigkeiten wegen des Essener Hakenkreuzskandals bekommen (ausgenommen der Untermensch, dem der dortige Club gehört; geh einem Moslem den Schwanz lutschen)!"

Dieser Vorfall ist nur eines von vielen Beispielen dafür, dass Black-Metal-Bands oft hin- und hergerissen sind zwischen Freude am Anecken und den Konsequenzen, die sich ergeben, wenn es ihnen tatsächlich gelingt. Deutlich wird außerdem, warum Metal-Bands, die eine einträgliche Karriere anstreben, besser die Finger von allem lassen, was mit Rechtsextremismus zusammenhängt.

„Na dann, Sieg Heil?"

Das ruft 2006 ein langhaariger junger Mann in einem Watain-Shirt einem anderen zu, der die überfüllte Toilette eines Auftritts der Band in Linköping verlässt. Die beiden standen zufällig etwas zu nahe nebeneinander am Urinal. Was zunächst fast zu einer Schlägerei eskalierte, endet stattdessen kameradschaftlich mit einer Naziparole. Diese wird nicht erwidert.

Watain-Sänger Erik Danielsson behauptet oft, Black Metal solle nicht politisiert werden. Gleichzeitig wurde seine Band oft des Rechtsextremismus bezichtigt. Nazi-Grußformeln sind bei Black-Metal-Konzerten keine Seltenheit, und Watain-Shows bilden da keine Ausnahme.

Nach ihrem Auftritt beim Party.San Metal Open Air 2006 trug einer der Musiker ein T-Shirt mit dem Logo der deutschen NSBM-

Combo Absurd. Ein Journalist meldete dies der Festivalleitung, woraufhin die Band für den Abend des Geländes verwiesen wurde. Die Begebenheit kursierte rasch in der ganzen Metal-Szene, und seither haben Watain sowohl Drohungen als auch Warnungen von Antifa-Gruppierungen erhalten. Nachdem diese Veranstalter kontaktiert und über die angeblichen rechtsextremen Verbindungen der Band aufgeklärt hatten, wurden mehrere Konzerte in Europa abgesagt.

Erik Danielsson hat wenig Verständnis für solche Aktivitäten.

„Sie arbeiten mit Politik, wir arbeiten mit Religion. Wir haben nichts miteinander zu schaffen. Warum sollte irgendein kommunistischer Idiot unseren religiösen Kreuzzug einschränken dürfen, indem er behauptet, wir seien Skinheads? Das kotzt mich an."

Er sagt, dass die Band die ganze Sache recht unterhaltsam fand, aber Watain sogar noch ein größeres Problem damit hätten, dass die Tierteile in ihrer Bühnendekoration militante Veganer und Tierrechtsaktivisten aufregen. Seines Erachtens versuchen die Leute zu ergründen, was den Teufel in Watain wirklich ausmacht. Die Verwendung der üblichen Motörhead-Ästhetik in einem Black-Metal-Kontext ruft ganz andere Reaktionen hervor.

„Dass es im Rahmen des Black Metal passiert, verstärkt die Wirkung – dies in Verbindung mit krassen Aussagen über ganz andere Dinge. Die Leute scheren gern beides über einen Kamm. Es bleibt echt gefährlich. Es ist das Einzige, was man nicht befürworten darf."

Als wir ihn fragen, warum es so wichtig ist, nicht mit Rechtsextremismus assoziiert zu werden, lacht er.

„Aber wir lieben Nazismus. Welcher Metalhead tut das nicht? Genauso wie wir von der düsteren Atmosphäre und Ästhetik in Diktaturen wie Nordkorea oder der Sowjetunion fasziniert sind, üben die visuellen Ausprägungen des Nationalsozialismus einen starken Reiz aus. Er ist simpel, gewalttätig, radikal, faschistisch, kompromisslos, extravagant und stilvoll; zudem höchst umstritten, was ihn an sich schon anziehend macht. Was gibt's daran auszusetzen?" Erik macht plötzlich ein ernstes Gesicht.

„Abgesehen davon, dass das Endziel des Nationalsozialismus die

Rettung der Welt ist und alle Menschen in netten, arischen Gesellschaften mit weißen Gartenzäunen leben sollen."

Er betont, dass er dieses Ziel nicht teilt. Stattdessen sieht er Watain als Ausdruck zügellos chaotischer Dunkelheit. Die existierenden Nazi-Black-Metal-Bands sind ihm sehr wohl geläufig, doch er macht sich nichts aus ihnen.

„Das sind nur Skinheads in Black-Metal-Uniform. Das hat überhaupt nichts Würdevolles an sich."

Ungeachtet des moralischen Aspekts besteht ein weiterer, eher pragmatischer Grund für die Vermeidung der Nazi-Schublade darin, dass sie schlecht fürs Geschäft ist. Nach dem Party.San-Vorfall konnten Watain eine Zeit lang kaum in Deutschland spielen. Erik ist auch bewusst, dass es für eine Band, die als nazistisch verschrien wird, kein Zurück gibt.

„Das macht dich wirklich zur Nazi-Band. Und für uns würde sich das so schwach, schäbig und verdammt schmutzig anfühlen. Es ist fast so wie bei der Aghori-Sekte in Indien, die nur Aufmerksamkeit erhält, weil sie Menschenfleisch isst, während niemand über die weitreichende Philosophie dahinter nachdenkt."

Er fügt hinzu, oft gebe es einen Grund dafür, dass bestimmte Bands in dem Ruf stehen, rechtsextrem zu sein. Was Watain selbst betrifft, so haben sie den einen oder anderen Hitlergruß gemacht, nur um Leute zu verärgern.

„Aber wer hat das bitteschön noch nicht getan?"

Trotzdem positionierte sich die Gruppe schon auf ihrem ersten Demo *Go Fuck Your Jewish God* gegen das Judentum. Erik erklärt, der Titel sei eher jugendliche Provokation als ein antisemitisches Statement gewesen, obwohl er für ihn teilweise immer noch Sinn ergebe. Er betont, dass sich seine Verachtung des Judentums auf bestimmte Facetten von dessen Lehren und Abneigung gegen Religion im Allgemeinen beschränkt.

„Juden sind die einzigen ernsthaften Praktiker weißer Magie, die es noch auf der Welt gibt. Kein Christ schwitzt heute vor seinem Altar und versucht, die geistigen Strömungen der Welt zu wecken.

Innerhalb des Judentums existiert nach wie vor ein starker magischer Zweig. Die rein ethnische Seite ist mir dabei allerdings völlig egal."

In gewisser Weise kann die Verwendung der Symbolik des Dritten Reichs durch die Black-Metal-Szene als Erweiterung der frühen Punkbewegung begriffen werden, in der Bands wie The Stooges, Sex Pistols oder Dead Boys Nazi-Abzeichen und Hakenkreuze verwendeten. Untersucht man die Gemeinsamkeiten zwischen Satanismus und Nationalsozialismus, stellen sich beide als recht unterschiedliche Ausdrucksformen dar, die eine Reihe von Elementen gemeinsam haben. Beide sind Weltanschauungen, die auf Gewalt, dem Ideal des Übermenschen und Antihumanismus beruhen.

Die alte Webseite der satanischen Organisation Misanthropic Luciferian Order enthielt satanische Aphorismen, die von der Ideologie des Faschismus geprägt waren. Demokratie wurde angeprangert, der Übermensch gefeiert. „Die Elite kann sich niemals erniedrigen und auf das Niveau des unwürdigen Abschaums herabsinken; die Demokratie muss daher immer mit allen Mitteln bekämpft werden." An anderer Stelle heißt es: „Nur durch Terror kann sich die elitäre Minderheit Gehör verschaffen, durch das Wehklagen der untermenschlichen Mehrheit."

Der Misanthropic Luciferian Order war ein religiöser Orden, keine politische Organisation. Trotzdem ließen sich viele Punkte seines Programms kaum von rechtsextremer Ideologie unterscheiden. Die Ausnahme ist vielleicht das ausdrückliche Endziel der MLO, die Schöpfung zurück in eine formlose, ursprüngliche Dunkelheit zu führen. Diese Absicht lässt sich nicht auf eine politische Links-Rechts-Skala übertragen. Allerdings übt sie eine offensichtliche Anziehungskraft auf Menschen aus, die extremistisch veranlagt sind.

„Wir sind keine Nazis mehr."

Violinist Janne Liljekvist beantwortet die Frage, was Månegarm heute von der Black-Metal-Band unterscheidet, die vor mehr als zwanzig Jahren in Norrtälje gegründet wurde. Einen Moment lang herrscht betretenes Schweigen. Seine Mitmusiker werfen ihm strenge Blicke zu, die zeigen, dass er etwas absolut Unangemessenes gesagt hat.

„Das sollte ein Witz sein", schiebt er schnell hinterher. „Wir waren nie Nazis, auch wenn das vielleicht einige Leute gedacht haben."

Laut Pierre Wilhelmsson, dem hünenhaften Bassisten der Band, habe der Nazi-Ruf sie von Anfang an verfolgt.

„Aber wenn uns jemand so deutet, sagt das mehr über ihn aus als über uns."

Janne sagt, die Situation sei noch komplizierter geworden, nachdem einige Akteure aus dem rechtsextremen Milieu Månegarms Musik ohne Erlaubnis beim Salem-Aufmarsch verwendet hatten, einer jährlichen Kundgebung Rechtsextremer außerhalb Stockholms.

„Das ist ein schreckliches Gefühl. Wären wir gefragt worden, hätten wir es natürlich untersagt. Und wenn wir die Möglichkeit hätten, unsere Musik aus diesem Milieu zu tilgen, würden wir es tun."

Gitarrist Jonas Almqvist stößt zu uns und bringt in einem Satz auf den Punkt, warum es problematisch bleibt, Metal-Musikern dreiste Fragen zu ihren politischen Überzeugungen zu stellen.

„Politische Überzeugungen sind privat. Das hat nichts mit der Band oder der Musik zu tun."

Die Bezeichnung Pagan Metal würden sich Månegarm wohl gefallen lassen, die Bewegung sei Pierre zufolge heute spannender denn je. Man darf sicherlich konstatieren, dass sich Metal-Bands auf der ganzen Welt von ihrem lokalen musikalischen Erbe beflügeln lassen.

„Arkona aus Russland zum Beispiel. Früher hat man spanische Gruppen mit einem nordischen Image gesehen. Wenn die Bands jetzt ihr eigenes Ding machen, gefällt mir das viel besser."

Kann man sagen, dass es im Metal eher akzeptiert wird, linke Sympathien zu haben als rechte Tendenzen?

„Nicht nur im Metal", antwortet Janne prompt. „Das gilt für die gesamte Gesellschaft."

Set Teitan wurde gefilmt, als er im Januar 2018 bei Watains Konzert zu ihrem zwanzigjährigen Jubiläum in Stockholm auf der Bühne den Hitlergruß machte. In einem Facebook-Post erklärte die Band, die „Armbewegung" sei nicht abwertend gemeint und unterstreiche, dass sie Vielfalt schätzt. Der Beitrag wurde ein paar Stunden später entfernt, nachdem Fans scharfe Kritik geübt und Watain vorgeworfen hatten, sich „der politisch korrekten Elite zu beugen". Dennoch trennte sich die Gruppe vorübergehend von ihrem Live-Gitarristen.

Eine US-Tour von Taake wurde im Frühjahr 2018 wegen des Hakenkreuz-Vorfalls von 2007 abgesagt.

Ein paar Wochen später enthüllte ein antifaschistischer Aktivist, dass zwei Mitglieder von Marduk bei der rechtsterroristischen Nordischen Widerstandsbewegung Propagandamaterial bestellt hatten. Dies führte dazu, dass sie von einem Festival in Stockholm ausgeschlossen wurden. Marduk weisen die Anschuldigungen entschieden von sich.

Im Mai 2023 feuerte die Band ihren Bassisten Joel Lindholm, nachdem er in London den Hitlergruß gezeigt hatte.

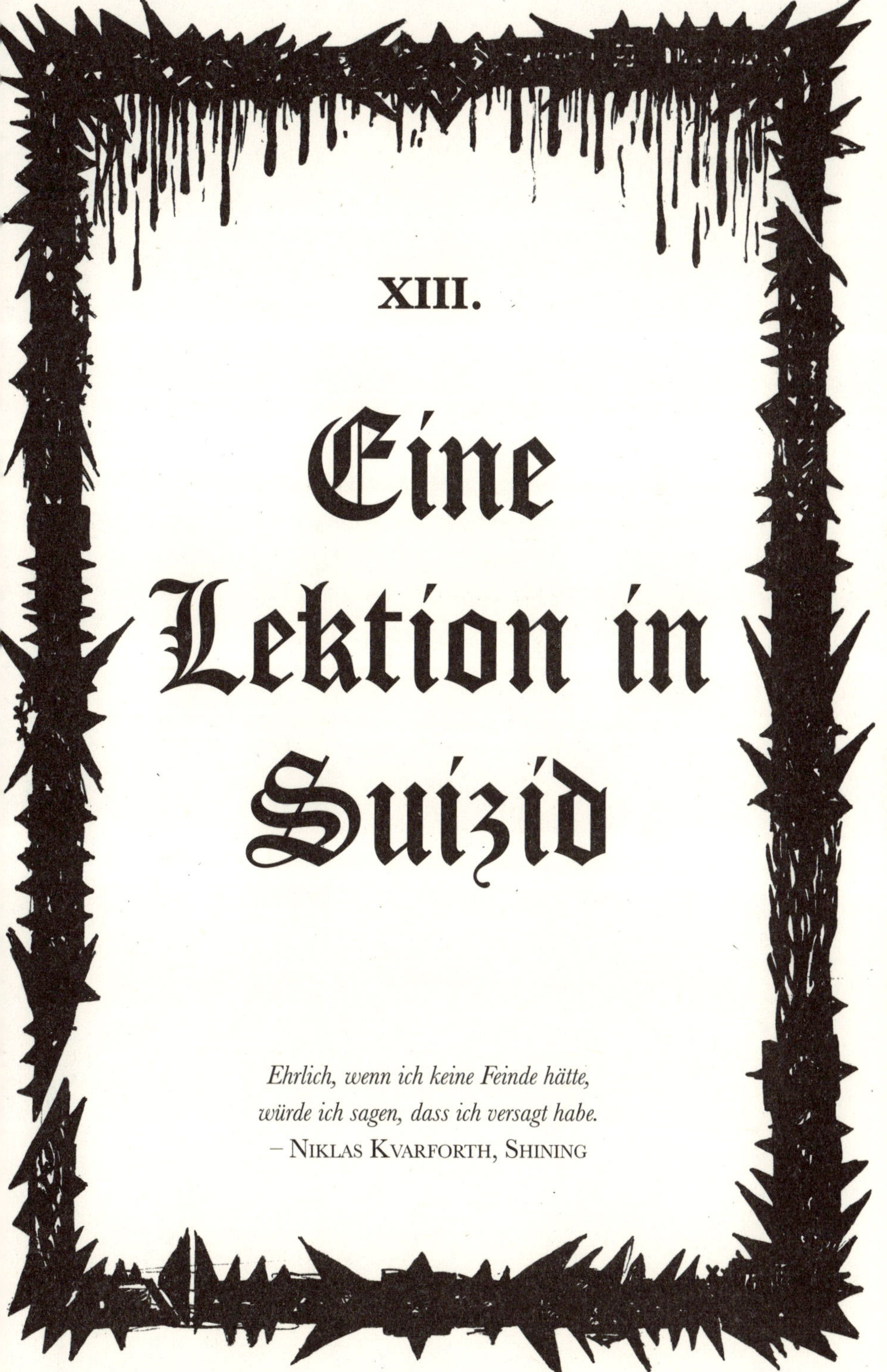

XIII.

Eine Lektion in Suizid

Ehrlich, wenn ich keine Feinde hätte,
würde ich sagen, dass ich versagt habe.
– Niklas Kvarforth, Shining

Weniger als hundert Leute sind in den Club 666 in der Nähe des Mariatorget gekommen, eine Kellerbar in einem von Stockholms wohlhabendsten Stadtteilen. Der Publikumszuspruch an diesem kalten Abend im Oktober 2005 fällt mager aus, doch andererseits beschränkte sich die Werbung für die Show auf schwarz-weiße Flyer, die in der Umgebung verbreitet wurden. Man konnte sie leicht zwischen all den anderen Plakaten und Zetteln übersehen, obwohl der in schmaler, zackiger Schrift gedruckte Text etwas Ungewöhnliches verspricht:

> TOTALE ZERSTÖRUNG
> LORD DÄMON PRÄSENTIERT:
> SUIZID/BLACK-METAL-NACHT
> Das erste und wahrscheinlich letzte Konzert überhaupt in Stockholm.
> Hauptprogramm: SHINING
> Support: Ondskapt

Eine Illustration auf der unteren Hälfte des Flyers zeigt eine Rasierklinge, die auf das Handgelenk eines Kindes gerichtet ist. Pfeile zeigen entlang der Adern zum Ellbogen. Der Satz „Nicht vergessen, Kinder … die Straße entlang, nicht über die Straße. Macht das Beste daraus!“ umläuft die veranschaulichende Zeichnung. Das Motiv ist auf dem fotokopierten Flyer ziemlich unscharf. Man braucht ein paar Sekunden, um die Botschaft zu begreifen: Es ist eine Anleitung zum Selbstmord.

Was genau das Publikum heute Abend von der Show erwartet, lässt sich schwerlich erraten. Die Wörter „erste“, „letzte“ und „überhaupt“ auf dem Flyer einer Band, die für Selbstmord wirbt, üben eine gewisse Anziehungskraft aus. Kein Zweifel, viele sind gekommen, um etwas Extremes zu erleben.

„Wie viele von euch sind wegen Shining hier?"

Die angekündigte Vorgruppe Ondskapt hat aus unbekannten Gründen abgesagt. Als Ersatz tritt die Black-Metal-Band Valkyrja auf. Der Sänger zieht sich eine Flasche Bier rein und starrt unter seinem Pony hervor. Er und die anderen Mitglieder sehen kaum alt genug aus, um in den Club gelassen zu werden.

Der Großteil des Publikums ignoriert seine Frage. Nur ein kernig aussehender Mann in Schwarz geht darauf ein, winkt mit einem Arm und ruft: „Yeah!"

Der Sänger atmet tief ein und kreischt dann:

„DIIEEE!"

Kurz herrscht verlegene Stille, dann schaffen es Valkyrja, ihren letzten Song anzustimmen.

In der Bar gesellt sich Erik „Tyrant" Gustafsson zu Set Teitan. Die meisten Gäste hängen in den verschiedenen Ecken und Winkeln des Kellers herum und warten auf die Hauptattraktion. Die junge Frau am Merchandise-Stand heißt Kat. Sie kommt aus Südschweden und spricht mit einem starken Akzent, den man wegen ihres monotonen Tonfalls, als stünde sie unter Drogen, noch schwerer versteht. Ihre Arme zeigen zwar keine Anzeichen von Selbstverletzung, aber eine beeindruckende Sammlung von Tätowierungen. Sie ist übertrieben begeistert von allem, was mit Shining zu tun hat.

„Kauft das Album, hört euch die Musik an, und lest die Texte. Ihr werdet es lieben! Das hier ist stark von [dem schwedischen Schriftsteller und Dichter] Stig Dagerman inspiriert", sagt sie und zeigt uns eine CD mit dem Titel *Shining II – Livets ändhållplats* („Endstation des Lebens"), auf der Songtitel wie „Att med kniv göra sig illa" („Sich mit einem Messer verletzen) und „Ännu ett steg närmare total utfrysning" („Ein weiterer Schritt zur völligen Ausgrenzung") zu finden sind.

Der vierte Track heißt ganz einfach „Död" („Tod"). Auf den ersten Blick scheint das Cover komplett schwarz zu sein, doch bei genauerem Hinsehen erkennt man eine trostlose Küstenlandschaft unter einem düsteren Himmel mit etwas Licht am Horizont. Der einzige Text im gesamten Booklet ist zweiundzwanzig Mal ein und derselbe Satz: „Du är värdelös och jag vill att du DÖR" („Du bist wertlos, und ich will, dass du STIRBST").

Kat sagt, dass Shining bisher nur sechs Konzerte gegeben haben, obwohl ihre Geschichte bis ins Jahr 1996 zurückreicht.

„Aber jetzt werden viele weitere folgen."

Das Gespräch wird jäh abgebrochen, als die Band die Bühne betritt. Schlagzeuger Ludwig Witt, der auch Mitglied der Stoner-Combo Spiritual Beggars ist, zählt an.

Eine Welle aus verzerrten Moll-Harmonien strömt durch den Saal. Das schwerfällige Riff besteht eigentlich nur aus zwei Akkorden, die in einem fort wiederholt werden. Die Wirkung ist hypnotisch. Dann verdoppelt sich das Tempo, und die Menge bricht in wildes Headbanging aus.

Sänger Niklas Kvarforth blickt über das wogende Meer aus Haaren. Sein nackter Oberkörper ist dünn wie eine Bohnenstange, und er trägt ein schwarzes Kopftuch. Blut rinnt aus beiden Armen, die mit zwei langen Schnitten von den Schultern bis zu den Unterarmen aufgeschlitzt sind. Er hat die Augen weit aufgerissen, sein Blick strahlt irre Siegesfreude aus. Wie ein Moses hebt er seine blutenden Arme übers Publikum und fängt an, Töne zu singen, die er eher im Kehlkopf als mit den Stimmbändern erzeugt:

Fanatisk hängivelse/Karvad i hud
Född att dö/Förankrad vid livet
(„Fanatische Hingabe/In Haut geritzt
Geboren, um zu sterben/Verankert im Leben")

Er geht vorm Schlagzeug in die Hocke, zückt ein Teppichmesser und fügt sich mehrere weitere Armwunden zu. Riesige Narben auf seinem Rücken bilden ein okkultes Symbol. Das Schlagzeugspiel geht in einen Blastbeat über, während die gleichen zwei Akkorde weiter über die Menge rollen. Kvarforth wirft das Messer weg, trinkt einen Schluck Bier und nimmt wieder das Mikrofon in die Hand.

Skrääämmande ärooo dööödens enerverande skuggaaa!
(„Entseeetzlich iiist der aufreibende Schaaatten des Tooodes!)

Er zieht die Worte endlos in die Länge, wobei er das Tempo des Songs kaum beachtet. Zwischen den Zeilen schnalzt er mit der Zunge, manchmal bricht er in wahnsinniges Gelächter aus.

Der Rest der Band ist ein bunter Haufen. Ganz rechts steht Gitarrist John Doe, der auch die treibende Kraft der Göteborger Black-Metal-Band Craft ist, die kürzlich das Album *Fuck the Universe* veröffentlicht hat. Er trägt eine dunkle Sonnenbrille und sieht ein bisschen älter aus als die anderen. In der Mitte der Bühne unterlegt Bassist Johan Hallander die eintönig brummende Gitarrenwand mit vertrackten Melodien. Sein Instrument ist mit geronnenem Blut überzogen, und seine Arme sind mit dicken, geröteten Narben übersät. Der andere Gitarrist Casado trägt ein knallbuntes Sporthemd, und seine Epiphone SG hängt ihm hoch an der Brust. Er sieht aus wie eine Mischung aus Heilsarmee-Mitglied und Popstar und scheint bester Laune zu sein. Abgesehen von der zweideutig motivierten Selbstmordbotschaft ist das größte Rätsel dieser Band die Antwort auf die Frage, warum zur Hölle dieser Kerl dazugehört.

Inzwischen fließt auch bei mehreren Zuschauern Blut. Ein junger Mann in seinen Zwanzigern mit schwarzem Kapuzenpulli und einem Shirt, auf dem „*Förintelse och libido*“ steht („Vernichtung und Libido“) schneidet sich mit einer mitgebrachten Rasierklinge fünfmal tief in den linken Unterarm. Die roten Linien werden immer breiter, während der Song „Ett liv utan mening“ („Ein Leben ohne Sinn“) seinem Höhepunkt entgegenstrebt.

Eine junge Frau mit langen weinroten Haaren und einem Shirt mit der Aufschrift „Beweg was – bring dich um!“ klettert auf die Bühne und sagt etwas zu Kvarforth. Er schüttelt den Kopf und stößt sie weg. Eine andere junge Frau kniet halb auf der Bühne und singt jedes Wort mit, wobei ihr Tränen übers Gesicht laufen. Kvarforth scheint jeden Moment zu genießen. Wieder hebt er die Arme übers Publikum, wie um es zu segnen. An seinem linken Ringfinger steckt ein Verlobungsring.

Nach der Show steht der junge Mann mit dem „*Förintelse och libido*"-Shirt allein in der Bar. Er hat den linken Ärmel bis zur Schulter hochgekrempelt, und sein blutiger Arm sieht schrecklich aus. In der rechten Hand hält er ein Glas Bier. Wir bitten ihn um ein Foto. Er ist einverstanden, verschwindet aber, bevor wir nach seinem Namen fragen können.

Eine halbe Stunde später steht Niklas Kvarforth vor dem Club. Er trägt eine dünne grüne Armeejacke und scheint in der ungemütlichen Herbstnacht zu frieren. Ab und zu laufen Fans an ihm vorbei und sagen: „Tolle Show!" Jemand bietet ihm eine Zigarette an. Wir erklären ihm, dass wir an einem Buch arbeiten und gern mit ihm sprechen würden. Er murmelt: „Ihr könnt schreiben, was ihr wollt." Schließlich gibt er einsilbige Antworten, wobei er den Blick defensiv in die Dunkelheit richtet.

Wieso schneidest du dich auf der Bühne?
„Um mich in einen aggressiven, extrovertierten Zustand zu versetzen, damit ich die Texte richtig vermitteln kann."

Was wollte die junge Frau im Publikum?
„Mein Blut trinken."

Was hast du ihr gesagt?
„Dass sie nicht würdig sei. Warum sollte ich ihr dieses Privileg zugestehen? Bloß noch eine kranke, gebrochene Seele, die sich von einer anderen beschmutzen lässt – was soll das bringen? Keiner ist es wert. Jeder Mensch ist ein Krebsgeschwür und sollte ausgerottet werden."

Selbst du?
„Habe ich mich nicht klar genug ausgedrückt? Ich dachte, ich hätte! Ich hasse mich selbst, ich hasse dich und jede Menschenseele."

Hast du je ernsthaft an Selbstmord gedacht?
„Ich war ein paarmal in einer Anstalt, versuche aber jetzt, gegen meine Selbstmordgedanken anzukämpfen, denn wenn ich sterbe, wer soll dann noch predigen?"

Welches Ziel verfolgst du mit Shining?
„Bei Shining geht es darum, der Negativität direkt ins Auge zu schauen. Kopfüber ins Verderben. Unser Ziel besteht darin, dass so viele wie möglich sterben. Wir können das nicht erreichen, indem wir Menschen auf unseren Konzerten hinrichten, auch wenn das wunderbar wäre!"

Was wäre wunderbar?
„Wenn wir bei unseren Konzerten Leute hinrichten könnten. Aber das würde nur für eine Show funktionieren, dann käme die ganze Band ins Gefängnis. Stattdessen wollen wir andere anstiften, sich umzubringen. Und ich schätze, ihr habt bemerkt, wie wir aufs Publikum gewirkt haben – die Hälfte der Leute hat sich selbst geschnitten!"

Was genau gefällt dir nicht an der Menschheit?
„Schau mal in den Spiegel."

Niklas spricht gedämpft durch zusammengebissene Zähne, während kalter Wind durch die Hornsgatan fegt. Er erklärt, sein allgemeiner Hass auf Menschen sei einer der Gründe dafür, dass er vor Kurzem von Stockholm in die kleinere Küstenstadt Halmstad gezogen ist.

Onlineartikel über Shining zeichnen das Bild einer chaotischen Band mit einem Frontmann, der für Einflüsse weit jenseits der Grenzen des Metal offen ist. Wir erfahren, dass Niklas Kvarforth Heroin empfiehlt, die melancholische schwedische Rockgruppe Kent und Sängerin Dido liebt, aber das Leben „in all seinen perversen Ausformungen" hasst. Bassist Johan Hallander spielte einst in der experimentellen Band Tortura, deren Mitglieder sich auch selbst verletzten.

Die Geschichte von Shining begann 1996 als Soloprojekt des damals dreizehnjährigen Kvarforth. Zwei Jahre später nahm eine provisorische Besetzung die Single *Submit to Selfdestruction* auf, die bei seinem eigenen Label Selbstmord Services erschien. Ihr erstes Album *Within Deep Dark Chambers* wurde 2000 veröffentlicht. Die trostlose, karge Musik erinnert stark an Burzum. Die Texte sind in kompliziertem Englisch verfasst und werden mit rauer, aggressiver Stimme vorgetragen. Das Booklet enthält ein scheinbar authentisches Foto eines Mannes in typischem Thrash-Metal-Outfit; er trägt eine Lederjacke, Jeans und Turnschuhe – und baumelt an einem Strick von der Decke.

Der Begleittext zum Album ist ein detaillierter Bericht über eine turbulente Aufnahmesession, bei der die Band mit allerlei Komplikationen haderte. Schlagzeuger Wedebrand musste wegen einer Verletzung vorübergehend aussetzen, und ein Großteil der Musik wurde mit einem Click-Track aufgenommen. Nach seiner Rückkehr hatte Wedebrand dann Schwierigkeiten, das Tempo zu halten. Ein noch größeres Problem ergab sich daraus, dass Wedebrand den Gastsänger Andreas Classen von der deutschen Band Bethlehem umbringen wollte. In dem Text erklärt Kvarforth auch die Überlegungen, weshalb Wedebrand und er den Bassisten Tusk rekrutierten:

„... Schließlich wussten Wedebrand und ich, wenn jemand wie Tusk, den ich abgrundtief hasste, bei uns spielte, würde dies eine negativere Atmosphäre innerhalb der Band erzeugen, was bestimmt die Vision verstärkte, die wir hatten und immer noch haben."

Dass Tusk nur ein Jahr später von der Bildfläche verschwunden war, dürfte kaum jemanden überrascht haben.

Im Frühling 2004 wurde Kvarforth schwer depressiv und kam in eine Klinik. Die anschließenden Aufnahmen für das vierte Album der Band forderten einen hohen Tribut: Laut einem Interview im *Odium Magazine* vom September 2005 führte die harte Arbeit in Kombination mit „fehlenden Medikamenten, familiären Problemen und gegenseitigem Misstrauen" dazu, dass Bandmitglieder aufgrund der „enormen Negativität" die Band verließen. Selbstmord Services ging bankrott.

Als die Hälfte der Aufnahmen aufgrund eines technischen Malheurs gelöscht wurde, kam Kvarforth nicht mehr mit der Situation klar. Anfang August 2004 gab er bekannt, Shining hätten sich aufgelöst.

Doch Gitarrist John Doe unternahm mehrere Versuche, Niklas zu überreden, die Band zu reformieren, und im Februar 2005 war eine neue Besetzung komplett. Zudem wurde ein neuer Plattenvertrag mit dem französischen Label Osmose Productions unterzeichnet.

Auf einem Promo-Foto auf der Shining-Webseite zeigt John Doe zwei stark vernarbte Unterarme. Darunter steht in Fettschrift: „Möge die Selbstzerstörung blühen."

Rockmusik, in der es darum geht, anderen zu schaden, ist kaum etwas Neues. Bands, die ihre eigenen Fans ermutigen, sich das Leben zu nehmen, waren jedoch nicht einmal im kreativen Chaos der norwegischen Black-Metal-Welle in den Neunzigern üblich.

Das erste bekannte Musikstück im Zusammenhang mit Selbstmord war kein Metal-Song. 1932 komponierte der ungarische Pianist Rezső Seress das Lied „Vége a világnak" („Es ist das Ende der Welt"). Im folgenden Jahr schrieb der Dichter László Jávor einen neuen Text für das Stück und nannte es „Szomorú vasárnap" („Trüber Sonntag").

Der Text enthält Sätze wie „Mein Herz und ich haben beschlossen, alles zu beenden", und das Lied wurde prompt für eine Welle von Suiziden verantwortlich gemacht.

1936 entstand die englische Übersetzung „Gloomy Sunday", aber ein richtiger Hit wurde das Stück erst 1941 durch eine Aufnahme von Billie Holiday. Seitdem wurde es von so unterschiedlichen Interpretinnen und Interpreten wie Sinéad O'Connor, Elvis Costello und Diamanda Galás aufgenommen. Die moderne Sage von seiner Kraft, zum Selbstmord anzustiften, erhielt neue Nahrung, als Seress 1968 selbst Suizid beging. Nachdem er zuerst aus dem Fenster seiner Wohnung gesprungen war und überlebt hatte, erhängte er sich im Krankenhaus. Sein Todestag war ein Sonntag.

In der Anfangszeit des Heavy Metal ging es in Songtexten oft um lebensbejahende Themen wie Freiheit, Kameradschaft, Liebe, Feiern und einer einengenden Welt kollektiv den Mittelfinger zu zeigen. Als Ronnie James Dio im verträumten Mittelteil seines Songs „Die Young" den Titel („Stirb jung") wiederholte, verlieh er dem Tod wohl einen romantischeren Anstrich, als es irgendjemand vor ihm in einem Metal-Song getan hatte. Dennoch war Ozzy Osbourne und nicht Dio der Erste, dem vorgeworfen wurde, mit Liedtexten einen Selbstmord inspiriert zu haben.

1984 brachte sich der neunzehnjährige John McCollum aus Kalifornien um, während er das Ozzy-Album *Blizzard of Ozz* hörte. Er hatte noch seinen Kopfhörer auf, und das Album lag zum Abspielen der A-Seite mit dem Song „Suicide Solution" („Selbstmordlösung") auf dem Plattenteller. McCollums Eltern verklagten den Sänger, weil er den Freitod ihres Sohnes angeblich direkt beeinflusst hatte. 1988 wurde die Klage vom Gericht abgewiesen. Mehreren Musiker, darunter Judas Priest und Marilyn Manson, wurde seitdem vorgeworfen, entweder Selbstmorde verschuldet oder zum Mord aufgerufen zu haben.

Die amerikanische Punk-Legende GG Allin gilt oft als Vorreiter, was den Einsatz des eigenen Körpers als Mittel zum Schockieren des Publikums betrifft. Seine Auftritte Mitte der Achtziger waren berüchtigt: Er beschmierte sich mit Kot und Urin und warf sich auf Glasscherben. Das Schockelement schien selbstzweckhaft zu sein, und Allin zog alle Register.

In einem Interview für das amerikanische Punk-Magazin *Maximum Rocknroll* kündigte Allin 1988 an, sich an Halloween des folgenden Jahres auf der Bühne umzubringen. Die Tat wurde jedoch durch eine Gefängnisstrafe verhindert. Die Geschichte sollte sich wiederholen, denn Allin wurde danach jedes Jahr zu Halloween inhaftiert, bis er im Juni 1993 in einer New Yorker Wohnung an einer Überdosis Heroin starb.

Als skandinavische Death- und Black-Metal-Bands in den frühen Neunzigern das Erbe von Venom und Slayer weiterführten, richtete sich ihr Hang zur Gewalt nicht nur gegen andere. Selbstverletzung wurde zu einem Zeichen subkultureller Zugehörigkeit. Plötzlich gehörte ein in den Arm geritztes umgedrehtes Kreuz genauso zur Metal-Uniform wie Patronengürtel, Lederjacken und Bandshirts. Auf Partys hörte man Platten, trank Bier und wetteiferte dann miteinander, wer sich am häufigsten – und tiefsten – schneiden konnte.

Gleichzeitig nahm die Verherrlichung von Tod und Selbstmord in der Szene weiter zu.

Andreas „Whiplasher" Bergh erinnert sich an ein Gerücht, das den Geist der damaligen Zeit genau auf den Punkt bringt. „Die Leute behaupteten ständig, Mayhem hätten vor, sich die Köpfe wegzublasen, indem sie sich Sprengstoff um die Hälse banden. Das ist aber nie passiert."

Jan Axel „Hellhammer" Blomberg erinnert sich an eine andere Idee, die damals diskutiert wurde, nämlich Rasierklingen ans Publikum zu verteilen. Heute distanziert er sich entschieden von selbstmörderischen Botschaften, die sich an junge Menschen richten, was ihn gleichwohl nicht davon abhielt, mehrere Jahre lang Schlagzeug bei Shining zu spielen. Die anderen Mitglieder seien „speziell, aber wirklich cool", sagt er.

„Es war unterhaltsam. Als ich das letzte Mal nach Schweden reiste, um mit ihnen zu spielen, stach sich einer von ihnen nur zum Spaß eine Gabel in den Arm."

Im Sommer 2006 feierten Shining ihr zehnjähriges Bestehen mit einer Show in Oslo. Im Rahmen des Auftritts holte die Band einen Fan auf die Bühne und ließ ihn sich selbst verletzen. Als sich der junge Mann nach vorn beugte, begann Kvarforth, ihm mit einem Skalpell in den Rücken zu schneiden. Mehrere Zuschauer brachen in Tränen aus, und allgemeine Panik machte sich im Saal breit. Der lokale Veranstalter stieg auf die Bühne, um das Spektakel zu beenden, und der junge Mann wurde heruntergehoben. Für uns war er ein vertrautes Gesicht: derselbe Fan, den wir wenige Monate zuvor fotografiert hatten, nachdem er sich beim Shining-Konzert in Stockholm in den Arm geschnitten hatte. Wir erfuhren, dass er Kim Carlsson heißt und aus Jönköping stammt.

Über mehrere Monate hinweg versuchten wir immer wieder, Kvarforth zu erreichen, um ihm Folgefragen zu unserem kurzen Gespräch in der Hornsgatan zu stellen, aber unsere E-Mails blieben unbeantwortet.

Im darauffolgenden Winter veröffentlichte das schwedische Zentralamt für Gesundheits- und Sozialwesen einen Bericht, aus dem hervorging, dass die Zahl der jungen Frauen, die wegen Selbstverletzungen ärztlich behandelt wurden, in weniger als zehn Jahren um vierzig Prozent gestiegen sei. In der Zeitung *Svenska Dagbladet* kommentierte die Psychotherapeutin Therese Sterner den Bericht. Sie sagte, der Anstieg sei größtenteils darauf zurückzuführen, dass Selbstverletzungen unter jungen Menschen offener diskutiert würden, insbesondere im Internet. Zudem wies sie auf die hohe Gefahr der Beeinflussung hin und nannte als Beispiel, dass sich das Verhalten einer jungen Frau, die sich in einer psychiatrischen Klinik selbst schneidet, schnell auf andere Patienten übertragen könne.

Selbstverletzung und das Subgenre Depressive Metal scheinen parallel zueinander auf dem Vormarsch zu sein. In dem inzwischen geschlossenen Stockholmer Plattengeschäft Repulsive Records erzählt uns Besitzer Peter, die meisten Kunden würden den Stil einfach „Suicide“ nennen. Normalerweise empfehle er etwas von der australischen Ein-Mann-Band Abyssic Hate oder Forgotten Tomb aus Italien.

Peter erwähnt, dass immer mehr Leute nach einer schwedischen Band namens Lifelover fragen. Wie sich herausstellt, ist deren Sänger kein Geringerer als der schwer fassbare Kim Carlsson.

Die meisten Selbstverletzer, mit denen wir während der Arbeit an diesem Kapitel sprechen, sind in ihren Zwanzigern. Deutet das Alter irgendwie auf ihren geistigen Zustand und einen Lebenswandel hin, in dessen Mittelpunkt jugendliches Sich-Ausprobieren steht? Eine vorübergehende Phase, die auf eine Zukunft als gefestigte Individuen mit humanistischen Werten hinausläuft? Vielleicht findet sich die Antwort dort, wo alles anfing.

Finspång ist eine kleine Industriestadt zwischen dem Vätternsee und dem Küstenort Norrköping. In einem Kellerstudio, das nur einen Steinwurf vom Stadtzentrum entfernt lag, nahm Produzent Dan Swanö Anfang der Neunziger die sagenumwobenen Sessions des Selbstfolter-Black-Metal-Duos Abruptum auf – vielleicht die erste Band der Welt, die Selbstverletzung buchstäblich zu einem festen Bestandteil ihres Sounds machte. Sie trat erstmals in den späten Achtzigern in Erscheinung und benannte sich nach dem italienischen Wort für Abgrund.

In einem Interview mit dem *Close-Up* im Juni 1992 sprach Øystein „Euronymous" Aarseth voller Stolz über die bevorstehende Abruptum-LP *Obscuritatem Advoco Amplèctere Me* auf seinem Label Deathlike Silence Productions. „Dieses Album ist das Abgefuckteste, was je aufgenommen wurde. Es ist keine gewöhnliche Musik, sondern fünfzig Minuten Bösartigkeit. Sie haben sich im Studio gegenseitig brutal gefoltert, und man kann sie wirklich leiden hören."

Die Eskapaden der zwei Selbstfolterer entwickelten sich unter Metal-Fans gewissermaßen zu einem modernen Mythos. Eines der beiden Mitglieder, Morgan „Evil" Håkansson, avancierte als Anführer von Marduk zu einer der stärksten Kräfte innerhalb des schwedischen Black Metal. Das zweite Mitglied It, dem man nachsagte, er sei zu böse, um einen menschlichen Namen zu haben, blieb eine Randfigur außerhalb des engen Szenekreises. Einzelheiten über die Studioaufnahmen von Abruptum wurden geheim gehalten. Dies trug nur zu ihrem Ruf als übelstes Duo der Welt bei. Die wenigen Bandfotos, die im Umlauf waren, zeigten zwei finstere Gestalten mit primitivem Corpsepaint und selbst gemachten Nietenarmbändern, die den Betrachter aus einer düsteren Umgebung anstarren.

Dan Swanö hat die Aufnahmen als Mischung aus einer schwarzen Messe und einem ausgelassenen Besäufnis im Dunkeln in Erinnerung behalten.

„Ich weiß immer noch nicht genau, was im Studio vor sich ging. Die Lichter waren immer alle ausgeschaltet; die einzige Lichtquelle im Raum waren die Aufnahmegeräte. Ich erinnere mich, dass sich It mit einem stumpfen Teppichmesser in die Arme schnitt, und unserer schöner neuer Teppichboden war voller Blut."

Für eine der Abruptum-Sessions baute Swanö einfach die Mikrofone auf, drehte den Halleffekt voll auf, startete die Aufnahme und fuhr nach Hause, um eine Tasse Kaffee zu trinken.

„Als ich vierzig Minuten später zurückkam, war das Album fertig. Ich weiß nichts darüber, was während dieser Session passiert ist – sie könnten da drin genauso gut Tiere geopfert haben."

Swanö erzählt auch, wie sie It einmal unter einer Couch einklemmten, um seine Platzangst hervorzurufen.

„Hauptsache, es verursachte echten Schmerz, echtes Leid und so weiter. Ich habe das nie ganz ernst genommen; ich war eher der Studiotyp, doch die Auswirkungen dessen, was wir da unten getrieben haben, überraschten mich."

Wie berüchtigt die Aufnahmen waren, wurde ihm erst später klar, als sich andere Bands, mit denen er zusammenarbeitete, nicht mehr darüber einkriegten, dass It im selben Ort lebte. Swanö war zu diesem Zeitpunkt Mitglied der Death-Metal-Band Edge Of Sanity und ein aufstrebender junger Produzent. Auch war er derjenige, der die beiden Abruptum-Mitglieder miteinander bekannt machte.

Morgan Håkansson gibt an, zwischen ihm und It habe sofort eine Verbindung bestanden.

„Wir hatten viele Ideen, um neue Extreme mit Musik auszuloten. Wir versuchten, Klangeffekte einzufangen, die noch niemand zuvor gehört hatte, zum Beispiel das Geräusch, das entsteht, wenn man sich schneidet."

Er möchte nicht darüber sprechen, was während der Aufnahmesessions geschah. „Da gibt es wirklich nicht viel zu sagen. Es ist nichts, was man ins Licht der Öffentlichkeit rücken sollte."

Abgesehen von der unheilvollen Atmosphäre hat Abruptums Musik mehr mit Noise und anderen experimentellen Genres gemein als mit Metal. Den meisten Tracks fehlen traditionelle Strukturen; sie bestehen hauptsächlich aus dumpfen Soundwänden, qualvollen Schreien und abgründigen Geräuschen.

Der Compilation *Evil Genius* lag tatsächlich eine Rasierklinge bei, die von dem Slogan „Inklusive Rasierklinge – bring dich um!“ begleitet wurde. Sie erschien über Hellspawn Records, dem Label des ehemaligen Dark-Funeral-Gitarristen David „Blackmoon“ Parland.

Wir treffen Parland 2006 nach Dissections Midsummer Massacre backstage im Club Hovet. Er macht einen etwas verwirrten Eindruck, freut sich aber sichtlich, als er an alte Zeiten erinnert wird.

Während er aufgeregt über das „Rasierklingen-Album“ spricht, brennt die Zigarette in seiner Hand bis zum Filter ab.

„Es war total fucking evil. Ich weiß noch, wie wir in einen Stockholmer Baumarkt gingen, um zweitausendfünfhundert Rasierklingen zu kaufen. Sie fragten uns, was wir mit ihnen tun wollten. Ich antwortete, wir würden sie für eine Videoaufnahme verwenden. Das kostete uns viertausend Kronen, und wir haben einen ganzen Tag damit verbracht, sie in die CD-Hüllen zu legen.“

Aber er bezweifelt, dass irgendjemand, der das Album kaufte, der Aufforderung wirklich nachkam.

„Jedenfalls nicht, dass ich wüsste. Wir taten es in erster Linie, weil ich das Gefühl hatte, wir bräuchten eine besondere Marketingstrategie. Und wir verkauften zweitausendsiebenhundert Exemplare davon, was heute nicht mehr möglich wäre. Zwei Jahre später ging das ganze Label den Bach runter.“

In einer E-Mail möchte It wissen, warum wir über Abruptum sprechen wollen. Er weist darauf hin, dass er auch in Bands wie Ophthalamia, Vondur, War und zuletzt 8th Sin aktiv war.

Als wir ihn anrufen, redet er für jemanden mit nahezu mythischer Geschichte überraschend offen. Allerdings sollen wir seinen Geburtsnamen nicht preisgeben. Sich an Details zu Abruptums Studioaufnahmen zu erinnern fällt ihm schwer, denn er sei, so sagt er, währenddessen in Trance geraten.

„Meine Erinnerungen sind nur kurze, bruchstückhafte Bilder oder Eindrücke von Chaos, Hass, Dunkelheit und Blut."

It wurde 1972 geboren und wuchs bei einer arbeitsamen Mutter auf, die vier Kinder, drei Jobs und einen alkoholabhängigen, zu körperlicher Gewalt neigenden Ehemann hatte. Seinen leiblichen Vater hat It nie kennengelernt. Er berichtet, wie frühe Erlebnisse häuslicher Gewalt tiefe emotionale Narben bei ihm hinterließen und dass er sich immer wie ein Beobachter fühlte; wie er die Welt von außen betrachtete, ohne an ihr teilzuhaben.

„Ich denke, vieles hängt damit zusammen, dass ich so jung war, als meine Mutter misshandelt wurde, weshalb ich ihr nicht helfen konnte und mich machtlos fühlte."

Im Laufe der Jahre empfand er sich in zunehmendem Maße als anders. Er hatte Schwierigkeiten, jemanden zu finden, der sich mit ihm identifizieren konnte, und fühlte sich immer weniger wie ein Mensch. Er nahm den Namen It an und hat ihn seither beibehalten.

Zum ersten Mal verletzte er sich im Alter von zwölf Jahren absichtlich selbst. Er sei von dieser Erfahrung begeistert gewesen, sagt er.

„Ich war immer ein sehr selbstzerstörerischer Mensch, also habe ich mir natürlich auch außerhalb von Abruptum bewusst wehgetan. Ich schneide mich immer noch gelegentlich. Den Grund dafür kann ich nicht richtig erklären."

Seit seiner Kindheit hat er Depressionen, die unter der Oberfläche lauern. Sie äußern sich vor allem in Selbstmordgedanken. Er erhält Behindertengeld, seitdem er volljährig ist, nachdem ihm eine Panikstörung attestiert wurde. Dennoch sagt er, dass es ihm heute besser geht.

„Ich glaube, dass ich im Griff habe, wer ich bin und was ich will. Statt wie früher Antidepressiva zu nehmen und in der Psychiatrie ein- und auszugehen, praktiziere ich Meditation, Schamanismus und Kampfsport."

Seine Haltung gegenüber Mensch und Welt hat sich hingegen seit seiner Jugend nicht wesentlich verändert.

„Ich schätze, ich habe die gleiche Einstellung wie immer – dass die Menschheit ein elendes Virus ist. Eine krebsartige Zyste, die sich ausbreitet. Wenn wir an einem Ort alles vernichtet haben, gehen wir zum nächsten und stürzen auch ihn ins Unheil. Gleichzeitig sind wir selbst das Antivirus, weil wir letztlich unsere eigene Zerstörung provozieren."

It erwähnt, dass er von amerikanischen Ureinwohnern abstammt. Sein leiblicher Vater war Apache und kam in den frühen Siebzigern nach Schweden, nachdem er einige Zeit in Marokko verbracht hatte. Seine Mutter begegnete ihm eines Tages am Stockholmer Hauptbahnhof; sie aß zwischen zwei Arbeitsschichten einen Hotdog.

„Er ging auf sie zu, warf den Hotdog in einen Mülleimer und führte sie zu einem ordentlichen Abendessen aus."

Er hat keine Ahnung, was mit seinem Vater passiert ist.

„Ich habe gehört, er soll von der U-Bahn überfahren worden und gestorben sein. Da er aber illegal eingewandert war, wurde nicht richtig untersucht, ob es sich wirklich um ihn handelte, ob es ein Unfall gewesen ist oder ob er auf andere Weise dort landete. Zu dieser Zeit war meine Mutter mit einem von mehreren Männern verheiratet, die sie verprügelten. Ich glaube, mein Vater war für sie ein Lichtblick, so etwas wie ein Schutzengel."

Ein Engel, für den es nicht gut ausgegangen ist.

„Nein, aber so läuft es meistens. Sieh dir bloß Luzifer an."

Einer der Texte des Neuen Testaments berichtet von einer Begegnung Jesu mit einem Mann, der in Grabkammern lebt und sich mit spitzen Steinen verletzt.

In zeitgenössischen Studien zu diesem Phänomen ist der typische Selbstverletzer immer eine Frau gewesen. Einige Experten sind sogar so weit gegangen, das Verhalten mit dem weiblichen Geschlecht in Verbindung zu bringen. In seinem Buch *Hål i huden – Flickor som skär sig* („Löcher in der Haut – Frauen, die sich selbst schneiden") beschreibt der Psychotherapeut Per Wallroth eine depressive Frau, die an Amenorrhoe leidet, dem völligen Ausbleiben der Menstruation, und sich die Arme aufschneidet, um die Blutung nachzustellen.

2009 erregte eine Umfrage unter tausend jungen Menschen in Südschweden mediale Aufmerksamkeit. Sie ergab, dass sich jeder vierte Jugendliche im Alter von um die fünfzehn Jahre schon mindestens einmal selbst verletzt hatte. Und erstmals wurde auch nachgewiesen, dass Selbstverletzungen bei Jungen häufiger vorkommen als bislang angenommen.

Auf einem Watain-Konzert in Linköping treffen wir Emelie Zorsha, eine Frau in ihren Dreißigern, die Mitglied eines Kreises innerhalb der schwedischen Black-Metal-Szene ist, in dem ritueller Aderlass an der Tagesordnung steht. Außerdem gehört sie einer sexuellen Minderheit an, die sogenannte Blutspiele praktiziert: gegenseitiges Schneiden als Teil des Vorspiels. Sie behauptet, dies sei im Black Metal relativ weit verbreitet.

„Sowohl das Christentum als auch viele Naturreligionen betrachten Blut als etwas Heiliges“, erklärt Emelie. „Wir feiern es bis heute durch das Abendmahl. Für mich ist es das, worum es beim Blutspiel geht: ein Mann, der bereit ist, für mich zu bluten, sein Leben und die heilige Flüssigkeit strömen zu lassen. Jemand anderen zum Bluten zu bringen ist nicht schwer – aber wenn man sich entscheidet, selbst zu bluten, hat man das intimste aller Opfer gebracht.“

Sie war sechzehn, als sie zum ersten Mal einen Mann in einer intimen Situation dazu brachte, sich zu verletzen. Ihre Begeisterung für scharfe Gegenstände nahm zu, und sie begann, Messer zu sammeln. Eine Zeit lang hatte sie eine romantische Beziehung mit dem Shining-Bassisten Johan Hallander; sie spricht dabei von einer „lustigen Zeit“.

„Es lief so nach dem Motto: Sollen wir heute Abend das neue Messer einweihen?“

Zorsha gibt an, eine der ersten Raverinnen in Schweden gewesen zu sein, und die Rave-Kultur habe nach wie vor einen starken Einfluss auf ihr Leben. Was ihr am meisten daran gefällt, ist die Realitätsflucht.

„Die meisten Dinge, die mich amüsieren, sind so weit von der Realität entfernt wie möglich. Ich lese keine Zeitungen, schaue keine Nachrichten und lese nur Bücher, die in den Bereichen Horror, Science-Fiction, Fantasy und Märchen angesiedelt sind. Die Realität ist mir zu schmerzhaft, als dass ich an ihr teilhaben wollte."

Sie erzählt uns, sie sei Mitglied in mehreren Wohltätigkeitsorganisationen, deren Publikationen aber immer ungelesen in ihrem Papierkorb landen.

„Ich möchte auf keinen Fall mehr darüber erfahren, was in der Welt vor sich geht, denn ich würde mich am nächsten Tag erschießen. Es fühlt sich so hoffnungslos an, wenn man in einem Lebensmittelladen gearbeitet hat und weiß, dass man selbst in einem Monat so viel recycelt, wie sie dort in einer Stunde wegwerfen. Trotzdem muss man es tun. Man kann sich nicht einfach entscheiden, sich um nichts mehr zu kümmern."

Emelie betont, es gebe abgesehen von psychiatrischen Störungen viele verschiedene Gründe dafür, dass sich Menschen selbst schneiden. Die meisten davon seien in der Black-Metal-Szene zu finden.

„Vielleicht ist es an der Zeit, dass Jungs ein bisschen destruktiv werden und ihre Negativität gegen sich selbst statt gegen die Welt um sie herum richten. Sich selbst zu schneiden war früher eher eine Sache für Mädchen."

Zorsha kennt Niklas Kvarforth seit vielen Jahren und beschreibt ihn als etwas ganz Besonderes: „Er ist einer der rätselhaftesten Menschen, denen ich je begegnet bin. Er schockiert gern. Und natürlich weiß ich, dass vieles von dem, was er tut, nur Effekthascherei ist. Andererseits hat er sich auch schon so oft allein zu Hause geschnitten. Er ist dermaßen mit Narben übersät."

Sie stellt klar, dass sie keine Schuld an den wulstigen dicken Narben auf Johan Hallanders Unterarmen trägt.

„Sie schneiden ihn jetzt auf der Bühne. Wenn ich ihn schneide, kümmere ich mich um die Wunden, verbinde sie und sorge dafür, dass davon nur dünne Linien zurückbleiben. Der Band ist das egal, wenn sie hinterher trinken geht. Auf der letzten Tour musste er zweimal genäht werden."

Kim Carlsson von Lifelover trägt kniehohe schwarze Stiefel, eine Stretchjeans und nur einen ausgewaschenen schwarzen Kapuzenpulli, obwohl die Temperatur unter dem Gefrierpunkt liegt. Er behauptet, gern zu schlottern.

Zwei Wochen sind seit dem Shining-Gig in Oslo vergangen, bei dem er sich auf der Bühne schnitt und Niklas Kvarforth dann erlaubte, ihn mit einem Skalpell zu bearbeiten. Der Frontmann sollte ihm anlässlich des zehnjährigen Bestehens der Band das Wort „Shining" in den Rücken ritzen. Kim ist zufrieden mit dem, was er getan hat, obwohl er vom Veranstalter von der Bühne gezerrt wurde. Immerhin hat er den Leuten Unbehagen bereitet.

„Wenn Mädchen heulen, geht mir das Herz auf. Es ist so elend, schön und unschuldig. Man berührt sie im Inneren; das ist ein gutes Gefühl."

Kim erzählt, er habe sich geschnitten, um sich zu vervollkommnen, will das aber nicht zu genau analysieren. Er sagt, dass sich jeder, den er kennt, mindestens schon einmal geschnitten hat. Er selbst fing vor sechs Jahren damit an, um zu sehen, wie es unter seiner Haut aussieht. Er war überrascht, wie gut der Schmerz tat; und dann konnte er nicht mehr aufhören.

„Es gibt so viele Möglichkeiten, sich zu verletzen – so viele verschiedene Gegenstände, mit denen man sich verletzen kann. Ich komme anscheinend gar nicht umhin, alle auszuprobieren. Mich entscheiden zu können, zu leiden, gefällt mir. Es ist etwas, das sich im Laufe der Jahre entwickelt hat. Es begann, als ich jünger war, und ich war schon immer ziemlich unsozial."

Kim begann mit elf Jahren, Black Metal zu hören. Die Musik vermittelte ihm ein Gefühl von seelischer Kälte und Resignation gegenüber allem, was existiert. Er wollte weg von anderen Menschen, von ihrem Atem, ihren Körpern, ihrer ganzen Existenz. Am besten, so sagt er, höre man Black Metal in einer kalten Winternacht allein im Wald, wo man nur von Landschaft und Dunkelheit umgeben ist.

„Von allem ausgeschlossen und allein gelassen in einem leeren Raum. Ich liebe es – Streben nach allem, was außerhalb des Gewöhnlichen liegt; jenseits der Gesellschaft, jenseits der Menschheit."

Er macht Musik unter dem Namen Hypothermia und betreibt ein Plattenlabel namens Insikt („Einsicht"), das unter anderem Alben von Woods Of Infinity aus Umeå veröffentlicht.

Kims Arbeitskollegen reden manchmal über junge Frauen, die sich selbst schneiden. Keiner von ihnen hat je seine Arme gesehen, da er immer lange Ärmel trägt.

„Ich sitze also völlig zerschnitten neben ihnen und höre zu, wie sie darüber reden, dass sich Frauen selbst verletzen, um gegen ihre Eltern und die Gesellschaft zu rebellieren und zu zeigen, dass sie ihr Leben selbst in die Hand nehmen können. Das ist bis zu einem gewissen Grad wahr, hat aber nichts mit mir zu tun."

Während des Shining-Gigs in Stockholm teilte Kim seine blutigen Rasierklingen. Er sagt, andere hätten sich damit geschnitten und sich mit seinem Blut beschmiert. Erst im Nachhinein fragten sie ihn, ob er irgendwelche Krankheiten habe. Aber er sagt, er habe keine.

„Abgesehen von den psychischen."

Sein Geisteszustand wird schon lange untersucht, aber eine Diagnose steht noch aus.

„Sie ziehen die Bewertung in die Länge und finden immer wieder neue Dinge. ‚Dieser Kerl hat die meisten' war das Erste, was sie sagten. Doch man kann ja nicht alles haben."

Vor vier Jahren brachte er eine Freundin dazu, Shining zu hören. Seitdem hat sie mehrere Male versucht, sich das Leben zu nehmen. Kim sagt, dass sie bei mindestens einem ihrer Selbstmordversuche von der Botschaft der Band beeinflusst wurde. Für ihn ist das kein Problem; im Gegenteil, er unterstützt ihre Entscheidung.

„Mir ist egal, ob Menschen leben oder sterben. Jeder hat es in gewisser Weise verdient, zu sterben; jeder trägt auf irgendeine Weise zum Elend eines anderen bei."

Wir weisen darauf hin, dass jeder auch zum Glück eines anderen beiträgt.

„Natürlich, das ist der schöne Widerspruch."

Professor Jan Beskow ist Facharzt für Psychiatrie und Sozialmedizin und beschäftigt sich seit Ende der Sechziger mit Suizidforschung und -prävention. Er hat mehrere Bücher zum Thema geschrieben, darunter *Suicidalitetens språk* („Sprache des Selbstmords") von 2005, das heute Kursliteratur an mehreren Universitäten und Fachhochschulen ist. Beskow zufolge muss die Terminologie des Suizids weiterentwickelt werden, um ihn besser verhindern zu können. Seiner Meinung nach stehen den Menschen im Allgemeinen nur drei Begriffe zur Verfügung: „Selbstmord", „Selbstmordversuch" und „Selbstmordgedanken". „Die meisten fürchten sich davor, überhaupt darüber zu sprechen. Da Selbstmord so individuell ist, ist ein so stark eingeschränkter Wortschatz unzureichend. Diejenigen, die in Depressionen versinken, haben keine Sprache, um mit dem Gefühl umzugehen, dass sie sich umbringen wollen. Wenn wir eine vielfältigere, differenziertere Sprache hätten, um über Suizid zu sprechen, könnten wir so viel mehr erreichen."

Beskow sagt, die meisten Menschen, die sich selbst verletzen, wollen dadurch ihre Ängste bekämpfen.

„Wenn die Angst groß genug ist, geraten sie gewissermaßen in einen dissoziativen Zustand, in dem sie sich nicht lebendig fühlen. Sie werden völlig steif. Und wenn sie sich schneiden, stellen sie fest, dass es nicht wehzutun scheint. Daher schneiden sie immer tiefer. Je näher sie den Adern kommen, desto mehr drängt sich der Gedanke auf: ‚Sieh an, ich kann sterben.' Sie stellen wieder Kontakt zu sich selbst her und können emotional zurückkehren."

Das Gefühl kann sogar als Mittel zum Überleben wahrgenommen werden. Beskow weist jedoch darauf hin, dass selbstverletzendes Verhalten genauso wie Alkohol und Drogen schnell zur Gewohnheit und damit immer riskanter wird. Plötzlich ist das Gefühl nicht mehr so stark, also muss man tiefer schneiden. Sichtbare Selbstverletzungen ziehen oft langersehnte Aufmerksamkeit und das Mitgefühl des Umfelds auf sich, was ebenfalls gefährlich ist.

„Sie werden plötzlich von Menschen umsorgt und erhalten Zuwendung, wodurch sich das Verhalten ausweitet. Es ist wichtig, bei der Einweisung solcher Patienten in die Psychiatrie vorsichtig zu sein, weil sie andere mitreißen und etliche weitere Probleme verursachen."

Andererseits sagt Beskow, dass Selbstmordgedanken für viele ein Trost sein können.

„Es ist ein Ausweg. ‚Der Gedanke an Selbstmord ist ein starkes Trostmittel: Mit ihm kommt man gut über manche dunkle Nacht hinweg', sagte einmal ein Philosoph."

Beskow ist die in manchen subkulturellen Strömungen gängige Verherrlichung von Suizid geläufig. Er hat sogar einen Begriff dafür: „Man könnte sie als Platzhalter für den Tod betrachten. Viele Menschen haben Selbstmordgedanken, können sich aber nicht durchringen, sie zu verwirklichen. Und dann gibt es ein allgemeines psychologisches Gesetz, das besagt, dass es sich gut anfühlt, wenn andere das tun, was man selbst gern tun würde."

Er erwähnt mehrere Webseiten, auf denen Besucher zum Selbstmord angestiftet werden, und behauptet, sie hätten dazu beigetragen, die Abläufe bis zum Suizid zu beschleunigen. Was zuvor womöglich Jahre dauerte, kann jetzt in einer Woche oder wenigen Tagen geschehen.

„Es ist ein Risikofaktor für problembeladene Jugendliche mit psychiatrischen Störungen. Es grenzt an Anstiftung im strafrechtlichen Sinn. Die Menschen werden ermutigt, schwerwiegende zerstörerische Handlungen zu begehen."

Was die Methoden verschiedener Metal-Bands angeht – die Musik, Texte und Bilder verwenden, um den Hörer zu Selbstmordgedanken zu bewegen –, deuten Beskows Untersuchungen darauf hin, dass sie wirksam sein können. Er spricht von einer englischen Studie, in der Selbstmordgedanken in einem Labor ausgelöst wurden.

„Sie setzten traurige Musik ein. Man könnte auch traurige Filme zeigen oder über traurige Dinge sprechen. Wenn man das in einem klinischen Umfeld tat, wurden sogar gesunde Menschen traurig. Zum Glück lässt das Gefühl bei ihnen schnell nach, aber Menschen mit einer Vorgeschichte von Depressionen und Selbstmordgedanken neigen erneut dazu. Musik kann alles Mögliche begünstigen, natürlich auch Selbstmord."

Als wir nach Halmstad reisen, um Niklas Kvarforth wieder zu treffen, ist es ein warmer Tag im Juni 2006. Der schlaksige Mann, der auf der Couch im Foyer des Hotels Scandic Hallandia auf uns wartet, sieht geradezu absurd jung aus, obwohl er dreiundzwanzig Jahre alt ist. Er trägt rote Puma-Turnschuhe, eine Jeans mit aufgerissenen Knien und ein weißes Langarmshirt mit Shining-Motiv. Bei näherer Betrachtung zeigen seine kurz geschorenen Haare den Anflug eines Irokesenschnitts. Das Empfangspersonal linst auf seine Arme, die mit Narben und roten Schnitten übersät sind.

Niklas schüttelt unsere Hände und fragt, ob die Reise von Stockholm gut verlaufen sei. Die abweisende Person, mit der wir vor sieben Monaten in Stockholm gesprochen haben, ist längst verschwunden.

Es ist etwas mehr als eine Woche her, dass er angerufen hat, um sich nach der Story zu erkundigen, an der wir gerade arbeiten. Er behauptet, uns nicht früher kontaktiert zu haben, weil er seine E-Mails selten abrufe.

Niklas hat uns eingeladen, einen ganzen Tag mit ihm und der Band in Halmstad zu verbringen. Er sagt, die Leute hätten eine „verdammt starke" Tendenz, das Selbstmordelement in Shinings Liedtexten und Bildersprache falsch zu interpretieren.

„Selbstmord ist ein Thema, das wir in zwei Songs auf dem ersten und einem auf dem zweiten Album verwendet haben. Mal ernsthaft, welche Band hat das nicht getan, egal in welchem Genre?"

Als wir auf den Selbstmordsong „Gloomy Sunday" zu sprechen kommen, leuchten Niklas' Augen auf.

„Man könnte sagen, er war das Pendant seiner Zeit zu ‚Hurt' von Nine Inch Nails. Ihn zu hören geht durch Mark und Bein wie bei einem gehänselten Neuntklässler, der zum ersten Mal Kent hört."

Sein Westküstenakzent schimmert durch, als er erwähnt, dass es mit seiner Partnerin Angela und ihrer Beziehung nicht allzu gut gelaufen sei. Niklas zog vor sechs Monaten aus. Er erzählt uns, dass er es nicht geschafft habe, die Beziehung emotional hinter sich zu lassen, und dass er in letzter Zeit „sehr empfänglich" gegenüber gewissen Dingen sei. Wir erfahren auch, dass Bassist Johan Hallander vor einigen Tagen aus der Psychiatrie entlassen wurde. Der neue Gitarrist der Band, Peter Huss, leitet außerdem einen Softair-Gefechtsübungsplatz namens Unreal Steel, wo sich angehende Leibwächter gegenseitig mit Waffenrepliken und Kunststoffmunition beschießen.

„Er ist besessen von allem, was mit dem Militär zu tun hat, und ein ziemlich seltsamer Mensch. Wahrscheinlich der Gestörteste von uns allen."

Niklas fragt, ob wir Hunger haben, im Hotelfoyer gebe es etwas zu essen. Wir bekommen Nudelsalat und bieten ihm etwas davon an.

„Nein, danke, ich bin auf Diät", erwidert er und tätschelt mit ironischem Grinsen seinen ausgemergelten Bauch. Kurze Zeit später erwähnt er, dass er aufbrechen und Geld eintreiben muss, da er seit einigen Wochen keines mehr hat. Finanziell ist er immer noch am Boden, seitdem sein Plattenlabel Selbstmord Services pleiteging.

Niklas beginnt, den Tagesplan durchzugehen. Später würde er gern grillen, sagt er. Der Duft von Grillfleisch sei eines der wenigen Dinge, die ihm ein Gefühl von Zufriedenheit geben.

„Ich dachte, wir fahren an den Strand, um in diesem Sommer noch ein Erfolgserlebnis zu haben. Schließlich seid ihr in der Stadt der drei Herzen; der schönsten Stadt der Welt!"

Bald gehen wir an der Hauptstraße in Richtung Norden. Niklas sagt, er arbeite darauf hin, dass man Halmstad tagsüber mit dem Lokalhelden Per Gessle (Gitarrist und Sänger von Roxette) und nachts mit Niklas Kvarforth in Verbindung bringt. Er leiht sich hundert Kronen bei uns, um in einem Laden Zigaretten zu kaufen. Wir sind auf dem Weg zu Johan Hallander, der in Niklas' alte Wohnung eingezogen ist. „Oder Johanna, wie ich ihn nenne. Er hat es nicht verdient, anders genannt zu werden. Das Interessante an ihm ist, dass er unglücklich sein will. Er ist wie eine kleine Marionette."

Vorgestern besuchten die beiden Niklas' ehemaligen Schwager Pierre. Man wollte den Geburtstag des emotional unbeständigen Bassisten feiern. Das Ganze geriet außer Kontrolle, als Pierre plötzlich mit seinen Fäusten auf Johan einschlug, sodass dessen selbst zugefügte Verletzungen aufplatzten.

„Fünf Minuten später war der Wohnzimmerboden voller Blut", sagt Niklas und betont, dass er nicht mit allen seinen Bandkollegen ein so gewalttätiges Verhältnis hat.

„Mit unserem Drummer Ludde verstehe ich mich wunderbar. Er bringt mich runter."

Am liebsten würde er den Schlagzeuger aus den Interviews heraushalten, um keine Probleme zu verursachen.

„Er hat Kinder, und seine Ex-Freundin macht sich große Sorgen. Das kann ich gut verstehen. Es gibt nichts besonders Kontroverses an seiner anderen Band Spiritual Beggars; sie ist aber viel besser als Shining. Wirklich ärgerlich, aber so ist es eben. Ironischerweise handeln viele ihrer Songs von meiner Ex, da sie mit dem Sänger zusammen war. ‚Angel of Betrayal' ist einer von ihnen."

Dann erzählt Niklas von einem Gespräch, das er einmal mit Jan Axel „Hellhammer" Blomberg hatte, als dieser seiner Band angehörte: „Ich sagte: ‚Nach dem, was ihr bei Mayhem durchgemacht habt – ein Sänger erschießt sich, und ein Bassist bringt den Gitarristen um –, muss es für dich ziemlich entspannend sein, mit Shining zu spielen.' Er antwortete, Shining seien viel schlimmer."

Niklas grinst und tritt in eine Seitenstraße, die vom Stadtzentrum wegführt.

„Ich glaube, wenn man sich auf Shining einlässt, zerstört man einen großen Teil seines Lebens. Johan Hallander, den wir bald treffen, ist ein perfektes Beispiel dafür."

Johan wohnt in einem beigefarbenen Wohnhaus, das nur wenige Minuten von der Hauptstraße entfernt ist. Niklas schaut unter einem Fenster im ersten Stock hoch und ruft den Namen des Bassisten. Er erklärt, es gebe einen Türcode, doch der Vermieter weigere sich, ihn zu teilen, mit der Begründung, die Gefahr von Einbrüchen würde dadurch steigen.

Die Tür geht auf, und Johan Hallander lässt uns eintreten. Er trägt eine Jeans mit Schlag und ein schwarzes T-Shirt. Seine langen braunen Haare sind zerzaust, und er sieht aus, als wäre er gerade aus dem Bett aufgestanden. Niklas fragt, wie es ihm gehe. Der Bassist murmelt etwas Unverständliches. Der Boden der Studiowohnung ist mit leeren Bierdosen und Plattenhüllen übersät. An einer Wand steht eine Couch. Johan setzt sich gleich hin und zündet eine Zigarette an. An der gegenüberliegenden Wand steht eine Stereoanlage mit zwei gewaltigen Lautsprechern.

Niklas spielt mit einem Paar Nunchakus herum, die er auf der Fensterbank gefunden hat.

Johans Arme sehen durch Schnittwunden in verschiedenen Stadien der Heilung stark verschrammt aus. Direkt unter seiner rechten Schulter befindet sich eine frische Narbe, die so groß ist, dass man meinen könnte, jemand hätte ihn mit einer Axt geschlagen.

In einer Nische steht in großen Buchstaben das Wort *tomhet* („Leere") mit Blut an die Wand geschrieben, ein Überbleibsel einer weiteren eskalierten Party. Im Regal steht ein Buch mit dem Titel *Häxkonst* („Hexerei"). Eine Zeit lang bleibt es unangenehm still – Hallander geht es offensichtlich nicht gut, und etwas Passendes zu sagen fällt uns schwer. Wir blättern abwesend durch das Hexenbuch. Seite sechzehn enthält ein Rezept für „Höllensuppe". „Ein geiler Bandname", kommentiert Kvarforth. Auf der Bibliothekskarte steht, dass es aus dem Bestand einer weiterführenden Schule im Stockholmer Vorort Farsta stammt und im Oktober 1998 hätte zurückgegeben werden sollen.

Hallander scheint wirklich überrascht zu sein, als wir ihn fragen, wie es ihm geht.

„Wie es mir geht? Im Moment nicht so gut. Ich war eine Weile in einer Anstalt und wurde erst vorgestern entlassen. Von Zeit zu Zeit wurde ich dort behandelt; wegen Depressionen und so."

Niklas kichert am Fenster und sagt etwas darüber, wie schön es sei, dass man durch sein eigenes Handeln geformt würde. Hallander seufzt.

„Ich bin hingegangen und hab mich freiwillig einweisen lassen. Schaut euch bloß meine Arme an. Wenn die so aussehen, ist es ganz einfach, aufgenommen zu werden."

Er behauptet, sein Zustand sei diesmal besser als bei seinem vorherigen Aufenthalt in der psychiatrischen Klinik. Damals habe er tatsächlich versucht, sich umzubringen.

„Aber das tue ich nicht mehr. Im Ernst, das Einzige, was ich jetzt mache, ist …“

„Das Leben auskosten“, wirft der Sänger am Fenster ein.

„Ja, genau, das Leben auskosten. Aber manchmal geht das ein bisschen zu weit. Und dann braucht man etwas Hilfe, um wieder in die Spur zu kommen. Es gibt die Hölle, und es gibt das Fegefeuer. Die Hölle ist, wenn es wirklich schlimm ist. Das Fegefeuer ist genau jetzt, wenn wir hier sitzen.“

Hallander sagt, sein selbstverletzendes Verhalten habe viele Facetten. Als er seine Jungfräulichkeit verlor, brach ihm das Mädchen, mit dem er zusammen war, versehentlich die Nase. Er erkannte, dass ihm Bluten sexuelles Vergnügen bereitete. Shining würden ihm hingegen spirituelles Vergnügen bereiten.

„Die Musik der Band hat mir schon viel bedeutet, bevor ich Mitglied wurde. Ich habe die erste Single gekauft, als sie rauskam. Die Musik spricht mich auf eine Weise an, wie es die meiste andere Musik nicht tut. Sie versetzt mich in einen Gemütszustand von Hass, Trauer und Depression.“

Im Treppenhaus auf dem Weg nach draußen sprechen die beiden darüber, wie sie versucht haben, aus leeren Bag-in-Box-Weinbehältern eine Kissenburg zu bauen – und über jene Nacht, in der das Wort „Leere“ mit Blut an die Wand geschrieben wurde. Ein Mitglied der Black-Metal-Band Malign war zu Besuch. Laut Niklas hat er sich selbst geschnitten, sein eigenes Fleisch gegessen und drei Gläser seines eigenen Blutes getrunken. Wir merken an, dass sich das unglaubwürdig anhört.

„Schon, aber er hat sich danach auch sehr merkwürdig verhalten.“

Auf dem Weg zu unserem Auto besteht Niklas darauf, für ein Eis anzuhalten. Die Sonne scheint, und die Leute stehen vor der Eisdiele Schlange.

„Riecht ihr das? Der Duft der schönsten Stadt der Welt“, sagt Niklas.

Wir halten dagegen, dass er eigentlich so etwas wie ein Gegenpol zu allem sei, wofür die malerische Küstenstadt Halmstad stehe.

„Aber gerade der Kontrast macht es aus. Es ist zauberhaft – genau das, was dafür sorgt, dass ich auf dem richtigen Weg bleibe, denn hier sehe ich nicht so viel Scheiße wie zu meiner Zeit in Stockholm. Wenn ich dort geblieben wäre, hätte ich mich wahrscheinlich mit Heroin kaputtgemacht."

Niklas fragt, ob wir Stig Dagerman gelesen haben, und lobt den Autor, der Stockholm seiner Meinung nach ebenfalls hasste. Er mag den Nobelpreisträger Pär Lagerkvist sehr, vor allem seinen Roman *Der Zwerg* von 1944.

„Er hätte eigentlich ‚Der, der den Knopf drücken will, um die Welt in zwei Sekunden auszulöschen' heißen müssen. Ich glaube nicht, dass man eine prägnantere Erklärung für das Konzept der Misanthropie finden kann als dieses Buch."

Niklas behauptet, die meisten Menschen, die sich selbst als Misanthropen bezeichnen, hätten die Bedeutung des Wortes nicht begriffen.

„Misanthropie bezieht sich nicht ausschließlich auf den Menschen, sondern ist schierer Hass auf das Leben in allen Formen. Wie kann man vorgeben, das Leben und die Menschen zu hassen, und gleichzeitig die Natur lieben? Die Natur ist die erste Hure, die Erzhure", sagt er zwischen zwei Mundvoll Eiscreme.

Auf dem Weg zu Niklas' Wohnung, um den Rest der Band zu treffen, halten wir an einem Postamt, wo Niklas einen Umschlag abholen muss. Er redet im Auto ununterbrochen und hat eine fast schon pathologische Neigung, reißerischen Metal-Klatsch von sich zu geben. Im Moment redet er über Personen aus der Neunziger-Black-Metal-Szene in Stockholm. Er begann schon mit dreizehn, in diesen Kreisen zu verkehren.

„Es gab ein Mädchen namens Maria, das sich später umbrachte. Maria hasste so ziemlich alles. Sie telefonierte gerade mit einer Freundin, als sie sagte: ‚Nein, das macht keinen Spaß mehr.' Dann hat sie aufgelegt und sich erschossen. Sie drehte völlig durch, nachdem sie mit Holocausto zusammen gewesen war, dem Sänger von Beherit aus Finnland. Er war ein richtig verdammter Perverser. Wisst ihr, was er getan hat? Er spitzte seine Zähne an und aß Fleisch von seinem eigenen Arm, während er Vocals aufnahm!"

Wir lassen das Auto auf einem schattigen Parkplatz vor einem kleinen Einkaufszentrum stehen. Niklas zieht los, um seine Besorgungen zu machen. Johan Hallander sitzt allein auf der Rückbank. Er sagt, sein erstes Album sei *Wings of Tomorrow* von Europe gewesen. Er habe es auf einem Flohmarkt gekauft, als er fünf Jahre alt war.

Sein erstes wirklich hartes Album war *The Awakening* von Merciless.

„Mein Vater war Metalhead. Er spielte alle Whitesnake-Klassiker – bis heute die beste Band der Welt, meiner Meinung nach."

Er sagt, er habe drei Selbstmordversuche unternommen. Der erste sei drei Jahre her, den zweiten unternahm kurz vor seinem Umzug von Stockholm nach Halmstad, und den dritten kürzlich auf Tournee, als er in Mailand auf eine stark befahrene Straße lief.

„Ich war erschöpft, das ist alles", bemerkt er zu dem letzten Vorfall. „Bei den anderen Malen hatte ich Gründe, die zu persönlich sind, um darüber zu sprechen. Ich bezweifle stark, dass ich es wieder tun würde."

Seine Selbstmordversuche hätten nichts mit Shining zu tun, versichert er.

„Die einzige Band, die mich je dazu gebracht hat, mich selbst zu verletzen, war Abruptum."

Mit zwölf hörte er sich in seinem Zimmer ein Album des Duos an. Während der gesamten Spieldauer schlug er seinen Kopf gegen eine Wand. Bis heute hat er keine Ahnung, warum. Seine Eltern waren nicht zu Hause. Zwei Jahre später schnitt er sich zum ersten Mal. Er fügt hinzu, dass er schon immer gern Zigaretten auf seinem Körper ausgedrückt und etwa zweihundert Brandnarben an den Armen und der Brust hat. Johan zeigt eine Narbe aus Ungarn, wo ihm Niklas eine Vene durchstach. „Es war wie eine Blutfontäne", sagt er.

„Wie ich bereits erwähnt habe, ist eine Vorliebe für Blut Teil meiner Sexualität. Deshalb denke ich, dass es ein angebrachtes ästhetisches Mittel sein kann. Für den Betrachter. Für die Kunst würde ich alles tun. Ich wäre bereit, auf der Bühne zu sterben."

Was halten seine Eltern von der Tatsache, dass er sich selbst verletzt und in einer Band mit menschenfeindlicher Gesinnung spielt?

Sein Vater unterstütze ihn, antwortet er, aber seiner Mutter gefalle es überhaupt nicht. Er ist mit beiden Elternteilen aufgewachsen, aber ob das gut war, sei dahingestellt. Als wir ihn fragen, was er davon hält, dass Kvarforth die Fans bei Konzerten verletzt, wird sein Tonfall härter.

„Ich unterstütze das voll und ganz. Ich finde die Menschheit abstoßend. Ich verachte vor allem den Egoismus – wie sich die Menschen abwenden, statt wahrzunehmen, wie die Welt aussieht. Sagen wir, du stehst vor dem Pub Anchor in Stockholm. Du kommst an dem Park neben dem McDonald's vorbei, wo Leute mit Drogen dealen. Fünfzig Meter weiter verprügelt ein Mann seine Freundin. Am Busbahnhof überfällt eine Bande Einwanderer eine alte Dame, weil sie ihnen ihre Handtasche nicht geben will. Du weigerst dich, das wahrzunehmen. Oder du nimmst es wahr, gehst aber weiter und denkst, es würde dich nichts angehen. Du sagst dir: ‚Alles ist großartig. Ich schlendere hier nur herum und genieße das Leben', statt die Augen zu öffnen und anzunehmen, was um dich herum geschieht."

Johan Hallander hält es nicht für relevant, dass die Mitglieder von Shining das gleiche Verhalten an den Tag legen, das er gerade beschrieben hat: Übergriffe aufs Publikum, Drogenkonsum und Gewaltverherrlichung, sowohl privat als auch bei Konzerten.

„Ich will damit nur sagen: Man muss erkennen, dass eine Menge auf dieser Welt falsch läuft. Ich glaube, viele Menschen leben in einer Blase. Ich sehe überhaupt kein Licht."

Kvarforth lebt in einer Dreizimmerwohnung in einem der weniger wohlhabenden Vororte von Halmstad. Auf einem Regal im Flur liegt sein Reisepass neben einem Nylonstrumpf, den ihm eine Barkeeperin in Holland geschenkt hat.

Gitarrist Peter Huss hat sich zu uns gesellt. Er ist kräftig gebaut, hat schulterlanges, dunkelbraunes Haar und trägt ein Shirt mit dem

Motiv der ebenfalls aus Halmstad kommenden Band Vile Scar. Niklas gibt sofort einen Schwall ironischer Kommentare von sich.

„Du musst die lokale Szene supporten! Dich weiter bei deinen harten Satanisten-Kumpels einschleimen. In der Bruderschaft bleiben sozusagen."

Er lädt uns ein, an dem niedrigen Glastisch vor dem kleinen Fernseher im Wohnzimmer Platz zu nehmen. Niklas will uns ein paar Videoausschnitte zeigen. Der Fernseher zeigt gerade eine dunkelhaarige junge Frau, die ihm nach einem Auftritt in Hamburg die Schultern massiert.

„Ich habe sie dazu überredet. Ihr Freund war nicht sehr glücklich darüber. Und die Norweger, mit denen wir auf Tour waren, Urgehal, waren richtig eifersüchtig."

Niklas skippt weiter. Der Bildschirm zeigt Johan Hallander hinter der Bühne irgendwo in den Niederlanden. Er hat sich an der Stirn geschnitten und wischt das Blut von seinem Bass. In einem anderen Segment sind Hallanders Arme mit frischen Schnitten übersät – so groß, dass sie an aufgerissene Münder erinnern. Die DVD beginnt zu ruckeln. Niklas nennt den DVD-Player eine Hure und sagt, dass er ihn hasst.

„Wenn das so ist, würde ich ihn gern wieder mit nach Hause nehmen", wirft Hallander ein.

„Wenn das so ist, würde ich dir gern die Zähne ausschlagen", antwortet Niklas.

Wir versuchen, Peter Huss im Schlafzimmer zu interviewen, aber Niklas hört jetzt das neue Celtic-Frost-Album in ohrenbetäubender Lautstärke. Wir bitten ihn, leiser zu machen.

Peter erzählt uns, dass er derzeit arbeitslos ist und Unreal Steel eigentlich nicht leitet.

„Aber ich stecke ein bisschen mit drin, könnte man sagen."

Identifiziert er sich mit Niklas Kvarforths Beschreibung der Band als „Bollwerk der Zerstörungswut"? Er sagt, er habe sich noch nicht vollends darauf eingelassen und nichts über die Band gewusst, als er ihr beitrat.

„Nur dass Ludde bei ihnen spielte."

Peter beschreibt sich selbst als „Durchschnittstypen". Er hat keine direkte Meinung zu Shinings Botschaft.

„Eigentlich nicht. Wenn der Rest der Band etwas tun will, ist das für mich in Ordnung. Was die anstellen, geht mich nichts an. Ich mache mein Ding, und sie ihres."

Wie steht er dann zu der Möglichkeit, dass Niklas' Vorhaben erfolgreich sein könnte: gesunde junge Menschen dazu zu bringen, sich selbst zu schaden?

„Die Frage ist, ob sie wirklich so gesund sind."

Huss wird still, und die einzigen Geräusche sind Moll-Akkorde auf einer akustischen Gitarre, die Niklas nebenan spielt. Er halte die Fans der Band für seltsam und krass, fährt der Gitarrist fort. Einige von ihnen scheinen „total besessen" zu sein – mit solchen Leuten könne er sich nicht abgeben.

Niklas kommt rein und setzt sich aufs Bett. Eine Wespe schwirrt durchs offene Lüftungsfenster. Der Sänger sieht blass aus. Er gesteht, große Angst vor Wespen und allen Arten von Ungeziefer zu haben.

Wir erklären ihm Professor Jan Beskows Schlussfolgerung, wonach das wichtigste Mittel im Kampf gegen Selbstmord darin besteht, das Schweigen über das Thema zu brechen. Was hält Niklas von der Vorstellung, seine Selbstmordtexte könnten tatsächlich mehr Gutes als Schlechtes bewirken? Als er antwortet, klingt er wie ein Politiker:

„Es ist eine Schande, aber ich kann leider nicht viel dagegen unternehmen. Wäre es möglich gewesen, hätte ich. Beispielsweise kann ich immer noch hoffen, dass Johan eines Tages das Richtige tut und sich die Pulsadern aufschneidet."

Niklas behauptet, Fans von Shining hätten sich aufgrund ihrer Botschaft umgebracht, und das freue ihn.

„Natürlich. Das bedeutet, dass wir etwas erreicht haben, das für einen Einzelnen, der sich nur hinsetzt, um Musik zu schreiben, theoretisch nicht möglich sein sollte. Ich glaube, es rührt daher, dass ich meine ganze Seele hineingesteckt habe, was wiederum die Musik verunreinigt hat. Und die Leute haben es auf einer persönlichen Ebene verinnerlicht. Aus diesem Grund ist es so weit gekommen."

Man könne sich lustig machen über das Paradoxon, den eigenen Fans den Tod zu wünschen, sagen wir ihm. Wenn sie weg sind, gibt es schließlich niemanden mehr, der die Alben kauft.

„Jaja. Aber alles ist widersprüchlich. Zum Beispiel wenn wir hier sitzen und darüber reden, wie gut es ist, dass sich die Leute zu unserer Musik verletzen, obwohl es in Wirklichkeit scheiße ist."

Kvarforth wechselt die Perspektive und beginnt, von sich selbst in der dritten Person zu sprechen. „Vielleicht will Niklas das eigentlich nicht. Weil es ihm genauso wehtut. Er stirbt vielleicht nicht daran, aber es verdirbt seine Seele. Sich selbst zu verletzen und andere zu verletzen ist genau das Gleiche."

Er schaut uns aufmerksam an. Wir wollen wissen, welche Diagnose man bei ihm gestellt hat. Er entgegnet, dass er als chronisch manisch depressiv mit aggressiven Tendenzen eingestuft wurde.

„Sie behaupten auch, ich sei schizophren, aber das stimmt überhaupt nicht. Ich nehme keinerlei Medikamente. Sie bringen meine Gedankenprotokolle zum Stillstand und versauen mir alles. Die Arzneimittel helfen nicht, sondern lindern nur die Symptome. Und diejenigen, die sie verschreiben, haben meistens keine Ahnung, was sie tun, weil sich psychische Störungen von Mensch zu Mensch anders äußern."

Niklas erzählt, er habe sich kurz nach seinem Umzug aus Stockholm im freien Fall befunden. Die Dunkelheit in seinem Umfeld war ihm zu viel geworden. Dann lernte er Angela kennen. In der Beziehung zu ihr fand er vorübergehend Erlösung. Er sagt, dass er ihr heute viel zu verdanken hat.

„Als sie in mein Leben traten, war ich am Sterben. Ohne Angela und ihre Tochter hätte ich nicht überlebt – das garantiere ich. Ich hätte mich dem Heroin völlig hingegeben oder mir den Kopf weggeblasen. Ich hatte überhaupt keine Zukunftsperspektiven. Aber dann traf ich eine Frau, die mir ins Gesicht schlagen und mit Fahrrädern nach mir werfen konnte. Ich wurde gewissermaßen erzogen. Ich bin noch jung, ich habe noch viel zu lernen."

Die Weltuntergangsmusik aus der Stereoanlage im Wohnzimmer vermischt sich mit dem Summen der Wespe, die nun ihren Weg in die Wohnung gefunden hat. Niklas wirft einen besorgten Blick zum Fenster und sagt, er fühle sich nicht besonders gut. Er hat heute noch nichts gegessen. Zeit für die Grillparty.

Im Supermarkt greift sich Niklas eine Packung Rippchen und weiße Servietten mit roten Herzen darauf.

„Huss!", ruft er, als wir an der Kasse bezahlen sollen. Der Gitarrist zückt sein Portemonnaie. Draußen auf dem Parkplatz wartet Ludwig Witt hinterm Steuer eines roten Mazdas. Niklas sitzt auf der Beifahrerseite. Er kurbelt das Fenster herunter, nagt das Fleisch von einer Rippe ab und wirft sie dann hinaus. Wir fahren hinunter zum Östra Stranden, wo der Drummer den Einweggrill befeuert.

„Wann legst du die Würstchen auf?", fragt Huss.

„Wir sind Suicide Black Metal – wir machen, was immer wir wollen", antwortet Kvarforth.

Fünf Minuten später verflucht er sein verkohltes Würstchen. Er sagt, er sei so hungrig, dass er jemanden umbringen könnte.

Zwei Monate später hat das Gates of Metal Festival in Hultsfred seine finalen spannendsten Stunden erreicht. Auf der Bühne beenden HammerFall ihr Set mit dem Song „Hearts on Fire",wobei die Curling-Damennationalmannschaft als Backgroundchor mitwirkt. Das Lied war der offizielle Song der Mannschaft für die Olympischen Winterspiele 2006. Erik „Tyrant" Gustafsson ist im Bierzelt und grölt, er sei ein Bolschewik. Jan Axel Blomberg stößt mit einem Teil von Mayhems neunköpfiger Crew an. Die meisten der Roadies hatten die Aufgabe, die Bühne mit Schlachthofabfällen zu dekorieren. Mayhem sind zwei Stunden zuvor von der Bühne gegangen. Der ungarische Frontmann Attila Csihar trug eine Maske aus einem abgetrennten Schweinegesicht, und seine einzigartige Gesangsleistung stellte das Gros der Konkurrenz in den Schatten.

Jan Axel ist jedoch besorgt. Vor ein paar Tagen erhielt er einen Anruf von Niklas. „Er klang arg niedergeschlagen und meinte, er würde um sein Leben fürchten. Er sollte uns hier auf dem Festival treffen und mit nach Norwegen kommen, aber ich warte immer noch auf seinen Rückruf. Ich befürchte das Schlimmste."

Er sagt, es habe mit Niklas' ehemaliger Partnerin zu tun. Deren Brüder –Bodybuilder – hätten es auf ihn abgesehen.

Es dauert nicht lange, bis die Gerüchteküche im Internet zu brodeln beginnt. Könnte es wirklich sein, dass der Frontmann der Band endlich die äußerste Konsequenz aus seiner Botschaft gezogen hat? In dem alternativen schwedischen Onlineforum Helgon.net wird der Thread zu diesem Thema bald geschlossen. Die meisten der Beiträge lesen sich frustriert. Jemand aus Stockholm mit dem Benutzernamen „Selbstmord" textet „Hört auf, solche Diskussionen loszutreten" und verweist auf den Manager der Band, während „Hängsnara" („Galgenstrick") aus Solna schreibt: „Ich verstehe wirklich nicht, was ihr mit diesen ständigen Verweisen auf das Sprachrohr der Band erreichen wollt. Ist es schwierig, die Frage, ob er lebt oder nicht, mit Ja oder Nein zu beantworten?"

Nach vier Wochen veröffentlicht der Manager der Band, Conny Jarlestål, die folgende Nachricht auf der Webseite der Band:

Vor einigen Tagen erhielten wir einen Brief von einer Person, die Kvarforth sehr nahesteht und uns mitteilte, er habe beschlossen, diese Welt zu verlassen, und sozusagen als Schlussakt einen neuen Sänger ernannt, der ihn künftig bei Shining ersetzen soll. Das Einzige, was wir zu zweihundert Prozent sicher wissen, ist, dass Kvarforth seit vier Wochen vermisst wird. Er könnte tot sein, wir wissen es nicht ... Für uns, die Band, kommt das nicht überraschend, da er in den vergangenen sechs Monaten unter extremer Angst und Depressionen litt, und in seinem Privatleben passierten einige krasse Dinge, kurz bevor er verschwand. Allerdings möchten wir unserem Freund und sadistischen Anführer Kvarforth unser tiefstes Bedauern aussprechen, wo auch immer er sein mag!

Auf Helgon.net bleiben Kvarforths letzte digitale Spuren online. Der Satz „Ich wurde allein geboren, ich lebte allein, und ich starb allein" wurde in der Woche seines Verschwindens auf seine persönliche Seite gestellt. Im Diskussionsforum wird viel darüber spekuliert, was wirklich passiert ist. Einige glauben, dass er sich auf eine Insel im Südpazifik zurückgezogen hat, um dort mit Bikinigirls Volleyball zu spielen. Andere behaupten, seinen toten Körper gesehen zu haben. In den inneren Kreisen der Szene zweifeln die meisten an der Behauptung, er habe sich das Leben genommen.

Wir telefonieren mit Conny Jarlestål, als Niklas Kvarforth bereits seit zwei Monaten verschollen ist. Er beschreibt die Zeit rund um das Verschwinden des Sängers als alptraumhaft.

„Fans aus aller Welt hatten meine Telefonnummer herausgefunden und riefen rund um die Uhr an. Ich erhielt etwa dreihundert E-Mails pro Tag."

Menschen aus Deutschland, Ungarn, Bolivien und China meldeten sich, um zu erfahren, was mit Niklas passiert sei.

„Gleichzeitig wurde ich von der Band und dem Label belagert, da sie wissen wollten, was los sei, und ich die letzte Person war, die ihn gesehen hatte."

Conny erzählt, er bekomme ständig Meldungen über das Auftauchen von Kvarforths Leiche – von Rumänien bis Nordafrika –, und findet, die Fans sollten sich um ihren eigenen Kram kümmern, statt ihn anzurufen.

Nach Niklas' Verschwinden ist alles an Conny hängen geblieben, was mit der Veröffentlichung des neuen Albums *Halmstad* zu tun hat.

Er sagt, im Vorfeld werde ein Konzert im Diezel in Halmstad stattfinden, der erste Auftritt mit dem neuen Sänger der Band, Ghoul. Er will nicht verraten, wer sich hinter dem Pseudonym verbirgt, betont aber, es sei nicht Kvarforth. Der neue Sänger komme aus Ungarn.

Wir fragen, ob wir Niklas etwas ausrichten sollen, falls wir ihn treffen. „Ich weiß es nicht. Haut ihm aufs Maul!"

Am 3. Februar 2007 kehren wir nach Halmstad zurück. Der Taxifahrer, der uns vor dem Diezel absetzt, sagt, dass wir Glück haben. Es sei der bislang schönste Tag in einem trüben Winter. Das Schild über dem Eingang ist so knallbunt, wie man es von einem Rockclub ohne Alkoholausschank erwartet, der vom Kulturamt der Stadt betrieben wird. Einen ironischeren Schauplatz für die Attraktion dieses Abends kann man sich kaum vorstellen. Shining haben es trotz des Verschwindens ihres Bandleaders geschafft, ein neues Album fertigzustellen, und feiern dies mit einem Konzert, das den neuen Sänger Ghoul vorstellen soll.

Conny Jarlestål ist ein kleiner Mann mit dunklen Haaren, die rasiert sind wie ein Gefängnishaarschnitt. Die Ärmel seines schwarzen Sweatshirts sind hochgekrempelt, sodass man die Tätowierungen an seinen Unterarmen sieht. Er spricht mit ansteckend eindringlicher Stimme, obwohl er sichtlich erschöpft ist.

„Das ist definitiv das letzte Mal, dass ich ein Konzert organisiere", sagt er.

Auf die Frage, ob die Vorbereitungen gut verlaufen seien, antwortet er mit einem entschiedenen „Nein".

„Eine der Vorbands kam zwei Stunden zu spät. Der Bus der anderen Band hatte in Göteborg eine Panne. Und als sie endlich in Halmstad ankam, verfuhr sie sich. Das hat zur Folge, dass eine der Vorbands nach Shining spielen muss, weil sich Schlagzeuger Ludwig Witt heute Abend zu zwei Gigs verpflichtet hat. Gleich im Anschluss an diese Show muss er nach Gislaved fahren und mit Mathias Holmgren von der Tanzband Barbados spielen."

Wenn er über die Besucherzahlen spricht, klingt er deutlich enthusiastischer: „Wir haben Leute aus der Schweiz, Deutschland und Dänemark. Und aus Norwegen, denn ich organisiere das Konzert mit jemandem von dort. Wir haben es jeweils in unseren Heimatländern beworben."

Einige Stunden später legt sich die Februardunkelheit über Halmstad. Die ersten Anzeichen dessen, was an diesem Abend passieren wird, tauchen auf: Eine Gruppe geisterhafter Gestalten lungert am Fastfood-Imbiss herum. Alle tragen schwarze Kleidung, trinken billiges Bier und schlendern gemächlich die Straße hinunter. Die

Schlange vor dem Diezel zieht sich bereits, obwohl es nicht einmal neunzehn Uhr ist. Einige haben im Internet gelesen, um achtzehn Uhr sei Einlass. Alle werden unruhig, denn die klirrende Kälte dringt durch dünne Sneakers und Jeansjacken mit Bathory-Rückenaufnähern.

„Ich habe schon von Leuten gehört, die in Warteschlangen niedergetrampelt wurden, aber noch nie von jemandem, der erfroren ist", bemerkt ein junger Mann, der eigens aus Östersund im Norden des Landes angereist ist.

Die Spekulationen über Ghouls Identität dauern bis heute an. Selbst in der Warteschlange vor dem Club hoffen viele auf die Rückkehr von Halmstads ungewöhnlichstem Rockhelden.

Ingela und Natalia, beide sechzehn, sind davon überzeugt, dass Ghoul in Wirklichkeit Niklas Kvarforth ist. „So stand es sogar in der Lokalzeitung *Hallandsposten*", sagt Ingela. „Meine Schwester hat gestern Abend mit Attila Csihar und Nattefrost in ihrem Hotel gefeiert, und auch sie meinten, dass Kvarforth Ghoul sei."

„Niklas ist lustig", fährt sie fort. „Er hatte früher einen Plattenladen hier in Halmstad. Ich erinnere mich, dass ich einmal hinging, als ich dreizehn oder vierzehn war. ‚Willst du mal richtigen Black Metal hören?', fragte er. ‚Ja', antwortete ich. Dann spielte er Kent in voller Lautstärke."

Die Mädchen sind beide in der neunten Klasse und behaupten, eine ihrer Lehrerinnen habe der Klasse den Shining-Auftritt empfohlen.

„Sie sagte: ‚Ich hoffe, dass ihr heute Abend zu Shining geht!'", erzählt Ingela und lacht. Sie fügt hinzu, die Lehrerin begreife wohl nicht richtig, wofür die Band stehe.

Natalie hat ihren eigenen Begriff für depressiven Metal mit Selbstmordthematik.

„Für mich ist es Kuscheltiermusik. Wenn man traurig ist und sie hört, ist das so, als würde man etwas Warmes, Weiches umarmen."

Auf der Bühne sind die letzten Vorbereitungen für die norwegische Vorband Dødheimsgard im Gange. Zwei Roadies falten ein schwarzes Tuch mit drei Sechsen in eckiger Schrift aus und hängen es an die Wand hinter dem Schlagzeug. Die Bandmitglieder betreten die Bühne. Einer der Gitarristen hat seinen gesamten Oberkörper weiß angemalt und ist bis auf ein paar Strähnen im Nacken völlig kahl. Der Sänger hat einen Militärhaarschnitt und den gesamten Oberkörper rot bemalt.

„Er sieht aus wie eine Pimmelspitze", kommentiert ein Halmstader mit Patronengürtel und Jeansjacke.

Dødheimsgard greifen zu ihren Instrumenten und spielen Black Metal, der eher melodisch orientiert als aggressiv ist. Im dritten Song fällt das Tuch mit den drei Sechsen von der Wand.

Während der durchschnittliche norwegische Dødheimsgard-Fan um die sechsundzwanzig Jahre alt zu sein scheint, sind die lokalen Shining-Fans mindestens zehn Jahre jünger. Für die Show gilt keine Altersbeschränkung, und in der Cafeteria sitzen lethargische Teenager auf abgewetzten Sofas mit bunten Mustern. Milch und Kekse hätten die Jugendzentrumsatmosphäre perfekt abgerundet, aber das Einzige, was an der Theke verkauft wird, sind Shining-Alben.

Vorn sind Natalie und Ingela zwischen Lederjacken und langen Mähnen verschwunden. Etwas weiter hinten im Publikum sehen wir Emelie Zorsha, die ihre Digitalkamera bereithält. An der Seite der Bühne haben sich Freunde des Hauptacts aufgestellt. Unter den erkennbaren Gesichtern fällt uns Jørn „Necrobutcher" Stubberud auf.

Zu den traurigen Klängen einer gedämpften Trompete betreten Fredric Gråby, Peter Huss, Ludwig Witt und Johan Hallander die Bühne. Das Publikum begrüßt sie mit einem Jubel, der einer Nationalmannschaft zum Meisterschaftsgewinn würdig wäre. Die Tür des Backstagebereichs ist angelehnt, und kaltes Licht fällt durch den Spalt. Für den Suicide Metal ist dies das Äquivalent zu Weihnachten. Nun ist die Zeit gekommen, um herauszufinden, was unterm Baum liegt.

Ludwig Witt zählt schnell an, woraufhin die Band einmütig mit einem lang gezogenen Riff loslegt. Just in diesem Moment erhebt sich Mayhem-Sänger Attila Csihar, der hinter Peter Huss' Gitarrenverstärker gekauert hat. Seine Augen und seine Nase sind schwarz umrandet, auf die Lippen hat er sich Skelettzähne gemalt. Sein braunes Haar ist strubbelig, und er trägt einen Leinensack, in dem nur ein Loch für seine Hand ist, um das Mikrofon zu halten. In seiner schlichten, aber wirkungsvollen Bühnenkleidung sieht er aus wie eine Mischung aus einem Voodoo-Priester und einer Figur aus *Der Zauberer von Oz*. Mit krampfartigen Bewegungen stolpert er über die Bühne. Vor dem Schlagzeug fällt er auf die Knie. Sein Gesang ist wortlos und wechselt von Schluchzen zu immer wilderen Schreien.

Eine dunkle Gestalt tritt aus dem Schatten neben der Bühne hervor und bleibt mit dem Rücken zum Publikum am Schlagzeug stehen. Die hochgewachsene Person trägt einen Seidenmantel mit einer Kapuze, die das Gesicht verdeckt. Attila kniet nieder und lässt sich in den Mantel hineinziehen, um sich in der nächsten Sekunde auf den Boden zu werfen und regungslos liegen zu bleiben. Der Verhüllte wendet sich dem Publikum zu und wirft das knöchellange Kostüm ab. Er hat dem Begriff Corpsepaint eine völlig neue Bedeutung gegeben: Die Haut ist totenblass, schuppig und mit schwarzen Flecken übersät. Die Arme sehen halb verwest aus. Der weiße Kopf ist mit kleinen Haarbüscheln übersät. Seine schwarzen Augen schauen so finster drein, dass es schwerfällt, den Blick zu erwidern, ohne zu schaudern.

Er ergreift ein Mikrofon, streckt den rechten Arm zum Hitlergruß aus und sagt mit ruhiger Stimme: „Ein Volk, ein Reich." Niklas Kvarforth ist zurück.

Unmittelbar nach dem Auftritt verlässt Bassist Johan Hallander die Band. Berichte über Blut und Trunkenheit auf der Bühne führen zu ungeheuerlichen Schlagzeilen in der Boulevardpresse. Das *Sweden Rock* fragt Niklas, ob sein Verschwinden nicht nur ein billiger Marketingtrick gewesen sei.

„Wen kümmert es schon, was Homo sapiens denkt?", erwidert er.

Im Spätherbst 2008 bereitet sich die Band auf die Veröffentlichung ihres neuen Albums *Klagopsalmer* („Psalmen der Klage“) vor. Das *Close-Up* schickt einen Reporter in die Sahlgrenska-Universitätsklinik in Göteborg. Kvarforth wird dort seit zwei Monaten wegen manischer Depression und paranoider Schizophrenie behandelt. Er lässt sich in seinem Krankenhausbett in einem kleinen, düsteren Zimmer ablichten, Stig Daegermans gesammelte Werke liegen auf der Fensterbank. Sein neuer Bart ist dünn und ungepflegt, und er trägt ein T-Shirt mit der Aufschrift „Geboren und aufgewachsen in Knutby“. Knutby ist eine kleine schwedische Gemeinde, die stark mit einem Mord im Jahr 2004 in Verbindung gebracht wird, bei dem ein Pastor einer christlichen Sekte seine junge Geliebte einer Gehirnwäsche unterzog, um seine Ehefrau zu ermorden. Niklas spricht begeistert über seine neuen Medikamente: Zyprexa gegen Halluzinationen, Effexor gegen Angstzustände, Lithium gegen seine Stimmungsschwankungen, Theralen zum Schlafen.

Er erzählt von einem chaotischen Exil in Norwegen sowie seinen Kämpfen mit Amphetaminen und Heroin. Jetzt habe er sowohl Oslo als auch sein zerstörerisches Leben hinter sich gelassen und mit seiner neuen Freundin Helena die Liebe seines Lebens gefunden.

Er findet sich mit den Diagnosen ab, die ihm gestellt wurden. Das hat ihm wiederum eine andere, gesündere Lebensperspektive und ein neues Ziel gegeben: Er möchte eine Familie gründen. Er fügt hinzu, dass er immer noch hofft, das Leben von Menschen zu zerstören, aber aus der Ferne und durch seine Musik.

Im Lauf der Jahre, in denen wir an diesem Buch gearbeitet haben, sind Misanthropie und selbstmörderische Botschaften in der Black-Metal-Szene zum Standard geworden. Selbst Ghost erklärten 2010 in einem *Sweden-Rock*-Interview, sie würden auf die Vernichtung der Menschheit hinarbeiten. Dies belegt den Wertewandel, der sich in den letzten Jahren im Metal-Genre vollzogen hat.

Gleichzeitig hat sich die rein depressive Variante als beeindruckend lebendig entpuppt. Zu den Acts, die Melancholie und Wahnsinn thematisieren, gehören Lifelover und Ondskapt aus Stockholm sowie

Bloodline aus Sundsvall. International gesellen sich unter anderem die Franzosen Nocturnal Depression und Trist aus Tschechien hinzu.

Als wir Niklas Kvarforth wieder besuchen, lebt er in einer Einzimmerwohnung in Eskilstuna, die er seit zwei Jahren mit seiner Partnerin Helena teilt. Wir kommen an einem warmen Sonntag im Mai 2011 gegen Mittag an und stellen fest: Der Shining-Frontmann hat zugenommen und zittert, Nebenwirkungen seiner Psychopharmaka. Auf dem Couchtisch in der aufgeräumten Wohnung liegt eine Rasierklinge, aber Niklas versichert uns, dass er sie nur zum Zerkleinern von Drogen benutzt. Er zeigt seine Whisky-Sammlung und schenkt uns ein Glas neunzehn Jahre alten Laphroaig ein.

Obwohl er einen wesentlich ruhigeren, ausgeglicheneren Eindruck vermittelt, wirkt Niklas fragil. Nach einer halben Flasche Wein und einer Line Amphetamin scheint es ihm besser zu gehen. Er betont, er sei kein Junkie.

„Ich konsumiere das nur im beruflichen Rahmen."

Wir erfahren, dass sein Verschwinden aus Halmstad nichts mit den Bodybuilding-Brüdern seiner Ex-Freundin zu tun hatte.

„Ich war mit anderen, wesentlich gefährlicheren Elementen verstrickt."

Über seine Zeit in Oslo sagt er, anfangs sei es sehr gut gelaufen. Er habe Arbeit als Barkeeper gefunden und seine Sache so gut gemacht, dass er zum Manager befördert worden sei, der sich um alles von der Buchung von DJs bis zur Organisation von Arbeitsplänen kümmerte. Aber dann habe er angefangen, zu viele Drogen zu nehmen, und kündigen müssen.

Um seine zunehmende Heroinsucht zu finanzieren, begann er nach eigenen Angaben, sich für Männer zu prostituieren, was er zum ersten Mal mit dreizehn Jahren in Stockholm getan habe.

„Was denkt ihr, wie ich es mir leisten konnte, Selbstmord Services zu gründen?"

Niklas Kvarforth wurde 1983 geboren und wuchs hauptsächlich auf Södermalm in Stockholm auf. Seine Eltern ließen sich früh scheiden, nach einer stürmischen Beziehung, die in häuslicher Gewalt endete. Sein Vater ist ein Krimineller, der wegen mehrerer Gewalt- und Drogendelikte im Gefängnis gesessen hat.

„Er saß eine Zeit lang mit Jon Nödtveidt ein", sagt Niklas und bittet Helena, ihm noch ein Glas Rotwein einzuschenken. Seine Hände zittern zu sehr.

Seine Mutter hatte eine lange Karriere in der Unterhaltungsbranche und arbeitete unter anderem als Tourmanagerin. In ihren letzten Lebensjahren hatte sie eine Führungsposition bei Sveriges Television inne. Als Niklas ein Kind war, ging sie mit dem berühmten Musikproduzenten Lasse Lindbom aus, der ihm eine Konzertgitarre schenkte. Das war sein erstes Instrument.

Wie zum Beweis ruft Niklas Lindbom von seinem Handy aus an und fragt, welche Marke es gewesen sei. „Yamaha", antwortet Lasse leicht verwirrt am Telefon.

Niklas weiß, dass die Leute oft denken, er würde lügen. Er gibt freimütig zu, dass er zu Übertreibungen neigt. Viele der abenteuerlichen Dinge, die er uns mit der Zeit erzählt hat, lassen sich jedoch überprüfen – zum Beispiel das Gerücht, er sei als Kind ein Model gewesen. Er kramt in einer Kiste und holt die alten Fotos der schwedischen Agentur Stockholmsgruppen heraus. Und da ist er: acht Jahre alt, mit knabenhaft verschmitztem Blick.

„Niedlich, nicht wahr?" fragt er lächelnd. „Ich wünschte nur, sie hätten mir mehr Geld gegeben; meine Mutter hat alles fürs Bingo-Spielen ausgegeben. Andererseits durfte ich mitkommen und heiße Schokolade trinken."

Nur wenige Jahre später, als Zwölfjähriger, probierte er zum ersten Mal Amphetamine aus. Er sagt, er habe schon immer ein Rauschen im Kopf gehabt und auf der Schule schon früh Schwierigkeiten bekommen. Da er immer auf der Suche nach neuen Erfahrungen war, kam er in Kontakt mit älteren Männern, die ihn dafür bezahlten, dass er ihnen beim Masturbieren zusah. Angefangen wurde diese Sitte von einem sechzigjährigen Schwarzbrenner namens Kenta. Niklas war wie gesagt dreizehn Jahre alt.

„Er wollte Strip-Poker spielen und mochte es, wenn man ihm in den Mund pisste. Er durfte mir beim Masturbieren zusehen und hat mir einen geblasen."

Niklas sagt, seine selbstzerstörerischen Tendenzen hätten ihn dazu gebracht, es zu tun. Er wusste, dass er heterosexuell war, wollte sich aber trotzdem zwingen, Sex mit Männern zu haben, auch wenn er sie, wie er hervorhebt, nie wirklich gefickt hat. Durch Kenta kam Niklas in Kontakt mit anderen Männern. Er sagt, dass ihn das, was dabei vor sich ging, „pervertiert" und angeekelt hat, doch er machte wegen des Geldes weiter.

„Es wurde quasi eine Sucht nach Selbstzerstörung."

Zur gleichen Zeit begann er, sich in der Black-Metal-Szene herumzutreiben, wo ihm bald der Ruf vorauseilte, keine Grenzen zu kennen.

„Ich glaube, das war das, was sie an mir faszinierte. Ich habe mir so tief in den Rücken geschnitten, dass ich meine eigene Wirbelsäule sehen konnte. Ich habe alles so weit auf die Spitze getrieben wie eigentlich sonst niemand."

Auf die Frage, wie sich diese frühen Erfahrungen auf ihn auswirkten, antwortet er, sie hätten ihn in ein „fieses Arschloch" verwandelt.

„Ich denke, meine Leidenschaft für die Dunkelheit ist das Ergebnis all dessen, obwohl ich die Entscheidungen selbst getroffen habe."

Kvarforth weigert sich, seinen Geisteszustand auf seine Kindheit zurückzuführen. Er hält das für eine feige Ausrede. Stattdessen schwingt er eine lange Rede über die Vorteile traumatischer und schrecklicher Erlebnisse beim Heranwachsen. Der ganze Scheiß, so sagt er, würde einen besser für die Grausamkeit der Welt wappnen.

„Das ist eines der schlimmsten Dinge, die ich kenne: Menschen, die ihre Probleme auf eine schlechte Erziehung schieben. Natürlich hat meine Herkunft zu meinen psychischen Problemen beigetragen, aber ‚Ich bin so, weil mir das passiert ist' zu sagen ist eine billige Ausrede. Ich weiß, warum ich so bin, wie ich bin."

Er sagt, seine Liebe zu Satan sei der eigentliche Ursprung der Rolle, die er einnimmt. Allerdings will er nicht näher erläutern, wie er zu diesem Schluss gekommen ist.

„Satanismus ist etwas, worüber ich im Zusammenhang mit Shining überhaupt nicht sprechen möchte. Das ist zu persönlich.“

Dass die schwierige Beziehung zu seiner Mutter sein Leben bestimmt hat, leuchtet jedoch ein. In Interviews hat er oft über sie gesprochen und gesagt, sie hätten ein sehr intensives, anstrengendes Verhältnis gehabt. In einem Moment beschreibt er sie als Mutter, die verzweifelt versuchte, ihrem Sohn zu helfen, und nach Halmstad zog, um ihn zu unterstützen. Im nächsten Moment sagt er, sie sei psychisch labil gewesen und habe Biker angeheuert, um ihm die Kniescheiben zu zertrümmern.

„Aber wir kamen uns tatsächlich wieder näher nach all den beschissenen Jahren. Und dann ist sie gestorben.“ Er sieht müde aus, als er das sagt.

In der Wohnung befinden sich mehrere Fotos seiner Mutter, und er hat sich ihren Namen samt ihrem Todesdatum auf den Arm tätowieren lassen. Er erwähnt, dass er ins Krankenhaus gelassen wurde, um ihre Leiche zu sehen. Sie starb ein paar Tage nach Heiligabend 2009 an einem Blutgerinnsel im Kopf.

„Ich habe ein Foto mit meiner Handykamera gemacht und es an Erik von Watain geschickt. Ich dachte, es könnte ihn inspirieren.“

Sowohl Niklas als auch seine Partnerin Helena sind bipolar. Die Tatsache, dass er mit jemandem zusammen ist, der ähnliche Probleme hat wie er selbst, zwingt Niklas, fokussiert zu bleiben. Er geht sogar so weit, sich in letzter Zeit als herzensgut zu bezeichnen. Er hat beschlossen, mit der Frau, die er liebt, und ihren beiden Katzen zusammenzuleben. Ohne Helena wäre er wahrscheinlich tot, suggeriert er.

„Dann hätte ich schon vor einem Jahr alles so weit getrieben, wie ich kann, und meinen abschließenden Plan durchgezogen.“

Die Einzelheiten dieses Plans will er nicht preisgeben.

„Wenn ich es den Leuten sagen würde, würden sie alles tun, um mich aufzuhalten.“

Am Nachmittag machen wir uns fertig, um in die Stadt zu gehen. Niklas steckt eine Flasche Valium und ein Butterfly-Messer in Helenas Handtasche, dann geht es los. Er erklärt, die meiste Zeit seines Lebens sei er ein Verbrecher gewesen. Jemand in seiner Situation muss immer darauf gefasst sein, sich zu verteidigen.

„Wenn man das vertritt, was ich tue, muss man davon ausgehen, dass man sich Feinde macht. Ehrlich, wenn ich keine Feinde hätte, würde ich sagen, dass ich was falsch gemacht habe.“

Wir setzen uns in eine Außenbar an der Hauptstraße. Niklas ist gut gelaunt und erzählt, Shining hätten kürzlich eine Chance bekommen, auf die nur wenige Bands hoffen dürfen: einen vorteilhaften Vertrag mit einem großen Plattenlabel, das plant, die Band auf viel höherem Niveau zu promoten. Statt mit obskuren Black-Metal-Bands zu touren, könnten sie nun große Mainstream-Acts unterstützen. Niklas will keine Namen nennen, da die Verhandlungen noch laufen. Ferner berichtet er, dass die Band einen neuen Manager hat, der ihn überreden konnte, einen Vertrag zu unterschreiben, in dem er verspricht, auf der Bühne keine Rasierklingen zu benutzen.

„Aber manchmal zerbreche ich eine Flasche und schneide mich damit, einfach weil ich den Kick suche, den es mir gibt.“

Niklas summt den schwedischen Pop-Klassiker „Sommartider“ („Sommerzeit“) mit und stürzt einen Jägermeister hinunter. Er hat mehrere Gründe, fröhlich zu sein. Das neueste Album der Band, *Född förlorare* („Geborener Verlierer“), ist vor ein paar Tagen in die finnischen Albumcharts eingestiegen. Es hat den zweiten Platz erreicht und wird nur noch von Lady Gaga übertroffen. Das Musikvideo zum Song „Förtvivlan – min arvedel“ („Verzweiflung – mein Erbe“) erreichte binnen einer Woche fünfzigtausend Aufrufe auf YouTube.

Niklas ist sich darüber im Klaren, dass es keine andere Band geschafft hat, misanthropischen Metal an die Massen zu verkaufen.

„Aber gebt uns sechs Monate bei einem großen Label, und ihr werdet sehen.“

Als wir ihn fragen, ob das Phänomen Depressive Black Metal kein merkwürdiger Schlusspunkt für ein Musikgenre sei, in dem es ursprünglich um Glückseligkeit und Verbundenheit ging, stimmt er zu.

„Das war aber 1980. Jetzt ist 2011."

Shining veröffentlichten weiterhin: unter anderem die Alben Redefining Darkness *(2012),* IX: Everyone, Everything, Everywhere, Ends *(2015),* X: Varg utan flock *(*„Wolf ohne Rudel"*, 2018) und* Shining *(2023).*

Im Herbst 2023 präsentierten Shining ihr elftes Studioalbum. Niklas gab wieder Interviews, während er in einer psychiatrischen Anstalt behandelt wurde – diesmal in Finnland.

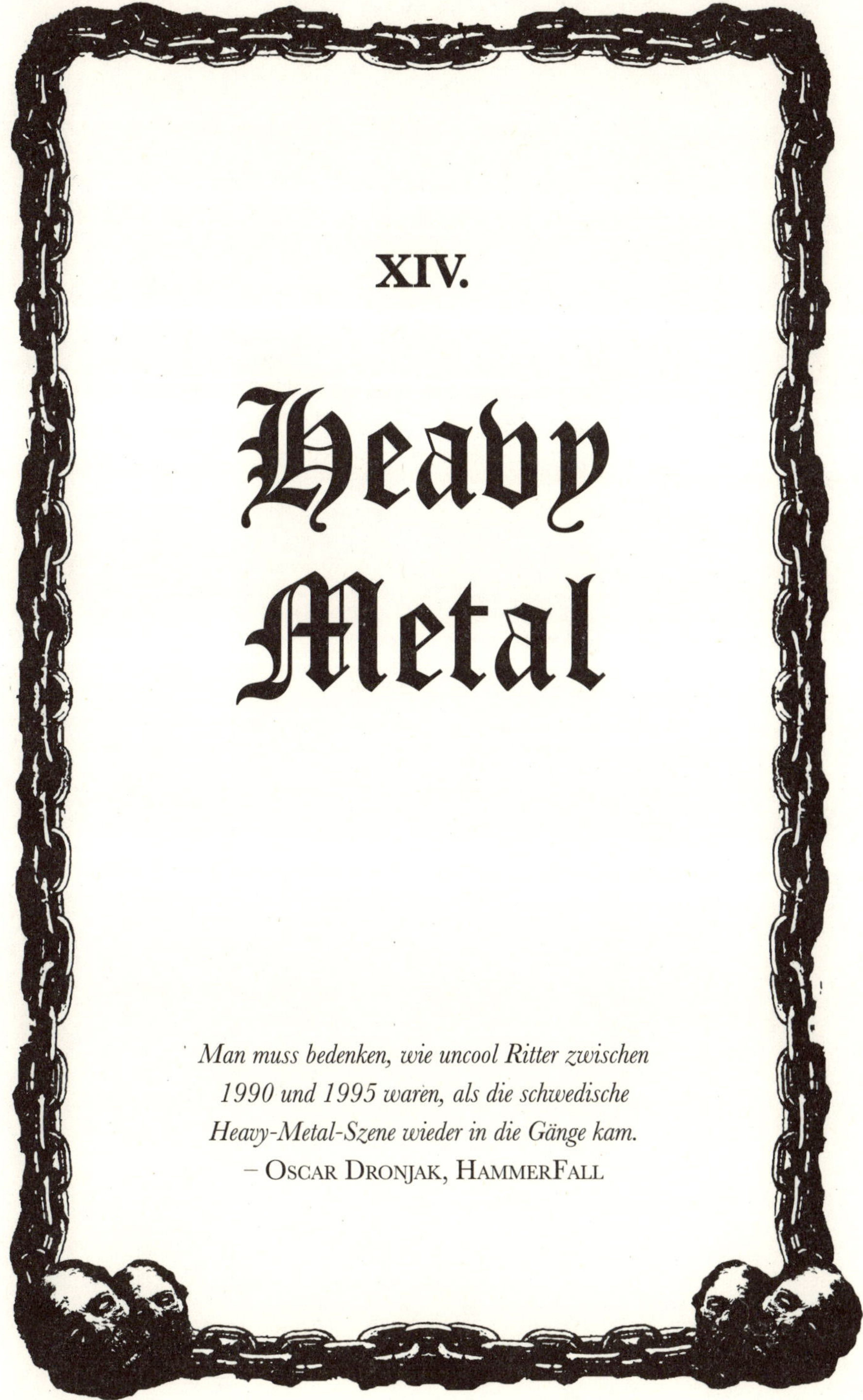

XIV.

Heavy Metal

Man muss bedenken, wie uncool Ritter zwischen 1990 und 1995 waren, als die schwedische Heavy-Metal-Szene wieder in die Gänge kam.
– Oscar Dronjak, HammerFall

Wollte man Heavy Metal als reine Jugendkultur bezeichnen, würde man in Verlegenheit geraten. Seit seiner Entstehung als Teenager-Bewegung ist das Genre bei Musikliebhabern aller Altersgruppen immer beliebter geworden. Frühe Fans neigen dazu, sich im Lauf der Jahre an ihre Metal-Wurzeln zu klammern, während neue Generationen das Genre in seiner althergebrachten Form entdecken und die Reihen weiter schließen.

Nirgendwo wird dies deutlicher als auf dem Muskelrock Festival in dem kleinen schwedischen Dorf Blädinge.

Die farbenfrohen alten Gemälde an den Wänden der Bühne des Tyrolen-Parks könnten aus einem Kinderbuch stammen. Sie wurden vor etwa fünfzig Jahren von dem Künstler Sven Truedsson gemalt, als das lokale Interesse an diesem Ort seinen Höhepunkt erreichte. Damals sahen sich Familien hier heiteres Theater an, und an Wochenendabenden tanzten vielleicht junge Paare zu den fetzigen Rhythmen eines tourenden Jazz-Orchesters. Heute Abend bilden die heiteren Malereien einen surrealen Rahmen für die tschechische Heavy-Metal-Band Drakar: vier Männer über sechzig, die in einer chaotischen Performance gekrächzte Growls mit holprigen Blastbeats kombinieren.

Auf den Grasflächen rund um den Park stehen Zelte und Wohnwagen. Es ist ein Freitagnachmittag Mitte Juni 2011, und das Festival geht gerade in die Vollen. In einem engen Gang hinter der Freilichtbühne unterhält sich der Bullet-Gitarrist Hampus Klang mit dem Helfer der Band, Staffan Hamrin.

Bullet wurden 2001 in Växjö gegründet und haben sich seitdem als Schwedens amtierende Champions des Heavy Metal im Stil der Achtziger etabliert. Seit dem ersten Muskelrock 2009 sind sie die Stammband des Festivals. Heute Abend haben sie sich vorgenommen, sich selbst zu übertreffen, und fahren ein angesichts der niedrigen Decke der alten Holzkonstruktion erschreckend überdimensioniertes pyrotechnisches Arsenal auf. Vor Hampus und Staffan liegen zwei lange Bretter, die mit Feuerwerkskörpern bestückt sind.

Auf der anderen Seite der Bühnenwand schreit Drakar-Sänger Ivan Sekyra in dermaßen schlechtem Englisch, dass man nur einen Satz versteht: „Wir wollen allen Danke sagen!" Neben der Bühne steht der Festivalleiter Jacob Hector, ein großer, dunkelhaariger Mann Mitte zwanzig. Er lächelt und erzählt uns, dieses besondere Konzert habe sich aus einer Zusammenarbeit mit dem Label I Hate Records ergeben, wo kürzlich Neuauflagen der alten Drakar-Alben herausgekommen sind.

„Wir finden die Verpflichtung der Band originell, weil das zweifellos ihre einzige Gelegenheit ist, jemals in Schweden zu spielen."

Das Konzert ist zu Ende, und die vier grauen Prager Eminenzen bauen ihr Equipment ab. Bror Alfredo Marcolin, in der Metal-Gemeinde besser bekannt als Messiah, geht den schmalen Weg zur Bühne hinauf. Er hat später am Abend einen Gastauftritt. Ende der Achtziger etablierte er sich bei der schwedischen Band Candlemass als Sänger in Mönchskutte, der den „Doom-Dance" tanzte. Heute arbeitet er in einer gigantischen Computerserverhalle außerhalb Stockholms, während er Material für ein Soloalbum schreibt.

Er möchte sich bei den Mitgliedern von Drakar bedanken und ein paar erbauliche Worte mit ihnen wechseln. Als Frontmann Ivan mit seinem Gigbag vorbeikommt, entsteht ein auf komische Weise einseitiges Gespräch.

„Hallo, ich bin Messiah! Ich habe früher bei Candlemass gesungen. Ich wollte mich bloß für die gute Show bedanken!"

Der Tscheche erwidert die freundliche Begrüßung des Schweden nur mit einem zögerlichen Nicken, ehe er in Richtung Parkplatz weitergeht. Als das nächste Bandmitglied auftaucht, unternimmt Messiah einen zweiten Versuch, der abermals mit einem verwirrten Blick quittiert wird. Der kräftige Sänger gibt aber nicht so schnell auf, und schon bald hat er jedem Bandmitglied den gleichen Satz aufgesagt, ohne eine einzige Antwort zu erhalten. Drakar mangelt es nicht nur an grundlegenden Englischkenntnissen – sie scheinen auch einen schweren Hörschaden zu haben.

Ein Spaziergang zwischen den Zelten und Wohnmobilen außerhalb des Parks beweist, dass die Metal-Ästhetik der Siebziger und Achtziger von älteren Fans am Leben erhalten wird, aber auch von einer ganz neuen Generation übernommen wurde.

Auf den provisorischen Campingplätzen haben junge Leute in Rüschenhemden und Spandexhosen ihre Zelte neben Paaren mittleren Alters mit Wohnwägen und identischen Pentagram-Shirts aufgeschlagen. Auf den beiden Festivalbühnen spielen Achtziger-Acts wie Thor aus Kanada, die finnischen Veteranen Oz und das britische Quartett Girlschool neben deutlich jüngeren schwedischen Heavy-Metal-Bands wie Wolf aus Örebro, den Göteborgern Helvetets Port und Portrait aus Kristianstad, die erfolgreich den frühen Mercyful Fate nacheifern.

Das Festival ist der lebendige Beweis für den offensichtlichsten Trend der letzten zehn Jahre innerhalb der Szene: die Renaissance des klassischen Heavy Metal. Die Titanen des Genres – Iron Maiden und Judas Priest – füllen wieder Stadien, und eine wachsende Zahl junger Fans feiert die Ursprünge mit Bands wie Black Sabbath, Uriah Heep, Deep Purple – oder Pentagram aus Arlington, Virginia: Diese Legenden um den ausgemergelten Sänger Bobby Liebling werden die bunte Bühne am Freitagabend als Hauptattraktion betreten.

Es ist noch gar nicht so lange her, dass Nietenarmbänder und Texte über Drachen zu den umstrittenen Elementen des Metal gehörten, genauso wie mitsingbare Refrains, extravagante Bühnenkleidung und so ziemlich alles andere, was Jugendliche in den Achtzigern in den Bann der Musik zog. Dies hatte für einige derjenigen, die gerade den Weg für die Rückkehr des Heavy Metal ebnen, erhebliche Konsequenzen.

Der Begriff „Heavy Metal" wurde in den späten Sechzigern erstmals in einem musikalischen Kontext verwendet. 1968 besang die amerikanische Band Steppenwolf in ihrem Lied „Born to be Wild" den „Heavy Metal thunder", und Musikkritiker Barry Gifford vom *Rolling Stone* bezeichnete die Musik seiner Landsleute Electric Flag als eine „Synthese aus weißem Blues und Heavy Metal Rock." Schon bald wurde Heavy Metal mit der aggressiven Mischung aus Jazz und Bluesrock assoziiert, die Bands wie Black Sabbath, Deep Purple und Led Zeppelin spielten. Welche Gruppen dem Heavy Metal zuzuordnen sind und welche nicht, ist seither Gegenstand ständiger Debatten.

In Schweden war der Ausdruck *hårdrock* weitverbreitet, bis er mit dem Aufkommen der New Wave of British Heavy Metal in den frühen Achtzigern dem Begriff „Heavy Metal" wich. Diese Bewegung inspirierte zahllose junge Leute, zu Instrumenten zu greifen und von Spandex zu träumen. Einer von ihnen war Joacim Cans, der 1970 geboren wurde und in einer Zeit aufwuchs, als die schwedische Zeitschrift *OKEJ* auf optisch aufregende Bands schwor.

Mit elf hörte er zum ersten Mal das Album *Strong Arm of the Law* der Briten Saxon. Von da an investierte er seine gesamten Ersparnisse in Schallplatten aus dem örtlichen Elektrogeschäft in Mora. Er finanzierte seine Einkäufe durch den Verkauf von Lotterielosen an der Hauptstraße der Stadt. Mitte der Achtziger zog Cans mit Mutter und Schwester nach Göteborg. Er wurde zunächst als Sänger und Gitarrist von dem Speed-Metal-Trio Eternity rekrutiert, das von Helloweens *Walls of Jericho* inspiriert war.

Um seine Stimme weiterzuentwickeln, besuchte er das renommierte Musicians Institute in Los Angeles – eine Metal-orientierte Einrichtung, die mit versierten Instrumentalisten, Haarverlängerungen und exorbitanten Studiengebühren assoziiert wird.

Das Aufkommen einer alternativen Musikbewegung, deren Epizentrum in Seattle lag, zeichnete die musikalische Weltkarte von Grund auf neu. Der Grunge lockte eine ganze Generation mit Bands wie Nirvana oder Soundgarden vom Metal weg.

Als Cans mit einem erdrückenden Bildungsdarlehen von seinem Musikstudium in den USA zurückkehrte, war er baff.

„Es gab keine Metal-Bands mehr. Die Leute sagten mir: ‚Gib's auf. Grunge ist das, was die Leute jetzt hören wollen.' Ich wollte aber keine Musik machen, die mir nicht gefiel."

Ehemalige Heavy-Metal-Größen fanden sich in kleineren Hallen wieder, einschließlich deutscher Bands wie Gamma Ray und Running Wild – Verfechter einer noch stärker dezimierten Metal-Szene.

„Iron Maiden kamen 1995 nach Göteborg und spielten im Kåren vor vielleicht achthundert Leuten. Es mag ausverkauft gewesen sein, aber dem Heavy Metal ging es nicht gut. Und niemand glaubte ernsthaft, dass sich das Blatt wenden würde", so Cans.

Er beschloss, seine musikalischen Ambitionen aufzugeben. Als ihn der Gitarrist Jesper Strömblad anrief und von einer Gruppe namens HammerFall erzählte, erklärte sich Joacim zögerlich bereit, mit ihr aufzutreten. Sie hatte bei einer lokalen Rocktalentshow das Halbfinale erreicht und brauchte einen Ersatz für ihren Sänger Mikael Stanne, der mit seiner anderen Band Dark Tranquillity auf Tournee war.

Als Cans die Tür zum Proberaum öffnete, hörte er Melodien, die er sofort erkannte. Noch heute erinnert er sich an seinen ersten Wortwechsel mit Gitarrist Oscar Dronjak.

„Stormwitch!"

„Du kennst die?!"

„Natürlich, ich habe alle ihre Alben."

„Was? *Eye of the Storm* auch?"

„Selbstverständlich."

„Hey! Die hab nicht mal ich!"

Beim Rockbandwettbewerb mussten sich HammerFall der Rap-Metal-Combo LOK geschlagen geben, aber Joacim und Oscar hatten sich musikalisch gefunden.

HammerFalls Debütalbum *Glory to the Brave* erschien 1997. Als unmissverständlich melodische Metal-Band in einer Szene, die von Black Metal und dem Hip-Hop-beeinflussten Nu Metal dominiert wurde, setzten sie sich deutlich von aktuellen Trends ab.

HammerFall spielten Power Metal, eine Abart des Heavy Metal mit griffigen Tonfolgen, hohem Gesang und Sechzehntelnoten-Dauerbeschuss. Das Image der Band war stark von Rittern und Fantasy-Ästhetik inspiriert, womit Dio oder Yngwie Malmsteen zehn Jahre zuvor kokettiert hatten, was aber in den Neunzigern hoffnungslos antiquiert war. Dadurch stach die Band natürlich umso mehr heraus. Oscar Dronjak, der sehr abenteuerliche Bühnenklamotten trug, erinnert sich, wie einige Zuschauer lachten, als sie auf die Bretter stiegen.

„Man muss bedenken, wie uncool Ritter zwischen 1990 und 1995 waren, als die schwedische Heavy-Metal-Szene wieder in die Gänge kam. Aber wir fanden sie cool."

Die Band sang über Kreuzritter, was Dronjak für besonders passend hält, da ihre Musik von jeher ein Gefühl von Stolz zum Ausdruck gebracht hat.

„Und wir waren wirklich Kreuzritter für den Heavy Metal! Aber anders als die Kreuzzüge in der Geschichte ist unserer nur positiv. Wir zwingen niemandem unsere Überzeugungen auf. Unsere Botschaft lautet: Wenn es dir gefällt, komm und gesell dich zu uns!"

Die Resonanz auf *Glory to the Brave* war stark, vor allem in den deutschen Metal-Magazinen *Rock Hard* und *Heavy, oder was!?* Das zweite Album der Band, *Legacy of Kings*, wurde ein Jahr später veröffentlicht und stieg gleich in die deutschen Charts ein. Als den Leuten bewusst wurde, dass sich HammerFall leidenschaftlich für alten Heavy Metal begeisterten, bemerkte Cans, wie viele unterschiedliche Arten von Metal-Fans ihre Unterstützung zum Ausdruck brachten.

„Wie man es auch dreht und wendet – alle Einflüsse im Thrash-, Death- und Black Metal stammen aus dem Heavy Metal der Achtziger. Viele freuten sich darüber, dass eine Band diese Art von Musik in den späten Neunzigern salonfähig machte."

Als ihre dritte LP *Renegade* die Spitze der schwedischen Albumcharts erreichte und sich in kürzester Zeit über vierzigtausend Mal verkaufte, verärgerte der immense Erfolg der Band die Metalheads, denen daran gelegen war, dass das Genre exklusiv blieb. Einige hielten HammerFall sogar für eine Spaßcombo.

In der schwedischen Metal-Szene wurde es bald zu einer Gewohnheit, HammerFall zu diffamieren.

T-Shirts mit durchgestrichenem Bandlogo kamen in Umlauf. „Anscheinend hat sich das Motiv sehr gut verkauft“, sagt Cans amüsiert.

Die Band versuchte, sich nichts anmerken zu lassen, doch das Ausmaß dieses neuen Hasses wurde bald deutlich. Als Joacim und seine Freundin während des Göteborger Stadtfests 2002 eine Rockbar besuchten, versuchte eine Gruppe von Fremden, Streit mit ihm anzufangen. Einer sprach mit südländischem Dialekt und wurde von einer Frau begleitet. Er meinte, HammerFall sollten hingerichtet werden und ihm würde schon bei ihrem Anblick übel. Cans ließ sich nicht provozieren, woraufhin der Mann ihn anspuckte und die Frau plötzlich seine Freundin angriff. Als Joacim eingreifen wollte, schlug ihm der Mann ein Bierglas ins Gesicht. Joacim musste in ein Krankenhaus, wo er mit fünfundzwanzig Stichen genäht wurde. Der Vorfall hinterließ auch tiefe emotionale Narben.

„Ich wurde sehr reserviert. Der Typ, der das getan hat, hatte lange Haare und sah aus wie ein beliebiger Fan, weshalb ich mich jedes Mal bedroht fühlte, wenn ich mich unter Männern mit langen Haaren befand. Ich konnte nicht mehr unterscheiden, wer wer war.“

Gleichzeitig entspannte der Angriff teilweise die Anti-HammerFall-Stimmung, die sich in der lokalen Szene breitgemacht hatte.

„Danach habe ich viele Leute getroffen, die der Meinung waren, es sei zu weit gegangen“, erzählt Cans. „Auch wenn sie die Musik nicht besonders mochten, hatten sie das Gefühl, dass es reichte. Als wir im Spätherbst 2002 *Crimson Thunder* veröffentlichten, gewannen wir den Eindruck, dass viele Fans allmählich zu uns zurückfanden.“

Seit ihrer Gründung Mitte der Neunziger haben HammerFall regelmäßig Platten veröffentlicht. Im Lauf der Jahre etablierten sie sich als wohl beliebteste schwedische Heavy-Metal-Band. Nach seiner Teilnahme in dem Fernsehtalentwettbewerb *Körslaget* („Kampf der Chöre“) ist Joacim Cans zudem eines der bekanntesten Gesichter der Metal-Szene.

HammerFalls Positionierung als einer der größten schwedischen Metal-Acts läutete eine landesweite Wiederbelebung des Genres ein.

„Auch wenn uns HammerFall musikalisch nicht viel bedeuteten, haben sie aktiv dazu beigetragen, dem melodischen Metal eine zweite Chance zu geben“, sagt Sänger Joakim Brodén. Seine Band Sabaton spielt Power Metal mit Texten, die sich fast ausschließlich mit historischen Schlachten beschäftigen. Der kommerzielle Durchbruch gelang ihr mit dem zweiten Album *Primo Victoria* (2005). Als sie anfing, konzentrierte sie sich jedoch hauptsächlich auf Black Metal im Stil von Dimmu Borgir.

„Was wir damals eigentlich machen wollten, war melodischer Metal, doch wir hatten das Problem, dass niemand melodisch singen konnte“, erklärt Brodén. Zu jener Zeit spielte er Keyboards.

Sabatons Entscheidung, Black Metal zu spielen, obwohl sie auf klassischen Heavy Metal standen, ist ein typisches Beispiel dafür, wie viel größer die extreme Fraktion der Szene damals im Vergleich zur melodischen war. HammerFalls Erfolg stieß diese Tür wieder auf.

Heute geben Sabaton über hundert Konzerte im Jahr und besitzen sowohl einen eigenen Tourbus als auch ein Aufnahmestudio. Die Band ist schon mit Judas Priest und Iron Maiden aufgetreten.

Trotz der Power-Metal-Welle waren die frühen 2000er eine schwierige Zeit für Heavy Metal allgemein. Wolf aus Örebro weigerten sich trotz des steinigen Wegs, die Waffen zu strecken. Als wir ihren Gitarristen Johannes „Axeman“ Losbäck bitten, den Unterschied zwischen Heavy- und Power Metal zu erklären, ist seine Antwort kurz und bündig: „Power Metal kannst du dir überstreifen, aber Heavy Metal lässt sich nicht abstreifen.“

Sein Bandkollege, Sänger und Gitarrist Niklas „Viper“ Stålvind, gibt eine erhellendere Antwort auf die Frage: „Heavy Metal hört sich nach der britischen Arbeiterklasse an, während Power Metal – wie unser Drummer mal sagte – wie Jodeln mit Doublebass klingt.“

Wolf veröffentlichten 2000 ihr erstes Album. Bei ihren ersten Auftritten spielte die Band sowohl eigenes Material als auch Covers. Stålvind beobachtete, wie das Publikum nach ein paar Bier Accept- und W.A.S.P.-Songs mitsang, was ihn davon überzeugte, dass eine neue Ära des klassischen Heavy Metal anbrach. Er irrte sich.

„Stattdessen kamen HammerFall und German Metal daher. Wir sahen uns nur an und sagten: ‚Okay, das soll's also sein?'"

Nach mehreren Alben sind Wolf keine Einsiedler mehr, was ihre musikalische Ausrichtung angeht. Sie haben sich Bullet, Enforcer und Ram angeschlossen und werden manchmal als New Wave of Traditional Heavy Metal bezeichnet.

„Wir leben in unserer eigenen Welt. ‚Was ist diese Woche angesagt – Helloween 1987 oder Iron Maiden 1995?' Spielt keine Rolle, für uns ist alles schlicht Metal!"

In Wolfs Fall bedeutet das: Falsettgesang, Flying-V-Gitarren mit Blutflecken-Artwork und Texte über tragische historische Ereignisse wie Krieg oder Hexenjagd.

„Wir werden nie Songs über Rotwein und ewiges Sonnenlicht schreiben. Das ist für uns kein Metal", stellt Losbäck klar.

Stattdessen besteht die Metal-Tradition seines Erachtens darin, über Dinge jenseits des Oberflächlichen zu schreiben – über das, was Angst bereitet.

„Deshalb haben wir angefangen, Metal zu hören – weil es krass und geil war. Und so empfinden wir immer noch."

Stålvind betont, Metal mache trotz der düsteren musikalischen Ausdrucksformen und Texte glücklich. Er will nicht weiter darauf eingehen, aber sein Gitarrist fährt fort: „Wenn man vorn Blut hineinschüttet, kommt hinten Bier raus. Was dazwischen passiert, kann ich nicht richtig erklären. Es ist einfach ein Prozess."

Gylve „Fenriz" Nagell ist die eine Hälfte des norwegischen Duos Darkthrone. Es hat seit seinem 1991er-Debüt zwanzig Alben herausgebracht, was es vermutlich zur produktivsten Bands im Black-Metal-Bereich macht. In einem Beitrag der norwegischen Fernsehsendung *Lydvetket* nannte Nagell 2007 Uriah Heeps *Sweet Freedom* (1973) als eine der LPs, die ihn am stärksten beeinflusst haben. In den finsteren, dogmatischen Neunzigern hätte ein Musiker einer so extremen Band niemals ein Bluesrock-Album mit Texten gelobt, die vom Begriff der freien Liebe der Sechziger durchdrungen waren.

Fenriz hält es nur für natürlich, dass den Begründern des Genres während der Blütezeit des Death- und Black Metal nicht viel Aufmerksamkeit geschenkt wurde, da dies eine Phase der musikalischen Entwicklung gewesen sei.

„Damals in den Achtzigern fühlten sich die Siebziger ziemlich langweilig an, um ehrlich zu sein. Das hing auch damit zusammen, dass man für alles außer Deep-Purple-Alben nach London reisen musste."

Neben seiner Tätigkeit bei Darkthrone betreibt Nagell auch den Musikblog Band of the Week, wo er seine musikalischen Entdeckungen aus allen Metal-Bereichen teilt. Unter anderem hat er schwedische Bands wie In Solitude, Ghost und Enforcer angepriesen; dass er auch klassischen Metal hervorhebt, ist nur folgerichtig. Dort lassen sich die Wurzeln sowohl der Szene als auch seiner eigenen musikalischen Bestrebungen nachvollziehen.

„Außerdem kann sich heutzutage jeder so gut wie alles besorgen. Ich mache in meinem Blog Vorschläge, die die Leute dann an Freunde weitergeben – und so verbreiten sich die guten Sachen. Deshalb finde ich es umso erstaunlicher, dass manche immer noch einen so schlechten Musikgeschmack haben", sagt der Norweger und lacht.

Es gibt viele Belege für die höhere Wertschätzung der Ursprünge des Metal in jüngerer Zeit. Als sich die schwedischen Veteranen November im Jahr 2007 wieder zusammentaten, um im Rahmen einer Fährfahrt nach Finnland aufzutreten, befanden sich im Publikum Mitglieder von Nifelheim und Watain.

Statt einer einmaligen Show markierte dieser Auftritt den Beginn einer neuen aktiven Phase von November. Wenn Bassist und Sänger Christer Stålbrandt die heutige Szene mit den frühen Siebzigern vergleicht, wundert er sich über die Altersunterschiede heutiger Fans.

„Das Altersspektrum derer, die Hardrock mögen, reicht jetzt von fünfzehn bis fünfzig. Das ist eine sehr breite Spanne, und in den Siebzigern ist es nie so gewesen. Es war eine völlig neue Zeit, und wir betraten Neuland. Man musste nicht älter sein als ich, um voll auf Dixieland abzufahren."

Ein sportlich aussehender junger Mann mit E-Gitarre steht in der Mitte der Bühne des Tyrolen-Parks. Er trägt nur ein schwarz-rotes Kopftuch und eine gelinde gesagt freizügige schwarze Spandexhose. Die Band kommt aus Göteborg und nennt sich Helvetets Port („Tor zur Hölle"). Sie spielt gerade einen Song über einen japanischen Schwertkämpfer – ein Motiv, das vor wenigen Jahren kaum angesagt war. Das Gleiche gilt für Frontmann Tomas „Witchfinder" Ericsons zittrigen Falsettgesang in der sengenden Nachmittagssonne.

„Er schwor einen Eid unterm Mond, zu werden ein …", singt der junge Mann in Spandex mit etwas Unterstützung von seinen Bandkollegen.

„… Shogun! Der Krieger der aufgehenden Sonne! Shogun", skandiert das Quartett zu Gitarrenharmonien. Neben dem aufgekratzten Frontmann steht Gitarrist Kongo „K. Lightning" Magnéli in akribisch zusammengestellter Retro-Kleidung: weiße Turnschuhe, Sportsocken über schwarzem Spandex, Schweißbänder, schwarzblaues Muskelshirt, ein Schnurrbart,der gestutzt werden muss, und ein blonder Haarschnitt aus der Blütezeit des Achtziger-Metal.

Helvetets Port spielen nicht nur klassischen Metal, sondern schaffen es auch mit unheimlicher Präzision, wie Bands auszusehen, die ihren Zenit erlebten, als ein Teil der jungen Schweden noch gar nicht geboren war.

„Hier ist ein neuer Song. Beachtet aber, dass ‚neu' in diesem Zusammenhang gewiss nicht *modern* bedeutet", sagt Witchfinder und erhält tosenden Beifall aus der Menge.

Der Gitarrist von Portrait steht vor der Bühne und streckt die Faust in die Luft. Neben ihm steht Robin, der Anfang zwanzig sein dürfte. Kurz nachdem er Hallo gesagt hat, fordert er uns auf, einen Hitlergruß für den Bassisten der Band zu machen.

„Das gefällt ihm, denn er hat einen echt kranken Humor."

Robin ist mit seinen Freunden Joakim und Anna zum Festival gekommen. Sie sind alle um die zwanzig Jahre alt, stammen aus Südschweden und scheinen sich einig darüber zu sein, warum die Metal-Bands der Achtziger die besten waren.

„Sie hatten richtig große Schwänze“, sagt Joakim.

Alle drei sind Freunde von Helvetets Port und lagern ihren Alkohol im Wohnwagen der Band, der gleich vor dem Park steht. Es handelt sich sozusagen um ein Museumsstück, schwarz lackiert und eigens für dieses Festival mit einer roten Flagge versehen, auf der die Initialen der Band stehen. Als wir ihn erreichen, ist sonst niemand da. Während Joakim das Schloss des Bierlagers knackt, bemerkt Anna, dass sie Witchfinder attraktiv findet und ihn auf jeden Fall ficken würde.

Vor dem Eingang zum Backstagebereich des Festivals hat Kongo Magnéli sein Hemd ausgezogen und trägt einen Marshall-Verstärker. Er hat einen leichten Göteborger Akzent, wurde 1982 geboren und macht gerade den Berufskraftfahrerschein.

„Demnächst hab ich Sattelschlepperprüfung, dann bin ich ein echter Trucker mit schlaffem Greisenarsch.“

Was ihm am Muskelrock am meisten gefällt, ist das Gemeinschaftsgefühl. Im Vergleich dazu findet er das Sweden Rock Festival zu kommerzialisiert. Als er anfing, es zu besuchen, kostete die Eintrittskarte sechshundert Kronen; heute kostet eine Karte für alle Veranstaltungstage mehr als zweitausend Kronen. Abgesehen vom finanziellen Aspekt hat er beim Muskelrock auch die Gelegenheit, Acts zu erleben und zu treffen, die nie groß herausgekommen sind.

„Vor allem Thor, ein alter Held von mir, mit dem ich heute viel gesprochen habe. Er ist jetzt da drin“, sagt der Gitarrist und nickt in Richtung eines Zirkuswagens auf der anderen Seite des Zauns.

Magnéli erzählt, er habe bei den UN-Truppen in Afghanistan gedient und sei im Oktober 2010 durch eine Bombe am Straßenrand an Rücken und Hals verletzt worden. Einer seiner besten Freunde, Truppenführer Kenneth Wallin, kam bei der Explosion ums Leben. Er war zweiundzwanzig Jahre alt. Magnéli hatte mehr Glück und konnte zwei Monate später nach Hause zurückkehren.

„Thor findet, ich sei sein Held. Und er ist meiner, das ist ein tolles Gefühl.“

Der schlaksige Gitarrist fügt hinzu, die meisten Leute würden ihn wahrscheinlich nicht für einen Soldatentypen halten.

„Ich bin aber tatsächlich Fallschirmjäger.“

Er lacht auf, entschuldigt sich und trägt seinen Gitarrenverstärker zum Parkplatz. Auf der kleineren der beiden Bühnen spielt Nicke Andersson mit seiner aktuellen Band Imperial State Electric. Zwischen zwei Liedern bedankt er sich für die Möglichkeit, hier auftreten zu dürfen, und fügt hinzu, seine Band sei vielleicht nicht die härteste im Programm.

„Aber wir geben alles, was wir haben!“

Nach der Show treffen wir ihn in der Bar an. Er trinkt Bier und erzählt uns, sie hätten am Vortag auf dem eher Pop-orientierten Siesta! Festival in Hässleholm gespielt.

„Wir waren dort eine der härtesten Bands, aber hier ist es genau andersrum.“

Hinter der großen Bühne laufen die Vorbereitungen für den Auftritt von Bullet auf Hochtouren.

Flammenwerfer und Rauchbomben sind am Rand der Bühne platziert worden. Marshall-Amps, Gibson-Gitarren und Drums werden über den schmalen Weg geschleppt. Ein stämmig gebauter Mann mittleren Alters mit schlecht sitzender blonder Perücke, Skimütze und gelbem Sporttrikot sitzt im Gras vor einem der beiden Zirkuswagen, die als Umkleidekabinen dienen. Er spricht mit amerikanischem Akzent und begrüßt uns mit dem festesten Händedruck des Festivals. Jon Mikl Thor – Frontmann der kanadischen Band, die auch seinen Nachnamen trägt – würde ohne seinen befremdlichen Aufzug problemlos zur Türsteher-Crew eines kleinstädtischen Nachtclubs passen.

Er gründete die erste Inkarnation der Gruppe bereits 1976, damals noch unter dem Namen Thor And The Imps. Thor, in dessen Lebenslauf auch zahlreiche Bodybuilding-Titel stehen, machte sich in den Achtzigern einen Namen, indem er Heavy Metal mit dem Image eines muskelbepackten Kriegers verband.

Heutzutage wirbt er für seine eigene Sportbekleidungsmarke und gibt mit seiner Band etwa zehn Konzerte jährlich. Er schätzt dieses Festival sehr und sagt, er sei sehr froh, seine Freunde hier zu treffen.

Auf die Frage, wer diese Freunde sind, antwortet er „Dieser Kerl zum Beispiel“ und umarmt einen vorbeigehenden Festivalmitarbeiter mit Zahnspange.

Wenig später füllt sich der Platz vor der Bühne mit Fans, als Thor die Bühne betritt, um den dreiundachtzigjährigen Fakir El Salama vorzustellen. Dessen richtiger Name lautet John Blixt, und seine Karriere als Entertainer erstreckt sich über mehr als fünf Jahrzehnte. Vor einer immer unruhiger werdenden Horde Bullet-Fans ist sein Auftritt gleichermaßen erstaunlich wie verwirrend. Er endet damit, dass er eine rostige Heckenschere verschluckt, und nachdem es ihm nicht gelungen ist, eine Fackel mit dem Mund zu löschen, ist es an der Zeit, die Bühne jüngeren Königen der Volksbelustigung zu überlassen.

Bullet-Sänger Dag „Hell“ Hofer trägt breite Nietenarmbänder, auf seinem T-Shirt mit einem Bild von Thor steht der Spruch „Nur die Starken kamen zum Muskelrock“. Alle außer dem Frontmann und Drummer Gustav Hjortsjö tragen schwarze Lederjacken. Trotz ständiger Anspielungen auf Heavy Metal sind die meisten Bullet-Songs eher mit dem Rock von AC/DC vergleichbar. Das hingebungsvolle Rockerbe ist deutlich erkennbar, angefangen bei den koordinierten Posen bis zu den Pyro-Effekten, deren Funken den Fotografen zwischen Zaun und Bühne gefährlich nahe kommen.

Sehr zur Freude des Publikums legt Thor höchstselbst während „Bite the Bullet“ einen Gastauftritt hin. Der eine oder andere verpasste Einsatz wird durch die herzerwärmende, sehr kuriose Situation ausgeglichen: Eine abgehalfterte Heavy-Metal-Legende von der anderen Seite des Atlantiks findet in der schwedischen Provinz ein neues Publikum.

Neben der Bühne bereitet sich Staffan Hamrin auf seinen Einsatz als stellvertretender Pyrotechniker vor, indem er vorsichtig auf die Knöpfe verschiedener Geräte und Fernbedienungen drückt. Als sich das Ende abzeichnet, wird der Spezialzünder für den Sprengstoff auf dem Dach hervorgeholt, was er mit einer gewissen Ehrfurcht und Beklommenheit tut. Sobald er den Knopf betätigt hat, läuft Staffan ein paar Schritte, um sich vor der Explosion zu schützen.

Aber nichts geschieht. Er seufzt und kehrt an seinen Platz zurück.

Nach dem Auftritt spricht er mit Gustav Hjortsjö darüber, was schiefgelaufen sein könnte. „Leider kann man ja keine Bomben zünden, um zu prüfen, ob sie funktionieren“, bemerkt Staffan. „Aber wir sollten in der Lage sein, die Elektrizität zu überprüfen, indem wir eine Glühbirne oder so anschließen“, sagt der Schlagzeuger.

In den Sechzigern war Tyrolen eine Unterhaltungshochburg. Die Entscheidung, die Einrichtung weit draußen in Blädinge zu bauen, rührte zum einen von den Schwierigkeiten her, in dichter besiedelten Gebieten eine Alkohollizenz zu erhalten, zum anderen von der zunehmenden Motorisierung. Die Lage an der Kreuzung von vier größeren Städten bedeutete, dass Växjö, Alvesta, Olofström und Karlshamn alle im Umkreis von dreißig Kilometer lagen. Dadurch erreichte Tyrolen ein potenzielles Publikum von über hunderttausend Menschen.

In den Siebzigern verschlechterte sich das Geschäft zunehmend, außerdem kam es wiederholt zu Problemen mit Schlägereien und Unruhen unter Alkoholeinfluss. Seitdem wurden mehrere Versuche unternommen, den Park wieder zu eröffnen.

Bullet-Gitarrist Hampus Klang und sein Freund Jacob Hector haben vom Sohn des Gründers Olle Olofsson gekauft. Hampus erwähnt, dass dort viele Veranstaltungen stattfinden, darunter Motorrad- und Oldtimer-Treffen, Cafés und Flohmärkte.

„Jeden Mittwoch tritt ein Künstler oder Zauberer auf. Einmal hatten wir jemanden, der einen echten Panzermotor mitbrachte und vorführte. Das war sehr beliebt, auch wenn außer dem höllischen Lärm, den das Ding machte, wenn er es anließ, nicht viel passierte.“

Hampus erklärt, das Leben als vielseitiger Heavy-Metal-Cowboy sei nicht besonders lukrativ, weshalb er und drei weitere Mitglieder der Band in alten Zirkuswagen leben. Wo genau sie geparkt sind, ist ein gut gehütetes Geheimnis.

„Ich habe meinen über eine Onlineauktion geschenkt bekommen. Und im Nachhinein wurde mir gesagt, mein Anhänger hätte tatsächlich viele Jahre lang hier im Tyrolen gestanden. Das ist ein tolles Gefühl."

Es ist Nacht geworden, und Staffan denkt, er sollte vielleicht etwas anderes anziehen, nachdem er den ganzen Tag lang eine graue Jogginghose und kurze Lederweste mit Fransen und Nieten getragen hat. Auf die Sachen ist er in einem Abfallsortierraum gestoßen.

„Was die Leute heutzutage so alles wegwerfen …"

Als er zum Bullet-Tourbus aufbricht, um sich umzuziehen, bietet er an, ihn uns zu zeigen. Bei dem schwarzen, verbeulten Fahrzeug handelt es sich um einen 1964er-Volvo, den die Band für zehntausend Kronen kaufte, nachdem ein schwerer Sturm 2005 ihren ersten Bus zerstört hatte. Staffan sagt, auch dieser Bus sei anfangs im Grunde Schrott gewesen, doch die Bullet-Mitglieder hätten ihn mithilfe ihrer Nachbarn wiederhergerichtet.

„Jeder in der Familie Hector ist Automechaniker."

Das Innere wurde größtenteils zu einem großen Raum mit langen Sofas an den Seitenwänden konvertiert. Es ist ein Durcheinander aus Kleidern, CD-Hüllen, Musikanlagenteilen und Müll. Das Fahrzeug hat die Band schon überall hingebracht, von Nordschweden bis zu deutschen Festivals. Staffan erwähnt, dass sie ihn auch benutzen, um Marketing auf für Schweden sehr untypische Art zu betreiben: Wenn sie auf die Campingplätze der Festivals fahren, stehen die Bandmitglieder auf dem Dach und zünden Feuerwerkskörper.

„Stellt euch vor, wie das wirkt! Die Leute scharen sich überall ringsum. So gewinnt man Fans."

Auf längeren Deutschlandtouren lassen Bullet ihren Bus meist zu Hause stehen.

„Würden wir in eine Verkehrskontrolle geraten, müsste der Bus dauerhaft in Deutschland bleiben."

Laut Staffan haben sie in Schweden nur selten Probleme mit der Polizei.

„Sie versteht meistens, dass die Jungs, die in diesem Bus reisen, keine Unruhestifter sind. Sie wollen nur Bier trinken und Metal spielen."

In dem dunklen Birkenwäldchen vor der Garderobe hängen Mitglieder von Thor und Bullet mit Freunden und Festivalmitarbeitern ab. Die Atmosphäre ist freundlich, und ein bärtiger Mann über fünfzig bietet uns Whiskey an. Er stellt sich als Sven Klang vor und ist Hampus' Vater, wie wir erfahren. Er sagt, er liebe dieses Leben und seinen Sohn – was natürlich für alle seine Kinder gelte, wie er hinzufügt.

Als Girlschool, vier Frauen mittleren Alters aus dem Süden Londons, die seit 1978 zusammen musizieren, mit ihren Instrumenten erscheinen, gibt es im kleinen Backstagebereich spontanen Applaus.

In der Außenbar vor der großen Bühne werden junge Leute mit vollständig tätowierten Rücken von einem Mann mit einem T-Shirt bedient, auf dem „Thor ist stark" steht. Am Tresen hängen alte Poster schwedischer Tanzbands mit Namen wie Curt Haagers, Kellys und Bert Bennys. Von der kleineren Bühne her, die etwas weiter entfernt steht, hört man Portrait, die „Black Funeral" von Mercyful Fate mit Messiah Marcolin als Gastsänger covern.

Man kann sich kaum einen passenderen Abschluss vorstellen, falls nicht für den Abend, dann auf jeden Fall für dieses Kapitel. Lange vor den Sechzigern, als Tyrolen gebaut wurde, war dieser Ort ein Freilichttreff, wo man zu den Melodien von Folk-Geigen das Tanzbein schwang. Heute Abend scheint Heavy Metal einem zeitgenössischen Gegenstück davon am nächsten zu kommen. So wie man dem Folk im 18. Jahrhundert nachsagte, Teufelsmusik zu sein, die junge Paare in ihr Schicksal lockte, wurde Metal seit je finsteren Mächten zugeordnet. Und sowohl Intellektuelle als auch das kulturelle Establishment haben Metal, genausowie die Tanzkapellen auf den verblichenen Postern, stets verabscheut.

Am Parkeingang vergewissert sich ein grimmig dreinblickender Mann, der auf die siebzig zugehen dürfte, dass jeder ein Festivalarmband trägt. Er stellt sich als Sven vor und erzählt, dass er seit mehr als vierzig Jahren Betrunkene durchs Tor laufen sieht. Nach seiner Erfahrung gebe es zwei Kategorien von Menschen.

„Einmal normale Leute, und dann das Muskelrock-Publikum." Er empfindet die Besucher hier als gute Menschen.

„Sie machen vielleicht den einen oder anderen Fehler, sorgen aber nie wirklich für Ärger. Und sie werden nie zu betrunken, obwohl sie den ganzen Tag trinken."

Wenig später stellt Festivalleiter Jacob Hector erfreut fest, dass eintausendzweihundert Personen Karten fürs Festival gekauft haben – die Gewinnschwelle war mit neunhundert erreicht.

Als wir ihm sagen, dass wir mit dem alten Mann am Eingang gesprochen haben, lächelt er und entgegnet, sein Name sei Sven på Netten („Sven auf Netten"), benannt nach seinem Wohnort.

„Er kommt hierher und arbeitet umsonst, weil es ihm echt Spaß macht. Allerdings hat er mich einmal etwas über unser Publikum gefragt, das er nicht richtig verstand: ‚Wieso bringen sie ihre Kassettenrekorder mit zum Festival, wenn es Livemusik gibt?'"

Der junge Veranstalter lacht herzhaft, obwohl er die gleiche Geschichte wahrscheinlich schon unzählige Male erzählt hat.

Sven på Netten starb nur wenige Tage nach dem Muskelrock 2017. Er wurde siebenundsechzig Jahre alt.

Das Festival feierte 2018 sein zehnjähriges Bestehen. Natürlich wurde Thor wieder eingeladen, um zum vierten Mal aufzutreten.

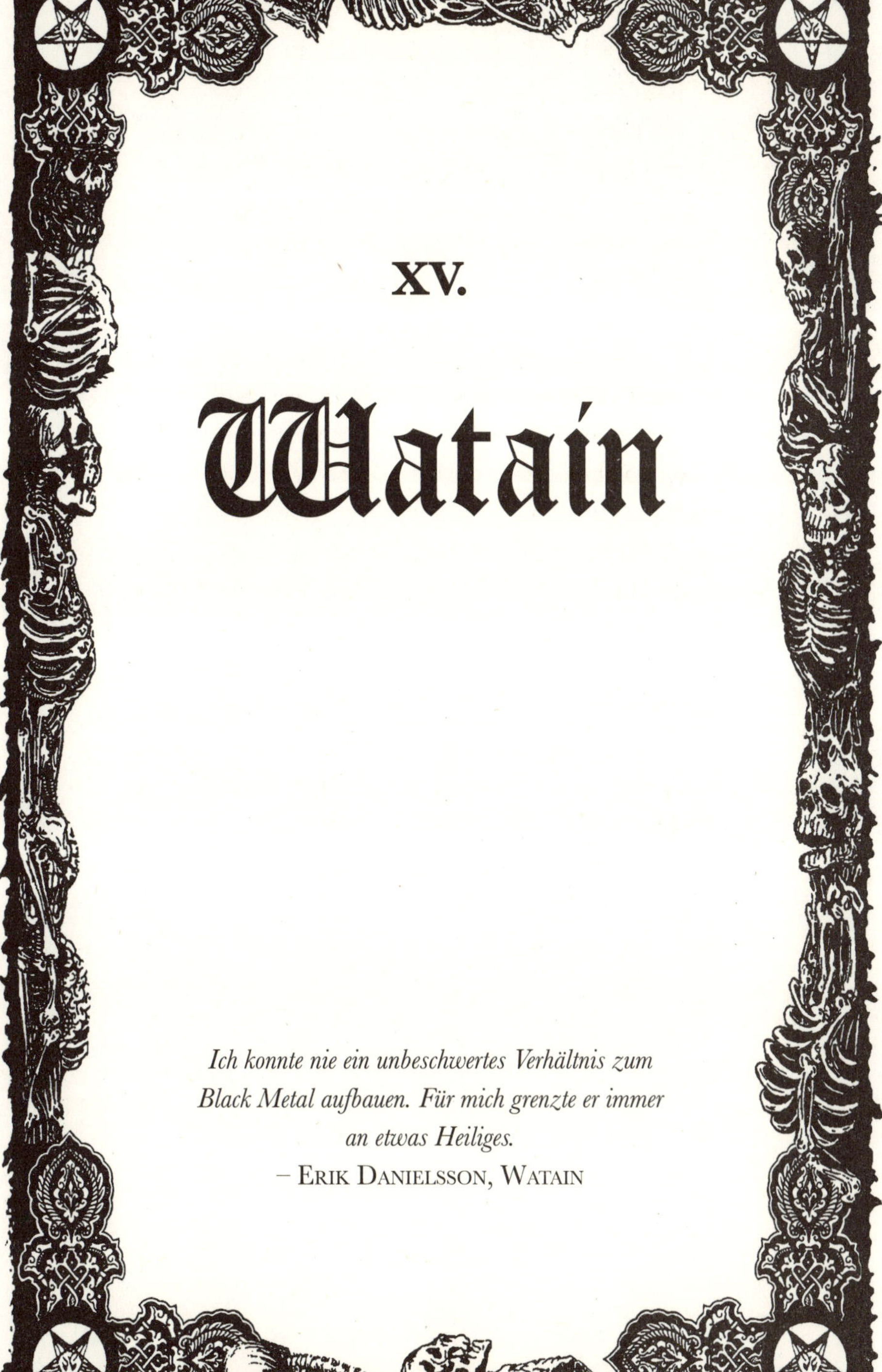

XV.

Watain

Ich konnte nie ein unbeschwertes Verhältnis zum Black Metal aufbauen. Für mich grenzte er immer an etwas Heiliges.
– Erik Danielsson, Watain

„Wir wollen, dass die Leute in einen brennenden Tempel schauen. Ein Watain-Konzert zu besuchen sollte so sein, als würde man die fanatischste Kirche betreten, die man sich vorstellen kann, mitten in einer Messe. Es ist ein Ort, wo es keinerlei Regeln gibt."

Erik Danielsson spricht ruhig. Gelegentlich wird seine Stimme vom Kreischen vorbeifahrender U-Bahnen übertönt. Durch die Geräusche wird die Atmosphäre im Wolf's Lair („Wolfsschanze") – einem Bunker, den Watain vom Stockholmer Verkehrsamt gemietet haben – zunehmend klaustrophobischer.

An den Wänden sind Kisten mit alten Schafsköpfen und Tierknochen gestapelt, ein ekelhaft süßlicher Geruch liegt in der Luft. In der kleinen Vorratskammer finden sich Plastikflaschen, die mit Blut in verschiedenen Verwesungsstadien gefüllt sind. Früher haben hier auch andere Bands geprobt, aber seit Watain einzogen, sind sie nach und nach verschwunden.

„Ich möchte Einblicke in eine Wirklichkeit geben, die die Menschen nicht wahrhaben wollen, die die meisten gleichmütig abtun oder von der sie die Augen abwenden, wenn sie zufällig darauf stoßen. Da sowohl die Gesellschaft als auch die Welt, in der wir leben, auf Ordnung aufgebaut sind, wird dies als gut angesehen. Auf der anderen Seite erachtet man das, was wir tun, als böse. Das ist die Welt, die wir den Menschen zeigen wollen."

Außerhalb des Bunkers werden der mattschwarze Kleinbus der Band und ein gemieteter Anhänger für eine Kurztour durch Västerås, Sundsvall und Luleå beladen. Die Konzerte dienen der Vorbereitung auf eine dreimonatige Reise durch Europa, die USA und Südamerika später im Herbst.

Es ist Spätsommer 2010. Watain haben kürzlich ihr viertes Album *Lawless Darkness* veröffentlicht und damit ihren Status als eine der extremsten Black-Metal-Bands der Welt gefestigt. Erik Danielsson trägt ein Watain-Muskelshirt, eine schwarze Spandexhose und abgewetzte Cowboystiefel mit rostigen Schnallen. An seinem Hals hängt ein silbernes Pentagramm, und um seine Taille trägt er einen Patronengürtel. Er führt uns durch den geräumigen Bunker.

Im kleinen Vorraum, wo eine Stahltür zur Straße hinausführt, hat jemand mit Blut „Hungrig sind die Verdammten" an die Wand geschmiert

„Das war Dave Lepard", sagt Erik.

Der ehemalige Sänger der Sleaze-Rocker Crashdïet ging mit Erik in Uppsala zur Schule. Er beging im Jahr 2006 Selbstmord. Erik erzählt, Dave sei schon immer etwas seltsam gewesen und beispielsweise nackt bis auf Unterwäsche mit Leopardenmuster zum Unterricht gekommen.

Im Proberaum packen die Mitglieder von Watain ihre Instrumente ein. In der Ecke steht ein kleiner Altar mit Kerzen und einem Totenkopf. An der Wand hängt eine schmutzige Jeansjacke, an der so viel getrocknetes Blut klebt, dass sie völlig steif ist.

Im angrenzenden Raum stehen zwei wuchtige Stahlkreuze an der Wand. Daneben liegen große Ikea-Kunststofftüten mit speziell angefertigten Eisenfackeln. Entlang einer Wand verläuft eine Werkbank, die mit Lötkolben und Schweißgeräten ausgestattet ist. Hier fertigen die Band und ihre Freunde alle Bühnenrequisiten an.

„Das ist von größter Bedeutung", betont Erik. „Alle unsere Sachen werden mit außerordentlicher Leidenschaft hergestellt, und das spürt man, wenn man damit auf der Bühne steht."

Auf einer Bank liegen mehrere Siebdruckrahmen. Zusammen mit Erik von Nifelheim druckt Erik Danielsson seltene Shirts für alte Metal-Bands nach. Neulich haben sie welche mit den legendären Bulldozer aus Italien gemacht.

In den hinteren Teil des Bunkers haben sie ihre Wolf's Lair Bar gebaut. Hier können Watain ungestört feiern. Sie geraten leicht in Schlägereien, wenn sie gemeinsam zum Trinken ausgehen. Die breiteste Wand ist großflächig mit der Ziege vom Cover des selbstbetitelten Bathory-Debüts bemalt. Alle Watain-Mitglieder haben Tätowierungen mit diesem Motiv.

Unter der Decke ist ein Tarnnetz aufgespannt, und an den Wänden hängen gerahmte Fotos aus der Geschichte der Band. Diese Collagen wurden für ihr zehnjähriges Bestehen zusammengestellt, das Watain im Winter 2008 mit einem Konzert in Uppsala gefeiert haben. Ein Rahmen enthält Flugblätter und Ausschnitte aus der frühen Underground-Presse, in dreien sieht man Schnappschüsse, die auf Tourneen, Backstage oder im Proberaum gemacht wurden. Auf einem hält Erik ein Tranchiermesser in der Hand und lächelt freudig, während er einen aufgehängten Schweinekopf aufschneidet. Die Bandmitglieder, pausbäckig und just der Kindheit beziehungsweise Pubertät entwachsen. Dieselben Bandmitglieder fünf Jahre später auf Europatournee mit Dissection. Eine verschmierte Blutlache auf einem schmutzigen Boden. Ein Schafskopf mit heraushängender Zunge und zwei Nägeln in der Stirn. Erik neben seinem Idol Tom G. Warrior von Celtic Frost bei einer gemeinsamen Tour der Bands vor ein paar Jahren.

In den letzten fünf Jahren haben sich Watain von obskuren, aber hochgeachteten Black-Metal-Musikern zu einer Band entwickelt, deren letztes Album in Schwedens beliebtester Frühstücksfernsehsendung empfohlen wurde. Obwohl sie für einen Generationswechsel in der Szene stehen, bewahren sie sich ein starkes Gefühl für die Black-Metal-Tradition, die in allem mitschwingt, was sie tun. Das Gleiche gilt für ihre Besessenheit, was ihre satanischen Überzeugungen und ihr Image angeht.

In Interviews hat Erik Danielsson gezeigt, dass er witzig, intelligent und praktisch nicht aus der Ruhe zu bringen ist. Unzählige Artikel über Watain zeichneten ein Bild der extremsten Band Schwedens oder vielleicht sogar der ganzen Welt. Wir haben von Liveshows gelesen, die so überzogen waren, dass sich Zuschauer übergeben mussten, und von Musikern, die jeden Abend wieder in Bühnenkleidung steigen, die derart vermodert ist, dass Maden darin leben.

„Viele Leute schätzen an Watain das Gleiche wie an Horrorfilmen: etwas Brutales und Beängstigendes, das man mit gesundem Abstand betrachten kann“, erklärt Erik. „Aber sie müssen begreifen, dass dies kein Horrorfilm ist. Vergesst das nicht – das ist verdammt noch mal kein Scherz!“

Der von Watain propagierte Satanismus beruht auf der Vorstellung eines Urchaos hinter dem Gefüge der menschlichen Auffassung von Wirklichkeit. Das Ziel besteht darin, sich gänzlich von den Gesetzen und Strukturen unseres Kosmos zu befreien und mit der chaotischen Dunkelheit des Jenseits zu vereinen. Es ist ein täglicher Kampf, der sich auf unterschiedliche Weise äußert. Als Beispiel dafür dient das Bestreben der Bandmitglieder, möglichst außerhalb der Gesellschaft zu leben. Sie wollen unter dem Radar bleiben, nie Post erhalten oder in irgendeiner Weise mit dem Staat zu tun haben.

Erik sagt, dass er sich ständig mit seinen Ängsten auseinandersetzt und versucht, tiefer in die Dunkelheit vorzudringen, um herauszufinden, was dort ist.

„Das Dunkel zu suchen ist für mich eine angeborene Berufung; immer nach dem Unentdeckten, Verbotenen trachten. Außerdem wurde ich schon sehr früh mit dieser Musik vertraut gemacht. Black Metal ermutigt dich wirklich, aktiv zu forschen. Wenn man etwas daraus gewinnen will, muss man teilhaben. Vielleicht ist es die Sehnsucht nach etwas Exklusiverem“, sagt er, während er sich seine zerschlissene Lederjacke überstreift.

„Ich bin überzeugt davon, dass es eine viel höhere Realität gibt als diejenige, die uns im Fernsehen, in der Zeitung oder am Wohnzimmertisch gezeigt wird. Und zweifelsohne liegt ein großer Teil dieser Realität noch im Verborgenen.“

Draußen auf der Straße sitzen Gitarrist Pelle Forsberg und Marcus Tena, der Security-Chef der Band, bereits auf ihren Harleys. Sie liefern sich ein Rennen nach Västerås. Wenn die Ampeln auf Rot umspringen, hallt das Knattern der Auspuffrohre durch den wohlhabenden Bezirk Enskede.

Erik Danielsson besitzt ebenfalls ein nach seinen Wünschen gefertigtes Motorrad, das aber wegen Watains straffem Tourplan abgemeldet wurde. Er hat auch noch keinen Führerschein, glaubt aber, das könne kein Problem sein, solang er es auf der Straße ruhig angehen lässt.

„Alles kann immer irgendwie schiefgehen, nicht wahr?"

Gegen fünfzehn Uhr rollt der Watain-Bus auf den Parkplatz vor der heutigen Veranstaltungsstätte am Hafen von Västerås. Das Gebäude ist eine alte Fabrik, die zu einer Bar und einem Rockclub umgebaut wurde. Unter den wachsamen Augen von Johan Frölund, der für alles zuständig ist, was mit der Bühne zu tun hat, lädt die Band ihr Equipment aus dem Anhänger. Verstärker, Instrumente, dreckige Kisten mit Knochenteilen und Tierschädeln, Blut in Flaschen und Kartons mit Merchandise-Artikeln werden ins Lokal getragen.

Alle Watain-Musiker tragen identische Lederwesten, die mit verschiedenen Symbolen der Band verziert sind – ein Wolfskopf mit aufgerissenem Maul, ein Dreizack und der Bandname in Frakturschrift. Die Ästhetik ist eindeutig dem Biker-Milieu entlehnt.

Den Kern der Band bilden seit je Sänger Erik Danielsson, Gitarrist Pelle Forsberg und Schlagzeuger Håkan Jonsson. Seit 2007 nehmen Bassist Alvaro Lillo aus Chile und der italienische Gitarrist Set Teitan an allen Konzerten und Tourneen teil.

Watain und ihr enger Freundeskreis sind eine eingeschworene Bruderschaft. Die Veranstalter lächeln unbeholfen und scheinen sich ein wenig zu scheuen, an die Band heranzutreten. Für ihr großzügiges Angebot, beim Tragen des Equipments zu helfen, ernten sie wortlose Blicke – aber schließlich doch ein Nicken.

Um den unerwünschten Kontakt mit Menschen zu vermeiden, haben Watain ihren Freund Marcus Tena mitgebracht. Seine Aufgabe besteht schlicht darin, in der Nähe zu bleiben.

„Wenn wir auf Tournee sind, ist jeder in der Band gereizt, und es gibt oft Ärger", sagt Erik. „Ärger, der ziemlich oft zu etwas Ernstem ausartet, weshalb wir Tena mitnehmen. Ihn dabeizuhaben ist eine hervorragende Versicherung."

Nifelheim-Schlagzeuger Peter Stjärnvind steht mit sehr enger Bluejeans und Bathory-Shirt am Mischpult.

„Das ist nach meiner Ausbildung zum Tontechniker mein erster Job", sagt er, während er eine CD von Saxons 1980er-Album *Strong Arm of the Law* einlegt. Er dreht laut auf, woraufhin die britischen Metal-Riffs durch den Saal dröhnen.

„Das ist der Sound, der mir für heute Abend vorschwebt", ruft er der Band zu, die es nur mit Grunzen quittiert.

Die Vorgruppen treffen in Lieferwagen ein und beginnen, ihre Gerätschaften hineinzuschleppen. Die Göteborger Heavy-Metal-Band Ram und die Death-Metaller Repugnant aus Linköping sind an diesem Wochenende für zwei Gigs dabei. Sie werden von ihren Freundinnen und einem Haufen Kameraden begleitet und haben schon mit dem Feiern angefangen. Watain haben ihre Support-Acts sorgfältig ausgesucht. Sie vermeiden es, mit anderen Black-Metal-Bands auf Tour zu gehen, da sie mit Ausnahme ihrer Freunde Nifelheim keine gut genug finden.

Nun stehen die Mitglieder an ihrem Bus auf dem Parkplatz. Der größte Teil des Equipments ist schon drinnen, und Set hat mit dem Gitarrensoundcheck begonnen. Er soliert auf seiner schwarzen Flying V, wobei er eine Lederweste, eine Armeehose und ein Watain-Shirt trägt. Dann spielt er schnelle Metal-Skalen, um Peter zu ärgern, der in Richtung Bühne starrt. Als der Soundmann genug hat, schaltet er den Funksender an Sets Gitarre aus, und alles wird still.

Set schaut in den Saal.

„Was machen all diese Leute hier?", fragt er mürrisch.

„Das sind die Vorbands", sagt Pelle, und alle lachen.

Ständig von anderen Menschen umgeben zu sein ist ein grausames Schicksal, das man als Misanthrop akzeptieren muss. Die Mitglieder von Watain gehen unterschiedlich damit um: Erik ist der Geselligste,

Pelle macht einen stillen und bedrohlichen Eindruck, Håkan scheint recht schüchtern zu sein.

In einem kleinen Raum neben der Bar baut Hampus Eriksson das üppige Merchandise auf. Erik Danielsson hat Grafikdesign studiert und ist einer der profiliertesten Künstler der aktuellen Metal-Szene, wobei er sich stark von der Geschichte des Genres inspirieren lässt. Er hat bereits Hunderte von Shirts entworfen, und die Nachfrage nach neuen Drucken ist groß.

Hampus, der 1990 geboren wurde, spielt auch in den Death-Metal-Bands Degial und Invidious aus Uppsala. Er weiß noch, wie er von Watain erfuhr.

„Es gab das Gerücht, sie würden Leute verprügeln, die ihre Shirts trugen. Die Leute redeten über sie, aber ich habe sie nie gesehen. Ich hatte wirklich Angst, ihnen zu begegnen."

Sein Kindheitsfreund Emil Svensson, der Schlagzeuger von Repugnant und Degial ist, stimmt ihm zu.

„Sie wirkten sehr geheimnisvoll, und man wusste nichts über sie, nur dass sie gefährlich sind."

Dann freundete sich Hampus mit Pelle an; jetzt arbeitet er seit einem Jahr als Merchandiser der Band. Er grüßt Matthias Müller, den Schlagzeuger der amerikanischen Black-Metal-Band Negative Plane, mit der Watain in den USA getourt sind. Müller ist mit seiner Freundin nach Västerås gekommen. Sie machen Urlaub in Schweden und haben sich bisher hauptsächlich in Stockholm aufgehalten.

„Einfach irre, wie viele Metalheads es hier gibt", sagt er beeindruckt. „Wo immer ich hingehe, sehe ich Leute mit Shirts von Bands – richtig guten, obskuren Bands."

Matthias wuchs in einer Kleinstadt in der Nähe von München auf, zog aber als Teenager in die Vereinigten Staaten. Heute lebt er auf Long Island New York. Er erzählt, dass er immer das Gefühl hatte, der Einzige zu sein, der Black Metal hört. Während wir gemeinsam im Taxi zu einem örtlichen Plattenladen fahren, wo eine Watain-Autogrammstunde stattfindet, schaut er hinaus und zeigt fasziniert auf die vielen jungen Leute in Metal-Shirts.

Als wir vor dem geschlossenen Laden ankommen, stehen davor etwa dreißig schwarz gekleidete Fans, die schweigend warten. Matthias ist erstaunt.

„Unglaublich! Habt ihr eine Ahnung, wie gut es euch hier in Schweden geht?"

Drinnen hängen Erik, Pelle und Håkan ein schwarzes Backdrop mit dem Bandlogo auf, bereiten Ornamente in Weiß und Rot vor und werfen ein Tuch über einen Tisch. Sie bitten den Besitzer, das Licht auszumachen. Dann zünden sie Kerzen an und füllen einen silbernen Kelch mit Blut.

Lawless Darkness läuft, als die Tür geöffnet werden, und rasch bildet sich eine Schlange aus andächtig stillen Fans. Die meisten von ihnen sind junge Männer in ihren Zwanzigern mit Alben und Postern. Pelle, Erik und Håkan signieren das Merchandise mit Silberstiften und besprenkeln es dann mit Blut. Gesprochen wird sehr wenig; das einzige Wort ist „Danke", falls sich nicht hin und wieder ein Fan traut, eine Frage zu stellen. Hochachtung und Respekt sind förmlich greifbar. Sobald die Autogrammstunde vorbei ist und die Band ihre Sachen zusammengepackt hat, scheint das Luftholen leichter zu fallen.

Die Fans lächeln zufrieden und achten darauf, ihre Platten waagerecht zu halten, damit das Blut nicht hinuntertropft, bevor es gerinnt.

Eriks Freundin Marie ist zusammen mit Sets Freundin Sara in den Laden gekommen. Pelle schwärmt von einem Video, das er neulich im Internet gesehen hat. Darin band sich ein Mann monatelang die Hoden ab, um die Blutzufuhr zu unterbrechen.

„Sie waren völlig verfault. Es war so abgefuckt. Er konnte sie einfach abziehen, ohne Mühe!"

Er empfiehlt eine schwedische Webseite mit Bildern von Leichen und Körperexperimenten. „Ohne Scheiß, manches von dem, was man da sieht, ist verdammt eklig. Sogar mir wird davon ein bisschen schlecht."

Und das will etwas heißen. In der Black-Metal-Szene ist Pelle Forsberg bekannt dafür, äußerst schmerzunempfindlich zu sein und sich nicht davor zu scheuen, seinen Arm mit einer Fleischersäge zu bearbeiten, um zu schauen, was passiert.

„Ich habe mir einmal aus Langeweile eine Brustwarze abgeschnitten. Seltsamerweise wuchs sie wieder nach und sah genauso aus wie vorher", erzählt er mit einer gewissen Genugtuung.

Als wir zum Club zurückkehren, trudelt gerade das Publikum ein. Viele sind aus Stockholm angereist, um Watain zu sehen, die nur ein paarmal in der Hauptstadt gespielt haben.

In der Garderobe fließt das Backstage-Bier genauso schnell, wie man von einer wilden Reiseanekdote zur nächsten übergeht – etwa dass Alvaro auf der letzten US-Tournee eine Flasche im Bus zertrümmerte und Glassplitter so tief in seinem Auge stecken blieben, dass er fast erblindet wäre. Im Krankenhaus weigerte er sich, eine Blutprobe abzugeben, und wurde dann von Johan nach draußen geschleust, um den Rückflug nach Schweden nicht zu verpassen.

Alvaro grinst breit. Er wurde 1971 geboren und ist mit Abstand der Älteste in der Band. Vor zehn Jahren zog er mit seiner Death-Metal-Band Undercroft von Chile nach Deutschland.

„Dann reiste ich regelmäßig nach Schweden, um mit Bands abzuhängen. Ich lernte eine Frau kennen und bekam eine Tochter. Ihr wisst ja, wie so was geht", erzählt er lächelnd.

Eine Geschichte, die immer wieder aufkommt, dreht sich um eine dreitägige Pause in Florida auf Watains 2007er-Amerikatour, wobei die Band die Gelegenheit zum Ausruhen für eine Party epischen Ausmaßes nutzte. Eines Morgens wachte Erik auf dem Boden seines Hotelzimmers auf und sah einen großen Blutfleck an der Wand. Er hatte keine Ahnung, was los war. Plötzlich kam Håkan zu sich und erbrach im hohen Bogen Blut, Salzwasser und Sand. Dann wurde er wieder ohnmächtig. Wie sich herausstellte, hatte die Band den vorangegangenen Tag am Strand verbracht, um „das größte fucking Loch aller Zeiten zu graben".

Sie schafften es, ihren leidenden Schlagzeuger ins Flugzeug zu schleppen, aber als sie für den nächsten Auftritt in Mexiko-Stadt eintrafen, ging es ihm so schlecht, dass er ins Krankenhaus gebracht werden musste. All der Sand und das Wasser hatten eine Infektion verursacht, und er bekam eine schwere Lungenentzündung diagnostiziert.

Eine Stunde vor Beginn des Konzerts war klar, dass er nicht auftreten konnte.

Draußen warteten massenweise unruhige Fans.

„Nicht die Art von Publikum, die eine Absage hinnimmt, um es mal so auszudrücken", bemerkt Erik trocken. Die Band kam schnell zu dem Schluss, Erik sei der einzig mögliche Ersatz für Håkan, da er ursprünglich Schlagzeuger gewesen ist. Allerdings konnte er nicht singen und gleichzeitig spielen. Set, der zu diesem Zeitpunkt erst wenige Monate zur Band gehörte, musste den Gesangspart übernehmen. Ein Videoclip vom Konzert zeigt, wie Erik wie üblich zum Altar kommt und das Publikum mit erhobenen Armen begrüßt. Statt jedoch zum Mikrofon zu gehen, dreht er sich um und nimmt am Schlagzeug Platz. Die Leute verstummen verwirrt, fangen aber wieder zu brüllen an, sobald Set zu singen beginnt. Obwohl alles gut lief, war er so gestresst, dass er nach der Show Fieber bekam.

Johan musste Håkan Antibiotika spritzen, und nach ein paar Tagen war er wieder gesund genug, um Schlagzeug zu spielen.

„Irgendjemand landet immer im Krankenhaus", bemerkt Johan trocken. „Auf der letzten Europatour verletzte sich Pelle bei einem Treppensturz am Ellenbogen. Dann musste sich Alvaro untersuchen lassen – ich weiß gar nicht mehr, weswegen."

Je näher das Konzert rückt, desto angespannter wird die Atmosphäre in der Garderobe. Erik wippt so heftig mit den Füßen, dass seine Stiefelschnallen klappern. Er macht ein grimmiges Gesicht und scheint sich zu wünschen, dass alle rausgehen. Peter Stjärnvind redet hingegen ununterbrochen, tratscht in einem fort über seine Metal-Kollegen.

„Wisst ihr, was L-G einmal in einer Schwedisch-Grammatikprüfung gemacht hat? Er konjugierte das Wort *skriva* mit ‚skriva – skrevde – skraft'!"

Das lässt sich unmöglich in eine andere Sprache übertragen, jedenfalls lachen alle Anwesenden. Entombed-Sänger L-G Petrov wird oft belächelt. Ein weiterer Name, der im Laufe des Abends mehrmals fällt, ist Harry. So heißt der Bassist von Håkans alter Thrash-Band Die Hard. Er verließ sie kürzlich, da er nach der Geburt seines Sohnes nur noch Zeit für Watain hat. Jemand fragt, wie alt das Baby ist.

„Drei Monate und zwei Tage", antwortet Håkan mit kurzem Lächeln.

Harry scheint dafür bekannt zu sein, dass er unter Alkoholeinfluss eine echte Plage ist, und hinter der Bühne heißt es, er sei heute Abend stark betrunken. Nur wenige Minuten später stolpert er in den Raum. Erik fordert ihn sofort auf, zu gehen. Harry lacht und fuchtelt mit seiner Bierflasche herum, während er versucht, aufrecht zu stehen.

„Ich meine es ernst, Harry. Verpiss dich!", zischt Erik und starrt ihn an. Plötzlich wird es im gesamten Backstagebereich still.

Harry grinst und stützt sich auf einen Tisch hinter ihm, doch die Platte ist lose, sodass er zusammen mit mehreren Bierflaschen auf den Boden stürzt. Eriks Augen blitzen auf, und er springt auf ihn zu. Er schlägt ihm mehrere Male ins Gesicht, obwohl er deutlich kleiner ist, und Harry hat zu viel getrunken, um sich zu wehren. Einige Repugnant-Mitglieder zerren ihn aus dem Raum. Nachdem die Tür geschlossen wurde, setzt sich Erik hin und schaut geradeaus. Mit einem Mal ist die Stimmung im Raum gedämpft, nur gelegentlich kichert jemand. Eriks Freundin Marie betrachtet ihn schweigend.

Peter gackert immer noch fröhlich. „Skraft! Habt ihr's kapiert?"

Vor ihrem Auftritt vertreiben Watain alle aus der Garderobe. Die Vorbereitungen sind wichtig, und die Band schottet sich mindestens eine halbe Stunde lang ab, um in Stimmung zu kommen. Die Musiker ziehen ihre Bühnenkleidung an, schminken sich schwarz-weiß und reiben sich mit Schweineblut ein. Niemand darf sich ihnen nähern.

Um Mitternacht geht das Licht im Saal aus, und ein Intro mit unheilvollen Kirchenorgeln ertönt aus der Anlage. Als die Band die Bühne betritt, wird diese nur durch Kerzenlicht erhellt. Vor dem Schlagzeug steht ein Altar mit dreizehn schwarzen Wachskerzen, einem Bockschädel und einem mit Blut gefüllten Messingkelch. Die Bühne ist mit Totenköpfen, zwei großen umgedrehten Kreuzen, vier Metallsäulen und Skeletttteilen an dicken Ketten geschmückt. An beiden Seiten hängen rote Banner mit dem Kopf des heulenden Watain-Wolfs in Schwarz-Weiß.

Die fünf Musiker stehen mit dem Rücken zum Publikum, haben die Arme zur Decke gestreckt und spreizen die Finger zum Teufelszeichen. Pelle und Set verweben melancholische, unheimliche Gitarrenleads miteinander, ehe die Band in „Malfeitor“ von *Lawless Darkness* einsteigt. Zusätzlich zu seinem Corpsepaint hat sich Erik das Gesicht halb mit einem vertrackten Muster bemalt. In den Gesangspausen headbangt er wie verrückt. Pelle singt jedes Wort mit.

Zwischen den Songs nimmt Erik den Kelch vom Altar und gießt sich den Inhalt über Gesicht und Brust. Blut spritzt ins Publikum, und ein strenger Geruch verbreitet sich im Saal.

„Dieser Song ist den Brüdern und Schwestern gewidmet, die nicht mehr unter uns weilen“, kündigt er an, während die Band zu „Legions of the Black Light“ von ihrem dritten Album *Sworn to the Dark* ansetzt.

Nach der Show leert sich der Saal langsam. Der schwarz-weiß karierte Boden vor der Bühne klebt vor verschüttetem Bier, Glassplittern, Erbrochenem und einer großen Blutlache. Eine junge Amerikanerin mit Watain-Muskelshirt und orangefarbener Mähne betritt den Backstagebereich. Sie stellt sich in eine Ecke und beobachtet die Musiker, während sie ihr Equipment zum Bus tragen. Sie nennt sich Vega Natas und begleitet Watain auf ihren Tourneen rund um die Welt. Bis jetzt hat sie achtundzwanzig Konzerte in zehn verschiedenen Ländern gesehen. Mit dem heutigen Auftritt ist sie sehr zufrieden.

„Ein Watain-Gig rüttelt so heftig an all deinen Sinnen, dass du hineingezogen wirst. Das verwesende Fleisch stinkt so intensiv, dass ich es schmecken kann – die Hitze des Feuers, den Schmerz des aufgestachelten Publikums und natürlich das musikalische Sperrfeuer an sich. In diesem Zustand, wenn die Sinne so überlastet sind, dass sie völlig betäubt werden, finde ich einen Ort in mir, der völlig unberührt ist. Der Besuch einer Watain-Show kommt für mich einer Pilgerreise gleich. Es ist ein sehr lohnenswertes spirituelles Erlebnis.“

Vega Natas lebt in Las Vegas und arbeitet als Tätowiererin. Håkan nimmt sich kurz Zeit, mit ihr zu sprechen.

„Ich verstehe nicht, woher sie das Geld hat, um so viel zu reisen“, sagt er und trägt sein Zeug weiter zum Wagen.

Erik tut sich im Umgang mit den hingebungsvollsten Fans schwer. Obwohl er sich natürlich darüber freut, wie tief Watain die Menschen berühren, mag er ihre unterwürfige Haltung nicht. Er eilt zurück in die Garderobe und grüßt Vega Natas nur kurz.

Harry taumelt in den kleinen Raum. Erik grüßt ihn mit einem fröhlichen „Hallo“ und holt ein Bier aus dem Kühlschrank. Der Streit scheint vergessen zu sein.

Am Tonpult packt Peter Stjärnvind seine Sachen zusammen.

„Ich bin rundum zufrieden, aber gleich nach dem Gig kam ein Typ mit In-Flames-Shirt zu mir und meinte, das sei der schlechteste Sound gewesen, den er je gehört habe!“ Er lacht.

„Aber man kann solchen Unsinn unmöglich ernst nehmen, wenn er von jemandem in einer Sportjacke kommt, der Drum-Trigger und überproduzierte Göteborg-Bands mag.“

Auf dem Parkplatz wird lange diskutiert, ob die Band in einem Hotel in Västerås übernachten oder sofort zum nächsten Auftrittsort Sundsvall fahren soll. Es ist drei Uhr morgens, und alle sind erschöpft.

Schließlich kommen sie überein, aufs Hotel zu verzichten, und zwängen sich mit dem Rest der Backstage-Getränke in den Kleinbus.

Das erste Black-Metal-Album, das Erik Danielsson je hörte, war Darkthrones *Under a Funeral Moon*. Die ältere Schwester seines besten Freundes war ein Metalhead und sorgte dafür, dass die Jungen alle aktuellen Alben zu hören bekamen. Erik war elf und behauptet, er hätte sich fast in die Hose gemacht.

„Ich habe es überhaupt nicht als Spaß wahrgenommen; Darkthrone waren vollkommen makaber. Ich hörte mir vielleicht zehn

Sekunden am Stück an und fragte mich immer wieder, was zur Hölle das ist. Mir war sofort klar, dass es keine machtvollere Musik als diese gibt."

Er beschreibt seine Kindheit in Nåntuna, einem Vorort von Uppsala, als behütet und gut. Seine Eltern waren tolerant und unterstützten ihren Sohn bei allem, was er tun wollte. Ihnen kam es vor allem darauf an, dass er seinem Herzen folgte.

Also tauchte Erik tief ein in jeglichen Black Metal, den er auftreiben konnte. Zur gleichen Zeit brannten sowohl in Schweden als auch Norwegen Kirchen, und dann wurde Øystein „Euronymous" Aarseth ermordet. Mit vierzehn besuchte er sein erstes Konzert: Dark Funeral in Västerås.

„Es war eine sehr spannende Zeit, in der sich Black Metal echt gefährlich anfühlte. Man konnte jedes beliebige Metal-Zine aufschlagen und eine Menge neuer Bands entdecken. Das hat mich schwer beeindruckt."

Der religiöse Aspekt des Black Metal wurde bald wichtig. Erik las die Songtexte genau und fühlte sich zur philosophischen Seite der Musik hingezogen. Seine Großmutter war „extrem christlich", und er fragt sich, wie ihn das beeinflusst haben mochte. Als Kind gingen er und seine Geschwister an religiösen Feiertagen oft mit ihr in die Kirche. Das hörte jedoch auf, als er den Black Metal entdeckte.

„Nachdem ich dem Teufel im Alter von zwölf bis vierzehn in verschiedenen Formen begegnet war, begann ich, an der Kirche zu zweifeln. Sie war ein so offensichtlicher Gegner alles Schönen und Ungezügelten, das ich entdeckt hatte. Gleichzeitig war ich fasziniert von dem, was ich in der Kirche erlebte, wenn ich Menschen vorm Altar knien sah. Ich fand Religion als Idee immer irgendwie reizvoll; nicht die Dinge, die angebetet werden, sondern der Akt der Anbetung an sich."

Als Teenager fuhr Erik an den Wochenenden nach Uppsala, wo er bald Pelle Forsberg und Håkan Jonsson kennenlernte, zwei Freunde aus dem Stadtteil Årsta, die ebenfalls auf Black Metal standen. Sie fielen auf, da sie die einzigen anderen Menschen in der Stadt waren, die Erik mit Lederjacken und Patronengurten sah. Am ersten Abend, als sie einander begegneten, tauschten sie Telefonnummern aus, woraufhin alles recht schnell ging.

Watain wurden 1998 gegründet, als alle drei sechzehn waren. Der Name geht auf ein Lied der amerikanischen Band Von zurück. Niemand weiß genau, was das Wort bedeutet, aber Von behaupten, es sei ihnen eingefallen, als sie den Song im Drogenrausch schrieben, nachdem sie mit schwarzer Magie experimentiert hatten.

Am Tag nach der ersten Probe druckte die neu gegründete Band T-Shirts in Pelles und Håkans Schule und begann, Flyer zu entwerfen.

„Wir wurden sofort eine Einheit. Alle waren sich einig, dass eine Black-Metal-Band nichts ist, was man bloß hat – man kniet sich voll rein. Woher diese Radikalität kam, ist schwer zu sagen. Wir haben uns gegenseitig angespornt. Wenn wir uns trafen, wurde ausschließlich geprobt und nie über etwas anderes gesprochen. Dann sind wir losgezogen, um uns zu prügeln und wie verrückt zu saufen."

Das Trio organisierte Death- und Black-Metal-Gigs in Uppsala und fuhr nach Stockholm, um sich Bands im Vasaparken anzusehen. Ihr Hang zum Extremen machte Watain schon früh berüchtigt. Sie zogen gleich mit ihrem ersten Demo *Go Fuck Your Jewish God* einen Plattenvertrag an Land und tourten bald mit prominenten Genre-Acts wie Dark Funeral oder Rotting Christ aus Griechenland durch Europa. Das zweite Album, *Casus Luciferi* (2003), etablierte Watain als veritable Szenegröße.

Die Journalistin Elin Unnes, ehemals Chefredakteurin des Magazins *Vice Sweden*, das schon früh über Watain berichtete, sieht einen der Gründe für den Erfolg der Band darin, dass sie immer konsequent war.

„Als ich Erik zum ersten Mal traf, erzählte er mir, wie die Band alles selbst macht. Dass er Pferdehufe kochte, um Kleber für sein Fanzine herzustellen. Da ahnte ich, dass sie groß rauskommen konnten. Er ist auch sehr geschickt darin, das Bild von Watain zu vermitteln, das wir sehen sollen. Er ist sich sehr bewusst, wie er sich präsentiert."

Erst im Frühjahr 2006 traten Watain zum ersten Mal als Headliner in Schweden auf. An das Konzert im The Rock in Linköping erinnert man sich bis heute, denn die Band hatte spezielle Blutkanonen gebaut, die einen Kurzschluss verursachten und abgestandenes Schweineblut in die Menge sprühten, bevor Watain überhaupt die Bühne betraten. Der Gestank, der sich im Untergeschoss des Clubs ausbreitete, war so übel, dass sich viele sofort übergaben und auf die Straße flüchteten.

Der Plan bestand darin, das Publikum zum Finale des Gigs in Blut zu tränken, und es sollte noch viel mehr davon geben. Von elektrischen Pannen abgesehen, machte die Show den Namen Watain weit über Black-Metal-Kreise hinaus bekannt.

Elin Unnes war vor Ort in Linköping und erinnert sich an eines der besten Konzerte, die sie je gesehen hat.

„Ich betrachte Black Metal als Kunstform – Performance-Kunst, die manchmal ins wirkliche Leben überspringt. Man weiß nie, wo sie aufhört und wo die Realität beginnt. Bei Watain sind die Grenzen zwischen dem Religiösen, Künstlerischen und Musikalischen fließend. Kunst muss aber fordern; man muss schauen, wie weit man sie treiben kann. Die Bandmitglieder sind auch als Einzelpersonen extrem und können wirklich verstörende Dinge tun, weshalb man ihnen glaubt, wovon sie singen."

Dieser Tage begnügen sich Watain normalerweise damit, das Blut auf der Bühne an sich selbst zu verwenden. Es ist ein wichtiger Teil der Transformation, die vonstattengeht, während sich die Band vorbereitet. Dabei geht es insbesondere darum, jegliche Distanz zu dem aufzuheben, was sie auf der Bühne tun werden.

„Ich konnte nie ein unbeschwertes Verhältnis zum Black Metal aufbauen. Für mich grenzte er immer an etwas Heiliges. Ich war weder in der Lage, noch hatte ich den Drang, darüber zu scherzen. Sowohl für mich als auch für die anderen Mitglieder war es immer todernst. Die Musik verliert ihre Bedeutung, sobald man sich von ihr entfernt."

Er sagt, der Gestank sei schwer zu ertragen, wenn er nicht in der richtigen Verfassung ist, aber das Blut würde wie ein Katalysator wirken, bevor die Band die Bühne betritt.

„Egal in welchem geistigen Zustand du dich befindest: Wenn du diese Kleider anziehst, ist Schluss mit lustig. Sobald man sich mit Blut übergossen hat, kann man nicht mehr herumalbern. Man hat keine Kontrolle mehr. Und das ist etwas ungeheuer Mächtiges."

Die Tierteile und das faulige Blut symbolisieren den Übergang vom Leben ins Ungewisse, sagt er.

„Die meisten Hilfsmittel im Black Metal lassen sich auf alte zeremonielle Traditionen zurückführen. Sowohl Düfte als auch Gesichtsbemalungen werden im Schamanismus und auch in der älteren nordischen Mystik verwendet. Abgesehen davon, dass sie cool aussehen, gibt es einen Grund, warum all diese Dinge erhalten bleiben, seitdem Venom sie zurückgebracht haben: Sie funktionieren. Wir wollen ein Erlebnis für alle Sinne bieten. Indem wir den Geruchssinn einbeziehen, schlagen wir den Leuten, die gern so tun würden, als ob es ein normales Rockkonzert wäre, eine weitere Tür vor der Nase zu."

Erik Danielsson gesteht, dass er oft das Gefühl hat, nicht selbst auf der Bühne zu stehen.

„Aber der Kerl, der da steht, in meinem Körper, der ist von einem Feuer erfüllt – und einer Kraft, die Berge versetzen kann."

Er hofft, dass er eines Tages von einer Tournee nach Hause zurückkehrt, ohne sich an die Konzerte zu erinnern.

Der Bus kommt am Samstagmorgen kurz nach neun Uhr in Sundsvall an. Pelle steigt schlaftrunken aus. Seine blutunterlaufenen Augen sind noch mit schwarzer Schminke umrandet. Nachdem sie Västerås am Abend zuvor verlassen hatten, wurden sie an einer Tankstelle von der Polizei angehalten. Die Beamten schauten misstrauisch durchs Beifahrerfenster und leuchteten mit einer Taschenlampe hinein. Nach einer kurzen Kontrolle von Johan Frölunds Führerschein durften sie weiterfahren.

„So was passiert ständig", sagt Routinier Pelle.

Er dreht sich um und würgt Magensäure auf den Asphalt. Crille Nilsson von der Black-Metal-Band Unpure, der Johan bei der Bühnenshow hilft, wirft ihm einen verwirrten Blick zu. Pelle tätschelt seinen Bauch.

„Ich habe einen Zwerchfellbruch. Das ging vor etwa einem Jahr los. Es fing an, höllisch wehzutun, und seitdem kann ich nicht mehr essen, ohne viel Flüssigkeit zu trinken, sonst bleibt das Essen im Mageneingang stecken, was extreme Schmerzen verursacht. Besonders ärgerlich ist, dass ich mich andauernd übergeben muss."

Er hat noch keinen Arzt konsultiert, denkt aber, dass er es vielleicht tun sollte.

Die restlichen Mitglieder schälen sich aus dem Wagen und strecken ihre Glieder. Håkan hat so gut wie gar nicht geschlafen. Alvaros Augen sind so rot, dass sie zu leuchten scheinen. Wie immer ist er bestens gelaunt und lächelt fröhlich angesichts der Tatsache, dass sie früh im Hotel einchecken dürfen. Die anderen Gäste glotzen unverblümt, während er seine abgetragene Tasche durch die Lobby schleppt.

Das Konzert heute Abend in Sundsvall ist Teil des Festivals Nordfest. Es findet dort statt, wo sich ansonsten der Bar- und Konferenzbereich des Scandic Hotels befindet. Die Decke ist niedrig, und die Einrichtung könnte von einem Kreuzfahrtschiff aus den Achtzigern gestohlen sein.

Johan Frölund und Crille Nilsson breiten Watains Equipment und Bühnendekoration auf dem rostroten Teppichboden aus. Obwohl er nach der Nachtfahrt nur eine Stunde geschlafen hat, kann sich Johan nicht entspannen, bevor alles aufgebaut ist. Ein ortsansässiger Watain-Fan ist gerade vorbeigekommen und hat eine Plastiktüte mit zwei toten Raben mitgebracht. Johan möchte sie auf der Bühne aufspießen.

„Sie sind so stark verwest, dass Maden herausquellen. Das wird toll aussehen."

Johan Frölund arbeitet seit 2001 für die Band. Als er und Crille ein Konzert der japanischen Black-Metal-Combo Sigh in Västerås besuchten, lernten sie die Musiker von Watain kennen, die dort ihr Fanzine verkauften. Schnell stellten sie fest, dass sie ähnliche

Vorstellungen davon hatten, wie Black Metal auf der Bühne präsentiert werden sollte. Seitdem ist Johan so etwas wie ein viertes Mitglied.

Eine seiner ersten Schöpfungen waren die etwa einen Meter hohen Antikreuze, die als Kandelaber und Halter für Petroleumlampen dienen. Seitdem hat er alles Mögliche hergestellt, von Kettenabsperrungen bis zu Blut spuckenden Ziegenschädeln. Er investiert viel Zeit in die Planung und findet immer wieder neue Lösungen für verschiedene Bühnenbilder.

Neu in diesem Jahr sind vier digitale Flammenwerfer, die aus Norwegen bestellt wurden. Einer ist gerade aus der Reparatur zurückgekommen, und er kann ihn nicht zum Laufen bringen. Zusammen mit Crille drückt er verschiedene Konfigurationsschaltflächen auf dem Display, bis endlich Feuer aus der Düse schießt.

„Sie kosten knapp siebentausend US-Dollar. Aber weil die Drecksäcke keine Falschangabe auf dem Lieferschein gemacht haben, als sie sie mir aus Norwegen schickten, mussten wir die vollen Zollgebühren zahlen – weitere neunhundert Dollar!“

Er probiert verschiedene Höheneinstellungen für die Flammen aus, die aus den Geräten schlagen. Die Hitze ist intensiv.

„Es ist ein schmaler Grat. Ich will Feuer, und zwar jede Menge. Wir reizen alles so weit wie möglich aus im Verhältnis zu dem, was machbar ist.“

Beim Konzert zum zehnjährigen Bandjubiläum in Uppsala passierte genau das, was nie passieren darf: Nach der Hälfte des Sets ging der Feueralarm los, und der gesamte Saal musste evakuiert werden. Beim norwegischen Festival Hole In The Sky in der Woche zuvor wurde es in der Halle so gefährlich heiß, dass die Farbe von den Wänden lief.

„Wir hatten Feuerschalen, Flammenwerfer und die Dreizacke mit den Lampen. Es sah fantastisch aus – die Leute zogen die Köpfe ein, weil es so heiß war.“

Johan sagt, dass die Temperatur auf der Bühne hundertsechzig Grad erreichen kann. Watain erwägen die Anschaffung eines

Kühlsystems für Håkan, der am meisten Hitze abbekommt, da sein Schlagzeug in der Regel zwischen den Feuerquellen steht.

Die Band nimmt selbst Schädel und Blut mit, wenn sie in Schweden spielt. Auf Tourneen in Europa und vor allem in den Vereinigten Staaten greift sie auf lokale Lieferanten zurück. Die Fans bringen oft verschiedene Arten von toten Tieren mit, die auf der Bühne verwendet werden sollen. Obwohl sie diese Kadaver von Show zu Show transportieren, haben Watain selten Probleme mit dem Zoll.

„Das funktioniert erstaunlich gut. Wir sind schon mit menschlichen Körperteilen über die Grenze gefahren, aber die Zollbeamten interessierten sich nur für Alvaros Patronengurt", erzählt Johan und lächelt.

Er will uns nicht sagen, welche Körperteile.

Johan arbeitet als Schweißer auf norwegischen Bohrinseln in der Nordsee. Er schuftet zwei Wochen lang Tag und Nacht und hat dann einen Monat lang frei. Mit seinen langen Haaren, die er mit mehreren Bändern zu einem Pferdeschwanz gebunden hat, sieht er aus wie ein Roadie. Breite, schwarze Hosenträger halten seine Bluejeans hoch, und wie die Bandmitglieder trägt er ein Watain-Shirt.

Nach wenigen Stunden Schlaf ist Pelle wach. Er sitzt an einem Tisch mit marmorierter Kunststoffoberfläche, nippt an einer Tasse Kaffee und wechselt die Saiten seiner weißen Flying V. Sie ist mit altem Blut und Dreck verkrustet. Pelle hat seit fast zwei Jahren Urlaub von seiner Tätigkeit als Drucker bei einer Lokalzeitung. In den meisten Jobs würde man nach so langer Zeit entlassen, aber er sagt, man schätze ihn dort so sehr, dass man alles tut, um ihn zu halten. Er vermietet seine Wohnung in Uppsala und wohnt seit einem Jahr im Wolf's Lair.

„Aber die Luft da drin ist echt beschissen geworden. Wir hatten einen Ventilator, der sie ein bisschen in Bewegung bringen sollte, doch während der Hitzewelle im letzten Sommer wurde es so heiß, dass er kaputtging. Eines Tages fiel mir auf, dass grüner Schimmel auf dem Bettzeug wuchs, da packte ich meinen Kram und zog zu meiner Freundin."

Er glaubt, dass die Luft und der Schimmel seine Magenbeschwerden verschlimmert haben.

Wir wollen wissen, was seine Eltern von seinem Lebensstil und seinen satanischen Überzeugungen halten.

„Anfangs haben sie sich Sorgen gemacht. Jetzt sehen sie aber, wie viel Aufmerksamkeit wir erhalten und dass wir damit Geld verdienen, also ist alles in Ordnung. Und mein Vater hilft mir, wenn ich Probleme mit dem Gesetz bekomme."

Pelle Forsbergs Vater ist leitender Bezirksstaatsanwalt bei der internationalen Anklagebehörde in Uppsala. Pelle gibt an, sich unter anderem Festnahmen widersetzt zu haben, doch er sei bisher nicht verurteilt worden.

Erik steht mit einer Tasse Kaffee in der Halle und beobachtet, wie die Konstruktion Gestalt annimmt. Auf der Bühne baut Johan Flammenwerfer zusammen und prüft, wie nah die Flammen an die schwarze Betondecke reichen.

„Johan und ich haben die gleiche Pirateneinstellung, wenn es darum geht, Probleme zu lösen", sagt Erik. „Er ist für Watain absolut unverzichtbar."

Letztes Jahr besuchten Johan und Crille Nordkorea. Sie fuhren mit der Transsibirischen Eisenbahn nach Pjöngjang und reisten dann eine Woche lang mit einer geführten Gruppe durchs Land. Erik schickte ihnen Kassetten mit Watain-Songs, die Johan einschmuggelte und bei Gelegenheit unter die Leute brachte; eine ließ er in der U-Bahn zurück, eine andere in einer Kindertagesstätte. Erik schreibt die Entstehung von Bands wie Korrosija Metalla den Metal-Tapes zu, die in den Achtzigern hinter dem Eisernen Vorhang verbreitet wurden.

„Wenn wir das Gleiche bei jemandem in Nordkorea bewirken könnten, würde ein Traum in Erfüllung gehen."

Als der Bühnenaufbau abgeschlossen ist, gehen die Bandmitglieder in die Sauna im Keller des Hotels, um Bier zu trinken. Set zieht sich zum Trainieren ins Fitnessstudio zurück.

Vor der Tournee warnte uns Erik, dass niemand in der Band uns dabeihaben wolle. Falls wir versuchten, mit den anderen Bandmitgliedern zu sprechen, würden sie sich wahrscheinlich weigern, meinte er, also sollten wir uns an ihn halten. Ihm liegt viel daran, dass die Band dokumentiert wird.

Meistens erleben wir jedoch das Gegenteil: Erik ist derjenige, der uns anscheinend als lästig und hinderlich empfindet. Er bittet uns mehrmals, den Backstagebereich zu verlassen, und antwortet desinteressiert oder gleichgültig auf unsere Fragen. Als wir in einem ruhigen Moment vor dem Soundcheck um ein Foto von seinem Rückenaufnäher bitten, knurrt er, das sei schon früher jederzeit möglich gewesen.

Da er uns nicht auf die Gästeliste für die Konzerte gesetzt hat, sind wir gezwungen, uns Zugang ins Scandic zu erschleichen, indem wir uns als Freunde von Alvaro ausgeben.

Im Lauf des Abends halten sich die Band und ihre Freundinnen hauptsächlich hinter der Bühne auf. Das Nordfest hat ein gemischtes Programm, und dass die meisten Besucher nicht hier sind, um orthodoxen Black Metal zu hören, ist offensichtlich. Erik und Set sitzen in aller Ruhe im Frühstücksraum des Hotels, der jetzt als Catering-Bereich dient.

Plötzlich kommen Mitglieder der Hardcore-Band Raised Fist herein, die sich vor ihrem Auftritt in Stimmung bringen wollen. Sie tragen blaue Jeans und eng anliegende weiße Muskelshirts, haben breite, durchtrainierte Oberkörper.

„Auf geht's Männer, verfickt noch mal!"

Sie haben sich derart aufgeputscht, dass sie auf und ab hüpfen. Erik dreht sich langsam um und starrt sie kalt an.

„Lasst uns rocken wie der TEUFEL!", rufen sie.

Erik stemmt die Hände in die Hüften und sieht aus, als wolle er sie umbringen. Die Raised-Fist-Musiker klopfen sich gegenseitig auf die Schultern und machen sich auf den Weg, um dem begeisterten Publikum ihren Hardcore darzubieten.

„Die sollten echt aufpassen, was sie von sich geben", ätzt Johans Freundin Malin. Erik schüttelt langsam den Kopf.

Nach etwa der Hälfte der Show hört die Musik abrupt auf, und das Licht geht aus. Sänger Alexander Hagman bricht auf dem Bühnenboden zusammen. Wir erfahren, dass ein Kabel unter der Bühnenabsperrung eingeklemmt wurde, weshalb der Strom ausgefallen ist. Als Hagman die Absperrung anfasste, während er das Mikrofon hielt, kam es zu einem Kurzschluss, bei dem er einen so starken Stromschlag erlitt, dass er sein Bewusstsein verlor.

Im Watain-Lager herrscht Schadenfreude, die allerdings schnell verfliegt, als sie feststellen, dass der Kurzschluss sowohl das Mischpult als auch die computergesteuerte Lichtanlage lahmgelegt hat, was bedeutet, dass sämtliche Voreinstellungen für Sound und Scheinwerfer verloren sind. Das Publikum wird aus dem Saal gedrängt, und Watain müssen ihren Soundcheck wiederholen.

Als sie mit mehrstündiger Verspätung endlich die Bühne betreten, ist ein großer Teil der Zuschauer bereits aufgebrochen. Die verfaulten Raben, die auf zwei umgedrehten Metallkreuzen stecken, stinken so widerlich, dass viele vor der Tür umkehren.

Es ist ein seltsamer Gig. Die Band ist konzentriert und voller Energie, aber in der Menge stehen Leute, die nicht zu verstehen scheinen, was für eine Art von Band Watain sind, und ständig andere tanzend anrempeln. Ein Mann belästigt mehrere Frauen im Publikum, und die Musiker auf der Bühne wirken zunehmend genervt.

Hinterher sind viele ihrer Freunde verwirrt über die seltsame Atmosphäre im Saal. Wir vermuten, dass man nicht auf das strenge Odeur gefasst war.

„Warum in aller Welt sollte sich jemand Watain ansehen, aber auf den Geruch verzichten wollen?", fragt Gottfrid Åhman von Repugnant. „Das ergibt für mich überhaupt keinen Sinn. Diese Leute haben kein Recht, hier zu sein."

Die Stimmung am Frühstücksbüfett am Sonntag ist etwas verhalten. Die Aftershow-Party auf den Zimmern und Fluren dauerte bis fünf Uhr morgens. Um rechtzeitig zum Soundcheck in Luleå zu kommen, sind Watain heute früh gleich nach den Feierlichkeiten losgefahren.

Johan Frölund kehrt mit dem Zug nach Stockholm zurück, um dann nach Norwegen zu reisen und per Hubschrauber zur Bohrinsel geflogen zu werden, wo er eine weitere vierzehntägige Schicht antreten wird.

Er hat am Wochenende viel über seine Reise nach Nordkorea gesprochen. Er und Crille sind hauptsächlich dort gewesen, um eine echte Diktatur hautnah zu erleben. Außerdem wollten sie das Arirang-Festival sehen, eine Massenveranstaltung mit Tanz und Gymnastik.

„Man weiß nie, wann es stattfindet, aber sobald ich davon gelesen hatte, buchten wir die Reise. Es ist die ultimative Inszenierung."

Es handelt sich um eine gewaltige Zurschaustellung synchroner Turnübungen. Zehntausende Kinder und Jugendliche werden über mehrere Jahre hinweg darauf abgerichtet, Pappkarten in verschiedenen Farben zu schwingen und so riesige Muster zu erzeugen, während ebenso viele Turnerinnen und Turnern eine komplexe Choreografie vorführen.

Johan sagt, er habe sich gefreut wie ein kleiner Junge, als er das riesige Stadion betrat.

„Alle meine Erwartungen wurden erfüllt. Es war der Wahnsinn: zwanzigtausend Menschen allein auf der Tribüne!"

Seine Augen glänzen, während er noch mehr Rührei auf seinen Teller schaufelt.

„Es hat alles übertroffen, was ich je auf der Bühne gesehen habe, und das war nur die Einleitung!"

Wenige Wochen nach den Konzerten in Schweden tourten Watain einen Monat in Europa, unmittelbar darauf folgte eine anstrengende Tour durch die USA und Südamerika.

Nach dem ersten Auftritt in Chile brach Erik Danielsson zusammen.

„Wir spielten in einem Hells-Angels-Club mit niedriger Decke und benutzten unsere brennenden Dreizacke. Alle Zuschauer machten Augen groß wie Untertassen. Es war haarsträubend intensiv und über hundert Grad heiß."

Als er von der Bühne kam, war er wie gelähmt. Eine Tour mit Watain ist eine strapaziöse Angelegenheit, und Erik hat sich daran gewöhnt, nach Auftritten extrem erschöpft zu sein. Jetzt aber konnte er seinen Körper auf einmal überhaupt nicht mehr bewegen.

Er spürt noch die Auswirkungen des Zusammenbruchs und entscheidet sich für Kaffee statt Bier, als wir ihn an einem Frühlingsabend im April 2011 in einem Stockholmer Restaurant treffen.

Die Promoter brachten ihn in jener Nacht zurück ins Hotel, aber trotz seiner Erschöpfung konnte er nicht schlafen und lag die ganze Nacht lang unter starken Angstzuständen wach. Am nächsten Tag fuhr die Band nach Santiago. Vor dem Auftritt zitterte Erik hinter der Bühne. Man rief einen Arzt, der ihm sowohl Dehydrierung als auch Unterzucker diagnostizierte. Er aß ein paar Süßigkeiten und schaffte es, drei Lieder zu singen, bevor er abermals zusammenbrach und sich von der Bühne helfen lassen musste. Während er im Backstagebereich lag, hörte er die Rufe der Sicherheitskräfte.

„Später erfuhren wir, dass eine Schlägerei im Publikum ausbrach, nachdem ich von der Bühne verschwunden war. Jemand zog ein Messer und stach auf acht Leute ein. Als die Leute die Halle verlassen wollten, brachen Krawalle aus, und jemand warf eine Tränengasgranate." Er trinkt einen Schluck Kaffee. „Hin und wieder erzählte mir jemand Einzelheiten, während ich das Gefühl hatte: ‚Ich sterbe. Ich sterbe.' Es war ziemlich heftig."

Am nächsten Tag flogen Watain nach São Paulo, wo Erik umgehend ins Krankenhaus gebracht wurde. Man setzte ihn in einen Rollstuhl und legte ihm eine Infusion. Die Ärzte führten verschiedene Tests durch und röntgten seinen Kopf. Während er auf die Ergebnisse wartete, machte er sich Sorgen.

„Wir hatten uns gleich nach der Show in dem Hells-Angels-Club tätowieren lassen. Ich war mir sicher, dass ich mir irgendetwas durch die Nadel eingefangen hatte: Aids, Hepatitis A, B, C, Z – was auch immer."

Die Ärzte fanden jedoch nichts und attestierten Erik Burnout. Er verließ das Krankenhaus mit der strikten Anweisung, eine Woche lang im Bett zu bleiben und keinen Finger zu rühren. Als er endlich wusste, was mit ihm los war, fühlte er sich sofort besser.

„Zu sehen, dass es keinerlei Raum zwischen dem Geistigen und Körperlichen gibt, war interessant."

Erik erwähnt ein weiteres Beispiel: Auf einer US-Tour erlitt Johan Frölund eine schwere Infektion. Mehrere Wochen lang hatte er jeden Abend auf der Bühne mit einer offenen Wunde am Finger verweste Schweineköpfe aufgespießt. Eines Tages konnte er das Bett nicht mehr verlassen und musste per Ambulanz ins Krankenhaus gebracht werden. Wäre er ein paar Stunden später eingeliefert worden, hätten die Ärzte amputieren müssen. Erik sagt, Johan sei danach mehrere Tage lang am Boden gewesen.

„An dem Tag nach meiner Entlassung aus dem Krankenhaus in São Paulo fühlte ich mich ziemlich gut. Dann erzählte mir Johan, er sei wieder krank geworden; es war wie ein Schlag ins Gesicht. Ich spürte es sofort in meinem Körper. Ich bin fast zusammengebrochen."

Als er wieder zu Hause war, begann Erik ein Training, um seinen Körper auf die Anstrengungen vorzubereiten, die lange Tourneen mit sich bringen. Er muss vor allem für die geistige Veränderung, der er sich jeden Abend auf der Bühne hingibt, in besserer körperlicher Verfassung sein.

„Ich glaube, es spielt keine Rolle, wie locker ich es tagsüber angehen lasse. Unabhängig davon, wie man das, was auf der Bühne mit mir passiert, geistig oder körperlich interpretiert, ist es extrem stark. Es verändert mich grundlegend im Vergleich zu dem, was ich normalerweise bin. Ich empfinde es als positiv – als etwas, das mir hilft und ein gutes Gefühl gibt, aber ich schätze, das war ein Hinweis darauf, dass mein Körper, egal wie gern ich auf der Bühne stehe, nicht ganz einverstanden damit ist; zumindest nicht für drei Monate am Stück." Erik grinst.

Die Zeit seit der Veröffentlichung von *Lawless Darkness* im Sommer 2010 war für Watain ein einziger Triumphzug. Das Trio gewann als erste Black-Metal-Band einen Grammis der Kategorie „Hardrock/Metal". Als die Sieger auf der Bühne der Königlichen Oper in Stockholm bekannt gegeben wurden, fühlte sich das für Erik ganz natürlich an.

In seiner Dankesrede verglich er jüngste Naturkatastrophen wie die Überschwemmungen in Südamerika, die Dürre in Australien oder das mysteriöse Massensterben von Vögeln mit der Verleihung eines Musikpreises an Watain. Das Publikum lachte und pfiff. Als er dann seinen lebenden und toten Brüdern und Schwestern dankte, ehe sich die Band mit einem „Heil Satan!" verabschiedete, schienen die Anwesenden nicht so recht zu wissen, wie sie reagieren sollten, und viele begannen zu kichern.

Auf der Feier im Anschluss betranken sich Håkan und Pelle dermaßen mit gratis Drinks, dass die Security sie aufforderte, das Gelände zu verlassen. Erik blieb zurück und mischte sich neugierig unter die schwedische Künstlerelite. Unter anderem posierte er mit dem christlichen Popstar Carola für ein Foto, auf dem sie entzückt lächelt, während er den Teufelsgruß macht.

Im Zusammenhang mit Watain ist keine Rede mehr von Ausverkauf. Die Grammis-Auszeichnung der Band wirkte eher eher wie ein logischer nächster Schritt bei ihrem kometenhaften Aufstieg. Erik wurde sowohl im schwedischen Fernsehen als auch in den großen Boulevardzeitungen interviewt und scheint sich über die Medienpräsenz der Gruppe zu freuen.

„Von einer großen Zeitung interviewt zu werden ist merkwürdig – in der Hinsicht, als ich nicht verstehe, wie sie uns die Tore öffnen können und wie wenig sie kapiert haben, wofür wir stehen."

Heute kennt jeder schwedische Hipster, der sich für Popkultur interessiert, Watain. Erik sagt, er müsse umso härter arbeiten, um zu verhindern, dass die Aufmerksamkeit auf ihn gelenkt wird. So konzentriert er sich darauf, wie er sie am besten nutzen kann, um seine Visionen für Watain zu verwirklichen, etwa einen Auftritt auf einer international bekannten Open-Air-Opernbühne ein paar Stunden von Stockholm entfernt. „Ich würde gern in dem riesigen Steinbruch in Dalhalla spielen, und das sollte einfacher zu bewerkstelligen sein, wenn man einen Grammis gewonnen hat. Außerdem will ich ein Musikvideo mit Jonas Åkerlund drehen."

Gleichzeitig ist es ein ständiger Kampf, den Leuten klarzumachen, dass Watain ihre Texte und ihren Satanismus wirklich ernst nehmen. Es wird umso schwieriger, je mehr Leuten die Band gefällt.

„Ich wünschte, sie würden über Watain mit den Worten ‚Ach ja, diese verdammten Bastarde' sprechen, nicht mit ‚Mann, die sind so cool – ich habe das neuste T-Shirt!'. Wir haben für die Band Knochen gebrochen und gekämpft, und wir werden unsere Tätowierungen und Westen bis ins Grab tragen. Für uns geht es um Leben oder Tod, und ich möchte, dass die Leute das wissen."

Watain veröffentlichten im Folgenden die Alben The Wild Hunt *(2013),* Trident Wolf Eclipse *(2018) und* The Agony & Ecstasy of Watain *(2022).*

Im Spätherbst 2023 feierte die Gruppe ihr fünfundzwanzigjähriges Jubiläum mit einem Gig im Uppsala Konsert & Kongress, diesmal ohne dass Feueralarm ausgelöst wurde.

Glossar der Metal-Genres

Fans neigen zu starken Meinungen darüber, wie man die Subgenres des Heavy Metal am besten beschreibt. Viele Bands bewegen sich auf einem schmalen Grat zwischen verschiedenen Stilen und werden so zum Gegenstand hitziger Debatten. Auch die Subgenres selbst entwickeln sich im Laufe der Zeit und müssen immer wieder neu definiert werden. Hier ist eine grundlegende Beschreibung der Stile, die wir in diesem Buch erwähnen.

Hardrock
Ein allgemeiner Begriff für den harten, auf verzerrten Gitarren beruhenden Musikstil, der in den späten Sechzigern und frühen Siebzigern aufkam und seine Wurzeln im Deep Blues und Jazz hat.
Prägende Bands: Led Zeppelin, Deep Purple, Black Sabbath.

Heavy Metal
Ein früheres Synonym für Hardrock. Heute wird es verwendet, um den Musikstil zu beschreiben, der in der zweiten Hälfte der Siebziger und Anfang der Achtziger das düsterste, härteste Ende des Hardrock-Spektrums darstellte.
Prägende Bands: Iron Maiden, Judas Priest, Accept.

Hardcore-Punk
Eine schnellere und rauere Form des Punkrock, entwickelt Mitte bis Ende der Siebziger. Wird oft einfach als Hardcore bezeichnet.
Prägende Bands: Black Flag, Misfits, Dead Kennedys.

Oi!-Punk
Ein langsameres Subgenre des Punkrock. Oi! entwickelte sich ebenfalls in den späten Siebzigern und wird oft mit Hooliganismus beziehungsweise Fußball verbunden. Der Stil zeichnet sich durch Refrains mit Gangshouts und einen starken britischen Akzent aus.
Prägende Bands: Sham 69, Screwdriver, The 4-Skins.

Thrash Metal
Eine aggressive Mischung aus traditionellem Heavy Metal und dem hohen Tempo des Hardcore-Punk. Thrash entstand in den frühen Achtzigern und zeichnet sich durch blitzschnelle „sägende“ Gitarrenriffs sowie Schreigesang aus.
Prägende Bands: Metallica, Exodus, Slayer.

Speed Metal
Eine weitere rasante Form des Heavy Metal, entwickelt Mitte der Achtziger. Dieser Stil ist melodischer und weniger vom Punkrock beeinflusst als der Thrash.

Prägende Bands: Agent Steel, Helloween, Annihilator.

Doom Metal
Langsamer und schwerfälliger Metal, der sich Anfang der Achtziger entwickelte. Er baut vor allem auf Black Sabbaths Erbe auf, mit tiefer gestimmten Gitarren und schleppenden Riffs.

Prägende Bands: Candlemass, Saint Vitus, Trouble.

Crossover
Eine musikalische Bewegung in den späten Achtzigern, die die Energie des Thrash mit der rohen DIY-Ästhetik des Hardcore-Punk verband.

Prägende Bands: D.R.I., Corrosion Of Conformity, Suicidal Tendencies.

Grindcore
Extrem schneller Metal mit Wurzeln im Hardcore-Punk und Death Metal, der sich in den Achtzigern entwickelte.

Prägende Bands: Napalm Death, Repulsion, Terrorizer.

Death Metal
Brutales Subgenre, das in der Übergangszeit zwischen den Achtzigern und Neunzigern aufkam. Es zeichnet sich durch hohes Tempo, konstante Doublebass-Rhythmusmuster, komplexe Songstrukturen, tiefer gestimmte Gitarren und atonalen Gesang (sogenanntes Growling) aus. Die finsteren Texte drehen sich oft um Splatter oder Tod.

Prägende Bands: Morbid Angel, Entombed, At The Gates.

Black Metal
Eine noch extremere Form des Metal, bei der Satanismus und Tod die Hauptthemen sind. Sie entstand in den frühen Achtzigern und erlangte ein Jahrzehnt später aufgrund von Verbindungen zu Brandstiftung an Kirchen und Mord weltweite Aufmerksamkeit.

Prägende Bands: Bathory, Venom, Mayhem.

Power Metal
Charakterisiert durch eingängige Melodien und kraftvollen, hohen Gesang, ergänzt durch energiegeladenes, präzises Sechzehntel-Gitarrenspiel. In den Texten dominieren Krieg und Fantasy. Dieser Stil erlebte Ende der Neunziger einen rasanten Popularitätsanstieg.

Prägende Bands: HammerFall, Stratovarius, Sabaton.

Über die Autoren

Ika Johannesson gehört zu den bedeutendsten Musikjournalistinnen Schwedens. Sie hat hauptsächlich als Autorin für verschiedene Publikationen, aber auch für Radio und Fernsehen gearbeitet und zu verschiedenen Sachbüchern über Populärkultur beigetragen. Sie moderiert derzeit Kulturnyheterna (Kulturnachrichten) im öffentlich-rechtlichen schwedischen Fernsehen. Im Sommer 2023 kuratierte sie die große Ausstellung *Der harte Norden* in den Nordischen Botschaften in Berlin. Ika stammt aus Göteborg und lebt in Stockholm.

Jon Jefferson Klingberg verbindet das Schreiben mit seiner Arbeit als sozialpsychiatrischer Therapeut. Er spielt außerdem Gitarre für die schwedischen Veteranen Docenterna und seine eigene Band Nattskri. In den frühen Neunzigern war er Mitglied der international bekannten Rockgruppe Whale und der Progressive-Death-Metal-Band Celeborn. Sein erster Roman wurde 2008 veröffentlicht. Er hat nur eine Tätowierung: den Manowar-Adler von *Battle Hymns* auf seinem Unterarm. Jon stammt aus der kleinen Stadt Stugun in der ländlichen Provinz Jämtland und lebt in Stockholm.

Danksagungen

Ika Johannesson bedankt sich bei:
Meiner Familie: Johan, Franka und Cora. Orvar „Rain Man“ Säfström für die Übersetzung. Bengt Johannesson, Ann-Che Minneskjöld, Sanna Johannesson, Vejde Gustafsson, Åse Berglund, Roger Gustafsson, Annika Fagerlind, Ingela und Tobbe (fürs Essen!), Christoffer Röstlund Jonsson und Kajsa Boglind. Ein besonderes Dankeschön geht an Emil Arvidson für seine guten Ratschläge und an Nathan Larson, der die amerikanische Version des Buches veredelt hat – ihr seid beide unglaubliche Menschen.

Jon Jefferson Klingberg bedankt sich bei:
Karin Porshage, Charlotte Enström, Vejde Gustafsson, Sofia Hultman, Anders „Rune“ Johansson, Essy, Jakob und Margareta Klingberg, Erik Koskinen, Arvid Lind, Bo Anders Persson, Joar Tiberg, Po Tidholm und Martin Widholm.

Ohne euch gäbe es dieses Buch nicht:
Lord Ahriman, Jonas Almqvist, Nicke Andersson, Orvar Anklew, Alexandra Balogh, Robban Becirovic, Johan „Apocalyptic Desolator“ Bergebäck, Andreas Bergh, Jan Axel „Hellhammer“ Blomberg, Susanna Berglund, Jan Beskow, Linus Björklund, Anders Björler, Jonas Björler, Victor Brandt, Joacim Cans, Kim Carlsson, Martin Carlsson, Uffe Cederlund, Olle Dahlstedt, Erik Danielsson, Demonia, Mia Dracena, Oscar Dronjak, Leif Edling, Johan Edlund, Peter Ekberg, Daniel Ekeroth, Nico Elgstrand, Hampus Eriksson, Chrille Eskilsson, Kristian „Gaahl“ Espedal, Börje „Boss“ Forsberg, Pelle Forsberg, Anders Fridén, Johan Frölund, Gylve „Fenriz“ Nagell, Christopher Friman, Runhild Gammelsæter, Rex Gisslen, Jan Gradvall, Erik Grawsiö, Angela Gossow, Jonas Granvik, Erik „Tyrant“ Gustavsson, Pelle „Hellbutcher“ Gustafsson, Gädda 5, John Hagström, Johan Hallander, Staffan Hamrin, Hans Hatvig, Jacob Hector, Johnny Hedlund, Johan Hegg, Alex Hellid, Marcos Hellberg, Vanja Hermele, Hempo Hildén, Roger Holegård, Jörgen Holmstedt, Peter Huss, Morgan Håkansson, It, Anders Iwers, Anders Jakobson, Conny Jarlestål, Mäbe Johansson, Nick Johansson, Christofer Johnsson, Håkan Jonson, Sabrina Kihlstrand, Hampus Klang, Sven Klang, Björn af Kleen, Eero Koivisto, Jon „Metalion“ Kristiansen, Chelsea Krook, Niklas Kvarforth, Matti Kärki, Tompa Lindberg, Mattias Lindeblad, Janne Liljekvist, Alvaro Lillo, Marcus Linnér, Johannes „Axeman“ Losbäck, Kongo „K. Lightning“ Magnéli, Eddy Malm, Mara, Messiah Marcolin, Lars Martinsson, Frederick Melander, Olavi Mikkonen, Micke „Mimo“ Moberg, Matthias Müller, Mörk, Vega Natas, Jon Necromancer, Tomas Nyqvist, Jens Nässtrom, Emil Nödtveidt, Jon Nödtveidt, Anders Ohlin, Daniel Ohlin, Peter Palmdahl, Gunnar Palmgren, David Parland, L-G Petrov, Mattias „Indy“ Pettersson, Sebastian „Vengeance From Beyond“ Ramstedt, Calle von Schewen, Johan van der Schoot, Olle Sandqvist, Maria Staaf, Mikael Stanne, Peter „Insulter of Jesus Christ!“ Stjärnvind, Henrik Stockare, Maria Ström, Pelle Ström, Jørn „Necrobutcher“ Stubberud, Christer Stålbrandt, Niklas „Viper“ Stålvind, Niklas Sundin, Dan Swanö, Sven på Netten, Emil Svensson, Jacob Swedberg, Set Teitan, Marcus Tena, Anders Tengner, John Mikl Thor, Trish, Peter Tägtgren, Elin Unnes, Thomas Väänänen, Ragne Wahlquist, Styrbjörn Wahlquist, Erik Wallin, Jenny Walroth, Martin Wegeland, Olof Wikström, Ludwig Witt, Pierre Wilhelmsson, Patrik Wirén, Kristian Wåhlin, Emelie Zorsha, Jonas Åkerlund und Ole Öhman.